U0668669

挖掘创新潜能

——2016年四川大学优秀非标准答案考试集

重构思维空间

上册

主　编／张红伟

副主编／夏建刚

编　委／兰利琼　刘　黎

　　　　冉桂琼　李　麟

　　　　何　玮　陆　斌

四川大学出版社

责任编辑:李天燕
责任校对:蒋姗姗　周　艳
封面设计:墨创文化
责任印制:王　炜

图书在版编目(CIP)数据

挖掘创新潜能　重构思维空间：2016 年四川大学优
秀非标准答案考试集：全 2 册 / 张红伟主编. —成都：
四川大学出版社，2018.5
ISBN 978－7－5690－1758－8

Ⅰ.①挖…　Ⅱ.①张…　Ⅲ.①四川大学－考试制度－
教育改革－经验　Ⅳ.①G642.474

中国版本图书馆 CIP 数据核字（2018）第 081129 号

书名　　挖掘创新潜能　重构思维空间
　　　　——2016 年四川大学优秀非标准答案考试集
WAJUE CHUANGXIN QIANNENG　CHONGGOU SIWEI KONGJIAN
——2016 NIAN SICHUAN DAXUE YOUXIU FEIBIAOZHUN DAAN KAOSHIJI

主　编　张红伟
出　版　四川大学出版社
地　址　成都市一环路南一段 24 号（610065）
发　行　四川大学出版社
书　号　ISBN 978－7－5690－1758－8
印　刷　四川盛图彩色印刷有限公司
成品尺寸　170 mm×240 mm
印　张　35.5
字　数　557 千字
版　次　2018 年 5 月第 1 版
印　次　2018 年 5 月第 1 次印刷
定　价　98.00 元

◆读者邮购本书，请与本社发行科联系。
　电话:(028)85408408/(028)85401670/
　(028)85408023　邮政编码:610065
◆本社图书如有印装质量问题,请
　寄回出版社调换。
◆网址:http://www.scupress.net

版权所有◆侵权必究

序言

教育不是注入一桶水，而是点燃一把火。一流大学的教育目的不仅是让学生学习知识、提升素养、塑造人格，更是要让学生真正具有独立思考能力、创新创业能力、协作精神和社会担当能力。四川大学把课堂教育教学改革作为突破口，把学业评价方式改革作为切入点，以此来提高教育教学质量。从2011年开始，学校全面启动实施了"全过程考核—非标准答案"考试改革，核心就是要打破传统的应试教育模式，从过去靠死记硬背的"记忆式"学习向"想象式"学习转变，使学生在学习和运用知识的同时，更要去想象、去独立思考、去自由探索，激发学生去异想天开、创新创造，培养学生的批判精神和独立思考的能力。

对学校全面实施"非标准答案考试、取消60分及格"的学业评价方式，我们的老师大力支持、积极参与，全面推动改革，主动改变理念、改变思维、改变传统的考试命题方式和习惯，让试题更具灵活性、开放性与探究性，使考试不是简单地去考学生背了多少、记了多少，而是考学生思考了多少、领会了多少，促使学生有好想法、好创意，以此来激发学生学习的积极性、思维的创新性，促使学生真学、真想、真领会。

历经 6 年的考试改革探索与实践，我们已经逐步从"期末一考定成绩"的传统而单一的学业考核方式，转变为"学业（课程）考核全程化、评价标准多元化、考核方式多样化、考核结果动态化"的新模式。当前，我们正在全面推进世界一流大学和一流学科建设。建设世界一流大学，核心是培养一流人才，关键就是要办最好的本科教育。我们要以继续深入实施"探究式—小班化"课堂教学改革为突破口，全面推行启发式讲授、互动式交流、探究式讨论、非标准答案考试，真正促进师生互动、教学相长，努力培养真正具有独立人格、宽广视野、开阔心智和理想气质，具备国际竞争力、领袖能力和广阔潜力的一流人才。

基于此，我们收录了非标准答案考试改革的典型案例，并集结成册，公开出版发行，以期激发广大教师参与和推动"全过程考核—非标准答案"考试改革的积极性和主动性，进一步全面推进学校教育教学改革，提高学校创新人才培养的质量和水平，为建设高等教育强国、实现中华民族伟大复兴"中国梦"做出"川大贡献"。

四川大学校长、中国工程院院士　　谢和平

2017 年 11 月 29 日

目录
C ONTENTS

文科 P001

理科
（一）P115

文科

WENKE

编辑出版学概论

课程号：10400803－01

段　弘／四川大学文学与新闻学院（新闻学院）

段弘，毕业于四川大学文学与新闻学院，先后获得学士、硕士、博士学位。担任文学与新闻学院（新闻学院）"编辑出版学概论""新闻学概论""媒介公关学"等本科生平台课程的教学任务。2009—2011 年连续三年获得四川大学青年骨干教师奖；2012 年"全员转型与多元情境实践教学法的研究与应用"获四川大学教学成果奖二等奖；2011—2012 年连续两年获得四川大学本科教学工作课堂教学质量优秀奖；2015 年获得四川大学"探究式－小班化"教学质量优秀奖。

非标准化考试：探究式－小班化教学与项目孵化的起点

——以"编辑出版学概论"2015年春季课程非标准化考试为例

四川大学文学与新闻学院（新闻学院）　段　弘

【摘　要】探究式－小班化教学是在非标准化试卷评判的基础上设置的，即主讲教师在考试中设置非标准化考试内容，由选课学生在平时开展资料搜集，根据自身兴趣和市场调查，提出具有一定创新性和可行性的方案。本文以2015年春季开设的"编辑出版学概论"通识课非标准化试卷为例开展分析，认为它是其后成立探究式小班教学的起点，是进入出版社选题库甚至实际出版流程的起点。

【关键词】探究式－小班化教学　出版项目制　非标准化考试

　　"编辑出版学概论"的教学目的是介绍编辑出版流程，让学生初步掌握编辑出版相关知识与技能。在具体授课中，由于选课人数众多（每年约为 200 人），只能采取单向讲授方式，难以实现有效互动。

　　采用非标准化试卷筛选优质答案，并在此基础上为"探究式小班"选择项目制成员，进而孵化相关项目，甚至进入实际出版流程，带领学生完成一个教学循环，这是本文开展研究的初衷与目的。

一、"编辑出版概论"非标准化试题设计

　　顾名思义，非标准化考试是与标准化考试相对应的一种考试形式。标准化考试借助现代统计法和电脑技术，严格按照科学程序命题、实施考试，能有效控制各种误差，即使用统一的标准进行考试，其特点是统一试题、统一答案、统一评分标准。[①]

　　非标准化考试没有统一、规范的标准，不设置给分点，允许学生自由发挥，最大限度地激发学生的能动性和创新性，是对标准化考试的有效补充。当然，对于教师而言，由于非标准化考试在测试目的、命题、施测、评分、计分、解释等方面工作量更大，因此，一般情况下不会采用这种方式，客观上限制了学生创意发挥的可能，应用性学科尤甚。

　　2015 年"编辑出版学概论"春季学期期末考试中，我正承担着中宣部、教育部"卓越新闻传播人才教育培养计划"，在四川民族出版社汉文出版中心挂职副主任，深度参与出版社运营。在试卷设计时，我将四川民族出版社 2016 年重点选题策划项目列为非标准化试题，要求选课学生以四川民族出版社编辑的身份，有针对性地选择主题类、民族类、其他类三类策划方向中的任何一种提交策划书。

---

① 马连霞 . 非标准化考试模式的探索与实践［J］. 教书育人，2006（14）：92-93.

四、图书选题策划（如果你是四川民族出版社的编辑，可以选择以下任一小题，撰写一份图书出版策划方案，要求规范、具体、可行，有独到的创意，共40分）

1. 2016年是长征胜利80周年，请结合这一主题，策划一个图书出版方案。
2. 请围绕民族团结、少数民族先进人物、全国先进道德模范等宣传重点撰写一份选题策划方案。
3. 不限主题、不限对象、不限体裁，请从自身阅读体验出发，结合现有的市场环境与读者生态，策划一本自己认为有市场价值或有宣传意义的图书。

本题　2　页，本页为第　2　页

教务处试题编号：

图 1　2015 年春季"编辑出版学概论"期末试卷非标准化试题截图

二、"编辑出版学概论"非标准化试题分析

在"编辑出版学概论"的非标准考试题中，我共收到 191 份有效选题策划书，数量如下：长征类策划书 64 份，民族类 39 份，其他类 88 份。按照学生策划案的质量，我将每一类分为三个档次，即优质、良好和一般。

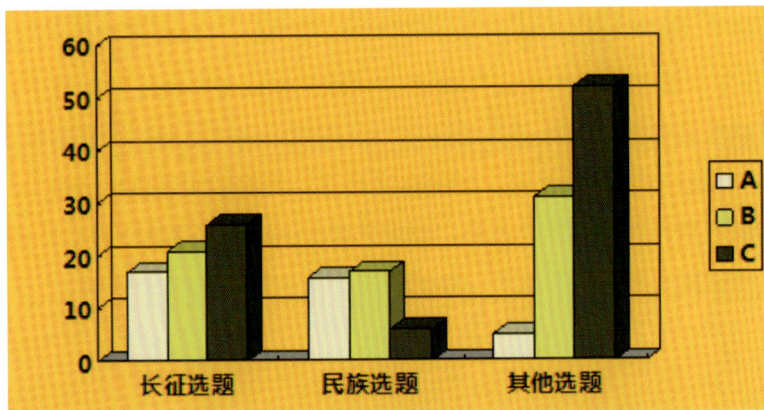

图 2　2015 年春季"编辑出版学概论"期末试卷非标准化试题稿件总数及比例
（A.优质稿，B.良好稿，C.一般稿）

以长征类主题策划书为例，此次非标准化考题中的优质稿达 16 份，占该主题策划书总数的 25%，涉及历史、政治、区域、民族、情感、少儿等各个方面，较全面地体现了学生的创意精神和认真态度。

三、"编辑出版学概论"探究式－小班化教学的课程设计

在非标准化试题评判后，我向出版社提交了三大类数十份优质策划案。四川民族出版社根据策划书的可行性与创新性，有选择性地将其引入到实操项目中。通过非标准化考试，我打通了学界与业界原有的行业壁垒，使学生的创意内容与出版主体的项目无缝对接，重新整合了编辑出版环节。换言之，非标准化试题的命题与评判，一方面为出版主体提供了充足的选题策划方案，另一方面也让学生有可能体验出版工作的全流程。

2015 年 10 月中旬，四川民族出版社在"编辑出版学概论"非标准化试题优质稿基础上，选择了两份策划书，即《君问归期未有期——长征中的动人爱情故事》《一起走长征路》（后改名为《长征留在四川的足迹》）作为"长征主题策划申报书"备选项，申报"2016 年度四川省宣传文化事业发展专项资金项目"。该项目包括人物篇、故事篇、记忆篇三大系列共计 6 本（人物篇 2 本、故事篇 1 本、记忆篇 3 本），学生提交的非标准化试题策划书占项目内容的三分之一。

之后，我把提交了长征主题优质策划案的 16 名学生列为"探究式小班"的备选学生，在征求每一位的意见后，组成了小班化教学的项目组。

表 1　"编辑出版学概论"探究式－小班化成员名单

年级	学号	专业	姓名	非标准化试题策划书题目	侧重
大三	2013141482144	编辑	张燎原	《我们一起去长征》	体验
大三	2013141061011	新闻	王堃	《君问归期未有期》	叙事
大三	2013141241091	新闻	赵轶	《小平同志与长征》	叙事

续表 1

年级	学号	专业	姓名	非标准化试题策划书题目	侧重
大三	2013141241156	广电	徐茂祝	《长征风景》	体验
大二	2014140143169	广告	赵启南	《图说历史，漫谈长征》	体验
大二	2014141043003	广告	步彦冰	《走访长征纪念馆》	体验
大二	2014141043030	新闻	何林蔚	《路上的故事》	叙事＋体验
大二	2014141043050	编辑	黎璐鑫	《沉默的远征》	叙事
大二	2014141043061	新闻	刘成苑	《图说长征路上的四川》	体验
大二	2014141043028	新闻	韩兴华	《小栓和我一般大》	叙事
大二	2014141043078	新闻	罗跃	《巴蜀长征路》	体验
大二	2014141043082	新闻	欧阳素芳	《川人长征》	体验＋叙事
大二	2014141043103	新闻	田思齐	《情满蜀道》	叙事
大二	2014141043119	新闻	吴达剑	《走过蜀乡的红色征途》	体验
大二	2014141043131	广告	薛奥	《新旧长征路》	体验
大二	2014141043155	新闻	张婧怡	《长征路上的昔日与今朝》	体验

需要说明的是，"编辑出版学概论"通识课被设置在春季课程阶段，学生以大一新生为主，也有部分外专业选修或转学院、转专业、重修的高年级同学。

长征主题项目启动时，提交非标准化试题优秀策划书的 16 名学生分属于不同年级、不同专业：按年级划分，12 名是大二学生，4 名是大三学生；从专业归属来看，3 名是广告专业，10 名是新闻学专业，1 名是广播电影电视专业，2 名是编辑出版学专业。这对出版项目实操而言，梯度式、多元化的年级和学科背景有利于项目的交叉创新和实际操作。

根据这 16 名成员提交策划书的内容与方向，结合出版社启动的两个项目，我将其分成两个项目小组，即偏向于叙事的《君问归期未有期》项目组和偏向于体验的《走访长征纪念馆》项目组，分别设置负责人与参与者若干。在接下来的项目实施中，项目组基本上按相应进度表推进：2016 年 1 月提交样稿，4 月提交初稿，5 月中下旬结项，提交至出版社，8 月出版。无论是教师还是学生，无论是学校还是出版方，都有一些特别的收获。

四、非标准化试题改革存在的问题

就具体个案而言，上述实操案例较为成功，但是否具有可持续性，还有赖于制度保障。

首先，学校要大力支持教师开展非标准化试卷命题与判定，同时与业界形成长期合作的机制，保障学生的创意能够迅速转化，提升学生的参与热情。

其次，在评价机制上要向非标准化试题倾斜。因为无论对教师还是学生，此类命题与评判都要耗费大量的时间与精力，如果不能在教师的课时酬金、职称晋升、科研考评等，学生的学分、终课成绩等方面得到反映，很有可能会严重挫伤师生参与的积极性，后续课程难以为继。

考试题目

题目：

图书选题策划书

选择以下任一小题，撰写一份图书出版策划方案，要求规范、具体、可行，有独到的创意（共 40 分）：

1. 2016 年是红军长征胜利 80 周年，全国各家出版社都已经着手进行选题策划活动，请你根据自己调查研究的相关资料，撰写一份详细的出版策划方案。

2. 如果你是四川民族出版社的一名编辑，请围绕民族团结、少数民族先进人物、全国先进道德模范等宣传重点撰写一份选题策划方案。

3. 不限主题、不限对象、不限体裁，请你从自己的阅读体验出发，结合现有的市场环境与读者生态，策划一本自己认为有市场价值或有宣传意义的图书。

简要说明：

"'编辑出版学概论'互动式－小班化教学"是在"编辑出版学概论"通识性教学任务完成的基础上开设的，在教学中采用"项目制"完成课程教学、实现成果转化，即借助学校与出版机构的合作关系，在期末考试中将学生的出版选题创意策划书提交到出版社，得到出版机构的认可且立项后，获得相应的出版经费与运营资金，再将其带回到学校教学中，由参与互动式－小班化教学的学生发挥自身的主动性和能动性，结合课堂所学与现实需求，在教师和出版机构负责人的指导下独立完成相关项目。这种方式可以有效地改善编辑出版专业教学中出现的学用严重脱节的现状。

在 2015 年春季的"编辑出版学概论"考试中，我将四川民族出版社 2016 年重点选题策划项目列入必考内容，共收到 191 份有效选题策划书，其主题比例如下：长征主题 64 份、民族主题 39 份，其他主题 88 份。按照策划方案的质量，共得到优质类、良好类和一般类若干。

其中，此次收回的试卷中长征主题的优质稿 16 份，占该主题提交方案总数的 25%，涉及与长征有关的历史、政治、区域、民族、情感、少儿等各个方面。

2015 年 10 月中旬，四川民族出版社在申报"2016 年度四川省宣传文化事业发展专项资金项目"时，申报了包括人物篇、故事篇、记忆篇三大系列共计 6 本（人物篇 2 本、故事篇 1 本、记忆篇 3 本）的"长征主题策划申报书"项目。其中，《长征中的动人爱情故事》《一起重走长征路》均来源于 2015 年春季课程的学生选题策划。

图片来源：http://pic.sogou.com/d?query=%B3%A4%D5%F7&mode=1&did=13#did12.

学生答案

答案一（节选）：
文学与新闻学院（新闻学院）　王　堃　2013141061011

君问归期未有期
——纪念红军长征中的动人爱情

一、选题意图

2016 年是红军长征胜利 80 周年，在此之际这本图书应景而生，以纪念当年红军长征对我们当今美好生活的重大意义，用一种新颖的方式唤起人们对长征的记忆，让人们从更多元化的角度认识长征的艰难以及红军战士们的伟大。

长征胜利地跨越了 12 个省，总行程达 2.5 万里以上。虽然失去了南方原有的根据地，损失了很大一部分力量，但是保存和锻炼了中国共产党和红军的骨干，沿途播下了革命的种子。正当抗日战争的烽火即将在全国熊熊燃烧起来的时候，这三支主力红军为担负起中国革命的新任务和抗击日本侵略者的神圣职责而在西北会师，这无疑是一个具有伟大历史意义的事件。但是要知道，这样的胜利是建立在无数红军战士的牺牲之上的。在长征的路上，无数的战士牺牲了自己的家庭，牺牲了自己的爱情，甚至牺牲了自己的生命，是他们的无私奉献才换回了长征的胜利，才让我们有了如今的生活，所以对普通大众普及红军长征历史是具有重要爱国教育意义的。

策划这本书就是想要让人们明白红军战士也是普通人，也有七情六欲，但是在战火纷飞的年代，他们不得不为了革命事业舍弃自己的爱情，也因此造就了不少或遗憾，或凄美，或伟大的爱情故事。通过呈现一系列在长征中的爱情故事，人们更能了解红军战士的伟大，明白战争的残酷，也让人们更加珍惜如今的幸福生活。

二、预测目标

1. 进入 2016 年大众通俗历史性读物类畅销书排行榜，通过线上线下的全面宣传激发全民阅读兴趣。

2. 通过文艺精致的装帧设计冲刺"国家图书奖"。

三、图书定位

1. 本图书的产品定位：红色历史大众通俗性读物。

2. 本图书的特色定位：不同于大多数严肃的红色历史性读物，本书用细腻的爱情故事描写红军，从不一样的角度揭示红军长征。

3. 本图书的目的定位：向普通大众普及长征知识，把红色长征革命史用儿女情长的方式描绘出来，开拓红军长征类书籍一直比较薄弱的女性市场。

4. 本图书的读者定位：感情细腻、35 岁以下的年轻女性。

四、成书原则

本书在组织材料、编辑出版过程中，将遵循以下原则：

1. 目标性。红色长征革命历史题材一直未完全打开女性市场，本书籍致力于开拓女性市场，让更多的女性通过长征中的爱情故事开始关心并了解这段红色革命历史。

2. 特色性。通过爱情故事反映红军长征这一题材的书籍在市场并不多见，本书通过一系列平凡战士的细腻动人的长征爱情故事，一改以往宏大的历史架构，通过小人物的小历史，从不同的视角呈现红军长征的艰辛。

3. 可读性。本书的目标群体不是拥有专业历史知识的人，只是对红色爱情故事感兴趣的普通大众，所以书中的文章应该用词用语浅显易懂，便于大众阅读。

4. 灵活性。本书建筑在长征中的爱情故事之上，所以对于图书内容的选材可以丰富多样，可以是当事人的口述回忆录，也可以是后人回忆的爱情故事；可以

学生答案

是重要人物的爱情故事，也可以是普通战士的懵懂爱情。

5. 平易性。本书作为通俗性的大众读物，在装帧设计方面应该尽量贴切普通大众的阅读心理，不能因为过于古板或是严肃，导致原本的目标读者失去阅读兴趣。设计应该尽量轻松休闲，特别要契合女性读者心理。

五、选题标准与范围

1. 选题标准应是在红军长征中发生的爱情故事，可以是男女红军战友之间产生的革命感情，也可以是红军战士与普通人民群众之间产生的感情；可以是阴阳相隔或物是人非的悲伤结局，也可以是幸福甜蜜、共同奋斗的大团圆结局；可以是重要人物的长征爱情故事，也可以是无人知晓的、默默无闻的普通战士的情感故事。

2. 故事要符合红军长征的历史大背景，主要体现在战乱革命年代的爱情中包含的对祖国、对革命胜利的信仰，不单单只是儿女情长，最终目的还是要突出战争对于人们爱情的影响，回到红军长征这一历史事件的影响。

3. 选择的材料主要以叙事性故事文稿的形式呈现，文稿不宜过长，每个爱情故事的字数控制在三千字以内。以短故事的形式呈现更符合当下人们快节奏阅读的习惯。

六、内容结构与体例框架

1. 前言：作者或是编辑书写前言，说明这本书的出书目的，以及这本书大致的内容简介，重点体现本书的特色。

2. 第一章：明日落红应满径。这一章主要记录在长征过程中各种因为长征不得不分离的爱侣，在共同的马克思主义、共产主义思想号召下，抵挡了战争中的重重困难，历经千难万险之后终于修成正果的爱情故事。

3. 第二章：流光容易把人抛。这一章主要记录长征中的战士们为了追求自己的革命理想，忍痛与自己的爱人分别，当战争终于胜利时，自己昔日的爱人早已嫁做人妇或是化作尘土，往日的情意再也追不回。时迁事移，他们终究回不到过去了。

4. 第三章：人生自是有情痴。这一章主要记录在长征途中发生的情感故事，也许是红军长征途中与某一位老乡家的女儿产生的情愫，但因为战争两人当时不能在一起，当战争结束后彼此失去联系却将那个人永远记在了心里；又或者是在红军队伍中的两个人，因为某次战役或是某个任务偶然相识、相爱，最后却又不得不分开，思念自己的爱人终生。

5. 第四章：任是无情也动人。本章可以是红军战士们在长征途中或是在长征开始之前就产生的情感，但因为种种原因两个人从来都没有真正在一起，但那个人的一颦一笑一直印刻在他的脑海中。也许他战争胜利后与心上人最终在一起了，也许他直到牺牲在战场上都没有真正有机会与自己的爱人正式开始一段感情。

6. 后记：作者的写作感受，对于书中所有爱情故事的感悟。

七、规模与规范

1. 本图书每一个爱情故事字数大约在三千字以内，过长的文章会使人失去阅读兴趣。

2. 每一章大约收录 6 到 8 篇爱情故事，全书总字数控制在 18 万字以内。

3. 本图书开本：620mm×889mm。

4. 为增加图书的可读性，在每个爱情故事中可加入插图，可以是当事人的照片，或者是手绘插图描摹出故事发生的情节。

八、实施方案

1. 经费：出版、印刷等相关经费由出版社筹措。图书出版后，出版社支付作者相应的稿酬。

2. 选题征集：

（1）确定选题标准之后，通过各种渠道向社会征集稿件。

学生答案

（2）依靠编委，推荐与选题相契合的故事素材。

（3）根据选题标准，作者也可以自行推荐。本图书作者的选择总体原则是约稿和投稿相结合，在稿件的组织上，编委会确定一个标准，可对选题的取舍有一个整体的把握。

（4）根据备选题目，由编委会推荐有关作者承担相关任务。

（5）根据备选题目，作者可以自我推荐承担其中一项任务。

（6）稿件的选择务必以质量和真实作为第一标准，本书所记录的所有故事必须都是事实可考的，切忌胡编乱造、虚拟情节。

（7）稿件质量一定要高，可使读者从字里行间能对主人公的爱情感同身受，达到以情感人的效果。

3. 组织机构：

（1）编委。为了使整本图书更具有真实性，且有效推进工作，在相关领域遴选有一定历史知识和文学造诣的作家、学者组成编委。编委成员的职责是征集本图书的稿件，推荐有关作者，承担部分审稿工作。

（2）主编。做好图书的顶层设计，负责本图书的资料费等费用的筹措，以及每份文稿的审稿工作，保证图书编写进程按计划推进，实现图书的预期目标。

（3）副主编。由主编指定一名副主编，其职责是推荐作者，组织协调编写工作，组织审稿，全面推进图书编写工作。

4. 时间与进度：因为本图书策划是要为了纪念红军长征 80 周年，所以图书的编辑出版任务应保证在 2016 年之前完成，在 2016 年长征胜利纪念周年来临之前向社会推广。

九、市场分析

1. 现在市面上流通的关于红军长征的图书基本上都是从政治史方面来解读长征，通过宏大历史的记叙展现红军的伟大，例如：

《红星照耀中国》　作者：埃德加·斯诺（美）

《长征——前所未闻的故事》　作者：哈里森·索尔兹伯里（美）

《长征风云》　作者：赵蔚

《地球的红飘带》　作者：魏巍

《大迁徙》　作者：李镜

《长征行》　作者：石仲泉

《忆长征》　作者：杨成武

这一类图书对于大多数女性来说吸引力并不高，因为女性对政治历史的关注度原本就很低，她们更偏向于情感系列的图书。

2. 市面上关于红军长征爱情故事的图书很少，如北斗的《红军长征的爱情故事》是以连环画的形式呈现，适合小孩子阅读。

能够迎合女性细腻情感，用爱情故事打动读者，通过情感故事来引起读者对于历史的兴趣，达到宣传红军长征历史意义，宣传中国共产党伟大贡献的历史性图书很少。所以，这本图书可以补充如今的市场空缺，既符合中国市场图书宣传的主流价值，又能契合大众口味。

3. 其他类型的关于红军长征的图书是以各种各样的小故事组成，没有突出的特点，所以本图书抓住长征爱情这一个特点进行制作宣传，有其独特性。

十、营销计划

1. 预热期。

（1）时间：图书正式上市前半个月。

（2）事件：在网络中造势，选取一则在长征过程中最具有代表性的爱情故事，主要渲染出当年爱情与现代社会中快餐式消费爱情的区别。由此发起讨论，让网友们积极参与，说说自己家中有没有参加过红军长征的长辈，他们有没有在长征中经历过的爱情故事。

（3）可以从两个方面来宣传：一方面是引起网友对于家族中经历过长征的长辈经历的交流和展示；另一方面可以引导人们比较长征时期的爱情与现代爱情

学生答案

的不同，更倾向于哪种爱情观，等等，引发人们对于长征时期爱情故事的关注和讨论。

2. 上市推进期。

（1）时间：图书正式上市三个月之内。

（2）事件：国家在这一年也会有很多关于红军长征的宣传，因此可以借这个势，在电视台一些有关红军长征的纪录片或者访谈节目中提到这本图书。说明该图书是通过爱情故事这一种小历史反映大历史的红色历史类图书，突出该图书是从女性的感情心理这一种特殊视角来观察红军长征这一历史事件。

3. 成熟期。

（1）时间：图书正式上市三个月后。

（2）事件：维持该图书在线上线下的宣传，通过一些促销活动增加读者受众群，扩大该图书的影响力。

答案二（节选）：
文学与新闻学院（新闻学院）　步彦冰　2014141043003

长征的足迹——走访长征纪念馆

一、书名与选题介绍

这本书的书名暂定为《长征的足迹——走访长征纪念馆》。这本书是通过走访长征纪念馆，对长征文物进行讲解，以及找到对应的长征历史，使人们更加了解长征。走访的长征纪念馆暂定为知名度较高的六盘山长征纪念馆、成都长征纪念馆、哈达铺长征纪念馆和会理长征纪念馆。

二、选题意图

2016 年为长征胜利 80 周年，略微观察与搜索一下，市场上有关于长征的书也有，但很多是走访红军老战士，通过老战士讲述过去的事成书。这类题材在有关长征的书中比较多，做到与众不同是最重要的。文物记载着历史，算是众多抗战图书中一个较为特别的方面，而且文物类图书能做到图文并茂，比纯粹的文字图书更易于阅读。

从社会效应来讲，本书有利于社会大众更好地了解长征文化，宣传反法西斯的思想，从而达到 2016 年纪念长征胜利 80 周年的目的。通过长征物品的展示，使公众了解长征的艰辛，对年轻一代尤为有教育意义。

从经济效益来讲，在长征胜利 80 周年的时候，各类报道将会引起公众对长征历史的广泛关注，届时将会流行"长征热"，公众购买长征相关的书籍，对于发行这类书籍是最好的时间点。去过长征纪念馆的公众有限，公众对长征文物有盲区，发行此书可以让公众更好地了解长征，同时推动长征纪念馆的旅游发展，应该会获得较好的市场预期。

学生答案

三、主要内容与评价

该书以四所长征纪念馆馆藏文物介绍为主体，介绍其来历、蕴含的内容及意义，全面深入探讨长征的时代背景，对长征中的历史事件，长征中重要的阶段以及长征的重大意义进行全面而生动的介绍。

本书除了翔实的内容外还应配有各种插图，让读者能够直观地感受长征，以及感悟现在的美好生活，能促使读者亲自去各纪念馆参观，怀念长征岁月。

四、出版目的

2016 年是长征胜利 80 周年，本书主要内容为长征中留下来的各种文物的历史介绍，以达到纪念长征胜利的目的。本书的社会效益应放在重要位置，以此书引起公众对长征的共鸣，也可丰富市场上长征类书籍的种类，有效弥补长征书籍的空白，让公众更为了解反法西斯事业，同时引发对长征纪念旅行的探索。

五、读者对象

因为是反法西斯普众类读物，于是想把该书做成平装的。但由于图书本身主要为文物介绍类书籍，讲究图文结合，内容翔实，对图片质量要求很高，若做成普通平装类书籍则会降低图书品质。

由于以上原因，本书最好还是将读者定位为对文物类书籍有一定了解的知识分子，做成有品质保障的精品书籍。

根据网上搜索显示，文物类书籍的定价均高于普通书籍，而小说是成人最喜欢阅读的书籍，若将读者对象定位为普通大众，将书籍做成平装便不能与小说争夺市场份额。而文物类书籍本身适合高级知识分子且对文物有一定了解的人来阅读，我们便可以将书往精品方向发展。而有关对长征文物的介绍的图书类型市场上还很少，可以利用本书填补这一空缺，相信这是知识分子们喜闻乐见的一本书。

六、作者介绍

由于本书是讲述长征纪念馆的文物的书籍，所选作者不仅要了解长征的历史，还必须对长征纪念馆以及馆内物品有相当深刻的理解。故挑选四个有代表性的长征纪念馆，让有着长期工作经验的四所纪念馆馆长来编写此书：会理县文管所所长、会理红军长征纪念馆馆长唐翔，六盘山红军长征纪念馆馆长王毅，成都红军长征纪念馆馆长高建平，哈达铺长征纪念馆馆长韩亚东。着重介绍自己所任职的纪念馆馆内文物情况，术业有专攻，让读者更加真实地来了解不同纪念馆内的长征故事，而且可以全方位地讲述长征不同时期、不同阶段的不同特点。

虽然作者可能名气不高，不能形成作者效应，但可以保证图书的品质，内容的完整性、丰富度。本书的读者受众定位为知识分子，对书的内容要求大于作者的名气要求，故可以选用资深工作人员。

七、出版日期

红军长征胜利 80 周年，各大宣传平台在 2016 年就开始进行宣传，需要等公众对背景有了一些了解便可顺势推出此书，预计在 2016 年第二季度上市。

八、同类图书的市场分析

抗日战争胜利 70 周年以来，市场上反法西斯的革命书籍种类越来越多，琳琅满目，但大致归为以下几类。

（一）历史类

历史类图书主要以编年史等历史方式介绍革命事件，内容比较详细全面。例如，人民出版社出版的《中国抗日战争史简明读本》销量在同类书中比较好（在当当网输入"抗日"销量排名第三），具有一定的收藏价值，为宣传革命的大众读物，具有深刻的教育意义。

（二）事件类

事件类图书指通过对革命中的历史事件的追溯，对革命中某一事件或立场的

学生答案

详细描述来达到对整个革命进程的观察的图书。例如，国防大学出版社出版的《历史的决策——长征重要会议》，以长征中会议的视角来描写长征；又如，中国友谊出版公司的《中国抗战纪实丛书：百团大战纪实》等，都是从革命当中的某一事件来谈。

（三）重走访谈类

这一类的反法西斯革命书籍占的比重尤其多，通过重走战场，采访老兵来进行对战争的反思。例如，北京联合出版公司出版的《长征：前所未闻的故事》，这本书由第一个走长征路的外国记者、国际普利策新闻奖获得者、纽约时报副总编辑索尔兹伯里所著，通过走访长征路和采访长征老兵著成此书；又如，华文出版社出版的《老兵口述抗战系列》，直接以老兵的口吻描述抗日战争。

（四）综合类

此类书以史料与老兵走访相结合，以全面的视角来讲述革命历史。例如，人民文学出版社出版的《长征》，作者王树增掌握了大量"长征"这一人类历史上罕见壮举的相关资料，以此为基础，按照长征的时间跨度与地域推进为基本架构，以文学氛围浓厚的笔法对长征中的人物、故事、重要场景加以描绘。书中人物既有毛泽东等高层领导，也有很多无名的普通人。这是一部从微观到宏观全景式回顾长征的佳作，已成为一本关于长征的畅销书。

综上所述，革命题材书籍的种类多样，我们要出版的图书在革命题材中算比较新颖的一类图书，不能算严格的重走访谈类也不能算完全的事件类。若出版，这本图书将在革命题材图书市场开创一个新种类，以图文并茂更为直观的方式向人们展示长征的历史。

配合 2016 年长征胜利 80 周年的热潮，相信这本书有比较好的销路。

九、营销计划

（一）预热期

预热期大致为上市前半个月。

1. 着重宣传长征胜利 80 周年，让对长征历史、文物有研究的相关学者进行宣传，表明此书的价值，使受众相信这是一本好书，吸引目标受众来购买。

2. 与书中所列出的纪念馆进行合作，在纪念馆内宣传此书，让游人来游玩时可以看见此书的宣传，吸引更多目标受众的目光，推进知名度。

3. 利用工作人员微博、纪念馆微博、相关作者微博、书店微博转发次数信息，并且利用有关长征的微信公众号等网络公众手段进行宣传，并提高转发量，使更多人看见此书，达到宣传的效果。

（二）上市和推进期

上市和推进期大致为本书上市后的第一个月内。

1. 因为是长征胜利 80 周年，预计有很多书店会开设长征胜利纪念专区，可与书店协商推荐此书，将此书摆在显眼的位置，使目标受众能轻易找到此书。

2. 在网络上利用豆瓣书评、微博评价等平台发布此书的优点与必须购买此书的理由，集中发布书评和文章，让潜在受众相信这是一本值得购买的书并最终购买，占领市场份额。

（三）巩固期

巩固期大致为上市一至两个月。

1. 预计电视上关于长征的节目还有很多，利用电视节目纪录片等，在宣传各种长征纪念馆的时候趁机宣传此书，激发潜在的目标受众。

2. 在微博上利用出版社微博、书店微博进行转发抽奖活动，抽取 10 名幸运人士奖励图书一套，扩大转发量和关注度。

（四）成熟期

成熟期大致为图书上市两个月及以后。

1. 奖励对图书提出合理建议的人并鼓励各界人士对图书提出批评和建议。

2. 组织读者游活动，让有兴趣的读者亲自去走访书中所涉及的纪念馆，扩大宣传。

教师
点评

　　我组成了两个基于此选题的小组，由已经升入二年级，进入新闻学、广告学、广播电影电视学、编辑出版学的 16 位同学组成，具体承担书稿撰写、内文设计、编辑加工等工作，四川民族出版社副社长、汉文出版中心主任胡华和我一同担负起指导工作。在长达一年的工作后，

《君问归期未有期——长征中的动人爱情故事》和《长征留在四川的足迹——走访四川省内的长征纪念馆》这两本书由四川民族出版社于 2016 年 10 月长征胜利 80 周年时正式出版。

我要感谢在 2015 年春季教学季中"编辑出版学概论"课上所有的同学，尤其是提交了选题策划书的同学，特别是成为"长征主题策划团队"的 16 位同学——步彦冰、何林蔚、刘成苑、罗跃、欧阳素芳、田思齐、王堃、吴达剑、徐茂祝、薛奥、杨娟娟、赵启南、赵轶、张燎原、张婧怡、黎璐鑫。感谢你们贡献了你们的创意与思维，感谢你们参与到书稿的撰写、设计、编辑工作中来，无论今后你们是继续深造还是走上工作岗位，希望大家都记得，在那样美好的课堂上，我们曾一同走过……

拜占廷帝国史

课程号：106203020

邹　薇 / 四川大学历史文化学院（旅游学院）

邹薇，2009 年获南开大学历史学博士学位，同年入职四川大学。现为四川大学历史文化学院（旅游学院）副教授，讲授课程"世界中古史""拜占廷帝国史""伊斯兰教史""世界上古史""专业外语"等。四川大学中医文化与养生研究所成员，南开大学希腊研究中心特邀研究员。主要研究方向为拜占廷历史与文化、文艺复兴史、中西文化交流史。

2014 年获教育部教育管理信息中心"第十四届全国多媒体课件大赛"高教文科组优秀奖，并分别获得 2010 年度、2014 年度四川大学青年骨干教师奖。

参与撰写、主编学术著作 3 部，其中一部获国家新闻出版广电总局的资助，并被翻译为阿拉伯语在突尼斯等地出版发行，另有英文版入选中国新闻出版广电总局 2016 年丝路书香工程，正在翻译出版中。

对立还是结合：历史学科非标准答案考试改革尝试
——以"拜占廷帝国史"为例

四川大学历史文化学院（旅游学院）　邹　薇

【摘　要】非标准答案考试改革并非是要排斥标准答案模式，而历史学科自身特点决定了其考察方式的灵活性和命题模式的多样性。课程"拜占廷帝国史"的期末命题尝试将非标准答案与标准答案模式结合在一起，以发挥学生各自的特长，为教学服务。

【关键词】非标准答案　教改　融合　历史学

在 20 世纪 80 年代初期，我国教育者已开始了对标准答案考试模式的反思①，时至今日仍在探索实践非标准答案的考试改革。然而，非标准答案考试模式并非同标准答案模式绝对对立、水火不容，尤其是在历史学科中，二者是可以相互调和取长补短的。

从教育学方面来看，无论是标准答案命题还是非标准答案命题，万变不离其宗，其最终目的都是在于考查学生对该课程知识点的全面性、知识体系的完整性和专业理论逻辑性的掌握程度。非标准答案命题显然可以避免学生死记硬背和揣摩命题老师的心理，将学生的主观能动性更多地调动到学习层面上来，并扩宽了试卷评价上留给老师的空间。

从历史学科自身的特点来看，历史学科求真求实，历史学知识既包括史实也涵盖史识和史论。例如，拜占廷帝国于 1453 年灭亡，这是史实，只有一个"标准"答案。而拜占廷帝国灭亡于 1453 年的原因，如何认识这个历史问题并得出结论，可谓史识，对历史的洞察很多时候是无法用一个标准答案来认证对与错的。至于史论，即对历史事件和人物的评价，如对拜占廷帝国末代皇帝君士坦丁十一世的评价等，这比较主观，言之有理、言之有据、自圆其说即可，也不太适用标准答案来进行评判。

由此可见，就历史学科而言，不同的知识适用于不同的考察模式。标准答案考试模式多适用于史实类的，如填空题、对错题、连线题等。而非标准答案考试模式适用于史论和史识类的，多以简答题、论述题等开放式命题的形式出现。非标准答案考试模式不是要取消和消灭标准答案考试模式，历史学科自身的特点决定了其考察方式的灵活性和命题模式的多样性。

因此，在此次"拜占廷帝国史"的期末考试命题中，笔者尝试将非标准答案考试模式同标准答案模式结合起来进行考察。鉴于学生向来是命题的对象，让学

---

① 沈龙明 . 不要拘泥于"标准答案"——阅卷偶得［J］. 人民教育，1983（8）.

生与老师的角色互换，让学生按照四川大学标准答案试题模式命题。题目是：假设你是"拜占廷帝国史"的授课老师，请为该课程设计一套总分为一百分的闭卷考试试题。考试要求：（1）至少需有4种题型；（2）需给出参考答案和评分标准。评判标准：（1）试题的难易是否适中；（2）知识点考察是否全面；（3）重点和难点是否突出；（4）给出的答案是否准确。

如此尝试，一是让学生理解，历史学科的非标准答案考试模式的基础是建立在史实的标准答案之上，没有对史实的准确认识，史论和史识都容易走上歧途。因此，非标准答案考试模式并不是没有评判的标准，可以任性妄为。二是试图在非标准的模式下以标准答案命题方式去了解学生的心理需求和学生独具个性的知识兴趣点，同时促使学生在自命题时查阅大量的文本资料，参考各种的试题题型，进行筛选、整理、命题、制卷，并做出答案来。这对学生来说是一种锻炼，对老师来说，可以更好地考查学生对这门课的总体掌握情况。

最后同学们的作答显示出了不同风格。一类同学的命题和答案富有创造力和新意，体现了新时代学生在学习中彰显个人风貌的特点，在掌握课程重点难点的前提下，涉猎了现今史学界所关注的女性史、艺术史和社会生活史，属于新史学一派；另一类同学的命题和答案是标准化答案命题的典范，质量也比较高，看得出来其对拜占廷历史体系和知识要点掌握比较到位，其风格是传统史学一脉。

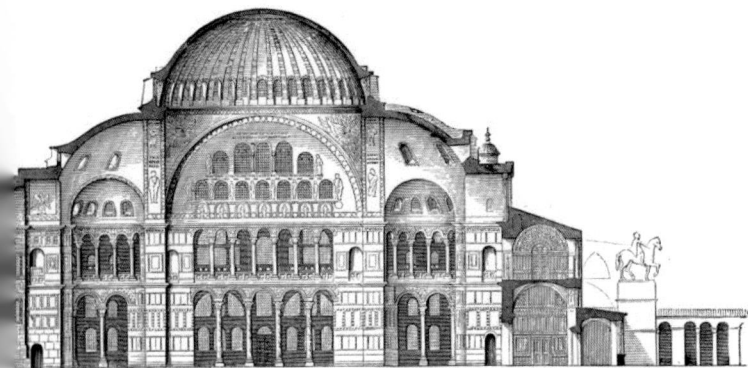

尝试结果也说明非标准答案命题和标准答案命题不是非生即死的关系，它们可以结合在一起取长补短，作为工具更好地为教学服务。

考试题目

题目：

假设你是"拜占廷帝国史"的授课老师，请为该课程设计一套总分为一百分的闭卷考试试题。

1. 至少需有 4 种题型；

2. 需给出参考答案和评分标准。

简要说明：

学生向来是命题的对象，此次考察将学生与老师的角色互换，让学生命题，这不仅符合学生的心理需要，能反映出学生独具个性的知识兴趣点，同时还能促使学生在自命题时查阅大量的文本资料，参考各种的试题题型，进行筛选、整理、命题、制卷，并做出答案来，非常有利于老师考查学生对这门课的总体掌握情况。最后，只有很好掌握了这门课的理论和知识，才能命出一套高质量的试题。

评判标准：

1. 试题的难易是否适中；

2. 知识点考察是否全面；

3. 重点和难点是否突出；

4. 给出的答案是否准确。

学生答案

答案一（节选）：
历史文化学院（旅游学院）　江维睿　2014141061025

说明：闭卷，满分为 100 分，共 6 道大题。

有选做题，请看清题目要求，根据所学选择作答。

一、判断题。（每题 2 分，共 10 分）

1. 拜占廷这一名称最初是指位于博斯普鲁斯海峡的古城拜占廷。

2. 普罗科比在《战史》（又名《八卷历史》）一书中以辛辣的语言批评查士丁尼一世及其皇后，反映了作者对查士丁尼一世的真实记载和评价。

……

二、列举题。（4 选 2，每题 5 分，共 10 分）

1. 列举你所知道的拜占廷历史上的历史学家（至少 3 位）。

2. 列举曾与拜占廷帝国发生过军事冲突的国家或民族（至少 3 个）。

……

三、名词解释。（每题 5 分，共 15 分）

1.《波恩大全》。

……

四、思考题。（3 选 2，每小题 10 分，共计 20 分）

1. 假如你穿越到 10 世纪的拜占廷帝国，你会选择做什么来谋生呢？请陈述你这样做的原因。

2. 本学期学习这门课程后，你最大的收获是什么？

3. 你认为拜占廷历史发展的"黄金时代"是哪个时期，为什么？

五、论述题。（30分）
论述"毁坏圣像运动"发生的原因。

六、选做题：在下列 A（图片题）、B（翻译题）两题中选一道作答。
A. 图片题。（看图片回答问题，每题 5 分，共 15 分）

1. 图组反映的建筑名称是：_____。

2. 图片所反映的事件是：_____。

学生答案

3.图片所反映的事件是：_____。

B. 翻译题。（英译汉，每题 3 分，共 15 分）

1.Byzantium.

2.the Eastern Roman Empire.

3.Constantine.

4.Rurik Dynasty.

5.Barbarian.

参考答案及评分规则：

一、判断题。

题号	答案	备注
1	√	
2	×	应是《秘史》。《战史》主要记述拜占廷帝国对萨珊波斯帝国、汪达尔王国和哥特王国的历次战争
……	……	……

二、列举题。

题号	参考答案	评分标准
1	优西比乌、苏克拉底、索卓门诺斯、左西莫斯、赛奥多利特、普里斯哥、普罗科比、约翰·马拉拉斯、麦南德、赛奥发尼斯、君士坦丁七世、利奥、普塞洛斯、米海尔·阿塔利亚迪斯、安娜·科穆林，等等	列举属实即可得分： 列举1个得1分，2个得2分，3个得5分 选做任意两题，若多选则依题号按前两题评分
2	波斯帝国、阿拉伯帝国、奥斯曼土耳其帝国，等等	
……	……	

三、名词解释。

题号	参考答案	评分标准
1	全称为《波恩拜占廷历史作品大全》，是从事拜占廷研究的原始资料书，1828年在德国出版问世，在《巴黎大全》的基础上进一步扩大对资料的搜索范围，采用原文和拉丁文对照的方式，附带精简的德文诠释，具有完整、精确和使用方便的特点	理解它是简称，是研究拜占廷历史的原始资料丛书，得5分
……	……	

四、思考题。

题号	参考答案	评分标准
1	无	答案需表现谋生的具体职业、工作或事项（2分）以及原因（8分），仅写工作没有原因得2分。工作可以是选择去当农民务农、去参军打仗、去记述和写作当时的历史成为作家或历史学家、去修道院潜心修行、去卖面包、当珠宝商、当屠夫或猪贩子或鱼贩子或马贩子、香料商人、学习酿葡萄酒、绘制镶嵌画、发展对外贸易或者千辛万苦回到中国，等等，充分发挥想象力即可。因需体现10世纪拜占廷社会背景下该工作的可行性，体现答题者的思考过程，言之有理都可得满分
……	……	……

学生答案

五、论述题。

参考答案	评分标准
①宗教原因： a. 统治集团为消除基督教徒和其他宗教之间关系的障碍 b. 皇帝试图通过"净化"信徒对原始基督教教义的信仰来加强思想控制 c. 在艺术领域恢复基督教的纯洁 ②政治原因： a. 以宗教问题为契机，发动一场旨在抑制教权膨胀的社会改革 b. 皇权极力控制和参与教会事务的斗争，一方面防止教会脱离皇权的控制，另一方面及时制止宗教争端造成的社会分裂 ③经济原因： a. 教会经济实力迅速增长，教俗界收入差距拉大，在国家财政吃紧的情况下引发世俗君主的不满 b. 教会吸引大批青壮年避世修行，对国家税收、兵源造成严重侵害和瓦解	理解"毁坏圣像运动"的时代背景 　　若按照宗教、政治、经济三方面来回答则每方面各占10分，字迹清晰、叙述比较完整都可得满分 　　若发挥自己的见解需要结合时代背景，有史实依据作答，亦可酌情给分

六、选做题。

A. 图片题。（每小题5分）

题号	答案	备注
1	圣索菲亚大教堂	答"阿亚索菲亚博物馆"得5分
2	毁坏圣像运动	
3	……	……

B. 翻译题。（每小题 3 分）

题号	答案	备注
1	拜占廷	
2	东罗马帝国	若译为"拜占廷帝国"得 2 分
3	君士坦丁	
4	留里克王朝	
5	蛮族	若译为"异教徒"得 1 分

学生答案

答案二（节选）：
历史文化学院（旅游学院）　袁夕婷　2014141061083

拜占廷帝国史试题（100分）

一、判断题。（每空1分，共20分）

1. 拜占廷帝国又称：东罗马帝国。（√）

2. 早期拜占廷帝国的基本特征：皇帝独裁统治、政治集权化、政府机构官僚化。（×）

······

二、名词解释。（每题5分，共20分）

1. 背教者朱利安。

君士坦丁王朝的皇帝（2分），因恢复罗马传统宗教与基督教决裂，被基督教会称为"背教者"（3分）。

2. 军区制。

军区制改革是7世纪中期拜占廷帝国伊拉克略王朝（1分）开始实行的一场有关军事和行政制度的改革（1分），由于这场改革以解决军事问题为主，且最终普遍建立军区，故被称为军区制改革（2分），新制度则被称为军区制（1分）。

3. 毁坏圣像运动。

毁坏圣像运动是中期拜占廷历史的重大事件，是八九世纪（2分）拜占廷教、俗统治集团发动的禁止和崇拜圣像的社会斗争（3分），这场运动涉及面广，影响极大。

4. 约翰·伊塔洛斯事件。

伊塔洛斯将柏拉图哲学中的逻辑概念应用于解释一些重大神学问题，1082

年3月，伊塔洛斯被迫公开放弃自己的作品并弃绝自己的学说（事件原委2分）。这标志着拜占廷文化在科穆宁时代失去生机与活力的开始，国家与社会重新控制了教育的内容，限制了人们自由思考的空间（影响3分）。

三、简答题。（30分）

1. 简述毁坏圣象运动的原因。（20分）

宗教原因：统治集团为消灭基督教徒与其他宗教之间关系的障碍（3分）；皇帝试图通过净化信徒对原始基督教义的信仰来加强思想控制（3分）；拜占廷在艺术领域恢复基督教的纯洁（3分）。

政治原因：以宗教问题为契机，推行一场旨在抑制教权膨胀的社会改革，可被视为皇权极力控制和参与教会事务的斗争（2分），一方面防止教会脱离皇权控制，另一方面及时制止宗教争端造成的社会分裂（3分）。

经济原因：教会经济实力迅速增强，教俗界收入差异拉大，在国家财政吃紧的情况下引发不满（3分）；教会吸引大批青壮年避世修行，对国家税收和兵源造成严重的侵害和瓦解（3分）。

……

四、论述题。（30分）

1. 军区制改革的内容、特点及意义。（一点5分）

内容和特点：

第一，在军区内，管理机构采取战时体制，不仅军政权力由将军控制，而且军区的各级权力机构也按军事建制设立，行政权力属于军事系统。

第二，在军区制下形成了相对稳定的农兵阶层，军队主要是由耕种军役田地的农兵组成。他们成为中期拜占廷的社会中坚力量，对于加强拜占廷国力，稳定形势起到了相当重要的作用。可以说，军区制改革加速了拜占廷国家组织的军事化。

学生答案

意义：

第一，拜占廷在社会结构的军事化，解决了拜占廷帝国面临的人力资源短缺和财源枯竭的困难。

第二，军区制下军事首脑的一元化领导也极大提高了地方管理的效率和军队应急能力。

第三，随着军区制推行，农兵阶层逐渐形成，小农阶级也得到发展。

第四，军区制的推行对于稳定拜占廷局势，缓解外敌入侵的威胁起到重要作用。赋予拜占廷帝国新活力的大胆改革，其意义极为深刻，是数百年拜占廷帝国强盛的基础。

江维睿同学的命题和答案富有创造力和新意，体现了新时代学生在学习中彰显个人风貌的特点，在掌握课程重点难点的前提下，涉猎了现今史学界所关注的女性史、艺术史和社会生活史，属于新史学一派；袁夕婷同学的命题和答案是标准化答案命题的典范，质量也比较高，看得出来其对拜占廷历史体系和知识要点掌握比较到位，其风格是传统史学一脉。这两份试卷都是学生优秀答案的代表。

教师点评

会议需求与策划

课程号：106232020

鲁　力／四川大学历史文化学院（旅游学院）

鲁力，2014 年毕业于电子科技大学管理科学与工程专业，获博士学位；随后进入四川大学旅游学院（旅游学院），主要从事会展经济与管理专业的教学和科研工作。2015 年获四川大学首届"探究式－小班化"教学竞赛文科组一等奖。2016 年获四川省第三届青年教师教学竞赛人文社会科学组三等奖。

以非标准答案考试促进探究式教学

四川大学历史文化学院（旅游学院） 鲁 力

【摘 要】本文以会展经济与管理专业的"会议需求与策划"课程为例，分析了会展专业采用探究式教学的必然性，并分析了如何在探究式教学中，以非标准答案的创意策划作业，提升教学效果，实现基于学生学习过程的考核。同时介绍了本门课程非标准答案考试题目设计、考核评定方式和最终成果去向的一些有益尝试。

【关键词】非标准答案考试 探究式教学 以赛促学

会展业被称为城市的助推器和面包机，其在拉动经济增长、带动旅游消费等方面的作用已经被广泛熟知。为了顺应四川会展业快速发展的趋势，四川大学与四川省博览事务局于 2011 年签订了共建"会展经济与管理专业"的协定，这也使四川大学成为全国"双一流"大学中，开办会展经济与管理专业的四所（其余三所为中山大学、南开大学、华南理工大学）院校之一。作为一所研究型大学开办会展经济与管理专业，会展系在专业建设之初就提出依托四川大学的综合性研究型大学优势以及历史文化（旅游）学院的办学特色，将该专业打造成具有国际化视野的一流会展专业。

一、探究式教学是会展专业人才培养的必然选择

众所周知，会展产业是一个创意产业，需要从业人员具有敏锐的洞察力和创新能力。传统的"填鸭式"教学模式往往只是灌输知识点，让学生进行机械的记忆，并不能充分调动学生的积极性，也不利于激发学生的创造性。虽然传统教学模式仍有可取之处，但显然与培养学生的创新能力不匹配。会展系结合四川大学的办学特色，提出基于研究能力和执行能力"双驱动"的教学理念。一方面，针对四川大学研究型大学办学定位，着重培养学生的学术研究能力；另一方面，针对会展专业所服务的行业特点，着重培养学生的项目执行能力。因此，如何通过改变教学模式，激发学生的学习和研究积极性是会展专业建设的重要问题。

实践证明，探究式教学是有效解决这个问题的重要手段和途径。探究式教学打破原有教科书体例，以问题为导向重新编排教学"剧本"，形成教学专题，通过课堂表决器、课堂小组研讨、文献阅读与分析、案例分析、创意策划等手段，促进学生在课上和课下积极思考，实现"以学生为中心"的教学。

二、非标准答案考试在探究式教学中的应用

我所承担的"会议需求与策划"这门课，是四川大学的首批"探究式-小班化"教学示范课程。为了培养学生的会议策划能力和创意能力，在开设这门课程之初，我就提出上这门课的学生，期末之前必须提交一个完整的会议策划。最初我设计的题目都比较宽泛，比如设计一个青年金融专家的经济论坛、设计一个环保主题

的协会会议，等等。学生拿到类似题目，往往觉得太过于宽泛，想创意设计的内容太多，反而有失可行性。而我认为创意策划的最终目的是要提升学生的创意和执行能力。因此，规定一些条款性的要求，更符合商业环境的现实案例，对学生的创意能力提升更具有针对性。

后来，我注意到国际会议专家联盟（MPI）组织的针对全球青年会展策划人的一项比赛——全球未来领导人论坛（Future Leaders Forum）中的一项比赛，恰好规定了各项符合现实的商业环境，并在这个框架下，让参赛者进行创意策划。我认为这是一个很好的非标准答案考试设计范例。比赛要求参赛者在 4 张 A4 纸的范围内，根据会议活动内容、时间、选址、参与者、预算等要求，独立策划一个会议活动。在 4 张 A4 纸的范围内要求将主题、选址、参会者邀请、日程议程、会议活动设计、可持续性论证、赞助、预算和盈亏分析等内容包括在内，对参赛者的语言表达能力是一个极大的挑战。于是，我借用比赛的题目来设计非标准答案考试的试题，学生不再觉得手足无措，反而是不断精炼创意，用最简单的语言表述创意，这使学生创意、设计、语言表达等多方面的能力均有提升。策划完成后，我要求每位同学用 5 分钟的课堂时间进行展示演讲，由班级推选的现场评委对各位同学的现场展示打分，教师再评阅策划文案并打分，汇总后确定学生最终得分。

三、"以赛促学"实现非标准答案的行业应用

为了让学生的策划方案走出课程，走进真实的行业应用，会展系一直坚持"以赛促学"的办学理念，鼓励学生参加各类会议、展览、节事活动策划大赛。我们精选了一些由教育部旅游管理学科教指委、中国会展经济研究会等会展教育的权威机构举办的会展策划比赛，将比赛要求和非标准答案考试结合起来。学生完成非标准答案考试的作业，实际上就是由个人或团队完成了一次内部比赛，我们进行内部评审后，推选优秀的作品代表学校参加比赛。同学们策划的许多作品已经全部或部分变成了真实的行业应用，受到行业的高度评价，激发了同学们学习会展专业的热情。近年来，本专业学生已在老师的指导下多次参加了全国性的大学

生会展策划比赛，并取得了一系列丰硕的成绩，其中获得全国一等奖（金奖）4次，二等奖（银奖）8次。

会展产业是一个创意产业，学习会展专业的学生也应该具有创意能力。采用标准答案考试，学生往往只能做出"规矩"的东西，而非标准答案考试却为学生插上了自由的翅膀，让学生找到了创意的乐趣。

参考文献

［1］谢和平.扎实推进课堂教学改革［J］.中国大学教学，2016（1）：1-4.

［2］孙婧，王文溥.高校非标准化考试模式初探［J］.长治学院学报，2016，33（2）：96-97.

［3］张俐俐，庞华.研究型大学会展专业人才的培养模式［J］.旅游科学，2008，22（3）：55-58.

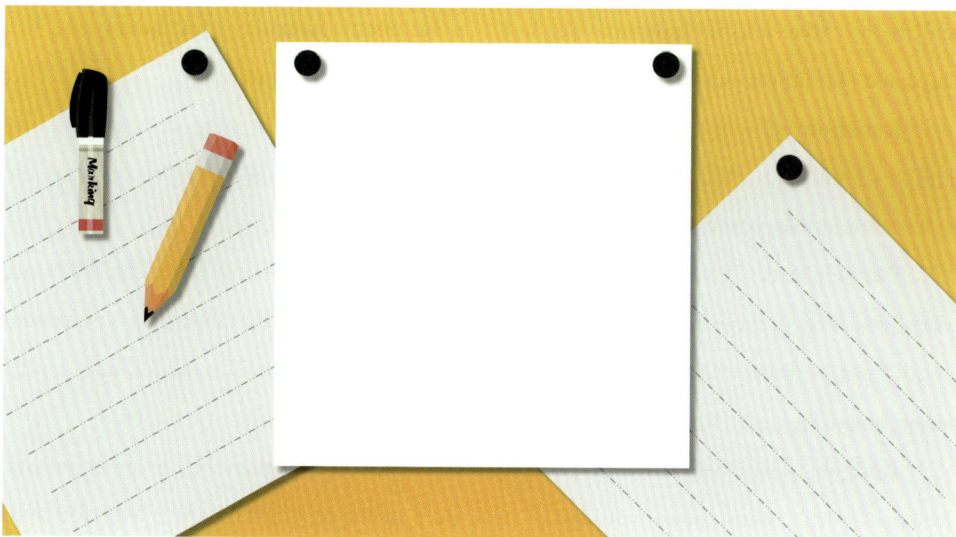

考试题目

题目：

> ## Create a written proposal of max 4 pages.

Design an event that stimulates the creativity of young meeting professionals and that provides opportunities for productive discussion on innovation and the use of creativity in meeting and event planning. The event should provide appropriate educational content as well as networking opportunities for the participants. The use of creative and interactive meeting formats is encouraged to support of the outcomes of the event. Showcasing innovative ideas and unseen products should be included in order to intensify the learning experience. The event should have a catchy name and one central concept or theme that runs throughout the event.

Timing：The event is scheduled to take place over 2 and half days. The half day will be a Friday and include arrivals and a social event. Saturday and Sunday are full days and should include a mix of educational and networking sessions.

Location：The event should take place in a destination that supports a stimulating and sustainable multi-cultural environment. Where possible the event or parts of the event should take place at a Marriott property.

Participants：The event is open to 150 generationy meeting planners. They are very busy and receive many event invitations. It should be very clear why your event should not be missed and why it is relevant to this group. You should include details about how to register for the event and if there is a participant selection process.

Budget：The event must be partially self-funded via sponsorship or other means. Marriott is the main sponsor and will provide a grant of USD 10,000. Marriott will also provide meeting rooms and audio visual services for any parts of the event taking place at a Marriott property. Explain in a funding plan how the costs of the event will be covered. If you include sponsors, please define how they can make a return on investment.

Proposal details：**The "Must-have's"**：

· Outline of the project. (event name and theme, dates, location)

· Destination and venue selection. (include reasons for the selection)

· Target audience. (include who is the target group and details on the selection/ registration process)

· Educational content and session formats. (include details on knowledge sharing format(s) and selection of speakers plus an explanation why your selection is relevant for the audience)

· Networking and social activities.

· Event budget. (include a well-defined funding plan and explain how sponsors receive ROI)

简要说明：

本试题为"会议需求与策划"课程的平时考核试题。选用国际会议专家联盟（MPI）组织的未来领导人论坛（Future Leaders Forum）中的比赛题目，要求学生在 4 张 A4 纸的范围内，根据会议活动内容、时间、选址、参与者、预算等要求，独立策划一个会议活动。策划完成后，每位同学将有 5 分钟的课堂展示时间，由班级推选的现场评委对各位同学的现场展示打分，教师再评阅策划文案并打分，综合两部分得分为学生最终得分。该部分考核占期末总成绩的 50%。

本试题要求学生综合运用课程知识，并发挥创造性完成策划，能有效辅助课堂教学，增进策划课程的实践感。同时，选用比赛题目作为考核试题，凸显了会展经济与管理专业推行的"以赛促教"理念。在考核完成后，将推荐优秀作品参赛。

学生答案

答案一（节选）：
历史文化学院（旅游学院）　白雨欣　2014141063002

International New Talents Exchange Conference for MICE 2016
INTEC-2016

I. Brief Introduction

Theme

"Meeting" new challenge, Be new talents

Background

· Economic depression reduced the budget of the enterprises, which affected the numbers of participants and quality of meetings and events. (zwhz.dooland.com)

· Internet became an improtant platform for information exchange, meaning new opportunities and challenges for the world MICE industry. (Research on MICE E-Commerce System)

Purpose

· First, we offer communications advice through educational sessions, showcases and the sharing of experiences amongst members.

· Second, we create specific material such as videos and lectures about the new trends and challenges of the meeting industry.

· Third, we supply tools such as the projects from young professionals to provide cost-effective, credible and innovative measures for prospect.

· Finally, we assist meeting professionals to develop skills of using innovation and creativity.

Time

June 10th-12th, 2016

· Tourist off-season, less traffic congestion.

· Suitable temperature in dessert.

…

II. Participations

Target group

College students majored in meeting or event management. (50 people)

· Have both professional qualities and innovative consciousness.

· Be sociable and willing to exchange ideas with others.

· Aspire to work in meeting related industry after graduate.

Meeting professionals with 5-10 years working experience. (100 people)

· Be familiar with meeting industry status and development trends.

· Have latest information about the increasing demands of clients.

· Searching for some new technology and talents for their enterprises.

…

学生答案

III. Schedule of Sessions

Friday June 10th, 2016

14:00	**Registration** *Venue：the Pointe*
18:00	**INTEC Opening Ceremony** Guest of honor：Jan Paulsson *President of International Congress and Convention Association (ICCA)* *Venue：Santa Rosa Ballroom*
19:00	**Welcome Cocktail Reception** *Venue：San Jacinto Ballroom*
20:30	**Baker & McKenzie after Party** *Venue：The Grove* *Time：20:30-22:30Hours* *(First Come First Served Basis)*

...

IV. Marketing

Promotional activity (March 15th-April 15th, 2016)

Online raffle for 50 free Marriott Rooms.

Like the INTEC homepage on Facebook and tag at least 3 friends (or repost the IntecBlog and @ no less than 3 friends), you will have a chance to win one-night stay in a Marriott hotel.

...

V. Budget

Title	Sum	Remarks
Promotion fee	USD20,000	

Title	Sum	Remarks
Labor fee	USD20,000	
Website maintenance	USD15,000	
Assistant Fund	USD10,000	
Others	USD10,000	
Total	**USD75,000**	
Surplus	**USD10,000**	

VI. Special Projects

Marriott green program (Make a green choice)

All the conventioneers have option to decline housekeeping service during their stay. In exchange, receive $10 F&B voucher per day.

…

CSR project (Corporate Social Responsibility)

Every enterprise is supposed to submit a Corporate Social Responsibility Report by the end of 2016, and the organizers will present them on INTEC homepage-CSR plate.

学生答案

答案二（节选）：
历史文化学院（旅游学院）　钟锦扬　2014141063144

World Conference on Undergraduates Career Development

This Conference provide opportunities for senior students to talk about abilities as well as knowledge on their career path and focus on voices from peers, the market and the official. In the meantime, we are keen to ensure that the broad interests of every participants are clearly accommodated in the conference sessions.

Event theme——Start your career here：Promoting knowledge and ability equality

Destination and venue selection

Destination：**Hong Kong**

Venue：**Renaissance Hong Kong Harbour View Hotel**

Hong Kong's policy, economic, secure environment and its open culture attracts international attention as well as cross-country companies and promising youth.

Hong Kong's relatively easier accessibility for both local students from the mainland China and participants worldwide avoids the risk of participants' no-show.

…

Participant selection process details

Microfilm Competition   **May 10th – May 23rd**

The film should be the work of no more than 3 senior students, and the theme of the movie is about job hunting or career path and should be limited in 4 minutes and be set in New World Development Company Limited.

The final winner will be judged both on the score given by professional film-maker and an online voting. The winner could get the admission to the conference and 3 tickets to Disney Land as a reward.

…

Overview of marketing plan

Microfilm Competition	May 10th -23rd	The information of the competition will be disseminate across every campus of Hong Kong universities. The work of the winner will be broadcasted on the subway and YouTube ending with the promotion of the conference and online registration information
Online promotion	May 5th -Jun 12th	Official Website：www.WCUCD.com
		Websites of national Education Bureau from different countries
		Universities Websites ： HK universities
		Banners： Interactive Employment Service Labour Department Online Job Market of Sing Tao Newspaper http：//www.gangpiaoquan.com
		Mailshots： delivered to companies HR department
		SNS：Facebook , Weibo
Offline promotion	May 10th - Jun12th	Newspaper Ad：Sing Tao Newspaper
		Magazines： Career Times (Hong Kong Economic Times) Job Market Weekly

…

学生答案

Expense   **Total：USD29,500**

Website maintenance & Online Promotion fee	**5,000**
Transport for speakers	**3,000**
Incentive travel for speakers	**8,000**
Labor costs	**6,000**
Offline marketing	**4,000**
Printed materials	**500**
Others	**3,000**

答案三（节选）：
历史文化学院（旅游学院）　罗　鹏　2014141063071

CMIC

China Model Industry Conference of MICE 2016

I. Introduction of Conference

Brief

China Model Industry Conference of MICE (CMIC), consists of the role play activities and a plenary conference for students as well as a series of delivers and lectures opening to all registered companies and students .

Theme

Explore MICE industry, Explore your future

Purpose

To encourage those university students who are interested in MICE industry to find engaging and rewarding employment by exploring their career options and developing their knowledge and skills.

Time

June 17th – 19th 2016.

学生答案

Destination and venue

Hong Kong

· a world-famous international metropolis.

· a multicultural city combining the western and oriental culture.

· the second-line international cities of MICE.

…

II. Participants of Conference

Requirement

· final year university students.

· be enthusiastic at MICE industry and interested in engaging it.

· with international perspectives, professional qualities.

· proficient in English.

Selection process

Enrollment (February 20th - March 15th, 2016)

…

Preliminary (March 20th - March 31st, 2016)

…

Rematch (April 5th - April 10th, 2016)

…

Training (May 1st- May 31st, 2016)

…

III. Detail of Conference

Agenda

Friday Afternoon June 17th 2016

Time	Activity	Venue
14:00-15:00	**Registration and Photo taking**	**Boardroom 1**
15:00-15:30	**Opening ceremony**	**The banquet hall AB**
15:30-16:30	**Speech： Explore the future of MICE in Hong Kong**	**The banquet hall AB**
16:30-17:30	**General introduction**	**The banquet hall AB**
20:00-21:00	**Cocktail lounge**	**The banquet hall C**

Ps. Speech speaker (Keynote speaker)： Bao Lei, chairman of Hong Kong Tourism Board

…

IV. Marketing Plan and Budget

Social media

· **Online media**： China Economic Net, China Meeting Industry Net, Adsale Publishing Ltd., ifeng.com.

· **Paper media** ： *Meetings China, Hong Kong Economic Times.*

· **TV media**： Hong Kong Interactive Information Channel, Phoenix TV.

Sponsorship

Organizer： MEHK (Meetings and Exhibitions Hong Kong), HKTDC (Hong Kong Trade Development Council) , IMEX (Worldwide Exhibition for Incentive Travel, Meetings and Events).

Co-organizer： Marriott , Hong Kong Convention and Exhibition Center .

Title sponsor： The Hong Kong Adsale Group.

学生答案

Supporting sponsors： Hong Kong Polytechnic University, SITE (Society of Incentive and Travel Executive), Reed Huabo Exhibitions, Info Salons China.

C.Budget

I. Source of funding		
Total	**USD90000**	
II. Expenses of funding		
Title	**Sum**	**Remarks**
Publicity and promotion	USD20000	
Assistant fund	USD10000	For those students are excellent enough but can't afford the fees to attend the conference
Organizer fee	USD30000	
Daily Committee maintenance costs	USD20000	
Others	USD10000	
Total	USD90000	

V. Sustainability Analysis

a. **Social impact**： A win-win conference both for students and companies： collision of variety of perspectives and interaction between these industry green-hand and industry veterans.

...

"以赛促教"提升创新能力

第一次设计非标准答案作业的时候，正好遇到一个全国性的大学生会议策划比赛，于是我利用大赛题目布置了那次策划作业，后来又推荐优秀的学生作品参加全国比赛。据学生反映，在参赛过程中，其快速学习能力得到极大锻炼，对于全面提升策划能力很有帮助。我们系的老师们也认同这个观点，逐渐形成了"以赛促教"的教学理念。

这次我特地选用了国际会议专家联盟（MPI）组织的未来领导人论坛（Future Leaders Forum）中的比赛题目，要求学生在4张A4纸的范围内独立策划一个会议活动。如何在有限的空间内，更为准确、合理地表达自己的策划内容成为这次作业最大的难点。

上述三位同学，根据题目规定的情境，充分发挥了他们的创造力，通过不同的会议内容、形式和互动活动来实现策划比赛的要求，体现了较强的创新能力。

教师点评

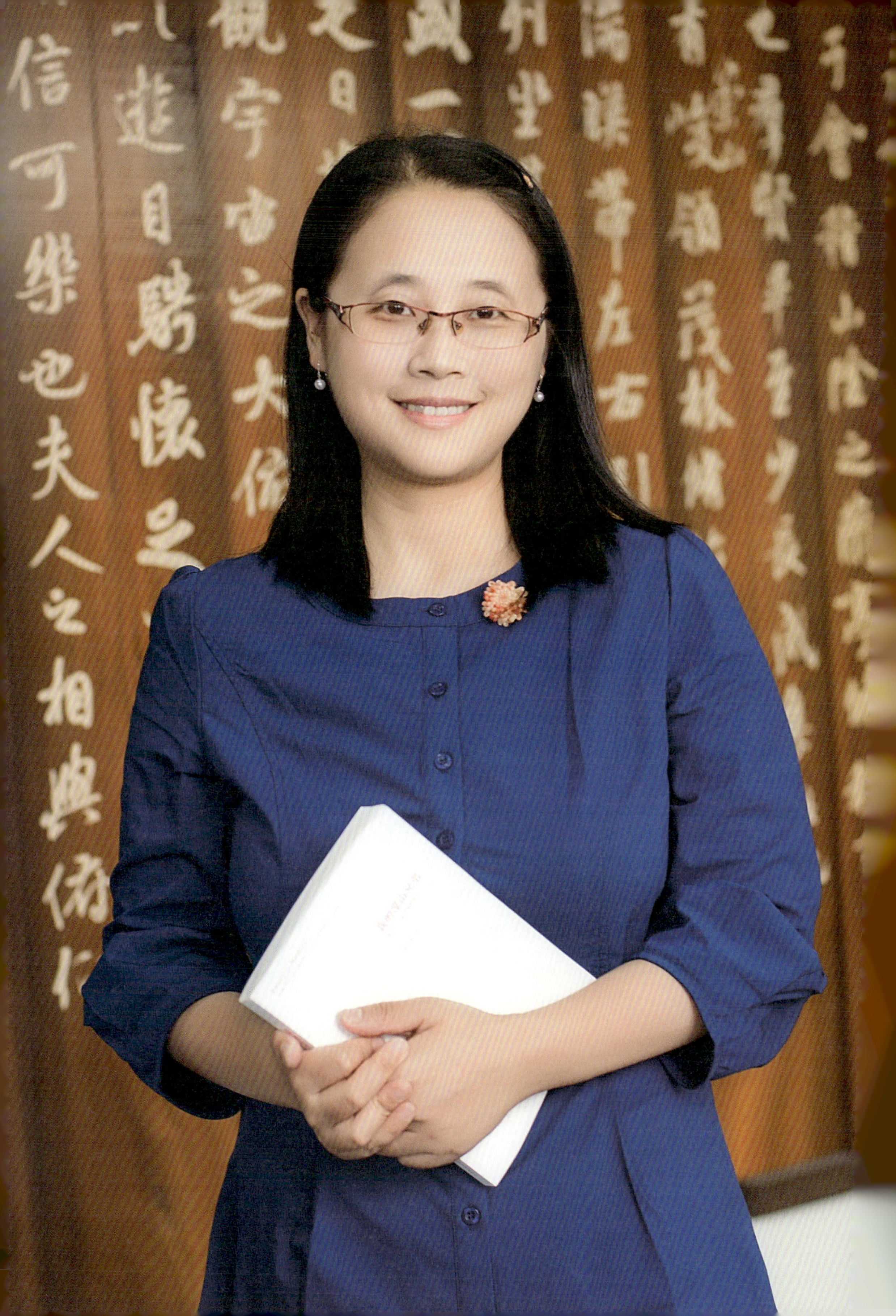

周　琳 / 四川大学历史文化学院（旅游学院）

　　周琳，2010 年毕业于清华大学历史系，获历史学博士学位；2012 年进入四川大学历史文化学院（旅游学院），主要从事明清史和中国古代经济史的教学和科研工作；2011 年，获得"思源华人地区优秀博士论文优等奖"；2013 年，获得"教育部百篇优秀博士学位论文提名奖"，并在《新史学》（中国台湾）、《四川大学学报》《文史哲》等学术期刊上发表学术论文十余篇，完成译著三部。

历史学的非标准答案考试与教学实践
——从两道"穿越题"说起

四川大学历史文化学院（旅游学院） 周 琳

2015—2016 学年度的两个学期，我分别在"明清史专题研究"和"中国古代经济史专题"课程的期末试卷中，出了两道以前从来没有尝试过的"穿越题"，分别是：

如果有机会穿越回到 1644 年，你最希望自己是一个什么样的人（国籍、居住地、民族、职业、性别、年龄等）？请试着描述那时你眼中的中国与世界。[1]

---

[1] 四川大学"明清史专题研究"期末试题，课程号：106325020，考试时间：2015 年 12 月。

　　假如你是 1800 年恰克图、扬州、广州（三选其一）的一位商人，请简要地描述你所经营的行业，你在此地经商的心得、见闻，以及你所面临的机遇与困境。①

　　没有想到的是，同学们对这两道题的回答，比我以往所出过的任何考题都精彩得多。在第一道题的答案中，有的同学想象自己是一个国破家亡、心怀故土的前明县令，有的同学设定自己是一个厌恶战争、心怀悲悯的旗人，还有同学希望做一个驰骋草原、向往外部世界的蒙古牧民……在第二道题的答案中，有的同学想去恰克图做边贸生意，有的同学想去广州做茶叶、纺织品贸易，还有的同学则细心勾勒着扬州盐商的世界……虽然同学们的回答只能展现一个浮光掠影的历史片段，而且还夹杂着对史实的一些不够准确的理解，甚至遣词造句也没有那么优雅，但是我仍然觉得这是我从教数年以来，在考试方面最成功的尝试，也是真正让同学们打开思维、有所收获的两次考试。

　　下面我就主要依据这两次考试的试题和回答，谈一谈我所理解的非标准答案历史考试，以及在这种考试转型背后的教学摸索。这既是对自己多年教学实践的一次检视，也是坦陈自己的心得与疑惑，以就教于各位同仁。

一、改变考试和教学方式的初衷——使历史与今人的心灵相契合

　　在许多人的眼中，历史是一门枯燥、僵死的学科，只需死记硬背教科书，应付考试就已足够。在我从教六年的经历中，许多同学都曾要求考试之前划重点、提示标准答案。每当此时，我都会产生一种深深的无力感。这种情况的存在，当然可以部分地归因于整个社会人文素养的缺欠，但是长久以来历史教育的单调与死板，也难辞其咎。正是因为相当多的历史课程将历史简化成了条块分割的大纲、

---

① 四川大学"中国古代经济史专题"期末试题，课程号：106300030，考试时间：2016年 6 月。

干瘪教条的知识点，以及不容置疑的结论，所以在许多人的心目中，"历史"既是一个门槛极低、不需动用智识的学科，又是与今人心灵格格不入的东西。我所主讲的"明清史专题研究"和"中国古代经济史专题"课程都是专业选修课，选课的同学不仅仅限于历史文化学院（旅游学院）。我明显地感觉到，许多同学只是抱着猎奇、消遣，或者混学分的态度走进课堂。旷课不听讲者有之，作业潦草敷衍者有之，甚至考试缺席者也屡见不鲜。

为了改变同学们对于历史学科的刻板印象，我和历史文化学院（旅游学院）的许多同事们，都努力地使历史知识与年轻的心灵相互亲近。在日常的教学中，我尽量将已被人们视为常识的历史现象"去熟悉化"，特别强调明清史和16世纪以后的中国经济史，与地理大发现之后的"全球化"进程之间的关联；特别注重分析顶层制度设计和"大历史"与人们日常生活的互相塑造；着力展现历史进程中的人性和个人境遇；讲述历史与今天世界之间的血脉关联。比如：

对于明初各种制度的讲解，我不会囿于简单化、理想化的制度条文，而是会带着同学们分析，这样的制度在现实中究竟行不行得通？如果行不通，而这些制度又作为"祖宗成法"不可改变的话，那么现实会变成一个什么样子？

对于明代的"内阁制度"，我不会仅仅告诉同学们内阁部分地承担着宰相的工作，或者内阁是中央集权加强的一种表现，而是会引导同学们去体会，在明朝做一个阁老究竟有多难？甚至是明朝的张居正和宋朝的王安石相比，在权限、行为和君臣关系上究竟有多大的不同？

对于清初的"剃发易服"事件，我不会只讲满人与汉人的冲突，或者"扬州十日""嘉定三屠"，而是会让同学们设身处地地推想：为什么那么多的汉族人会为了捍卫头发连自己的生命都不要？以往对这个问题的解释说服力到底够不够？而这个事件又对清朝的"合法性"造成了何种程度的负面影响？在清朝的历史上究竟有多少事情可以与"剃发易服"有所关联？

对于明清时期的各种合法和非法的民间贸易，我不会仅罗列一些基本的事实，或套用"重农抑商"的刻板模型，而是把明清时期中国的商业作为"经济全球化"

的一个重要环节进行介绍，并带领同学们去观察明清时期商业发达的地区在今天的经济表现，使他们看到历史在何处断裂，又在何处延续。

这样的教学或许也可以定义为"非标准化教学"，它使一部分同学开始对"明清史"和"中国经济史"产生了极大的兴趣，不仅意识到这两个领域还有很大的探索空间，也愿意主动地去研习和思考这其间的许多问题。正是因为有了这样的基础，非标准答案试题才能在不划定任何考试范围的情况下，为同学们所接受。尤其是"穿越类"的试题可以使同学们瞬间置身于另一个历史时空，既要驰骋思维，又必须以确凿的史实为本，还要带入自己的常识、个性和情怀。

历史学家科大卫（David Faure）曾说："我们读历史的目的，就是为了更好地生活。"[1] 我深深地为这句话所感动，也希望用我的努力带领同学们找到历史与今人心灵的契合之处。

二、"非标准化"教学和考试如何令师生受益

在设计第一次"非标准化"试题的时候，我其实还不太清楚什么叫作"非标准答案考试"。在那之后，我才在教务处和学院的引导之下有意识地去了解和思考。经过一段时间的尝试，不管是选课的同学还是作为老师的我都从中受益，大致概括为以下几点：

（一）让老师和同学都更加勇敢地摆脱"刻板印象"的桎梏，深信任何历史结论都要在材料中提炼而出，对历史的未知抱有充分的警醒

在"中国古代经济史专题"的期末考试中，我设计了一道材料解析题，所引材料是光绪二十六年（1900），广州城一个善堂为集资开垦沙田而发行的股票，让同学们分析其中隐含的经济和社会机制。[2]许多同学都准确地指出这是一种类

---

① 科大卫教授个人主页，http://www.history.cuhk.edu.hk/dfaure.html.
② 四川大学"中国古代经济史专题"课程期末试题。

似于"股份制"的商业合作模式，是人们在法律不及或实施不力之处自发形成的合作关系。善堂在其中扮演着非常灵活的角色，既是股东，也类似于公司，还以慈善事业保障投资项目的顺利进行。

这样的答案令我非常惊喜，因为同学们已经能够摆脱现代人头脑中根深蒂固的，对于"善堂""公司""慈善""经济"等概念绝对化、简单化的认识，敏感地看到：在传统中国社会中，许多机制都是灵活而务实的。一些看似与经济无关的机制和组织，其实承担着重要的经济和金融职能；一些似乎很"现代"的经济制度，也早已为传统时代的中国人自发、熟练地应用。进而言之，近代欧洲的经济发展路径并不是实现经济绩效的唯一可行之途，许多传统社会行之有效的经验，其实都可以成为今天制度设计的资源。尽管同学们在答题时还未陈述得如此清晰，但我相信只要稍加点拨，他们就一定能够豁然开朗。而且这样一来，考试也不再是搬弄教条和成说，而变成了一个具体而微的研究过程。

（二）让老师和同学都充分认识到历史的复杂性，以及在千头万绪中观察和叙述历史的难度

本文开头提到的两道"穿越题"，同学们回答得十分精彩。马文忠同学对于恰克图晋商的描述，就提到了他的家庭、教育经历及婚姻生活，引他走上贸易之路的家族网络，以及恰克图边贸商的语言技能、营销策略、商路选择、经商见闻、价值取向，等等，让人眼前立即浮现出一个勤勉、朴实、能干的年轻商人形象。这样的回答其实是相当不易的。因为答题者不能如应付常规试题那样，只讲"重要"的内容，而是要谨慎地设计每一个细节，并像做"拼图游戏"一样，将散落一地的细节拼成一个经得起推敲的故事。任何细部描述的失真，都会清晰地暴露出来。所以在考试的时候，同学们答题的过程相当艰难，许多同学过后都告诉我，在连缀各种细节时，常常顾此失彼、应接不暇，好多想说的都没有表达出来。我想，这足以让同学们体会到历史的纷繁复杂，以及历史创作的诸般不易。

（三）激发同学们治史的想象力

或许有人会说，文学和艺术创作需要灵感和想象，而研究历史只要掌握充足的材料就行了，其实并不是这样。一个出色的历史学家，也必须拥有上天入地的想象力，只有这样，才能超越个人经验的局限，合理地建立零散史实之间的联系。在这两次考试中，我设计了材料解析题和"穿越题"就是出于这样的目的。它要求同学们发挥想象力去构建场景、勾勒人物、设计细节，但是这一切又必须经得起史料和常识的检验，中间的分寸很不好拿捏，但是同学们仍然完成得不错。

（四）让老师和同学都对历史中的"人性"有了更加深刻的理解

在"明清史专题研究"考试中，龚治全同学设定自己是一个明代遗民，剖白了他对于明廷倾覆的痛心和去国怀乡的凄苦；林梦月同学设定自己是一个"非典型"的旗人，既不愿参与战争，也不愿目睹生灵涂炭。我能够感觉得到，这两位同学在回答问题的时候，已经深深地"入戏"，虽然有许多想法其实是他们自己的心声，但是至少可以从这个过程中体会到，个人眼中的历史与"上帝视角"中的历史可能会截然不同。

学习历史无外乎就是"知人论世"，我相信好的历史归根结底就是每个人的真实处境，好的历史写作也必然会映照出人性的温度。

三、"非标准化"教学和考试所折射出的问题

坦白地说，现有的教学资源对于开展"非标准化"教学和考试是不够的。至少就"明清史专题研究"和"中国古代经济史专题"两门课程而言，上课时间非常有限[①]，又基本没有机会设置助教[②]。所以作为老师，我深感无法督促同学完成

---

① "明清史专题研究"每周 2 课时，每学期共 36 课时；"中国古代经济史专题"每周 3 课时，每学期共 54 课时。
② 根据学校的规定，选课人数超过 80 才能设置助教，而这两门课程近 4 年来的选课人数只有一次超过 80，所以基本没有机会设置助教。

足够多的知识积累。

从上文的叙述可知，"非标准化"的教学和考试，要求同学有更宽广的学术视野，更敏锐的思维能力。就历史学科而言，要达到这样的目标只有一个途径，那就是广泛地读书，不仅要读史料，还要读研究性论著。只有知识积累足够丰厚，才能使老师的讲授和引导在同学们的头脑中打下深深的烙印；否则很容易变成轻浮躁进、游谈无根、眼高手低的结果。尤其是"非标准化"的考试，因为题目的涵盖面通常都特别大，所以在这个范围之内只要略知一二，谁都可以谈出点什么。所以，如果不踏实读书，"非标准化"考试反而可能成为掩盖懒惰的道具。在这两次考试中，我就明显地感觉到同学们在分析陌生史料时，普遍的力不从心，基本上不能将材料的细节与大的经济、社会背景结合起来阐述。这就说明，他们对于那个时代、那个区域的认识还相当模糊，而这显然是知识积累不够造成的。而且坦白地说，"穿越题"这种形式，我其实已经不敢再用了，生怕有些同学会投机取巧。

但是按照现在的课程设置，老师要督促和检查同学们看书是不大可能的。因为课堂的时间就只有 90 分钟或 135 分钟，老师必须抓紧这段时间讲授基本的课程内容，否则同学们不可能建立起必要的知识基础。然而在课后，老师和同学们的见面次数有限，所以老师很难知道上课讲到的内容，同学们究竟理解了多少？同学们有哪些问题特别希望老师给予回应？上课时耳提面命的阅读材料，同学们是否真的会去读？而根据我的经验，不读或少读的可能性更大。所以，如果能够设置专门的小班辅导课或读书课，让有经验的助教协助老师跟进教学过程，及时掌握同学们的诉求和学习状态，效果可能会更好一些。

总而言之，"非标准化"的教学与考试，令历史课程更有养分也更有温度，但是要想走得更远，学校、老师和同学们的努力，哪一环都不可缺少。

明清史专题研究
课程号：106325020

题目：

　　如果有机会穿越回到 1644 年，你最希望自己是一个什么样的人（国籍、居住地、民族、职业、性别、年龄等）？请试着描述那时你眼中的中国与世界。

简要说明：

　　上学期出期末试题的时候，脑子里突然冒出了一个"穿越"的念头，于是就设计出这样一道论述题。坦白地说，这道题我自己都没有把握能回答得好，但是脑洞大开的同学们还是给了我很多的惊喜。下面是三位同学的卷面回答，尽管里面有不准确的史实，遣词造句也没那么优雅，但对于那个时代的整体把握，糅合史实与虚构的能力，甚至每个同学的个性与情怀都跃然纸上。经过答题时的各种纠结，相信同学们能更真切地体会：历史归根结底是每个人最真实的处境，好的历史必然会映照出人性的温度。

学生答案

答案一（节选）：
历史文化学院（旅游学院）　　龚治全　2013141062002

下面我将以第一人称自述：

1644 年可谓是天崩地裂，我苦读圣贤书，发奋十余载才通过科举取得了今天这个职位，但没想到我还没有尽忠于朝廷，为民做主，皇帝陛下便自缢于景山了。那群流寇闯入了紫禁城，我二百余年大明江山就此葬送。生我养我者，大明也，凡一切大明子民皆当与流寇同亡。但却不曾想到，那镇守山海关的李自成（注：应是"吴三桂"的笔误）竟丧心病狂至斯，见死不救。后东北狼烟又起，满人联合那些食君禄却不思报国的二臣们打败了李自成，入主北京。可叹，我南方尚有土地、财赋、兵马不知凡几，皇室却不思进取，穷于内斗，未抓住时机，恢复中华，落得个逐个击破，嘉定三屠的惨叫声至今让人流泪；满清鞑子挥兵南下，福建又立了个隆武帝，不知号令天下，抗清复明，只知固守一隅，斯陋见矣！可悲可叹！终于，郑芝龙将清军放进了福建，隆武帝也被处死，大明真亡矣，我中华真亡矣！只可惜吾上有双亲，下有儿女，不得从先帝去也。只得乘船海外，前往东南亚，那地方有诸多白人，亦有不少华人同胞，颇有小中华的意味。我在那里找到了一份教书的工作，只盼有朝一日能重回我中华。

答案二（节选）：
历史文化学院（旅游学院）　林梦月　2013141062013

我希望我是中国国籍，居住在北京，希望自己是满族，八旗子弟，性别是男，年龄则中年即可。

1644 年的时候，正好是清朝开始，明朝结束的时候，清朝的统治疆域不断扩大，天下注定要改朝换代。我希望我是一个满族人，因为清朝为了巩固统治，将会对汉族的百姓进行惨烈的管治，会让八旗子弟肆无忌惮地圈地，占领良田，许多汉人不得不逃走，逃走的奴仆若被抓住将会受到严厉的惩罚。

1644 年这一年，清军初进北京，多尔衮下令要让汉族剃发，后来剃发诏令几经反复后变得更加严苛。许多汉人接受不了，与清政府抗争被屠杀，汉人的民族感情受到严重破坏。我不愿意到 1644 年去体验战乱，去体验生离死别，最不愿意体验的是自尊心受到的创击，民族感情受到凌辱，生活习惯翻天覆地的变化。我宁愿生来就是满人，不想体验汉人的绝望。想一想嘉定三屠，实在让人不寒而栗。

我希望自己是八旗子弟，在八族制度没有固定下来的时候，我也不愿征战沙场，不愿平定三藩，战争的杀戮和残忍我无力承受，只求在乱世平平安安。如果可以的话，我也想体验一把明遗民的生活状态，感受他们真挚的家国情怀。作为一个不求进取的八旗子弟，我有适当的身份和地位，有能力去帮助一些流离失所的汉人，我可以尽可能地庇护他们。

极其惨烈的事件每天都在发生，听说清军对富饶的江南十分严酷，要驯服这里的商贾和文人，征收更多的钱粮来填充自己的国库。我对此非常同情，但无能为力，在这种残忍的统治下，身为一个满人也觉得太触目惊心，更别说汉人。

如果可以的话，我不想来到 1644 年，政权更迭的历史背景让我感到忐忑，清朝初期的统治过分残暴，让我无法接受。本着自私的初心，不愿意成为汉人体验这种悲苦的人生，但设身处地而想，只要我还有一个现代人的思维，不管是满人或是汉人，我都会很难受。若我是满人的话，良心上的拷打会更加厉害。

学生答案

答案三（节选）：

历史文化学院（旅游学院）　马文忠　2013141061007

我希望自己是一位居于蒙古草原的 30 岁左右的牧民。

原因：如此一位人物年富力强，对外界充满好奇，接受新事物的能力也强，也可避开那些在内陆亚洲的战争（或许可以，也说不定随蒙古人、满人一起入关，但假定可以避开）。

眼中的中国与世界：常听身边的小伙伴讲东边的满族人，他们现在很强大，听说之前还娶过我们这里的公主，但我们与满族人也打过仗，到现在还有些人不服满族人呢。

听说南边的汉人现在变弱了，他们长得像女人似的，软绵绵地怎么能不弱呢？但还说是因为他们的皇帝太懒了，不上朝；里面什么东林党呀阉党什么的整天没日没夜地搞那些无聊的斗争，他们似乎太小气了。

又听说汉人的东南方向来了很多开着大船、长得奇怪、说的话也听不懂的人，他们的炮比我们的箭还厉害。一些海边的汉人、日本人、朝鲜人等在海上会抢东西，他们的实力也很强大。

听说南方有很多人在造反，快把汉人的皇帝赶下去了，大汗号召我们与满族人一起去南方抢东西，会有很多战利品，如草场、酒、粮食、锅、茶叶什么的。我很多小伙伴都去了，有的死了，有的再也没有传来什么消息。听老人们说，我们现在比以前被管得严了，没那么自由了，但我不明白这是为什么。

中国古代经济史专题
课程号：106300030

考试题目

题目一：

假如你是 1800 年恰克图、扬州或广州（三选其一）的一位商人，请简要地描述你所经营的行业，你在此地经商的心得、见闻，以及你所面临的机遇与困境。

学生答案

答案一（节选）：
历史文化学院（旅游学院）　　马文忠　2013141061007

身份设定：恰克图的一名商人，将以第一人称讲述。

山西是我的第一故乡，恰克图是我的第二故乡。其实对于我来说，我是没有真正的故乡的。

我出生于山西，在童年时期我对父亲没有什么印象。他为了支撑我们这一大家子，早早地到蒙古地区做生意去了。我有一位严母，她很会过生活，精细到一针一线，这种态度影响到日后的我。她经常在深夜告诉我，以后的我也要走父亲那条路——经商。我在私塾先生的戒尺之下发了蒙，读了几年书就不读了。科举虽然闪着光和荣耀，但那显然不是我需要应付的。母亲也说能读书识字，会记账，

以后在外不被人骗就行了。

12岁的时候，我就跟同族的一位叔叔外出学做生意了。那对我来说真是大开眼界啊！那些蒙古人凶起来要命，但一旦跟你熟了之后，可以为你掏心掏肺。还有那些恰克图的俄国人，留络腮胡又不注意卫生，还说那是男人本色；他们喝酒凶得很，经常拿皮毛之类的与我们交换茶叶。因为恰克图有很多俄国人，所以那里还有他们的礼拜堂。

我跟着叔叔做生意很辛苦，我学会了说蒙古语、俄语。当然，我村里的老先生对此很不满意，说我们竟然学蛮夷之语。我也懂得一些蒙古人、俄罗斯人的习俗，所以我能够深入地与他们做生意。当然，我也会义务为他们做些事，像治病、刨木头之类的。

我在恰克图主要做茶叶生意，所以我也时常去福建等地进购茶叶。几年前的白莲教叛乱差点让我的生意断了，因为大运河交通受阻。我的主要竞争对手就是那些徽商，但我叔叔早就跟我说过了，那些人的生活太奢侈了。是啊！那不是我所追求的。

我想去广州看看，据说那边也有很多外夷，跟俄罗斯人还有些不一样，我倒挺好奇的。但我主要还是想去看看他们的技术，说不定我也能学到些什么。

跟着叔叔学了十二年的生意了，现在我自己也可以独当一面了。这段时间我要回趟山西，母亲托媒给我物色了个女人，我要回去结婚了。

恰克图的俄国人越来越多，我希望结婚之后把喜气也带到我的生意上来，这么多的俄罗斯人肯定会有生意做。

学生答案

答案二（节选）：
历史文化学院（旅游学院）　杨昌政　2013141061009

　　假如我是 1800 年广州的一名茶业商人，以给西方人（蛮夷）售卖中国茶叶为主要经营事务。每年到了一定的时期，我会把店里的事务交由我雇来的伙计打理，而去武夷山、江西、安徽等地收购茶叶，同时了解茶叶市场的相关信息，然后将收购的茶叶按照等级不同售卖给西方商人，从中赚取利润。我大清朝不允许西方人进入其他地方从事商业活动，因而广州是他们的主要聚集地。在这里，由于外国商人很多，为他们服务的行业也相继出现，由他们带来的各种稀罕物件也非常多。有一次我去一个洋商会所，他们的建筑与我大清完全不同，他们举办宴会、放着洋乐，喝一种红色的酒，他们家里通常有自鸣钟，装饰着各种奇怪的物品。在这里经商，和外国洋人接触多了，我也学会了他们的握手礼，还学会了几句英语和法语。我的家里买了一些外国书籍和小物件，从洋人口中还知道了很多他们国家的见闻。

　　不过，近来在广州经商碰到许多麻烦，由于和官府没有关系，店里时常受到官府的诡诈，经常以各种理由找麻烦，导致生意经营困难。此外，行商里还有一些大商人，因自己财大加上有官府的支撑，强行并吞了不少小商铺，我卖茶的生意已经基本被行商里的大商人给垄断了。同行的竞争也让我的生意日渐困难，加上语言不通，雇人成本太高，和外商洋人做生意也时常受到欺骗，生意之路困境不断。

答案三（节选）：
历史文化学院（旅游学院）　袁　园　2013141061030

我选择作广州的一名商人，贩卖来自欧美的纺织品。

自贩卖欧美纺织品起，我见到了不少与本地不同的布料，纱布是比较受欢迎的一种，因为其他的绸缎之类的布料，外来的价格太高，很少有人买，人们都是买本地产的，比我卖的便宜很多。

每次在船上接受检查的时候，我都很紧张。每次他们检查货物和收税的时候，都会敲诈我们。要不就要上交银两，要不就要让他们拿不少的货物充数。有时候，有新来的跟那些官员理论，不愿意给银两或货物，后来被那些人百般刁难。一船的稀罕玩意儿全都被滞留在港口那儿，后来又付了双倍的货物才进港。后来我就没再见过他们。刚开始我是跟随父辈一起，知道这些人得罪不得，你要跟他们打好交道才行，就是"小鬼缠人"。每次我都会给这些官吏准备一份礼物，这样他们就会对你宽松点。我听说还有人跟官吏有"内部关系"，每次货物进港的时候，他们都不怎么排查，收的货物也少，但听说事后这些官吏是可以拿分红的。

一开始，我的纺织品特别不好卖，那些粗布肯定没有人要。我们自己产的比外来的要便宜得多，有很多农户都会自己做这个，买的人很少，亏了很多。后来我就专门进一些较贵的布料，像纱或绒的这种，不做穷人、普通人的生意了，那些有钱人愿意花钱买稀罕。卖了几年之后，赚的钱也不是很多，又听说英吉利那边有好物件可以卖，我就了解了下，是鸦片，吸大烟用的，但我没有做。

每次停船在广州，可以看见水面上船只非常多，港口外面有很多外来船，我的纺织品就是他们提供的，但是他们不能进广州，要不然我们这些人就没有机会做这些生意了。虽然现在每次都要多交税物，但也有些赚头。若他们都能进来做生意，我们就不能做了，竞争不赢。

最可惜的就是官吏不按规矩收税，又不敢揭发，提高了很多成本。

学生答案

答案四（节选）：
历史文化学院（旅游学院）　张彤欣　2013141061039

　　现在是嘉庆五年（1800 年），我是一名在扬州生活的盐商。扬州仍是一个营运盐业的区域的总部，称两淮盐区。这里独特的地理位置使得扬州盐产量与利润都很高。商人无利不起早，我们这些盐商也拥有较多利润。

　　我的盐业生意做得比较大，拥有一个盐场，是一名场商，大规模生产盐。由于食盐的利润较高，并且官府实行盐业专卖制度，所以我的生意还是比较好做，每年的收入都可以达到几十万两白银甚至更多。

　　但是我们的资本却无法得到积累。首先，我们必须要将自己的财富大量地捐出来报效国库，还要被各官员一层一层地盘剥，各种苛捐的名目花费了我不可计数的银两。没办法，毕竟我是商人，我的命运全都拿捏在官员手中。其次，因为我是商人，我的社会地位和声誉都不好，我需要借着显眼的生活形态来弥补我的声誉，如结交才子，身着华服，饮食奢侈，住所富丽堂皇，包画舫，买马车，等等，这些都是极其巨大的开销。稍不留神可能就会因过度奢侈的生活，让资金无法流转。再次，把握好平衡也是一件不易之事，既不可太过张扬，也不可太过低调。最后，食盐的囤货也让我承担着巨大的风险，我是一个场商，手上囤积着巨大数目的食盐，而食盐易腐，如果流转不畅，就容易造成巨大损失。

教师点评

　　各位小伙伴，不好意思，我们又玩穿越了。不过这一次是穿越到 1800 年去做商人，而且同学们的答案比上一个学期还要精彩。我左右为难，忍痛割爱地选了这四份答案。

　　我一直认为，写历史小说其实比写历史论文难多了。因为论文可以省去或回避一些细枝末节的东西，而出色的历史小说必须是一个严丝合缝的整体。不仅要有宏大的关怀，还要在细微之处精雕细琢，任何细节的失真都会让读者瞬间出戏。

　　应付过两次穿越题，同学们大概也能体会到这一点了吧。当你每一次被卡住的时候，是不是就更多地意识到，关于那个 1800 年的自己，你现在知道得还不够多呢？

考试题目

题目二：

你怎样理解这则材料中所反映的控产机制？为什么人们会选择这种机制来筹集和运作资产？善堂在其中扮演了什么样的角色？

1925年，广州国民政府对广州城内各大善堂的资产进行清查，在广仁善堂的一个储藏柜中，发现了光绪二十六年广仁善堂发行的数张与垦田事业相关的股票。股票内容摘录如下：

广仁第一围股票

两粤广仁善堂为给股票事，缘本堂于光绪二十三年拟承香山大小霖白坦一百余顷，集资筑围。原订每顷出股本银一千八百两正，成田之日，值六，本堂值四，拨充善举。本堂包保出本者得足周息一分，不足则本堂以值四之租补足。今出本者共认三十三顷，已照收银五万九千四百两。讵料工费过巨，只筑成第一围，计田二十一顷一十六亩三零六五。其四面基脚及围内河道高坦计全。本堂因是始原莫偿集众政议，所有交出股本者，至光绪二十五年底止，月息六厘，连闰支讫。今筑工既成，亦复发佃以复得租照。出本者原认三十三顷，共作三十三股，另开多二股归入本堂所得，合作三十五股，由本堂按年收租。除清此第一围税费外，按三十五股，每年按两季分支，本堂永得二股以为善举，不能转让别人。原订值六值四之说作为罢论，现筑成此围，俟征信录成，除应支外，所有存项及异日所进公款，一概羡余自应，按股多寡均分，以昭公允，除按认图本给簿支租外，合发股票永远存据。

再此围底原系乾隆五十一年，香山业户黄成万等，系番南一图末甲黄胡昌户丁报承土名大小霖双连水白坦一段，该斥卤税一十六顷零五十亩。经前藩司奉院宪批准给照，有案。嗣黄姓将此照一张沽与吴姓，今吴姓照转沽与本堂，于光绪二十三年八月十九日，用广仁善堂户，因陈仙溪祖等先行认股，故公用陈姓名字报承六顷，此院照六张，并吴姓沽出老照一张，永存本堂，归入现成第一围内计。谨将认田堂名股本列明于左。

×××（如徐六吉堂）附来筑围股本银×××（如一千两）正老司码平兑原认田×（半）顷，今议实做三十五股之×（半）股须至股票者

第一围第×××号

光绪二十六年正月初一 沈德仁 王汝珍 袁功信 林羲平 苏允镗 刘达枢 区赞森 岑文泰 杨士瀛 陈文蔚 莫景华 林文琚 苏文行 黄翰华 徐国桢 立。[1]

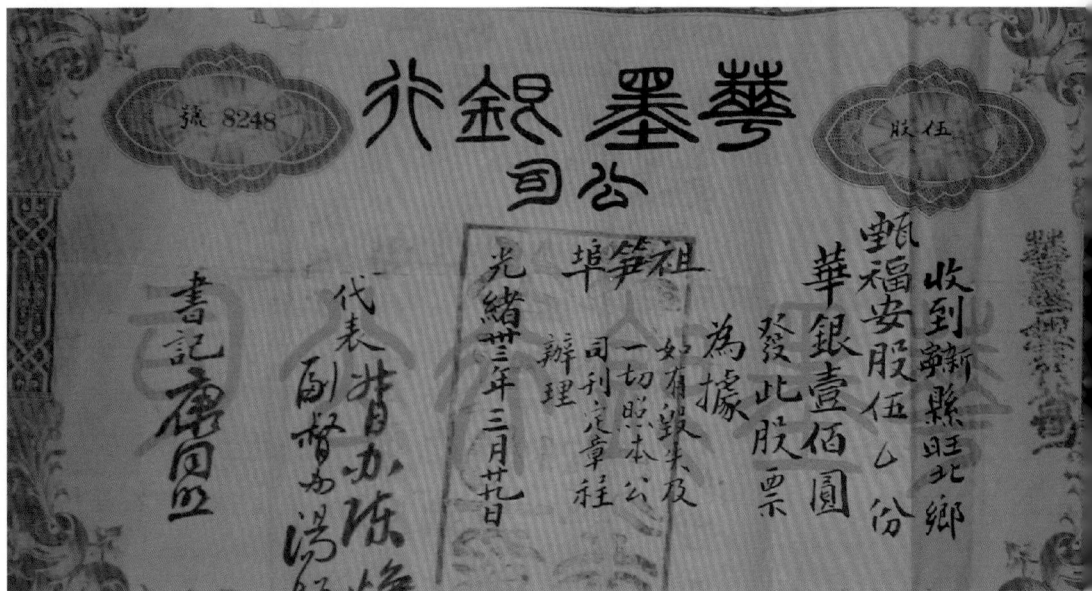

---

[1] "葆给各股东收执管业股票影片（光绪二十六年）"，广州市档案馆，全宗号10，目录4，卷号737，第96页。

学生答案

答案一（节选）：
历史文化学院（旅游学院）　　杨昌政　1141061009

对控产机制的理解：

1. 广州是清朝对外贸易中心，在中晚期后，广州行商林立，对外贸易发达。在这种背景之下，外国的许多"新鲜"事物得以在广州首先传播。这种以股票形式运营的控产机制很有可能受到外国股份的影响，或是仿外国模式而来。

2. 这种以诚实互信为基础的控产机制体现了一定的现代商业合作模式，说明了中国在经商或贸易方面已有相当成熟的运作模式，是中国商业成就的一种体现。

3. 这种以股票形式为体现的控产机制以田产收入为基础，似反映出中国的财产衡量和贸易侧重一直都以田产为主要指标。这与中国重农的政策和文化心理有很大关系。在外国，以资本入股的方式众多，入股行业也非常之多，如钢铁、矿产、水产、手工业，等等。而在中国形式相对单一，仅靠田产为主其利润实则有限，控产机制略显不稳。

之所以会选择这种机制来筹集和运作资产，当然第一是人们看到了这种机制的好处，认识到这种机制的运行与传统模式相比资本收益高，且相对安全；第二是因为在那种时代，资金的筹措渠道相对有限，而这种以入股形式为前提的机制具有在资金筹集方面非常明显的作用；第三，这种机制往往有官方势力的保障和认可，不容易受到侵犯。

善堂作为运营这种控产机制的积极参与者，为了维护自身利益也就必须维护股东利益，这两者构成一个整体以壮大自身的实力，进而保障双方权益。善堂实际上充当了中间人的角色。一方面，负责联络股东，筹集资金；另一方面，又负责具体的田产管理事宜，充当纽带作用，为这种模式的存在和发展发挥了实际且重要的作用。

答案二（节选）：
历史文化学院（旅游学院）

对控产机制的理解：

善堂出面从事垦田事业，所需资金由善堂向其他出资者募集，出资者的比例以"股票"的方式加以固定。垦田完成之后会被出租给佃户。至于所收地租，除善堂按固定比例留下一部分以为善举之外，其余则由出资者按出资比例加以分配。在确定出资比例方面有两种方案。第一种方案为善堂占百分之四十的股份，该部分所得拨充善举，其余出资者占百分之六十，在其余出资者的获利少于周息一分的情况下，不足部分由善堂以自己的获利来补足，该方案已经作废。第二种方案是将整体出资划为三十五股，除去善堂所占的两股，其余股份按出资比例分配，并可转让。

原因：当地缺少天然的适合耕种的土地，所以需要垦田。但囿于当地自然条件，垦田需要大量的资金，并且耗费巨资所垦的大面积的耕地因其面积广大而在租赁市场上更受追捧。所以人们为了垦出大面积耕地以获取更多利益，会集合众人的资本来垦田，租佃所得按各自的出资比例分配。

善堂的角色：善堂是整个投资垦田计划的发起人，同时因为善堂良好的社会形象和中立的立场，善堂还负责主持和运作整个投资计划，各出资人所持股票也是由善堂发行。另外，善堂为这个投资计划增添了公益色彩，所以他们垦出的地会因善堂的加入而在租赁市场上更占优势。

学生答案

答案三（节选）：
历史文化学院（旅游学院）

材料中所提及的控产机制与现今的股份制十分相似，以总资产分作几份股权分配至筹资者，按照利息对股东进行分工。事实上，材料中的善堂相当于一家公司，而"拟承香山大小霖白坦"则相当于公司打算投资的项目。投资者投资、进行生产，后按股分配利润。

人们选择这种机制的原因：

1. 这种机制以每人出资分股，相对公平。

2. 分红的手段能够吸引更多的出资者。

3. 能够综合社会的资金进行生产，几家出资者联合起来，更容易进行大项目的投资，每个人的相对风险也会降低。

4. 此种筹集方式有案在册，有一定的法律保障。

5. 此方式可以解放投资者，由善堂进行日常管理工作。

6. 善堂同样分有两股，可以刺激善堂更尽心做事，如现在公司设置期权制，能有效带动员工的积极性。

善堂的角色：善堂既是发起者，也是项目运作者，同时也是股东之一，与现在引进投资的公司的角色相似。善堂是项目、资金的运作者，是项目与股东之间的中介。

教师点评

出这道题的目的就是希望同学能够理解，许多中国传统的社会机制和组织看似与经济无关，其实却隐藏着很重要的经济或金融职能。要想真正理解中国的经济发展，必须要首先认识这个社会本身。另外，近代欧洲的经济发展路径并不是实现经济绩效的唯一可行之途，许多传统社会行之有效的经验，其实都可以成为今天制度设计的资源。从同学们的回答来看，他们基本上理解了上述背景，但是在对材料细节的分析上还显得有些力不从心。今后教师应该多给同学示范，怎样从材料中"榨取"到尽可能多的有用信息，怎样将材料的细节与大的经济社会背景结合起来理解。

信息咨询

课程号：401303030

赵 媛 / 四川大学公共管理学院

赵媛,教授,硕士研究生导师,四川省学术带头人后备人选。主持或参与省部级以上项目8项(主持完成国家社科基金项目2项),发表学术论文50多篇,出版学术专著2部。爱岗敬业,师德高尚,深受学生爱戴,被称为"心灵导师""最像妈妈的老师""影响最深的老师"等。

荣获四川省第十二次、第十五次哲学社会科学优秀成果奖(三等奖),四川大学优秀教师奖,青年骨干教师奖,四川大学课堂教学质量优秀奖,本科优秀教学奖,教学成果奖,优秀教材奖,优秀讲文奖等教学奖励。

进行自我知识建构、知识创新的能力。美国卡内基教学促进基金会前主席欧内斯特·博耶（Ernest L. Boyer）提出了教学学术理论，认为教学在传播学科知识的同时也具有发现、整合、应用等学科知识属性。因而教学是研究性的教与学的统一，是教师和学生平等的共同探索的过程，是一个充满创新性的过程。那么，对这种研究性学习活动的考察自然就应聚焦于学生的知识创新能力。

（二）抓住学科知识内容的核心、弱化对具体知识点的单独考察

每门学科都有其自身的人才培养目标、培养模式和培养内容。但不论什么学科，其考试都应基于学科人才培养目标和内容，从课程内容视角来考察培养目标的实现情况。要实现这一目的，必须弱化对一些较为具体的知识点的单独考察。因为学生对具体知识点的掌握往往与学生的知识复制能力相关，而对不同知识点的关联能力才是学生自我知识建构能力的表现。

（三）创新考试方式

1. 针对自身课程特点，设计能激发学生创新性的考试方式。每个学科、每门课程都有其自身特点。但无论什么课程，只要完全把握不考查学生知识复制能力这一原则，都可以探究出相应的能充分发挥学生才智的考试方法。

2. 强化开卷考试，弱化闭卷考试；强化过程考察，弱化"一考定终生"。创新思维、创新观点的产生需要参阅大量资料信息，需要团队合作，而闭卷考试难以满足这种条件。此外，一个学期所学专业知识也很难在两个小时内就考察清楚。因此，给学生足够的时间、空间和创新条件，才能真正了解学生的学习成效，对其做出真实的判断。

3. 试题不应过于具体，可只提原则性要求，让学生有足够发挥的空间。试题如果过于具体，就容易限制学生的思维，让学生没有发挥的空间，最终成为简单的知识复制。

总之，教师对每一道题的设置都应有明确的目的，应明确完成此题对学生的意义和价值所在，并在此基础上探寻能达到目的的最佳出题方式。

考试题目

题目：

某用户欲在成都开一火锅店，请为其提供全面的专题信息咨询服务。

简要说明：

此考试为堂下开卷考试，分小组进行。要求学生利用 1 个月时间，在对相关领域进行实地问卷调查、实地考察的基础上，完成一个综合信息咨询报告。报告不论如何撰写，都应解决下列问题，那就是根据所提供的报告，用户能对自己是否该在成都开店、在成都哪个地方开店、开怎样的店和开店所需的各种资源的来源做出自己明确的判断。

该考试实际上是对本学期乃至 3 年来学生所学各门课程的一个综合考察，也是对学生四年级毕业论文撰写能力的一个培养和训练，更主要的是培养和提升学生的综合素质、创新能力、实践能力和团队协作能力。因为完成此信息咨询报告需要学生综合使用 3 年来所学到的各门专业课程知识（如信息检索、信息分析、信息资源建设、信息服务等），需要学生明确目标、分工协作、统筹规划、实地调研、分析论证，并提出科学合理的、具有可操作性的解决方案。各届许多学生在完成此报告后，都写下了自己的心得和体会。

学生答案

答案一（节选）：

公共管理学院　袁庆莉　2012141097055 / 包丹宇　2012141097015
　　　　　　　余　洁　2012141097040 / 卿　倩　2012141097034
　　　　　　　杜　杰　2012141097029

摘　要：

《成都火锅店开店咨询报告》在对客户分析的基础上提出了三条假设：成都火锅市场还未饱和，进入仍然有盈利空间；成都火锅分类市场中盈利能力最强的火锅类型集中而且特点突出；盈利能力最强的火锅类型有自己独特的区位要求。通过统计分析、问卷分析、访谈分析和实地调查验证了假设的正确性。我公司分析了用户在开店不同阶段会遇到的不同情况，以及用户可能会面临的不同选择，通过数据分析和经验总结得出不同方案供用户择优而选，以求尽量事无巨细地对客户进行开店指导。

客户要求：

成都是美食之都，火锅作为麻辣鲜香的川味精粹备受市民的喜爱，大街小巷里大大小小的火锅店成了成都市一道靓丽的风景线。近两年来，火锅因其美味且价格亲民，成为不少餐饮界人士以及其他行业人士投资的新选择。火锅是一个非常有创造性的行业，门槛很低，相比中餐来说，价格相对亲民，而且技术含量相对较低。但是火锅的讲究也很多，开一个火锅店要考虑锅底、产品、服务、装修、地点等综合因素。

客户没有提出具体开店要求，因此我公司从以下方面进行多维度考量，力求事无巨细地满足客户在多种情况下、不同的开店阶段提出的需求，使客户遇到任何相关问题都能在报告中找到对应的解决方案或者解决线索。

以下为我公司斟酌后确定的子问题：

（1）对成都火锅行业进行市场调查，了解在成都开火锅店的可行性。

（2）火锅市场的影响因素。

（3）火锅店的选址要求。

（4）火锅店的分类。

（5）在成都地区，与火锅类型相符合的地址有哪些可供选择？

（6）火锅店的客户类型及要求。

（7）火锅店名称与设计。

（8）火锅店店堂与厨房怎么布局才合适？

（9）火锅店应该怎么管理？

（10）火锅店的经营之道。

（11）火锅的种类和制作方法。

（12）开一家火锅店可以在哪些地方做到与众不同？

……

后　记：

这次的信息咨询大报告在完成的过程中给了我们很多难忘的经历，也让我们收获颇丰。

首先，大家的团队合作意识很强。既然是一个大作业，不可避免地要经过很多次的讨论，在别的队还没有准备的时候我们就开始讨论自己的选题思路。小组成员白天基本上都没有时间，所以我们只有抽晚上的时间进行讨论，时间基本上都在晚上九、十点，而且每次讨论都要花至少一个小时。因为小组有男生成员，所以我们只能在寝室外讨论，每次被蚊子咬得很惨，但是大家都没有抱怨，一心一意想把这次作业做好，毕竟这是大学最后一次作业，我们都希望能有个完美的结尾。我们这个团队的合作很顺利，氛围特别好，问题大家一起讨论解决，当我

学生答案

们跑题的时候会有成员及时提醒我们回到主题上来，也有资源丰富的成员为我们提供可参考的资料，还有活泼的成员调节我们陷入困境时的气氛。

其次，这次作业让我们体验了从来没有过的实地考察经历。为了考察科华中路的车流量和人流量，我和小伙伴一起在科华中路的街角站了一天，实时记录数据。太阳晒得我们差点中暑，但是一手的数据资料却让我们很兴奋，毕竟是自己亲自采集得来的。在对火锅店进行实地考察时，列好想知道的问题，并反复修改，真正进行暗访的时候，还要装作闲聊，真的难度很高啊。

然后，最费我们脑筋的还是问卷的制作。这个问卷的制作花了我们差不多一个星期的时间，反复对问题进行斟酌和修改，问卷大纲被改了好多遍，问题也层出不穷，还好最终完成了任务。

最后，我想感谢成员们的辛苦付出，不管结果如何，我们努力了，也收获了，这是最重要的。

答案二（节选）：

公共管理学院　汪　雯　0944018036 / 李　蒙　0944018041
　　　　　　　穆薇雨　0944018035 / 解超慧　0944018051
　　　　　　　计林艳　0944018053

一、火锅行业分析

（一）火锅行业在餐饮行业中的地位

20 世纪 80 年代中期，火锅业抓住改革开放的机遇，开拓创新发展，取得了显著的成绩，尤其是近几年来，火锅业的迅猛发展引起了全社会的注目，以东来顺等为代表的老字号企业焕发新春，再塑辉煌；以小肥羊、小尾羊、重庆德庄、秦妈等为代表的新型火锅企业，锐意进取，异军突起，为全国餐饮业的快速发展发挥了巨大的推动和促进作用。经过数十年的发展，火锅的划分更加细化，按照地域和风味流派来划分，传统火锅可分为南派与北派两大体系，南派以川渝麻辣火锅为代表，北派以北京、内蒙古的清汤涮肉火锅为代表，其他还有云南、贵州的酸汤火锅、豆捞火锅等。随着火锅行业的发展，一些企业根据自身特色，不断发展壮大品牌，从千万火锅大军中脱颖而出，形成了在中国乃至世界知名的餐饮品牌。

……

（二）火锅消费市场状况

随着科技的进步、烹饪技艺的发展，火锅品种也异彩纷呈，各具特色。

火锅不仅是美食，而且蕴含着饮食文化的内涵，为人们品尝倍添雅趣。火锅由于其方便、快捷、热闹、半自助等特点而深受广大消费者的喜爱。数据显示，大众火锅的上座率为 110%，而高端火锅的上座率也达到了 50%。大型火锅连锁企业的毛利率一般在 32% ~ 62%，净利率为 6% ~ 30%。调查还发现，超过 9 成的人都喜欢吃火锅，不过不同的消费者喜爱的配菜却各有不同，调查结果显示，

学生答案

65% 的人喜欢生鲜类，22% 的人喜欢蔬菜类，13% 的人喜欢菌类。

......

二、科华商圈分析

本文研究的科华商圈并非传统的科华路一带，而是指东临四川大学，西靠倪家桥，北达磨子桥，南接二环路的这样一个区域。它的核心商圈主要以科华北路为纵轴，锦绣路和科华街为横轴，呈十字架分布，其中的亚太广场和蓝色加勒比广场是其中最大的商业中心。科华商圈的辐射范围包括了四川大学、倪家桥、磨子桥、跳伞塔、郭家桥等地区。整个商圈主要经营餐饮业、酒店业、零售业。

......

三、方案建议

（一）火锅店价格的定位

价格是影响火锅经营的重要因素之一，在其他条件成熟后，价格就成为决定因素。

1. 高低结合法：在开业初期，以高质量火锅、高水平服务、较低廉的价格迎接顾客。这样可以很快赢得顾客、树立形象、打开局面，实现正常经营。

根据科华商圈消费者的火锅问卷调查结果可知，在火锅上人均消费集中在100 ~ 500 元之间，每人预期心理价位为 31 ~ 50 元，消费群体以学生为主。对于高质量、高水平服务的火锅店的顾客群集中在高收入人群等。高低结合法的优势在于，在初期既能吸引学生顾客又能吸引高收入顾客，但是正常经营之后要面临学生顾客流失的风险。

2. 高高结合法：起点高，效益也高。以高质量火锅、高档次的环境、高品位的装修、高水平的服务吸引高层次的顾客。风险大、利润也大，进入良性循环后收益也很大。

对于就餐环境，大多数消费者基本选择干净舒适，而无其他特殊要求，豪华型火锅的环境优美、设施齐全、独具特色在科华商圈不具有卖点。利用高高结合法会吸引少量的白领、私企老板等高收入人群，其潜在消费人群为高端酒店顾客、商厦中公司管理层等，优势在于利润丰厚，劣势在于对火锅质量要求高、客源易固定。

3. 品牌垄断法：拥有独特的锅品、独特的配方、专利火锅产品，则可用较高的价格经营火锅，但品种的风味特色要保持不变。

……

小组讨论过程：

确定题目—收集相关资料—确定研究方法和设计问卷—分析调研结果形成报告。

1. 题目主要是在给出的题目中选择，先后有药店、影楼、服装店等几种方案，最后定为餐饮业，一是因为可以参考的资料较多，二是因为吃的东西比较有吸引力。选择火锅店的诱因是当时大家对巴蜀大宅门的印象还不错，认为火锅很有市场。在范围的选择上，反复了几次，最初是定为科华路，后来有成员提出根据题目的意思，觉得应该是整个成都市，至少也要是一个区，大家范围选择上又出现了分歧。在查询了一些资料后，认为范围太大不利于调研，应该选择一个小范围，调研做详细一点。最终的题目就是要在科华北路商圈开设火锅店。研究方法和调查问卷的设计参考了许多资料，对于一些研究方法和问卷设计原则进行了深入研究，也分析了几张相关咨询报告的问卷题目和访谈题目设计，最终设计出来了调研方案。而调查问卷的具体问题和选项的设置，则是在我们对整个科华北路商圈进行了初步调研后根据实际情况设置的。尽管在问卷发放过程中发现了一些我们还未想到的地方，不过最后的整体结果还是令人较为满意的，基本得到了需要的信息。

2. 关于整个咨询报告的结构，也是我们小组在进行了多次讨论后形成的。我们参考了一般咨询报告的大框架，写了大环境成都的基本行业情况，也结合地域

学生答案

特点，重点分析了科华北路商圈，虽然范围较小，但需要写的东西还是很多。前面的基本部分由小组成员分工完成，最后分析部分，大家又进行了激烈的讨论，主要的分歧点在于要不要先确定类型，确定多少。讨论的最后结果是，咨询报告只是咨询报告，把每个类型都分析一下，具体结论由用户决定，不应该提供主观建议，只需要把情况和分析结论列出来。报告初步完成后，大家各自提出了一些意见并对报告进行了修改，最后形成了这个最终版。

在整个报告编写过程中，小组进行了许多次讨论，基本上就是讨论—修改—再讨论—再修改的过程。由于调查范围比较小，内容上有借鉴意义的信息不多，大部分都是原创，最终报告也体现了我们的思考过程。

教师点评

　　该咨询报告是小组成员集体智慧的结晶，是其创新创业能力的综合体现。从报告的具体内容、研究方法、报告所呈现的各种数据、材料，到报告的撰写，对各条咨询建议的论证，都是小组成员"脑洞大开"、通力合作的结果。该报告的产出真正实现了让学生综合使用3年来所学各门专业课程知识、方法和技能的目的，让学生体会到了利用知识进行探索创新的乐趣。正如小组部分成员所言，在信息咨询课上他们学到的不仅仅是"形而下"的"器"，更多的是"形而上"的"道"。

　　总的来说，虽然报告在语言描述和分析论证等方面还有可完善空间，但作为本科生完成的咨询报告，其创新性、针对性、实用性和可操作性等都是值得充分肯定的。可以说该报告对相关从业人员在此方面的决策有较强的参考价值和支撑作用。

信息检索与利用（理工类）

课程号：902001020

胡 琳 / 四川大学图书馆

胡琳，管理学硕士，副研究馆员。2000 年毕业于四川大学轻纺与食品工程学院，入职以来长期从事信息咨询、信息素养教育等教学与科研工作。在《图书情报工作》《图书馆建设》《图书馆杂志》等学术期刊上发表学术论文十余篇，主编、参编教材五部。获 2015 年四川省图书馆情报优秀学术研究成果三等奖，2012 年四川大学课堂教学质量优秀奖，2011 年四川大学本科课程考试改革项目一等奖。

案例教学模式下的信息素养教育课程考试改革

四川大学图书馆　张雅晴　胡　琳

【摘　要】案例教学模式是一种启发探究式的课堂教学方法，在信息素养教育中引入案例教学模式，有助于学生对文献检索理论知识的学习和检索实践能力的提高。本文介绍了四川大学图书馆信息素养教育的现状及常规考核模式，提出了多元考核方案并详细介绍了案例教学模式的具体实施情况。

【关键词】信息素养教育　案例教学　考试改革　多元考核方式

信息素养教育，尤其是高等学校中的信息素养教育问题已成为教育界乃至社会各界广泛关注的重要课题。信息素养标准是评估信息素养能力水平和指导理论与实践的基本框架，《高等教育信息素养框架》（以下简称《框架》）是美国大学与研究图书馆协会（ACRL）2015年最新颁布的信息素养指导文件。该《框架》客观反映了当前人们对知识创造与传播新模式、倡导挖掘信息素养的巨大潜能，使其成为更有深度、更加系统完整的学习项目。信息素养是个动态、多元的概念，它诞生自1974年，在1989年美国图书馆协会（ALA）发表的信息素养研究报告中对其进行了明确阐释："具有信息素养的人知道何时需要信息，并具有寻找、评价和有效利用所需信息的能力。"

多年来，高校图书馆在信息素养教育的实践中积累了丰富的经验，实现了多元化、全方位的用户信息素养教育，并取得了一定成效。四川大学图书馆坚持通过各种形式对学生进行信息素养教育，包括新生入馆培训、开设"信息检索与利用"课程、1小时专题讲座、学科馆员定制讲座、数据库培训等。这些信息素养教育为学校培养创新人才发挥了重要作用。

一、我校开课现状及常规考核模式

目前，四川大学图书馆开设的文献检索课"信息检索与利用"课程分为理工、文史、医学三个方向，供不同专业学科大类的学生选择。课程内容主要涉及检索原理及技巧、网络免费资源的利用、中外文常用数据库的使用、专利的基本知识及检索等。课程采用理论教学及上机实习相结合的方式进行。针对不同学科大类的学生深入介绍相应学科各种资源的查找及利用，使他们将所学知识及技巧应用于学习、生活、工作等方面，提高他们的信息素养能力。

课程的常规考核模式主要有：提交综述报告、闭卷考试或开卷考试。其中，提交综述报告的形式比较适合文献检索课程，由任课教师给出候选课题，学生根据自己的兴趣选择课题确定题目后，利用所学的相关检索知识，在数据库中寻找文献，通过阅读、分析和研究文献，最终撰写研究综述。这个过程中，较好地检验了学生对知识的掌握程度，对信息的筛选和判断能力，同时也让学生体验了文献写作的过程，是一种较理想的考核方式。但是，综述报告也容易因为学生的敷衍心理而作假，另外，教师的批阅工作量也较大。闭卷考试和开卷考试用分数去衡量学生成绩，虽看起来公平，但是文献检索课是一门实践性和操作性很强的课程，单纯用试卷去评判学生是否掌握所学知识较为片面。基于传统考核方式不完全适合文献检索课的状况，四川大学图书馆信息素养教育课题组综合各种因素，研讨并制定出一种"多元考核方式"来评定学生的学习效果。

所谓"多元考核方式"是指课程最终成绩由几个方面共同组成，包括平时实习作业、案例教学及闭卷考试。这三部分共同组成了学生的期末成绩，三元之间的比例为 4∶3∶3。

二、基于案例教学的信息素养教育课程改革

（一）案例教学模式的特点

案例教学是指在教师的指导下，根据教学目的的要求，组织学生对案例进行调查、阅读、思考、分析、讨论和交流等活动，教给他们分析问题和解决问题的方法，进而提高他们的响应能力，加深他们对基本原理和概念的理解的一种特定的教学方法。案例教学弥补了传统课堂授课的不足，在理论和应用上都有不可忽视的价值。

（二）信息素养教育中案例教学的实践

信息素养教育过程中的案例选择应该与教学内容及实际学习生活紧密联系，即学生通过分析研究有针对性、实践性的课题检索案例，可提高检索技巧及实践能力，将所学知识灵活应用于专业、学习和生活中。

信息素养教育课程中的案例教学主要包括以下几个方面：（1）学生自行组成讨论小组，每组 6～8 人，确定组长一名。（2）小组成员共同选择一个案例，这些案例主要是日常工作中遇到的师生的求助，核实朋友圈的传闻，或挖掘一些实时的新闻等，所有课题内容都与生活紧密相关。（3）由组长分工，小组各成员着手解决案例中的问题。（4）小组成员共同讨论、查找资料，并制作完成一份 PPT 以展示他们解决问题的方法或过程。（5）课堂展示，展示时间 10～15 分钟，由老师和其他小组组长共同评分。评分规则为：演示成绩占总成绩的 30%，其中教师打分占 15 分，学生打分占 15 分，各小组长对演示的每组给予一个百分制分数，去除一个最高分、一个最低分后的平均分即为学生打分分数，各小组长不对本组打分。

（三）案例教学演示的评分细则

评价项目	评价内容	分值
内容	选用的检索工具类型是否具有多样性，是否满足要求	15
	检索思路是否广阔、策略是否清晰，检出的内容是否切题	20
	内容撰写是否清晰、完整	15
	检索结果分析是否客观准确	10
分工合作	是否有人员的分工，分工是否合理	10
艺术性	课件制作思路清晰，界面布局合理、新颖、活泼	10
	文字、图片切合主题，色彩搭配协调，视觉效果好	10
	语言表达清晰流畅，有说服力、感染力	10
合计	100	

三、结语

文献检索课是一门注重实践、应用性极强的课程，通过课程考试改革引入案例教学的方式，可以较好地培养学生获取和利用文献信息资源的能力，提高学生的信息素养和创新能力。多元化的考核方式可以使考核更加科学化、规范化，达到较好的教学效果。同时，四川大学图书馆信息素养教育课题组也将不断改革和创新，依据课程性质灵活选择和设计案例教学中的候选案例，不断发现问题、总结经验，使案例教学在文献检索课中的运用更加成熟与规范。

参考文献

［1］ACRL. Framework for information literacy for higher education[EB/OL]. [2018-03-01]. http://www.ala.org/acrl/standards/ilframework.

［2］Behrens S J. A Conceptual Analysis and Historical Overview of Information Literacy ［J］. *College & Research Libraries*, 1993, 55（4）: 87-97.

［3］ALA. American library association presidential committee on information literacy: Final report ［Z］. Chicago: 1989.

［4］张家军，靳玉乐. 论案例教学的本质与特点［J］. 中国教育学刊，2004（01）: 51-53.

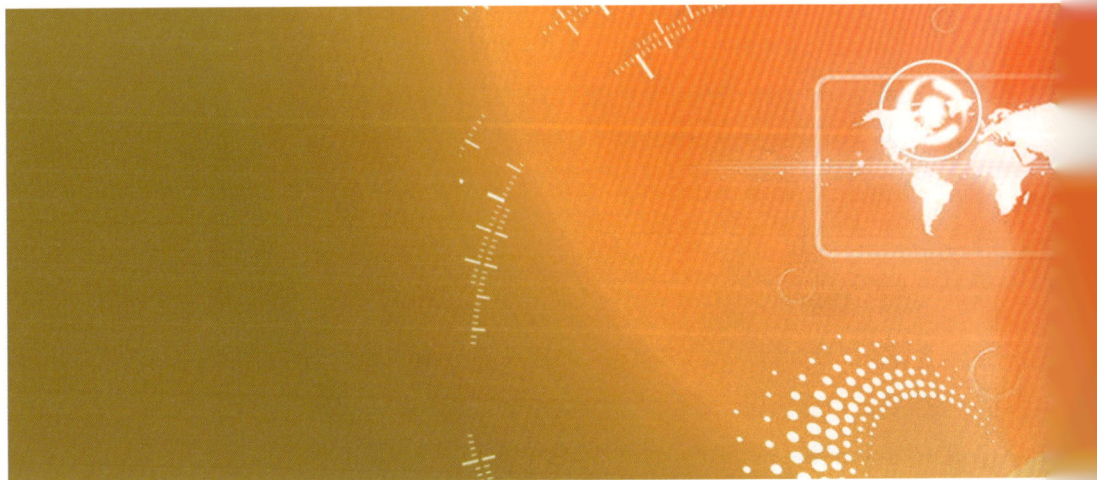

考试题目

题目：

在 5·12 大地震之后不久，新语丝上出现了一篇帖子（译自美国《国家地理杂志》最新文章，详情见链接 http：//www.xcar.com.cn/bbs/viewthread.php？ tid=7616506），指出早在 1 年前就有科学家在一篇科学论文中警告北川断裂带将有爆发强烈地震的危险。为验证此消息的真实性，请以多种思路尝试寻找文中所提及的那篇科学论文的原文。

简要说明：

本题目考核学生从真实素材中提取关键信息，通过多种思路搜索、获取论文的能力。

学生答案

答案一（节选）：
材料科学与工程学院　张建凯　20121414126012

思路一：

1. 通过网站进入帖子原文，在原文第二段处有选自《Tectonics》的一段话；

2. 百度搜索 Tectonics，进入 Tectonics 官网；

3. 在官网搜索原文中引用的一段话可以搜到文章并下载（如下图）。

搜索结果为：http: //t.cn/Rcxe5PR .

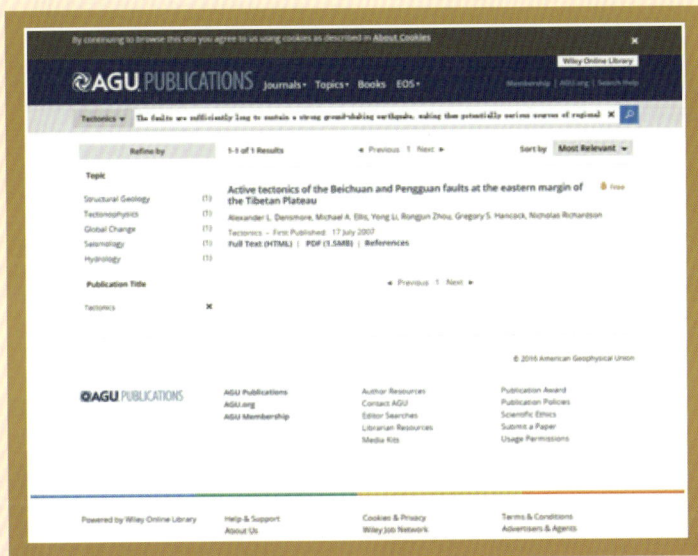

思路二：

1.Bing 搜索：Micheal Ellis 地震预测，通过阅读筛选，打开网站 http: //bbs. hsw.cn/a/t266/503266.html；

2. 获得 Micheal Ellis 文章标题，作者和发表刊物信息：

Active tectonics of the Beichuan and Pengguan faults at the eastern margin of the Tibetan Plateau.

Alexander L. Densmore, 1 Michael A. Ellis, 2 Yong Li, 3 Rongjun Zhou, 4 Gregory S. Hancock, 5 and Nicholas Richardson6.

3. 通过 Bing 搜索文章标题：Active tectonics of the Beichuan and Pengguan faults at the eastern margin of the Tibetan Plateau，得到下载链接：http: //www. geologie.ens.fr/~longmenshan/bibliography/LongmenShan/densmore_etal_07.pdf.

学生答案

答案二（节选）：
材料科学与工程学院　孙若凡　2013141425001

　　首先通过老师给的链接看了那篇报道，然后百度了"美国地理杂志预测四川地震"，找到了一篇报道。这篇报道是 2008 年发布的，其中提到的那篇论文是在 2007 年 7 月中旬美国《地壳杂志》上的。所以，我百度了"2007 年 7 月中旬地壳杂志预测四川地震"，在百度文库 http: //t.cn/RcxeISA 的一篇文章提到了那篇论文的标题：Active tectonics of the Beichuan and Pengguan faults at the eastern margin of the Tibetan Plateau，然后根据名字在搜索引擎里去找文章就很容易找到了。

　　下面是结果连接：

1. 在百度学术上搜索标题的结果：http: //t.cn/Rcxexan.

2. 在豆丁网上也能找到这篇文章：http: //www.docin.com/p-379499697.html.

3. 在知网上也有这篇文章的中文版：http: //t.cn/Rcxei5i.

回首页

中国地震信息网

周荣军研究员谈《地壳》期刊论文和汶川地震

——本网站电话连线四川省地震局周荣军研究员

按：四川省地震局周荣军研究员为《Active tectonics of the Beichuan and Pengguan faults at the eastern margin of the Tibetan Plateau》一文的作者之一，该文针对西藏高原东边缘北川和彭灌断层频繁的地质活动进行了研究，做了地震地质灾害风险方面的分析，并于2007年7月中旬刊登在美国的《地壳》（Tectonics）杂志上。为此，我们电话连线了周荣军研究员，目前周先生正在四川地震现场进行紧张的科考和地震评估工作，我们的专访是采用短信和电话结合的方式进行的。

教师点评

网络时代一切皆有可能。

这篇所谓的地震预测论文当年曾引起过轩然大波，之所以把它作为题目，主要就是想调动学生的兴趣，考查学生解决这类"接地气"的准学术问题的能力。从同学们的回答来看，无论是从原始资料中关键信息的提取、线索追踪，还是对包括搜索引擎、共享资源网站、专业数据库、来源刊官网等各类信息源的选择，都体现出了较高的信息素养和较强的动手能力。希望通过这样的训练能有助于培养学生的独立思考能力和创新意识。

LIKE

理科

（一）

朱 瑞／四川大学数学学院

朱瑞，2007年在四川大学数学学院获得博士学位；长期从事"数值分析"和"高等数学"的教学；关注工程计算领域，长期从事地球物理勘探的项目研究。

非标准答案考试
在"数值分析"课程中的实践

四川大学数学学院　朱　瑞

【摘　要】通过设计适合"数值分析"课程的数值实验和文献选读等非标准答案考试，使教学与考试充分融合，在掌握理论知识、理论结合实践、学研结合三个层面上实现"数值分析"课程的教学目的。采用非标准答案考试的目的就是培养学生的探索能力，不以标准化考试的分数简单地评判学生的创新能力。

【关键词】非标准答案考试　学研结合　数值实验　文献选读　数值分析

　　课程考试是教学过程的一个重要环节。通过不同形式和规模的考试，可以反映出不同教学阶段的教学内容和教学质量[1]。传统的课程考试大都采用标准化考试模式，按照给定的标准答案和评分标准评定考试成绩。这种传统考试模式可以有效地减少人为因素的影响，使考试具有了相当的客观性和公正性[2]。但标准化考试模式也有一些局限性：考试（中期考试或期末考试）总在特定的时间点出现，这使得考试无法与教学过程完全融合，无法真正地实现边教学边测试；考试总是要求在一个很短的有限时间内完成，这使得探究式的考试问题几乎不可能出现在考试题中；考试的评判过于刚性[2]，强调了结果和答案，反映了学生的应试能力，却忽视了学生的探索思想与创新能力，这不利于创新型人才的培养。采用非标准答案考试的目的就是培养学生的探索能力，不以标准化考试的分数简单地评判学生的创新能力。

一、"数值分析"课程的考试要求

　　"数值分析"是四川大学数学学院计算数学专业的第一门专业基础课程，该课程的教学效果会直接影响后续的专业课程学习。"数值分析"课程的教学主要体现在掌握理论知识、理论结合实践、学研结合三个层面上，因此课程考核也应该在这三个层面上有所体现，利用课后作业、单元测验、期末考试等传统标准化方式考核理论知识的掌握程度，利用数值实验、文献综述等非标准答案考试考核理论结合实践的能力以及学研结合的能力。实现从一次期末考试的"结果评价"向教学中的"过程评价"转变，真正客观地反映学生的学习创新能力，为发现好苗子提供可参考的依据。

二、"数值分析"课程的非标准答案考试设计

　　近几年来，许多人针对不同课程都提出并尝试了不同形式的非标准答案考试改革，比如实行大论文的考核方式等。实践证明，在减轻学生负担、培养学生的学习能力方面，已经取得了一定的成绩[3]。从多方面考查学生，能给学生充分、

客观的评价[4]。本文所探讨的非标准化答案考试设计主要适用于计算数学专业的"数值分析"课程。

1. 数值实验的设计

数值实验通常在主要的知识点讲解完成后实施，通过数值实验体现"理论结合实践"。数值实验的设计需做到六个要点：（1）数值实验的内容应涉及多个知识点；（2）数值实验的内容应有实践意义；（3）数值实验没有标准答案；（4）严格数值实验的完成时间，一般不超过两周；（5）提供老师的解决方案，做好点评和分析；（6）数值实验成绩实行5分制，做好数值实验归档及成绩登记。

2. 文献综述的设计

数值分析的发展十分迅速，而一学期的教学课时又有限，很多内容是无法完全讲授的。文献综述是对已掌握知识体系的补充和完善，实现对所学内容的扩展。也可以让学生了解该学科领域的发展历史和最新的成果，拓宽视野。文献综述的设计需做到四个要点：（1）文献综述没有固定的题目，学生在老师提供的关键词表中选择三个以上的关键词自拟题目完成。（2）文献综述的完成时间为1个月。（3）完成后组织学生讨论，做好文献综述的点评。（4）文献综述的成绩实行5分制，做好文献综述的归档及成绩登记。

三、"数值分析"课程的非标准答案考试的成效

"数值分析"在三个层面上的考试改革在实施初期有着较大的困难，学生反映入手不易，主要困难如下：（1）学生没有掌握相关的数值分析工具；（2）相当数量的学生依然只关注教材的内容，而不会查找文献资料；（3）不会主动思考所学知识的扩展及其应用。在教学初期，学生普遍反映非标准答案考试一定程度上增加了他们的学习压力，但也在一定程度上促进了他们的学习。经过一学期的实践后，取得了一些效果：（1）让学生建立起学习兴趣，了解数值分析在实际应用中所起到的重要作用；（2）让学生熟悉了解数值分析软件的使用；（3）提高了学生的动手能力，让学生了解了解决实际问题的方法；

（4）发现了一些可持续培养的好苗子。

四、对非标准答案考试的一些思考

在教学实践中我们发现标准答案考试和非标准答案考试对于课程考核都是不可或缺的。标准答案考试结果是教学效果的直接反映，客观地反映了课程的教学质量。而非标准答案考试能够培养学生的钻研精神，从多个方面反映学生的个人探索和创新能力。如何设计出更多的非标准答案考试题目以适合不同层次的学生，如何在期末考试中结合真正的非标准答案考试试题，将是今后的教学中需进一步思考的问题。

参考文献

［1］党万太，杨晓放，苗维纳．向素质教育教学转变［J］.四川生理科学杂志，2010，32（4）：181-183.

［2］孙婧，王文溥．高校非标准化考试模式初探［J］.长治学院学报，2016，33（2）：96-97.

［3］马连霞．非标准化考试模式的探索与实践［J］.教书育人（学术理论），2006（5）：92-93.

［4］陈欣．关于计算机类课程非标准化考试的研究［J］.边疆经济与文化，2008（9）：128-129.

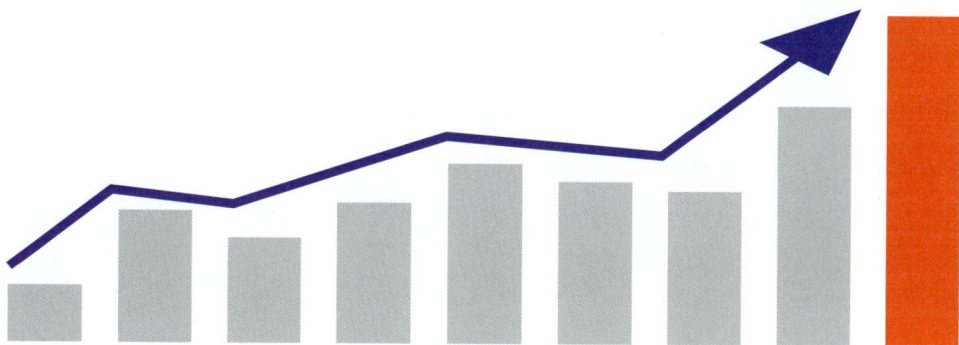

考试题目

题目：

数值实验

下表给出了中国在 2008—2013 年的年度财政收支数据。请设计一个插值预测方法估计中国 2014 年的财政收支情况；然后调查 2014 年的实际财政收支数据，并与预测数据做比较。

2008—2013 年中国财政收支情况

年度	收入（亿元）	支出（亿元）
2008	61317	62427
2009	68477	75874
2010	83080	89575
2011	103740	108930
2012	117210	125712
2013	129143	139744

简要说明：

试题收集了 2008 年以来中国的年度财政收入和财政支出的官方数据，要求学生根据 2008—2013 年的数据预测 2014 年度的财政收入和财政支出。由于正常年份的财政收入和财政支出的数据具有一定的连续变化特征，这使得学生可以采用数值分析中不同的插值和逼近理论去预测 2014 年的数据，并可根据官方发布的数据验证自己的方法是否合理。该数值实验没有标准答案，以预测结果接近真实数据为佳。

答案一（节选）：
数学学院　刘少晖　2013141482143

数值实验 –1　外插预测

1　根据给出的 2008—2013 年中国财政收支数据进行 2014 年的插值预测

2008—2013 年中国财政收支情况

年度	收入（亿元）	支出（亿元）
2008	61317	62427
2009	68477	75874
2010	83080	89575
2011	103740	108930
2012	117210	125712
2013	129143	139744

2014 年中国财政收支情况

年度	收入（亿元）	支出（亿元）
2014	140350	151662

　　运用已经学习的不同插值方法，设计合理的插值，给出 2014 年的预测数据，并与真实数据进行比较，计算误差。

　　回顾已经学习的插值方法，有：Lagrange 插值（L 插值）、牛顿插值、Hermite 插值（H 插值）、分段线性插值、分段三次 H 插值、（三次）样条插值等。由于本问题仅给出节点处取值，无法求出边界导数值，因此考虑 L 插值与三次样条插值，并做一次线性回归作为参照。

　　考虑到所给数据的基数可能带来的影响，分别做基数和增长率的插值。首先

学生答案

计算出年间的变化量：

2009—2013 年中国财政收入较上年度变化情况

年度	收入增长（亿元）	收入增长率	支出增长（亿元）	支出增长率
2009	7160	0.1168	13447	0.2154
2010	14603	0.2133	13701	0.1806
2011	20660	0.2487	19355	0.2161
2012	13470	0.1298	16782	0.1541
2013	11933	0.1018	14032	0.1116

1.1　L– 插值

L– 插值与牛顿插值本质相同，这里用 L– 插值进行计算。首先在 Matlab 中定义 Lagrange 函数，再通过输入数据进行计算，得出结果。

1.1.1　收入支出值的 L– 插值

计算得 2014 年财政收入预测为 194853 亿元，2014 年财政支出预测为 180576 亿元。

与真实数据比较，收入的误差量为 +54503 亿元，误差为 38.08%；支出的误差量为 +28944 亿元，误差为 19.1%。

1.1.2　收入支出变化率的 L– 插值

计算得 2014 年财政收入较上年变化率预测为 0.7483，预测值为 225780.71 亿元，2014 年财政支出较上年变化率预测计算溢出。

与真实数据比较，收入的误差量为 +85430.71 亿元，误差为 60.87%；支出的误差无法计算。

1.2　三次样条插值

由 Matlab 自带三次样条插值命令进行插值计算，解得插值函数，在插值区间内，可形式上表示为：

$$F(x) = A_{5\times4} \cdot X_{4\times1}。$$

其中，$X_{4\times1} = [(x-x_{i-1})^3, (x-x_{i-1})^2, (x-x_i), 1]^T, i = 1, 2, 3, 4, 5$。计算法则

为 A 的第 i 行与 X 相乘时，i 取对应 A 的行数，所得分段函数定义域为 $x \in [x_{i-1}, x_i]$，$x_0 = 2008$，$x_i = x_{i-1} + 1$。

1.2.1 收入支出值的三次样条插值

通过 Matlab 计算得收入插值的系数矩阵为：

$$A_1 = \begin{pmatrix} 510 & 2200 & 4450 & 61320 \\ 510 & 3720 & 10380 & 68480 \\ -3920 & 5240 & 19340 & 83080 \\ 1910 & -6510 & 18070 & 103740 \\ 1910 & -770 & 10790 & 117210 \end{pmatrix}$$

支出插值的系数矩阵为：

$$A_2 = \begin{pmatrix} 1600 & -4660 & 16510 & 62430 \\ 1600 & 130 & 11980 & 75870 \\ -2580 & 4910 & 17020 & 89580 \\ 480 & -2810 & 19120 & 108930 \\ 480 & -1380 & 14920 & 125710 \end{pmatrix}$$

计算得 2014 年财政收入预测为 151020 亿元，2014 年财政支出预测为 153900 亿元。

与真实数据比较，收入的误差量为 +10670 亿元，误差为 7.6%；支出的误差量为 +2238 亿元，误差为 1.5%。

插值图像如下：

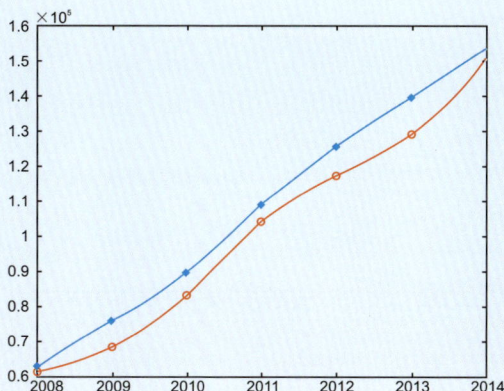

学生答案

1.2.2 收入支出增长率的三次样条插值

通过 Matlab 计算得收入插值的系数矩阵为：

$$A_3 = \begin{pmatrix} -0.0296 & 0.0284 & 0.0678 & 0.1168 \\ -0.0296 & -0.0306 & 0.0956 & 0.2133 \\ 0.0550 & -0.1195 & -0.0544 & 0.2487 \\ 0.0550 & 0.0155 & -0.1284 & 0.1298 \end{pmatrix}$$

支出插值的系数矩阵为：

$$A_4 = \begin{pmatrix} -0.0398 & 0.1546 & -0.14996 & 0.2154 \\ -0.0398 & 0.0351 & 0.0402 & 0.1806 \\ 0.0314 & -0.0843 & -0.0090 & 0.2161 \\ 0.0314 & 0.0098 & -0.0836 & 0.1541 \end{pmatrix}$$

计算得 2014 年财政收入较上年变化率预测为 0.4945，预测值为 193004 亿元，2014 年财政支出较上年变化率预测为 0.2768，预测值为 178425 亿元。

与真实数据比较，收入的误差量为 +52654 亿元，误差为 37.5%；支出的误差量为 +26763 亿元，误差为 17.6%。

插值图像如下：

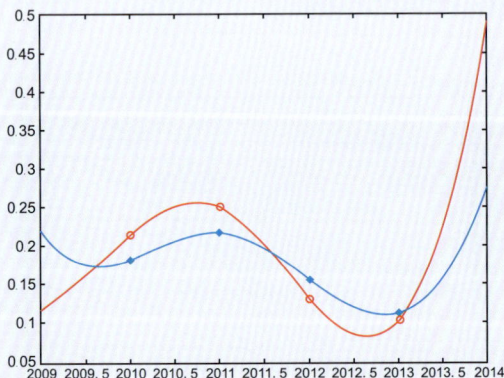

1.3 线性回归

考虑财政收入情况的线插值:

1.3.1 收入支出值的线性回归

运用 Matlab 中线性拟合命令对 2009—2013 年中国财政收入数据进行拟合计算,得到表达式:

$$y = 1.4 \times 10^4 - 2.8972 \times 10^7$$

计算得 2014 年财政收入预测为 144430 亿元,2014 年财政支出预测为 155920 亿元。

与真实数据比较,收入的误差量为 +4080 亿元,误差为 2.9%;支出的误差量为 +4258 亿元,误差为 2.8%。

拟合图像如下:

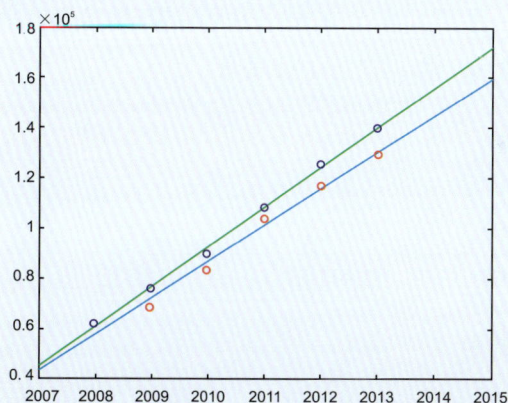

1.4 结论

从以上结果可以看出,外插法得到的预测效果是比较糟糕的,其中 L− 插值的偏差尤其大,三次样条插值的稳定性相对好一些。另外直接插值比通过插值计算变化率的效果更好。从对照组可以看出,所给数据基本符合线性关系,因此用线性拟合效果更好。

学生答案

答案二（节选）：

数学学院　魏长帅　2013141211010

数值实验报告

一、实验内容

设计一个插值预测方法估计中国 2014 年财政收支情况，并将预测数据与实际数据做比较。

收入：首先简单观察并分析原表中数据可知，2008 到 2011 年之间收入呈现快速增长趋势，而实验内容从 2011 年到 2013 年呈缓慢增长趋势，因此分段插值精确度应该更高。考虑到高次拉格朗日插值的不稳定性，因此选择 2011 年到 2013 年的数据作为初始数据进行牛顿插值。

i	x_i	$f(x_i)$	$f[x_{i-1}, x_i]$	$f[x_{i-2}, x_{i-1}, x_i]$
0	2011	103740		
1	2012	117210	13470	
2	2013	129143	11933	−768.5

得牛顿插值多项式为

$$N_3(x) = f[x_0] + f[x_0, x_1](x - x_0) + f[x_0, x_1, x_2](x - x_0)(x - x_1)$$
$$= 103740 + 13470(x - x_0) - 768.5(x - x_0)(x - x_1)$$

支出：经过分析，选择 2011 年到 2013 年的数据作为初始数据进行牛顿插值。理由同上。

i	x_i	$f(x_i)$	$f[x_{i-1}, x_i]$	$f[x_{i-2}, x_{i-1}, x_i]$
0	2011	108930		
1	2012	125712	16782	
2	2013	139744	14032	−1375

得牛顿插值多项式为

$$N_3(x) = f[x_0] + f[x_0, x_1](x - x_0) + f[x_0, x_1, x_2](x - x_0)(x - x_1)$$
$$= 108930 + 16782(x - x_0) - 1375(x - x_0)(x - x_1)$$

二、实验结果

收入：代入 $i = 3, x_i = 2014$ 得 $f(2014) \approx N_3(2014) \approx 139539$，实际数据为 140350。

支出：代入 $i = 3, x_i = 2014$ 得 $f(2014) \approx N_3(2014) \approx 151026$，实际数据为 151662。

三、实验分析

实验数据跟真实数据的差距不大，可以作为参考。

MATLAB 代码：

```
>> x=[2011, 2012, 2013];
>> y=[103740, 117210, 129143];
>> p=2014;
>> n= length ( x ) ; a ( 1 ) = y ( 1 ) ;
for k = 1 : n − 1
   d ( k, 1 ) = ( y ( k+1 ) − y ( k ) ) / ( x ( k+1 ) − x ( k ) ) ;
end
for j = 2 : n − 1
   for k = 1 : n − j
      d ( k, j ) = ( d ( k+1, j − 1 ) − d ( k, j − 1 ) )/( x ( k+j ) − x ( k ) ) ;
```

学生答案

```
        end
    end
    d
    for j = 2：n
        a ( j ) = d ( 1, j−1 ) ;
    end
    Df ( 1 ) = 1;
    c ( 1 ) = a ( 1 ) ;
    for j = 2：n
        Df ( j ) = ( p − x ( j−1 ) ) .* Df ( j−1 ) ; c ( j ) = a ( j ) .* Df ( j ) ;
    end
    fp=sum ( c ) ;
    d =

        1.0e+04 *

        1.347000000000000              −0.076850000000000
        1.193300000000000                              0
```

此代码为求收入的代码，所得结果的 $f(p)$ 即为所求预测。

求支出的代码类似。下图为计算结果。

名称 ▲	值	最小值	最大值
a	[103740,13470,-768...	-768....	103740
c	[103740,40410,-461...	-4611	103740
d	[13470,-768.5000;1...	-768....	13470
Df	[1,3,6]	1	6
fp	139539	139539	139539
j	3	3	3
k	1	1	1
n	3	3	3
p	2014	2014	2014
x	[2011,2012,2013]	2011	2013
y	[103740,117210,12...	103740	129143

工作区

教师点评

学生答案一

最大优点在于能够利用不同的方法对原始数据的性态进行分析，并根据分析的结果为预测找到最为合理的解决途径。从其完成的过程中可以看出该同学已掌握了处理应用问题的一些基本思路和手段。

学生答案二

虽然中规中矩，但其最大优势体现在通过对数据的观察发现数据变化的特点，从而选择出合适的预测方法。其对数据的敏感性尤其关注。

线性代数（理工）

课程号：201080030

陈 丽／四川大学数学学院

陈丽，2006 年毕业于四川大学数学学院，获得理学博士学位。入职以来长期从事大学数学教学和动力系统方面科研工作。担任美国《数学评论》评论员。2013 年获得四川大学教学名师奖。2014 年获得"唐立新教学名师奖"。在《中国科学》《Fuzzy sets and systems》《Commun.nonlinear Sci. Numer. Simulat》等国内外期刊发表科研论文十余篇，主持发表教学教改论文十余篇；主编教材教辅三部，参编四部。

"线性代数"课程考查考试探索研究

四川大学数学学院　陈　丽

【摘　要】"线性代数"课程具有抽象深奥特色。在四川大学开展课程考试改革的背景下，本文从对课程科学性和系统性知识的考查考核，对课程内容创新性非标准化答案考查考核两个方面介绍了"线性代数"课程考查考试探索研究。

【关键词】线性代数　考查考核　非标准化答案

一、研究背景

"线性代数"课程是理、工、医、经、农等类学科的基础公共课。它是用矩阵来研究有限维线性（向量）空间的一个数学分支，内容包括线性方程组的求解、矩阵理论、有限维线性空间以及线性变换理论，具有较强的逻辑性、抽象性。由于科学研究中的非线性模型通常可以被近似为线性模型，使得线性代数被广泛地应用于科学研究、工程技术和各行各业中。"线性代数"通常开设在大学一年级第一学期。很多同学感觉"线性代数"学习吃力，知识抽象、抓不住重点。怎样调整优化课堂教学，怎样考查考核学生学习情况，提升"线性代数"教学质量一直是我们的研究课题。

四川大学于 2011 年开始课程考试改革，于 2015 年起在全校开展非标准化答案考试改革，打破"标准答案、60 分及格"传统考试模式。一是强化过程评价。每门课从开课到期末考试，每次课前预习、课堂讨论、课后作业、随堂测验都按一定比例计入总成绩，促使每个学生都能主动参与学习的全过程。二是改革评价标准。从过去简单评价转变为主要评价学生的创新精神和创造能力，考查其独立思考了多少、领会了多少，能不能在团队协作中成长，从而破除"高分低能"的弊端。三是实行动态及格线。根据课程难易程度、学生整体学习情况、学生评价正态分布状况，动态确定及格线。

二、课程考试探索研究

"线性代数"作为大学一门公共基础课程，有着广泛的应用。通过考查考核学生学习情况，及时调整课堂教学，为后继课程学习打下坚实的基础。本文作者在学校教务处、数学学院的大力支持下，在同事的参与配合下，对"线性代数"课程考试考核进行了长期探索研究。

（一）对"线性代数"课程科学性和系统性知识的考查考核

"线性代数"是一门数学课程。数学是研究现实世界的数量关系和空间形式的科学，其中的概念、定理、公式都是经过前人长期探索和逻辑论证而确立的科学真理，因此科学性是数学课程的主要特性。代数、几何、分析到 19 世纪末都相继有了严格的逻辑基础，使数学成为一个严密、系统的整体结构。数学知识是具有严密逻辑的系统的科学。学生对于"线性代数"课程内容首先必须通过记忆来接受，通过理解，逐步掌握。课堂回答问题、课堂练习、平时课后作业等方式可以检查检测学生对数学科学内容的接受程度。章节测试可以检测学生对知识的掌握程度。

在当今信息化高度发展的社会，借助于信息技术，将新型智慧教学工具引入课堂是必然趋势。在"线性代数"课堂教学中，我们在手机互动智慧教室利用DOFAR APP，在非手机互动教室采用了雨课堂。教师课前精心设计，针对需要检测学生掌握情况的知识点准备题目。检测形式可以是单选题、多选题形式，可以是投票方式，还可以主观作答，然后拍照上传。授课时，下发题目，让学生用手机作答。答题完毕提交后可以立即显现答题结果，得分情况。这样的测试方式具有及时性、便捷性，参与度高，容易调动学生积极性。通过数据调查显示，95% 的学生愿意使用手机参与课堂教学。这种教学与测试方式让手机从"低头的工具"变成"抬头的利器"，学生可以"名正言顺耍手机"。

（二）对"线性代数"课程内容创新性非标准化答案考查考核

数学课程具有教育性的特征。数学来源于实践，又反过来作用于实践的辩证唯物主义观点，体现了运动、变化、相互联系的观点。通过数学课程的实施养成学生良好个性品质。无论是信息化时代的要求，还是新工科建设的需要，培养创新型人才是教育的目标。"线性代数"课程教育性不仅仅体现在知识的接受方面，更重要的是体现在对于知识的传承、发展、应用。

怎样在课程考查考核上体现知识的传承应用，是"线性代数"课程考试改革的一个研究课题。世人都知道"1+1= 2"。数学还可以有非标准化答案测试吗？2015 年"线性代数"非标准答案考查考核尝试了一个题目：厘清"线性代数"前四章的知识框架体系，完成一篇小论文。学生在完成题目之前，必须通过查阅"线性代数"相关历史资料或课程说明，先对前四章内容有深刻的理解。不同学生的视角不同、出发点不同，就会搭建出非标准化的框架体系。正如"横看成岭侧成峰，远近高低各不同"，这次尝试验证了"线性代数"测试也可以有非标准化答案，而且利于学生从"被动学习"转变为"自主钻研"。

为了更好地实现对课程内容提升性和创新性的考查考核，我们在 2016 年、2017 年两年的"线性代数"课程考查考核中，都设置了开放性、非标准化答案的题目。例如：从纵向与相关专业的联系角度设置了：线性代数在 **** 专业中的一个具体应用；从数学学科之间的联系设置了题目：线性代数与几何的联系；从课程知识内部考查设置了题目：初等变换在线性代数中的作用；还可以从学习效率、学习心得等方面出更开放性的题目。这些题目都要求学生以小论文的形式提交，必须具备标题、作者、摘要、关键词、正文、参考文献等。成绩以百分制计算，最后以一定比例计入综合成绩。

非标准化答案测试的作用至少有两点：一是促使学生自觉主动地学习；二是让学生尽早接触科研，一步一个脚印地培养学生的创新精神和创造能力。

时代在进步，教育在发展。课程考试改革永远在路上。

参考文献

［1］四川大学数学学院. 线性代数［M］. 成都：四川大学出版社，2012.

［2］川大实行非标准答案考试：成绩分为 ABCDE 等级 . http: //edu.sina.com.cn/l/2015-10-26/doc-ifxizwsf8853517.shtml.

考试题目

题目：

综述线性代数的线性方程组、矩阵运算、行列式、向量空间的内容。

1. 厘清这些内容之间的关系，写成小论文格式。

2. 要求有标题、学院、姓名、摘要、关键词、正文、参考文献。

简要说明：

"线性代数"对大一学生来说，概念多，内容非常抽象深奥。学习了半个学期，很多学生感觉云里雾里，迷茫困惑。这个题目是半学期的一个阶段性的章节总结。通过题目要求，让学生自己去厘清各章节之间的关系，梳理知识脉络，建立框架体系，达到高屋建瓴。要求列出参考文献，包括书本、教材、教辅、杂志论文，是希望学生自觉去查找资料，扩大知识面。而且要求以小论文的形式提交结果，可以让学生对于撰写论文有一个基本认识。

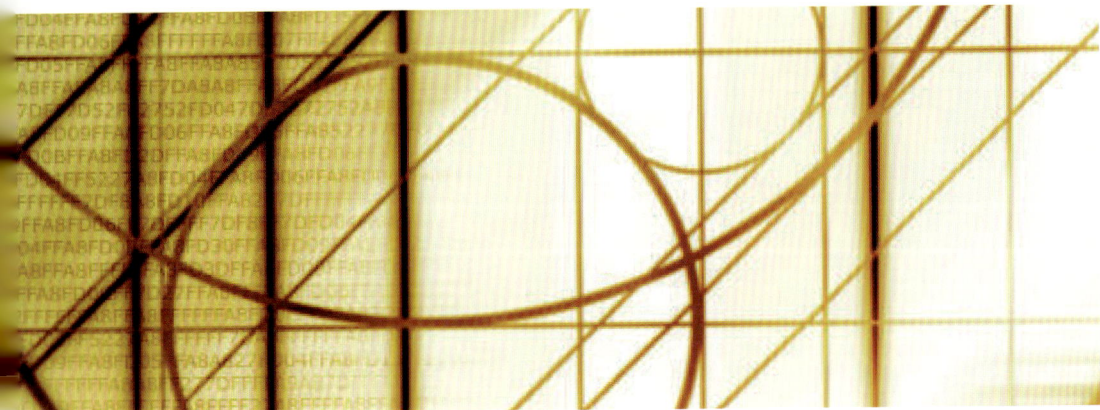

答案一（节选）：

化学工程学院　段俊杰　2015141231023

"线性代数" 前四章总结与分析

【摘　要】线性代数知识抽象而难懂。但如果在整体层面上对线性代数进行把握，并从整体到细节地总结，找出各个知识点内在的联系，构筑自己的知识体系，有助于更好地学习与理解线性代数。

【关键词】线性代数　总结与分析

1. 知识结构

线性代数的很多知识不能割裂开看，不能认为知识之间的联系很少。相反，线性代数如果从整体上统筹，则更容易学习。

我认为线性代数是以矩阵为中心，线性方程组为纲而展开的。以矩阵为中心是因为，前四章所有知识都是围绕着矩阵学习。第一章通过线性方程组引入矩阵的概念。第二章介绍矩阵的定义以及各种运算：加法、数乘、转置，等等。第三章介绍行列式，也可以看作是一种方阵的特殊运算。第四章虽说在前面用大篇幅介绍向量组、线性相关、线性关系等知识，但最后还是回归到矩阵。一个矩阵就可以构成一个解空间，一个列空间，一个行空间。而秩的出现又更深化了矩阵的概念，使矩阵的知识站在了一个更高的层面。所以，可以毫不夸张地说，线性代数就是一门研究矩阵的科学。而矩阵的最大作用就在线性方程组。线性方程一直贯穿在矩阵的学习当中，从一开始将线性方程组抽象为矩阵，到后来利用行列式、

学生答案

克莱默法则来求解线性方程组，最后通过秩来研究线性方程组，线性方程组无时无刻不伴随着矩阵的学习。所以说，线性代数是以矩阵为中心，以线性方程组为纲。

2. 概念的转化

线性代数的对象少，但概念却很多，导致往往一个概念有许多与之等价的说法：例如矩阵 A 可逆等价于 $|A| \neq 0$；等价于 A 的行、列向量组线性无关；等价于 A 满秩；等价于 $Ax = 0$ 只有零解；$Ax = b$ 只有唯一解等。一个矩阵 A 可逆有 12 个与之等价的条件。因此，矩阵知识的概念转化非常重要。在做题时，通过题目所给条件，导出与之等价的条件往往是解题的关键。

线性代数的知识在初学时可能会让人认为其很抽象和艰涩，但学习完后却发现所有内容都绕不开矩阵与线性方程组两个。只要抓住这两个，纲举目张，线索、脉络自然就出来了。知识体系也就自然而然形成了。

参考文献

［1］四川大学数学学院. 线性代数［M］. 成都：四川大学出版社.

答案二（节选）：
物理科学与技术学院（核科学与工程技术学院）
梁焯禧　2015141222032

"线性代数"知识归纳

【摘　要】"线性代数"中的知识点综述。

【关键词】线性方程组　矩阵　线性空间

一、运算工具

1. 矩阵

1）定义：数域中 $s \times n$ 个数排成 s 行 n 列的长方表，加上方括号。

2）运算：加法、减法、数乘（8条性质）、转置、分块、求逆、矩阵乘法、幂运算、求伴随。

2. 矩阵乘法

1）结构：$\left(a_{ij}\right)_{s \times n} \times \left(b_{ij}\right)_{n \times m} = \left(b_{ij}\right)_{s \times m}$。

=> 线性变换方式 × 变换对象 = 变换结果；

=> 变换对象 × 线性变换方式 = 变换结果。

2）定律：一定满足结合律、分配律，可能满足交换律（可换），交换律满足才有二项式定理。

3）矩阵的部分分类：

对角阵（求行列式简便）、单位阵、数量阵、三角形阵、对称阵、反对称阵。

学生答案

3.行列式

1）定义：取自不同行不同列的元素乘积的代数和（矩阵为方阵）。

2）行列式展开定理：方阵 A 的 $|A|$ 可按任意行、列展开。

3）初等阵：

$$|P| = \begin{cases} -1 & \text{对称} \\ k \neq 0 & \text{数乘} \\ 1 & \text{倍加} \end{cases}$$

4）$|A| \neq 0 \Leftrightarrow A$ 可逆，$|A| = 0 \Leftrightarrow A$ 不可逆。

5）拉普拉斯展开定理。

6）克拉默法则［方阵，可逆（$|A| \neq 0$）时用］。

二、研究对象

4.线性方程组

1）结构：$A_{ab} = B$。

2）解的存在性：可化为阶梯型（经过初等变换，化简判断）。

解的唯一性：可化为最简型。

3）$B = 0$ 时，表示齐次线性方程组，若

（1）$a > b$：主元列数 = 列数 → 唯一解（0 解）。

主元列数 < 列数 → 无穷解。

（2）$a = b$：主元列数 < 列数 → 唯一解（0 解）。

主元列数 < 列数 → 无穷多解。

（3）$a < b$：主元列数 = 列数 → 无穷多解。

4）$B \neq 0$，非齐次线性方程组，若 $a \geqslant b$：

（1）A 的主元列数 < ［$A | B$］的主元列数 → 矛盾方程，无解。

（2）A 的主元列数 = ［$A | B$］的主元列数 → 唯一解。

（3）A 的主元列数 > ［$A | B$］的主元列数 → 唯一解。

若 $a < b$：

（1）A 主元列数 < $[A \mid B]$ 的主元列数→无解。

（2）A 主元列数 = $[A \mid B]$ 的主元列数→无穷多个解。

自由变量数 = 未知量个数 − 主元列数。

5）线性相关性。

（1）存在一组不全为 0 的数使 $k_1 a_1 + k_2 a_2 + \cdots + k_n a_n = 0$。

（2）存在一个向量可由其他向量表示。

（3）向量方程 $x_1 a_1 + x_2 a_2 + \cdots + x_n a_n = 0$ 有非零解。

（4）$Ax = 0$ 有非零解，其中 $A = [a_1, a_2, \cdots, a_n]$。

6）向量组的线性相关性：行向量空间，列向量空间。

7）秩：

（1）向量组的秩：向量组极大无关组所含向量个数。

（2）矩阵的秩：① 行、列的向量组分别称为矩阵的行秩、列秩。

② 非零子式的最高阶数称为矩阵的秩。

③ 行秩 = 列秩 = 秩。

（3）秩不等式：$r_{A \times B} \leq \min(r_A, \ r_B)$。

$r[A, B] \leq rankA + rankB$。

$r(A + B) \leq rankA + rankB$。

$r(A \times B) \geq rankA + rankB - n$。（$A$，$B$ 均为 n 阶方阵）

$r(P_n P_{n-1} \cdots P_1 A) = r_A$。[初等（行）变换不改变秩]

8）$Ax = 0$ 的解结构：（$A: s \times n$）

若 $r = n$，则仅有零解。

若 $r < n$，则有无数解。通解：$X = k_1 x_1 + \cdots + k_{n-r} x_{n-r} \, (x_1, x_2, \cdots, x_{n-r})$，构成零空间。

$Ax = B$ 的解：

若 $r_A = \tilde{r}_A = n \Leftrightarrow Ax = B$ 有唯一解；

学生答案

若 $r_A < \tilde{r_A} \Leftrightarrow Ax = B$ 无解；

若 $r_A = \tilde{r_A} < n \Leftrightarrow Ax = B$ 有无数解，通解：$X = x_0 + k_1 x_1 + \cdots + k_{n-r} x_{n-r}$。

9）同型矩阵，秩越大，内部的线性无关性越高，冗余信息越少。

5. 线性空间

1）八条公理 → 线性空间。

2）子空间，生成空间。

3）基、维数、坐标。

4）过渡矩阵（坐标变换）。

三、相互关系

6. $Ax = B$ 有解

$A(a \times b) \Leftrightarrow r_A = \tilde{r_A} \Leftrightarrow$ 系数矩阵主元列数 = 增广矩阵主元列数 $\Leftrightarrow$ $|A| \neq 0$（方阵，$a = b$）。

$Ax = 0$ 只有 0 解 $\Leftrightarrow B$ 可由 A 的列向量线性表出 $\Leftrightarrow A$ 与 $[A, B]$ 列向量等价 $\Leftrightarrow [A, B]$ 的列向量可由 A 的列向量线性表出。

矩阵可逆 $\Leftrightarrow |A| \neq 0 \Leftrightarrow$ 齐次线性方程组 $Ax = 0$ 只有 0 解 $\Leftrightarrow Ax = B$ 有唯一解 $\Leftrightarrow \mathrm{rank}A = n \Leftrightarrow$ 列向量组线性无关 $\Leftrightarrow$ 行向量组线性无关 $\Leftrightarrow A$ 可经初等变换化成单位阵 $\Leftrightarrow A$ 可由一些初等阵表示。

用初等变换求空间的基：

1）列空间：将矩阵进行初等行变换，化成阶梯型，非零行的首元所在列，构成列空间的基；

2）行空间：转置，按列空间处理；

3）零空间：求出基础解系。

参考文献

[1] 张慎语,周厚隆.线性代数［M］.北京:高等教育出版社.

答案三（节选）：
物理科学与技术学院（核科学与工程技术学院）
吴德昭　2015141221075

"线性代数"框架体系——对前四章的总结

【摘　要】简要梳理"线性代数"前四章知识的联系与脉络，简述框架体系和层次，总结对习题解决的经验和方法以及自己的一些认知和见解。

【关键词】向量与矩阵的基本运算　行列式　向量与线性方程组　线性空间

一、脉络梳理

1. 常见的求解线性方程组的问题研究中，为了使研究的对象简明扼要，将方程中未知数系数提取出来，减少了未知数在消元中的视觉干扰。为了对系数做统一的运算以及发现其内在规律，引入了重要概念——矩阵。

2. 对矩阵进一步研究。

1）运算：加法、数乘（线性运算）；乘法；转置；初等变换；求逆分块；求伴随矩阵。

2）特殊类别：单位矩阵、数乘矩阵、对角矩阵、n 阶幂矩阵、三角矩阵、对称矩阵和反对称矩阵——这些矩阵在进行 1）中的运算时会表现出某些性质和规律。

3）和解方程组的关联。

系数矩阵 / 增广矩阵←──→线性方程组。

初等行变换←──→高斯消元法。

行最简形←──→ 解的情况（最简方程组）。

学生答案

3. 进一步研究矩阵的性质和解方程组引入的工具——行列式。

1）学习思路：行列式定义→行列式性质→展开定理→行列式计算→应用克拉默法则求解线性方程组。

2）行列式的值与矩阵、方程组的关系。

对于 n 阶方阵：行列式值 $\neq 0$，方阵可逆。

对于 n 个未知量 n 个方程的线性方程组：

行列式不等于 0，非齐次方程组存在唯一解，齐次只有零解。

4. 在解线性方程组的研究中已经得到了克拉默法则，而这过于特殊，为了全面认清线性方程组求解问题，着重解决三个问题：①方程组什么条件下有解；②若有解，解是否唯一；③怎样求出方程组全部解，除了引入矩阵作为工具，引入另一个工具——向量和向量组。

5. 行列式：

基本计算
- a. 定义，直接展开
- b. 利用性质化简（最简三角阵）
- c. 递推
- d. 拆开，分解因式

6. 解线性方程组和向量组、线性空间。

1）证明题：利用定义。

2）求解问题：初等逆变化为行最简形（万能）。

……

三、我的整体认知和总结

前四章就是以解线性方程组为主题，引入和发展了两种工具——矩阵和向量组，它们又相互作用，相互挖掘，引出一系列的性质和运算，在解决了线性方程组问题的同时发现了新的内涵：线性空间，从而从表面到抽象，从一般到普通。

参考资料：

［1］张慎语, 周厚隆. 线性代数［M］. 北京: 高等教育出版社.

［2］张杰, 邹杰涛. 线性代数及其应用［M］. 北京: 中国财政经济出版社.

［3］课堂PPT.

教师点评

　　段俊杰同学能够将"线性代数"的框架结构厘清，并对一个概念多种等价描述用"转化"一词标注，真正抓住"矩阵"与"线性方程组"两个关键，"纲举，目张，线索脉络清晰，"线性代数"前四章的知识体系自然而然形成"，段门秘笈，大功告成！

　　梁焯禧同学将抽象深奥的教材内容，从运算工具、研究对象、相互关系三个方面进行了分类归纳整理，看似平淡，其实蕴含打坐吐纳的功力！

　　吴德昭同学的论文格式初具雏形，前四章知识脉络清晰，简明扼要，言简意赅，有"惜字如金，总结到位"的大侠范儿！

牛健人/四川大学数学学院

牛健人，数学学院教授，从事公共课教学工作 36 年，年均授课 300 多学时，将教学和研究有机结合；曾主持、主研国家博士后基金，全国高等学校大学数学教学研究与发展中心微积分考试改革项目，四川省教改项目，成都市科技厅项目和校级教改项目；积极投身教学改革，尝试翻转教学，充分利用移动端及网络教学，建立分段考试机制，强化学习过程考核，探究非标准化考试，2016 年赴德国 IMEC–13，2018 年赴台北 ICMI–EARCOMR8 交流非标准化考试探究；还曾获宝钢教育奖、星火奖，省、校级教学成果奖。

大学数学非标准化考试的设计理念与案例分析

四川大学数学学院　牛健人　陈朝东

【摘　要】本文阐述了大学数学课程非标准化考试的设计理念，依据非标准化考试开放性、灵活性、多样性特点，通过非标准化试题的设计案例分析，得到如下结论：非标准化考试有助于培养学生的自主学习能力，有助于激发学生数学学习的良好情感与态度，有助于培养学生对数学问题的探究及创新实践能力。

【关键词】非标准化考试　非标准答案　设计理念　评价方式　案例分析

四川大学在深化高等教育教学改革中积极推动非标准化考试，鼓励各学科课程积极探索非标准化考试方式，不仅仅注重巩固与加强学生的基础知识与基本能力，还应大力加强学生的应用能力与创新能力，成为标准化考试的重要补充。"高等数学"作为专业学习的必修课程，涉及不同专业领域的学生众多，以此作为研究对象具有广泛的代表性，但是数学具有严谨性，通常被认为是只能将标准化考试作为评测手段，因此对其进行非标准化考试研究具有一定挑战。2012 年，在全国高等数学研究与发展中心和四川大学教务处以及数学学院支持下，我们开始探索大学数学课程的非标准化考试，积极推动考试改革及人才评价方式改革，有效地促进了学生数学能力的培养，尤其是数学应用能力及创新意识的培养。本文主要讨论了非标准化考试的设计理念，通过非标准化试题和学生答卷进行案例分析。

一、非标准化考试的设计理念

首先，非标准化考试的实质是考试，形式有别于传统考试，是一种更为开放、多样性的评价方式，主要表现为评价方式的多样性以及答案的非标准化。标准化考试往往对应唯一的答案，即标准答案；而非标准化考试对应非标准答案，即开放、多样化的答案。因此，非标准考试的一个关键点在于"非标准答案"。答案是相对问题而言的，包括了解决问题的过程与结果。狭义的答案是指"结果"，这导致了教育唯结果是从的功利主义现象。所以，我们在引导学生解决问题时，需要过程与结果并重；我们在考查学生时，应该过程性评价和结果性评价并重。非标准答案可以理解为多样化过程与结果。所以，我们希望学生能从多种角度、不同层面去思考问题和分析、解决问题。例如，诸多数学问题只有唯一结果，但是我们有"一题多解"，这便是多样化"过程"的体现；又如，诸多实际问题难以得到最优结果，我们常常是应用数学或相关知识来不断优化，这便是非标准结果的体现。

其次，非标准化考试具有开放性、灵活性、多样性。

其一，开放性。非标准化考试的问题是开放的，即可以引导不同的学生进行不同的思考，并能选择不同的策略解决问题，或许能得到不同的结果。这些"不同"体现了命题的开放性原则，并不要求每一个学生对题目的理解是一致的，也不希望不同学生采取相同的思路或方法，得到相同的结果。所以，标准化考试命题的题目是确切的，条件完备、问题明确，答案便明确；然而，非标准化考试命题需要给题目（问题）留有余地，给学生更多思考的空间，不仅是对解决问题进行思考，还需要对问题本身进行思考。

其二，灵活性。非标准化考试的解答是灵活的，即不同学生可以基于不同层次的基础知识与基本技能选择灵活多样的思路和方法进行解答。这里的"灵活"体现在两个方面：第一，每一个学生都能够对问题进行认识、思考和解答，并非只限于一部分人；第二，不同层次、不同背景的学生能选择不同的思路和方法，得到不同的结果。所以，"灵活性"体现了非标准化考试的普适性，以及显现学生的差异性。

其三，多样性。非标准化考试的答案（即结果）是多样的，即不同的学生对问题有不同理解与认识，选取不同的思路和方法得到多种多样的答案。答案没有标准，也非唯一。正是多样性的答案体现了不同学生的不同层次，从而使不同学生获得了不同的思考与发展。

二、非标准化考试的案例设计

（一）题目设计

任务1：

物理专业：运用已经学到和即将学到的"高等数学"知识解决物理专业相关的实际问题。

计算机专业：结合计算机专业知识作图，内容包括空间解析几何中曲面及相交曲线的图形，曲线积分（包括对弧长的曲线积分，对坐标的曲线积分，格林公式）的图形，二重积分和三重积分、第一型曲面积分和第二型曲面积分中的图形。

解读任务：

（1）任务 ="运用 A 解决 B"。

（2）A="即将学到的'高等数学'知识"——预习下学期的"高等数学"知识。或许你可以思考：① 下学期"高等数学"将学到些哪些知识？② 下学期"高等数学"和上学期课程之间的关系是什么，根据这学期所学知识预习下学期的知识。

（3）B="与你所在专业相关的实际问题"——用数学解决和自己的专业相关的实际问题。你可以思考：我的专业中哪些问题与高等数学密切相关？

任务 2：

请同时准备课堂报告。报告形式不局限于 PPT，形式多样，要求格式规范、知识准确、逻辑清晰，动画逼真、生动。希望能将"运用数学解决你的专业相关实际问题"和"运用专业知识学习高等数学"的过程清晰、动态地展示出来。新学期将给每一位同学 5 ～ 10 分钟的时间展示，并凝听你在预习、思考及写作上的心得体会。

（二）题目分析

该题目采用了"倒向式"学习方法来设置任务。通常学习方法是循序渐进地学习数学，再将所学数学应用于相关专业、解决相关问题；而"倒向式"学习方法刚好相反，是基于相关专业的实际问题，或随机地将某个知识点反过来寻求所需的基础数学知识和内容，从而解决问题。在未来的研究和实践中，这种学习方法更具有实用价值。

1. 题目的属性

该题目属于开放型试题。高等数学题型往往有两大类，一类是基本题型，包括选择、填空、解答、证明等，均属于答案唯一的题型。另一类便是开放型试题。前者主要用于考查学生对高等数学基础知识与基本数学技能的掌握程度；后者是在前者的基础上更上一层楼，要求学生具备一定的高等数学基础知识和思维能力，

联系所学数学知识、专业知识，解决问题、完成任务，学生将经历明确问题、探寻方法、寻找路径等一系列问题探究的阶段，有助于促进学生初步感受学术研究，例如撰写论文，有助于锻炼学生的实践能力与创新意识。

参考文献

［1］牛健人.非标准化考试为微积分教学改革注入活力［A］.张红伟.变革学业评价　激发创造思维——2017年四川大学非标准答案考试论文及试题集［M］.成都：四川大学出版社，2017：156-163.

［2］孙婧，王文溥.高校非标准化考试模式初探［J］.长治学院学报，2016，33（2）：96-97.

［3］陈欣.关于计算机类课程非标准化考试的研究［J］.边疆经济与文化，2008（9）：128-129.

［4］马连霞.非标准化考试模式的探索与实践［J］.教书育人（学术理论），2006（5）：92-93.

［5］陈智，梁娟，谢兵.应用型人才培养模式下《算法设计与分析》非标准化考试改革研究［J］.教育现代化，2017，4（28）：70-72.

［6］陈朝东，牛健人.小班教学与大班教学对大学生数学学习成就影响的比较研究［J］.数学教育学报，2017，26（5）：93-98.

［7］牛健人.四川大学微积分（物理类）课程建设的实践与思考［A］.全国数学教育研究会.全国数学教育研究会2016年国际学术年会论文集［C］.全国数学教育研究会，2016：7.

微积分（Ⅰ）–1

课程号：201137050

考试题目

题目一：

我心中的曲面

简要说明：

答卷的形式不限，内容与曲面有关。

通过该训练，培养学生的观察能力，想象能力，综合能力和表达能力。

学生答案

答案一（节选）：

电子信息学院　蒋季宏　2015141452071

我是一个面

一个变幻无常的面

直纹、悬链、马鞍面

母线将我细分

直面、曲面、回转面

建筑师将我采撷

旋成了莫比乌斯环，隐匿于凤凰国际传媒

拉成了索膜，覆盖了柏林奥林匹克体育场

弹指间　我化作了鸟巢

看群山蜿蜒　听流水溅溅

不同的点　不同的线

构成了千姿百态的面

围绕成一个世界

化作建筑百千万

曲面　无处不在

问数学几何"曲"径通幽

（扫码观看视频）

答案二（节选）：

经济学院　蒋　雯　2014141241048

（扫码观看视频）

自打有了人类文明以来，

我曲面就独得人类的恩宠。

从刀耕火种的远古时期到科技发达的现代社会，

各式陶器、铜器、铁器，以及现在大家使用的生活用品，

都有我曲面的身影。

这几何图形佳丽三千，

人类就偏偏宠我一人。

于是我就劝人类一定要雨露均沾，

可是人类非是不听呐，

就宠我，就宠我，就宠我！

答案三（节选）：

计算机学院（软件学院）　王　超　2014141462224

《我心中的曲面——马鞍面和椭圆抛物面的相交曲线和该曲线通过的柱体》，扫码观看视频。

教师点评

学生答案一

已知的宇宙有多大，科学的边界就在哪儿；而想象的空间有多大，数学的脚步就延伸到哪儿。该答卷以宽阔的视野将著名建筑收录到一分钟的小视频里，把外在的世界转化为内心的美丽体验，从优美的建筑背后看到了曲面无处不在，数学在我们身边；也使得曲面的教学不再那么抽象，该答卷被选为曲面这一课的开场白。

学生答案二

想象，永远是人类渴望不平凡的动因，老师的工作，就是带着一个个童心未泯的孩子，在海边不停地找寻被浪潮留下的幸运贝壳，帮助他们插上想象的翅膀。经济学院蒋雯（2014141241048）同学，通过丰富的想象力，将球类、瓶子、雨伞、卫星等生活中常见的曲面通过作图软件鲜活地展现在我们的面前，让我们感受到数学也可以不那么晦涩艰深，神秘莫测。

学生答案三

该答卷将我们要求的二次曲面以小视频的形式立体地呈现出来，是我们阅读平面教材和课堂教学的很好补充。

考试题目

题目二：

> **物理专业：利用微积分知识解决物理应用问题。**
> **计算机专业：利用计算机作图知识做出你喜欢的曲面。**

亲爱的各位同学：

首先祝大家新春快乐！

祝贺你们顺利地完成了大学第一学期学习任务。回顾过去的半年，每一堂"微积分"课都因为你们的积极参与变得令人难忘，无论是回答问题，参与讨论，小测验，你们的奇思妙想和创造力，远远超出老师的预期。在我心中，你们真的很棒！

为了帮助大家做好本课程前后学期的衔接、"高等数学"与专业课程的衔接，希望同学们在旅游、拜年、打游戏之余完成以下两个任务（计入下学期的第一次小测验成绩）。

任务一：

物理专业：运用已经学到和即将学到的"高等数学"知识解决物理专业相关的实际问题。必选题：《高等数学》下册的物理例题包含空间解析几何、多元函数微分学、重积分、曲线积分、曲面积分、微分方程，请班长按学号排序，分配具体任务；选做题：自选一个最感兴趣的，或者是最能展现自己创造力的物理问题，用已经学过的或即将学到的高等数学知识去解决它。

计算机专业：结合计算机专业知识作图，内容包括空间解析几何中曲面及相交曲线的图形，曲线积分（包括对弧长

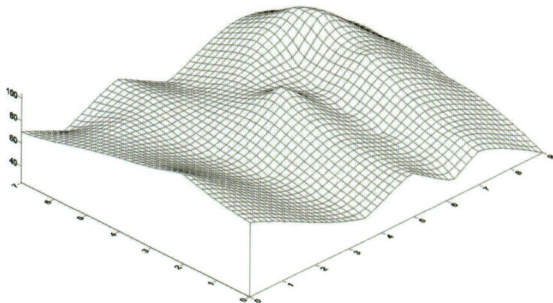

的曲线积分，对坐标的曲线积分，格林公式）的图形，二重积分和三重积分、第一型曲面积分和第二型曲面积分中的图形，依次编号，与学号对应分给各位同学，预习对应的例题。

解读任务：

1. 任务 ="运用 A 解决 B"。

2. A="即将学到的'高等数学'知识"——预习下学期的"高等数学"知识。或许你可以思考：① 下学期"高等数学"将学到些哪些知识？ ② 下学期"高等数学"和上学期课程之间的关系是什么，或许可以根据这学期所学知识预习下学期的知识。

3. B="与你所在专业相关的实际问题" ——用数学解决和自己的专业相关的实际问题。或许你可以思考：

我的专业中哪些问题与高等数学密切相关？最关键的是与下学期才能学到的哪些高等数学知识相关？

任务二：

请同时准备课堂报告。报告形式不局限于PPT，可以形式多样，要求格式规范、知识准确、逻辑清晰，动画逼真、生动。希望能将"运用数学解决与你的专业相关的实际问题"和"运用专业知识学习高等数学"的过程清晰、动态地展示出来。新学期将给每一位同学 5 ～ 10 分钟的时间展示，并凝听你在预习、思考及写作上的心得体会。

简要说明：

本次考核采用了"倒向式"学习方法来设置任务。通常的学习方法是循序渐进地学习数学，再将所学数学应用于相关专业，解决相关问题；而"倒向式"学习方法刚好相反，是基于相关专业的实际问题，或随机的将某个知识点反过来寻求所需的基础数学知识和内容，从而解决问题。在未来的研究和实践中，这种学习方法更具有实用价值。

答案一（节选）：
计算机学院（软件学院） 董陆森 2015141052004

计算机作图辅助柱面的学习

  目标任务：结合数学空间曲线知识，利用 Mathematica 数学工具做出柱面图形。

  问题描述：在三维空间中，有一个表达式为 $x^2 + y^2 = R^2$，那么它表达的是怎样一束曲面？

  由平面的知识，我们知道在 xOy 平面上，其表达的是一个以 O 为圆心，R 为半径的圆。

  但是问题在于这是三维空间。因此，我们将问题延拓，在三维空间上取一点 $P(x,y,z)$，其在 xOy 平面上的投影点依然满足这个圆的方程。这就相当于在这个圆上任取一点，做关于 Z 轴的平行线。

  由上，我们定义平行定直线 l 沿定曲线 C 移动形成的轨迹为柱面，曲线 C 叫作母线，直线 l 叫作准线。

  且 $x^2 + y^2 = R^2$ 表示的是圆柱面（图一）。

  由柱面的定义知，柱面不止圆柱面这一种。

  对于曲线 $y=x^2$，我们称之为抛物柱面（图二）。

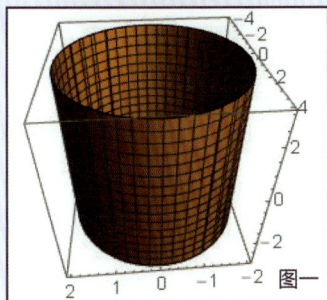

图一

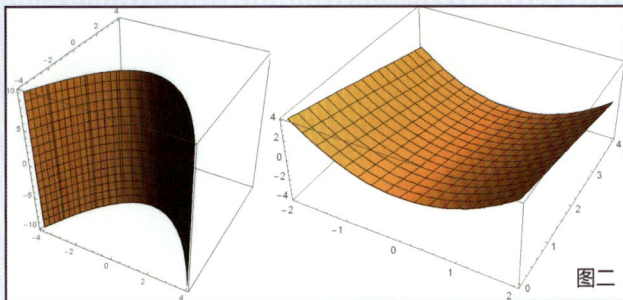

图二

学生答案

对于曲面 $\frac{x^2}{4} - \frac{y^2}{16} = 1$，$\{x, -2, 2\}, \{y, -4, 4\}$ 空间中的图形略。

二重积分的概念

问题引入：在平面区域中，我们将平面图形分为无穷多个，并将每一部分的值累加，求出和的极限，即平面图形的体积，这个过程叫作积分。而在三维空间中，自变量有两个，我们需要对其积分。

解决思路：我们将问题进行延拓，在平面积分中，我们取面积元素；因此在二重积分中，我们取体积元素，体积元素就是立方体。

举例：求曲顶柱体的体积。

曲顶柱体的顶如图所示，底为曲面的（−4,4）到（4,4）的闭区域。侧面为以 D 的边界为准线，母线平行于 z 轴的柱面。

我们先进行分割，分割的单元格如图所示：

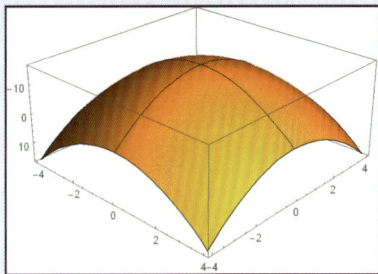

N=4

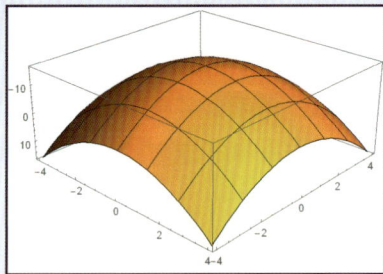

N=36

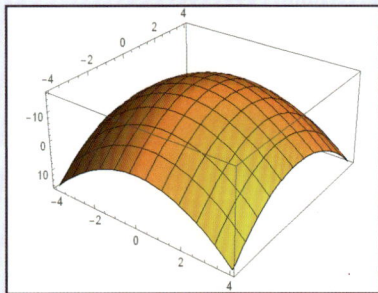

N=121

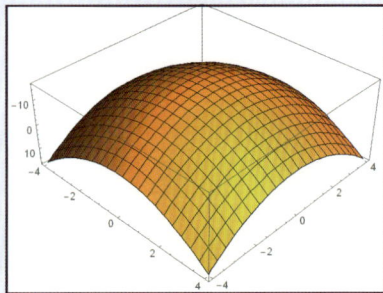

N=441

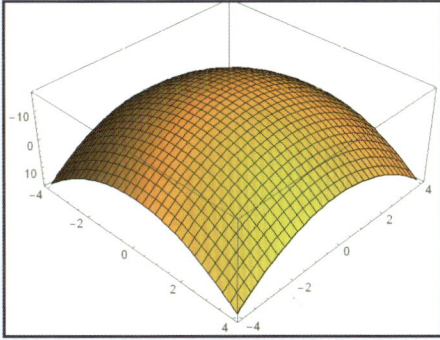

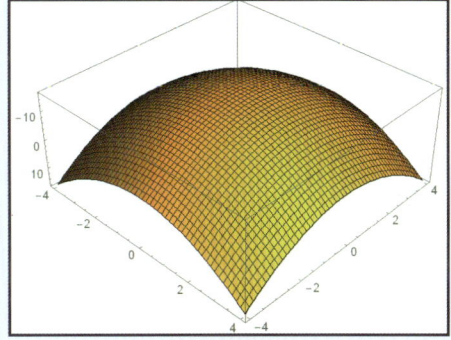

N=961

N=1681

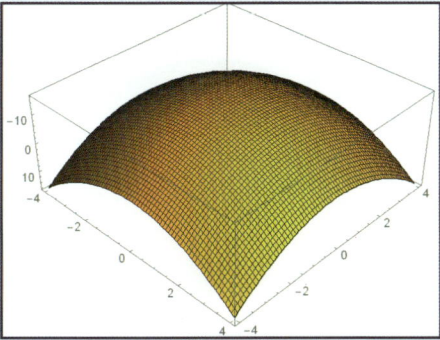

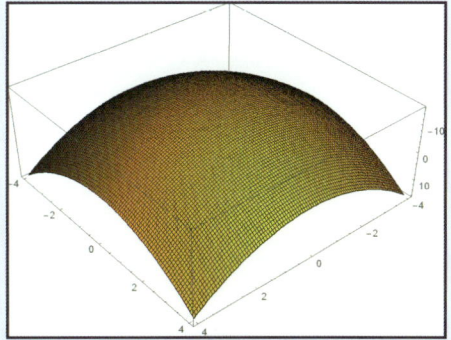

N=2605

N=6561

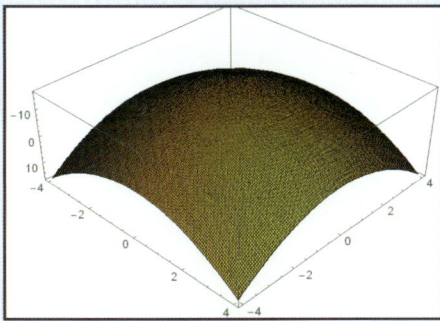

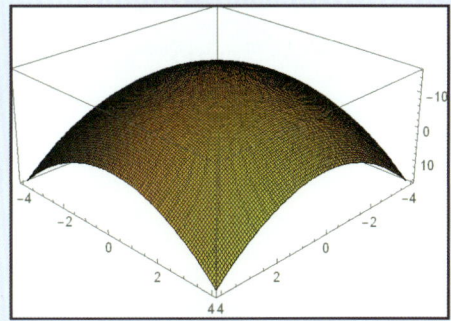

N=10201

N=14641

学生答案

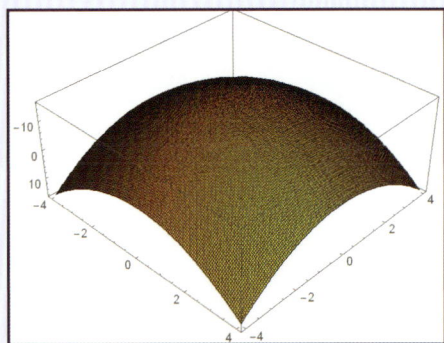

N=20801

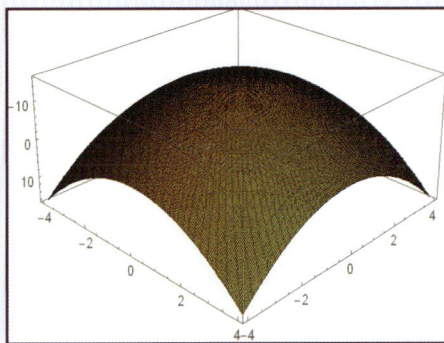

N=40401

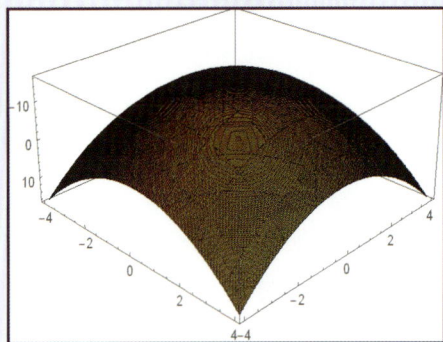

N=90601

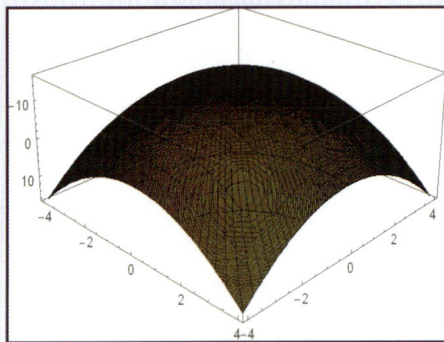

N=160801

Until N->Infinite

单元格在 xOy 下的投影面积乘 $F(x,y)$（// 高度）就是体积元素的体积。由于体积元素是立方体，因此，单元格分割得越多、越细密，其二重积分越接近其体积。

答案二（节选）：
计算机学院（软件学院）　　李博雅　　2015141462096

图像边缘和边缘检测

边缘检测是图像处理和计算机视觉中的基本问题。大多数情况下，我们采集到的图像都不能直接使用，因为它们的数据量和不相关信息过多。举个例子，在医院拍摄的 X 光片，就诊者需要拿着片子找医生分析病情，但如果这个工作能由计算机代为完成，将大大减少医生的工作量和病人的等待时间。但如果要计算机分析，必须要先把片子的重要信息提取出来，以达到减轻工作量与工作时间的目的，也利于更准确地分析处理。

而边缘检测大幅度地减少了数据量，剔除了后续处理中被认为不相关的信息，保留了图像重要的结构属性，从而使得后续的高级处理，如图像识别、图像分割、图像增强等更容易操作进行。

边缘检测的方法大致可以分为两类：基于查找一类和基于零穿越一类。此处我主要分析基于查找一类。

基于查找的方法是通过寻找图像一阶导数中的最大值和最小值来检测边界，通常是将边界定位在梯度最大的方向。

梯度是我们在多元函数微分学中学过的内容，某一点上的梯度指向标量场增长最快的方向，梯度的长度是这个最大的变化率。

对于一幅二维的数字图像 $f(x,y)$ 而言，$\mathrm{grad}f=(fx', fy')$。而对于离散的图像来说，一阶微分的数学表达相当于两个相邻像素的差值，像素的值可以有多种方式表示，常用三基色（RGB）。

由于图像的 $f(x,y)$ 不是常规的连续函数，无法直接求偏导数，从而有许多边缘检测算子，如 Roberts 算子，Prewitt 算子，Sobel 算子，Kirsch 算子，罗盘算子。

学生答案

采用不同的算子进行处理，所得效果会有所不同，但它们基本的原理是类似的。

最常见、最简单的边缘检测算子是 Roberts 算子。1963 年，Roberts 提出了这种寻找边缘的算子。他采用对角线方向相邻两像素之差近似梯度幅值检测边缘。从图像处理的实际效果来看，这种算子边缘定位比较准确，对噪声敏感。图像中的噪声是指图像在摄取和传输时，受到随机信号的干扰，产生的影响人们从图像中获取信息的因素，它的产生过程可以近似看作完全随机。有的图片上会有黑白相间的、不该属于图片的点，这些点就是一种"噪声"，被称为"椒盐噪声"。

假设，在一个 2×2 的像素格里，像素的值如下：

$f(x,y)$	$f(x+1,y)$
$f(x,y+1)$	$f(x+1,y+1)$

那么，根据 Roberts 的对角线方向相邻两像素之差近似取代梯度可得，$fx'=f(x,y)-f(x+1,y+1), fy'=f(x+1,y)-f(x,y+1)$。至于相邻两像素之差是谁减谁得到的，是由既定的算子的方向决定的。

1	0
0	-1

Roberts 算子 X 方向

0	1
-1	0

Roberts 算子 Y 方向

对于既定算子的方向，我认为把它们改成以下这种也是可以的。

-1	0
0	1

Roberts 算子 X 方向

-1	0
0	1

Roberts 算子 Y 方向

此处介绍梯度在边缘检测中的实际用法。

锐化在一般使用中，都是以锐化滤镜的形式出现，有一些锐化滤镜是专门针对边缘锐化的，如 USM 锐化滤镜。锐化时就需要知道梯度。

此处我们引入两个重要参数——振幅 (Magnitude) 和角度 (θ)。

Magnitude 表示边缘强度信息，θ 预言边缘的方向走势。

Magnitude$=[(fx')^2+(fy')^2]^{1/2}$

$\theta=\arctan(fy'/fx')$

由于求 Magnitude 的公式中，一阶偏导都用于平方项，也就是说与符号无关；求 θ 的公式中，将两个偏导数相除，所以用既定算子和我给出的算子是一样的效果。

如果令 $g(x,y)=$ Magnitude$=[(fx')^2+(fy')^2]^{1/2}$，即 $f(x,y)$ 为输入图像，$g(x,y)$ 为输出图像，再根据实际情况选择适当的限制值，若某像素点的值大于这个限制值，则认为此点是边缘点。

效果如下：

169

学生答案

　　假如对一幅数字图像求出 Magnitude 之后与原来每个像素点对应值相加，则图像边缘将被大大加强，轮廓更加明显。如图是一个典型的锐化效果。

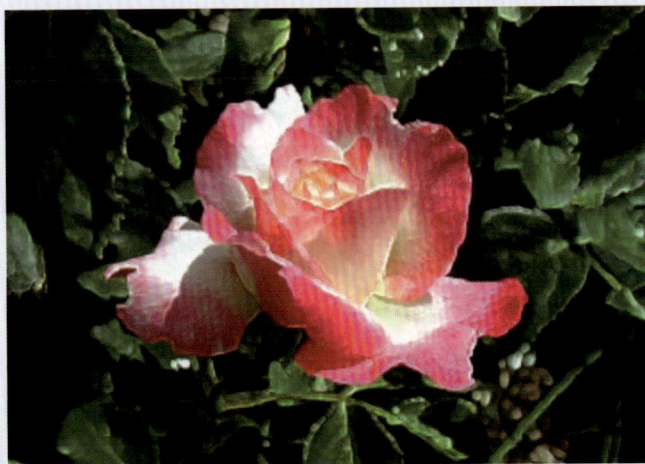

最终锐化效果　第二种

　　图像处理是计算机学科的一个重要组成部分，而微分学和积分学又是图像处理需要运用到的重要知识，可见学科的交叉对专业的学习有着客观的作用。

答案三（节选）：
物理科学与技术学院（核科学与工程技术学院）
吴德昭　2015141221075

微积分在动量中的运用

【摘　要】在与动量相关的动力学问题中，首先要对系统进行受力分析，分清体系是孤立体系还是非孤立体系。对孤立体系或近似孤立体系运用动量守恒定理，对非孤立体系运用动量定理，一般就能对问题所求的一系列力学参量进行求解。和其他所有力学问题一样，涉及高等数学最多的就是列出并求解微分方程。

对实际问题求解——人船模型

【例】质量为 M，长为 L 的木船浮在静水面上，一质量为 m 的人站在船尾，人以速率 v' 从船尾走到船头，设船与水之间的摩擦与船相对水的速度 u 的关系为 $f = -ku$，求船相对岸移动了多少距离。

解：第一个过程：在人从静止加速到以恒定速率 v' 的瞬间，由于时间间隔极短，故阻力的冲量可视为零，系统为孤立体系，设此时船的速度为 u_{10}（相对于水面），则有 $m(v'+u_{10})+Mu_{10}=0$。

由此得 $u_{10} = -\dfrac{mv'}{m+M}$。

负号表示船的速度与人的速度相反。

第二个过程：在这以后船将受阻力而作减速运动，系统为非孤立体系，动量不再守恒，设船速为 u_1，它随时间而变，在人向船头走时，任意时刻体系动量为

$$P=m(v'+u_1)+Mu_1.$$

学生答案

根据体系动量定理 $dp/dt = -ku_1$，即 $m\dfrac{dv'}{dt} + (m+M)\dfrac{du_1}{dt} = -ku_1$。

因为 $dv'/dt = 0$，于是上式变为 $\dfrac{du_1}{u_1} = -\dfrac{k}{m+M}dt$。

取人开始行走瞬间的瞬时为时间零点，从 t=0 开始，对上式积分，得

$$u_1 = u_{10}e^{-\frac{kt}{m+M}}。$$

上式指数项说明船在阻力作用下速度逐渐减小，由此得到人到达船头时的速度

$$u_{1f} = [u_1]_{t=\frac{L}{v''}} = u_{10}e^{-\frac{kL}{(m+M)v'}} = -\frac{mv'}{m+M}e^{-\frac{kL}{(m+M)v'}}。$$

第三个过程：由于人停止走动，人船之间的作用使得体系动量重新分配，由于时间极短，再次看作孤立体系，设人船共速的速度为 运用动量守恒定理：

$$m(v'+u_{1f}) + Mu_{1f} = (m+M)u_{20}。$$

由此得

$$u_{20} = u_{1f} + \frac{mv'}{m+M} = \frac{mv'}{m+M}\left[1 - e^{-\frac{kL}{(m+M)v'}}\right]。$$

$u_{20} > 0$，是因为在人行走的这段时间里系统从阻力的作用中得到向船头方向的动量。

第四个过程：人和船一起将以变速 u_2 向 x 正方向运动，同时受到反向的阻力的持续作用而减速，非孤立体系，运用动量定理，有

$$(m+M)\frac{du_2}{dt} = -ku_2。$$

又以人相对于船停止瞬间为时间零点，对上式积分，得 $u_2 = u_{20}e^{-\frac{kt'}{m+M}}$。

再来看船的位置与时间的关系，在人行走的整个时间里（从 t=0 到 t=L/v'），船的移动距离为

$$x_1 = \int_0^{\frac{L}{v'}} u_1 \mathrm{d}t = \int_0^{\frac{L}{v'}} u_{10} e^{-\frac{kt}{m+M}} \mathrm{d}t$$

$$= u_{10}\frac{m+M}{k}\left[1 - e^{-\frac{kL}{(m+M)v'}}\right] = -\frac{mv'}{k}\left[1 - e^{-\frac{kL}{(m+M)v'}}\right] 。$$

负号表示船向左移动，当人走到船头并停止行走时，船与人又一起向右运动，其位置与时间的关系为

$$x = x_1 + \int_0^{t'} u_2 \mathrm{d}t$$

$$= x_1 + u_{20}\frac{m+M}{k}(1 - e^{-\frac{kt'}{m+M}})$$

$$= -\frac{mv'}{k}\left[1 - e^{-\frac{kL}{(m+M)v'}}\right] + \frac{mv'}{k}\left[1 - e^{-\frac{kL}{(m+M)v'}}\right](1 - e^{-\frac{kt'}{m+M}})$$

当 $t' \to \infty$ ，可以看出船最终将回到原来的位置上，但系统的质心却向右移动了。

结论

从动量角度解决较复杂动力学问题关键在于分清阶段，正确运用动量守恒定理和动量定理；在动量守恒方程中可以确定出孤立体系初末态的速度、动量；动量定理方程是关于元冲量和体系动量增量的微分方程，只要能列出方程，结合动量守恒给出的初始条件，可以写出任意时刻的非孤立体系速度和动量的表达式。两者结合，就能清晰地分析出系统的运动。

教师点评

学生答案一

　　本篇文章首先探讨了在三维空间中，表达式为 $x^2+y^2=R^2$ 的方程所表示的曲面形态，并通过数学软件作图直观形象地展现了其各种形状，加深了对所研究知识的理解；其次研究三维空间的积分问题，作者在平面积分的基础上对积分微元进行延拓，取体积元素进行积分运算，并在所学计算机知识的基础上，在不同单元格分割的条件下做出其积分图像进而逐步进行分析求解，体现了该学生良好的学习能力。

学生答案二

该答卷将梯度概念和计算用于计算机视觉中的边缘检测和图像处理，使抽象的微积分概念变得鲜活、具体，充分说明了良好的数学基础能够促进我们更好地学习应用专业知识。

阅卷的过程，对于老师也是教学相长，共同提高的过程，从学生答卷上学到的知识，是我们数学，教育学，心理学书本上学不到的，所以弥足珍贵。

学生答案三

本文从物理学动量的角度出发积极思考并解决复杂的动力学问题，运用动量定理和动量守恒定律，建立元冲量和体系动量增量的微分方程，并通过微分积分知识求解非孤立系统速度和动量的表达式，清晰分析出系统的运动情况，体现了该学生良好的自我学习和思考问题的能力。

微积分（Ⅰ）-1/微积分（Ⅱ）-1/微积分（Ⅲ）-1

课程号：201137050
201074030
201076030

考试题目

题目：

自命题，主题为"微积分与我的专业，我的生活"。

简要说明：

通过该训练，培养学生的如下能力：

（1）发现数学问题的能力，凭借对数学问题的敏感，能发现隐藏于专业实践中的数学问题；

（2）提出数学问题的能力，能够从数学的角度分析和解决专业中的问题；

（3）收集信息的能力，能够通过各种渠道收集解决问题所需的各种信息；

（4）解决问题的能力，学生需要对收集到的信息重新组合、筛选，利用数学知识解决实际问题。对所学的"微积分"课程，理解了，掌握了，并且能自己运用了，才是学会了。

基本要求：

希望学生通过向学长、学分制指导老师请教，网上搜索，图书馆查阅，撰写一篇微积分与相关专业关系的小论文，并准备 5 ～ 8 分钟的科学报告，内容包括专业课程是如何应用微积分知识的，哪些专业课程需要用到微积分中的哪些知识。要求格式规范，内容新颖，概念准确，行文流畅，1000 ～ 3000 字，杜绝抄袭。

学生答案

答案一（节选）：

化学工程学院　雷金凤

高等数学在制药工程中的应用

【摘　要】"高等数学"是化学工程学院的重要基础课程，数学为制药专业的深入研究发展提供了强有力的工具。本文讲述运用高等数学基础知识解决生物、化学方面的一些实际问题，主要包括化工原理中柏努利方程式、混合气体黏度的计算、细胞生长计算、三维重建等应用。

【关键词】高等数学　制药　化学

引言

制药工程是一个化学、药学（中药学）和工程学交叉的工科类专业，以培养从事药品制造，新工艺、新设备、新品种的开发、放大和设计的人才为目标，而高等数学在制药工程专业起着关键作用。相对于初等数学而言，高等数学的对象及方法较为复杂。高等数学是比初等数学"高等"的数学。广义地说，初等数学之外的数学都是高等数学，也有将中学较深入的代数、几何以及简单的集合论初步、逻辑初步称为中等数学的，将其作为小学、中学的初等数学与本科阶段的高等数学的过渡。通常认为，高等数学是由微积分学，较深入的代数学、几何学以及它们之间的交叉内容所组成的一门基础学科，主要内容包括：极限、微积分、空间解析几何与向量代数、级数、常微分方程。本文通过实例对高等数学的理论加以运用及论证，为自己的发展奠定基础。

1 在化工原理中常用的柏努利方程式中的应用

化工生产过程中常于密闭管道内输送液体，使液体流动的主要因素有：

（1）流体本身的位差；（2）两截面间的压强差；（3）输送机械向流体外作的外功。

流动系统的能量衡量常用柏努利方程式，下面来介绍柏努利方程式。

定态流动时液体的机械能衡量式为

$$g\Delta z + \frac{\Delta u^2}{2} + \int_{p_1}^{p_2} v\mathrm{d}p = W_e - \sum h_f \quad \text{①}。$$

该式对可压缩液体和不可压缩液体均适用。对不可压缩液体，① 式中 $\int_{p_1}^{p_2} v\mathrm{d}p$ 项应视过程性质（等温、绝热或多变过程）按热力学原则处理；对不可压缩液体，其比容 v 或者密度 ρ 为常数，故 $\int_{p_1}^{p_2} v\mathrm{d}p = \frac{1}{\rho}\int_{p_1}^{p_2}\mathrm{d}p = \frac{p_1-p_2}{\rho} = \frac{\Delta p}{\rho}$，代入①式有：

$$g\Delta z + \frac{\Delta u^2}{2} + \frac{\Delta p}{\rho} = W_e - \sum h_f \text{ 或 } gz_1 + \frac{u_1^2}{2} + \frac{p_1}{\rho} + W_e = gz_2 + \frac{u_2^2}{2} + \frac{p_2}{\rho} + \sum h_f \quad \text{②}。$$

②式称为柏努利方程式。

需要注明的是，$\frac{u^2}{2}$ 为动能，gz 为位能，$\frac{p}{\rho}$ 为静态能，W_e 为有效能，$\sum h_f$ 为能量损耗，Δz 为高度差。

……

3 在细胞生长计算中的应用

随着细胞的生长繁殖，培养基中的营养物质被消耗，一些有害的代谢产物在培养液中累积起来，细胞的生长速度开始下降，最终细胞浓度不再增加，进入静止。在静止期细胞的浓度达到最大值。

如果细胞的生长速率下降是由于营养物质的消耗，可以通过以下的分析来统计分批培养可能达到的最大细胞浓度。设限制性基质为 A，其浓度为 a，且 A 的消耗速度与细胞浓度成正比：

$$-\frac{\mathrm{d}a}{\mathrm{d}t} = K_a X \quad \text{③}。$$

③式中 K_a 为常数，假定接种后培养液中细胞浓度为 X_0，且立即进入指数生长阶段，且一直保持到静止期，则

$$X_m = X_0 \exp(\mu_m t) \quad \text{④}。$$

学生答案

其中 X_m 为分批培养达到的最大细胞浓度，即 A 完全耗尽时细胞浓度，由③式和④式可得：$a_0 = \dfrac{K_a}{\mu_m}(X_m - X_0)$，整理得：$X_m = X_0 + \dfrac{K_a}{\mu_m}a_0$。

也就是说分批培养过程中获得的最大细胞浓度与限制性基质的初始浓度存在着线性关系。如果细胞生长速度的下降是由于有害物质的积累，可以认为 $\dfrac{dX}{dt} = KX[1 - f(有害物质浓度)]$。为方便起见，假定细胞生长速率与有害物质浓度有线性关系：$\dfrac{dX}{dt} = KX(1 - bC_t)$ ⑤。

其中 K，b 为常数，C_t 为有害物质浓度。由于有害物质由细胞产生，可以认为 $\dfrac{dC_t}{dt} = qX$ ⑥。

$t = 0$ 时，$C_t = 0$。

式中 q 为常数，由⑥式可得 $C_t = \int_0^t qX dt$，代入⑤式有：

$\dfrac{dX}{dt} = KX\left(1 - b\int_0^t qX dt\right)$。因此有效生长速度为 $\mu = \dfrac{1}{X} \cdot \dfrac{dX}{dt} = K\left(1 - bq\int_0^t X dt\right)$。

当 $\dfrac{1}{bq} = \int_0^t X dt$ 时，细胞的生长停止。

……

总结

本文从生物、化学、药学方面分析高等数学相关理论的作用，将数学理论与经济实践相结合，不仅巩固了对高等数学相关知识的认识，并直观认识到高等数学的博大精深，为自己进一步学好高等数学奠定了基础。

参考文献

[1] 同济大学数学系. 高等数学（上册）[M]. 第六版. 北京：高等教育出版社, 2007.

[2] 同济大学数学系. 高等数学（下册）[M]. 第六版. 北京：高等教育出版社, 2007.

[3] 迈克尔·帕金著, 张军等译. 微观经济学 [M]. 第8版. 北京：人民邮电出版社, 2009.

[4] 李铮等. 高等数学 [M]. 北京：科学出版社, 2000.

答案二（节选）：
公共管理学院　张梦雅　2013141096047

数学与信息资源管理专业后续课程的关系

【摘　要】本文以论述和列举的形式介绍了数学和管理学、信息资源管理学及经济学的关系。

【关键词】数学的应用　数学模型　信息资源管理

数学是一门应用广泛的学科。作为人类科学史上最古老，也最成熟的学科之一，数学被应用到其他学科由来已久。卡尔·马克思曾说，"一种科学只有在成功地运用数学时，才算达到了真正完善的地步。"在信息资源管理专业的后续专业课及辅修课的学习过程中，数学同样发挥着重要的作用。

一、数学与管理学的关系

显而易见，管理学是一门研究管理的学问。管理是在特定的环境和条件下，对组织所拥有的人、财、物、信息、时间等资源进行的包括计划、组织、领导、控制、创新等在内的一系列活动，其目的是以有效率和有效果的方式实现组织的目标。

诺贝尔经济学奖获得者赫尔伯特·西蒙一针见血地指出管理的实质就是决策。管理者即决策者，常常需要面对各种不同的选择，而管理者所需要做的即是从中选出最优方案。作为一个优秀的管理者，直觉和经验固然重要，但同时它们也不那么可靠，而这时就需要"理性"来填补不足。管理作为一个活动过程，其中存

学生答案

在着一系列基本的客观规律。管理以反映管理客观规律的管理理论和方法为指导，有一套科学的分析问题和解决问题的方法论。在理性的诸多载体中，数学无疑是人们最常用的工具之一。作为一门高度抽象与概括的学说，数学所使用的语言最为简洁明白。面对复杂的管理决策，面对多种待选择方案的评价，数学最能派上用场。

作为一种抽象的工具，数学模型有助于人们对一个复杂过程的理解，可以帮助管理者合理地决策。下面以两个数学模型在管理学激励模式中的应用为例。

1. 费洛姆的期望理论模型

费洛姆认为期望型理论是对内容型激励理论的一个补充。费洛姆的期望理论是围绕着效价（Valence）、工具性（Instrumentality）和期望（Expectancy）这三个概念构成的。期望理论的基本思想集中表现在以下公式及图中：$F = E * \sum VI$。

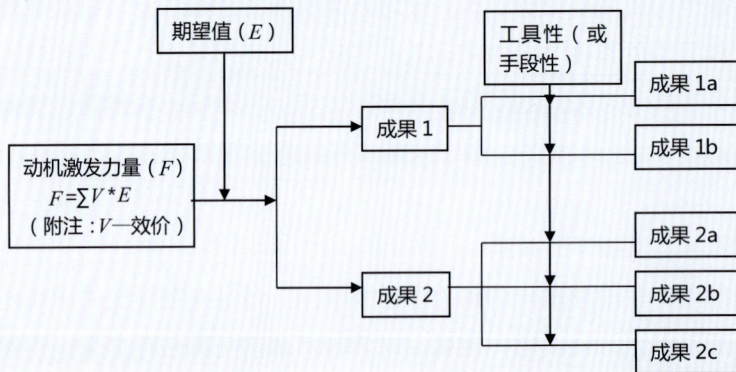

2. 豪斯—迪尔的综合激励公式

罗伯特·豪斯提出的激励综合模式，就是企图通过一个模式把几类激励理论综合起来，把内、外激励因素都归纳进去。其代表性的公式是：$M=Vit+Eia \cdot Via+Eia \cdot \sum Eej \cdot Vej$。

将豪斯的综合激励公式精确地数量化是困难的，然而，由于是定性分析，有相当实用意义。因为上述公式简要地阐明了影响激励的所有因素及其相互关系。

由此我们可以看出，管理学的成长离不开数学这一有益的工具。

二、数学与信息资源管理的关系

信息资源管理是由计算机的应用所触发的信息理论与管理理论相结合的产物，是信息实践发展到信息处理自动化和信息传递网络化时期，客观上和主观上需要加强对信息资源的集中统一管理时，出现的新的概念和理论。

几千年来一直作为纯理论来研究的数论，它的结果在计算机检索中得到了应用。具体以自建数据库评价体系中数学模型的建立与应用为例：自建数据库评价体系采用四级评分标准，将评价分值分为 A、B、C、D 四个等级。其中 A 为优秀，B 为良好，C 为及格，D 为不及格。这种方法设计简单，操作方便，详见表 1。

表 1 自建数据库评价指标体系表

评价内容			评价等级			
一级指标	二级指标	三级指标	A	B	C	D
			1	0.8	0.6	0.0
选题建库 $w=0.25$	1. 特色性 $w=0.3$	重点学科特色 $w_{111}=0.3$				
	2. 标准化 $w=0.25$	优势专业特色 $w_{112}=0.2$				
	3. 准确性 $w=0.2$	地方文化特色 $w_{113}=0.2$				
	4. 实用性 $w=0.15$	区域经济特色 $w_{114}=0.15$				
	5. 共享性和可扩展性 $w=0.1$	优势产业特色 $w_{115}=0.15$				
		文献著录 $w_{121}=0.25$				
		文献标引 $w_{122}=0.25$				
		机读目录 $w_{123}=0.25$		a_{ijk}		
		编目工作 $w_{124}=0.25$				
		研究型人才 $w_{131}=0.25$				
		技术型人才 $w_{132}=0.25$				
		应用型人才 $w_{133}=0.25$				
		准确性 $w_{141}=1.0$				
		共享性和可扩展性 $w_{151}=1.0$				

学生答案

续表 1

评价内容			评价等级			
			A	B	C	D
一级指标	二级指标	三级指标	1	0.8	0.6	0.0
数据容器库内 $w=0.35$	1. 收录内容　$w_{21}=0.3$ 2. 数据类型　$w_{22}=0.25$ 3. 数据年限　$w_{23}=0.1$ 4. 数据更新与滞后　$w_{24}=0.15$ 5. 数据源质量　$w_{25}=0.1$ 6. 信息资源组织　$w_{26}=0.1$	期刊　$w_{211}=0.2$ 专利　$w_{212}=0.15$ 会议论文　$w_{213}=0.1$ 学位论文库　$w_{214}=0.1$ 报纸　$w_{215}=0.1$ 专业书目　$w_{216}=0.1$ 专家、成果　$w_{217}=0.1$ 相关链接　$w_{218}=0.15$ 全文信息　$w_{311}=0.4$ 文摘信息　$w_{312}=0.4$ 数据信息　$w_{313}=0.2$ 数据库年限　$w_{231}=1.0$ 日更新　$w_{241}=0.45$ 周更新　$w_{242}=0.3$ 月更新　$w_{243}=0.15$ 不定期更新　$w_{244}=0.1$ 数据可靠度　$w_{251}=0.5$ 信息完整性　$w_{252}=0.5$ 按照主题、学科分类　$w_{261}=0.3$ 主题分类合理性处理　$w_{262}=0.3$ 数据结构框架　$w_{263}=0.4$			a_{ijk}	

......

参考文献

［1］范逢春.管理学［M］.北京:清华大学出版社,2013.

［2］黄宝东.关于管理学中的数学应用的一些思考［J］.新西部(学术版),2006(24).

［3］赵宏铭,朱兵清.自建数据库评价体系及其数学模型的研究［J］.现代情报,2007(6).

［4］党跃武,谭祥金.信息管理导论［M］.第二版.北京:高等教育出版社,2006.

［5］魏新龙.数学在经济学研究中的运用及意义［J］.理论界,2008(5):70-72.

答案三（节选）：

电子信息学院　侍塞北　2014141453136

高等数学在电子信息技术中的应用

【摘　要】"高等数学"和"物理"是电子信息学院的重要基础课程，数学方法为物理的深入研究发展提供了强有力的工具。本文讲述运用高等数学基础知识解决物理方面的一些经典问题，主要包括微分、积分的应用。

【关键词】变加速运动　磁感应强度

引言

电子信息是一个物理学、计算机学和工程学交叉的工科类专业，以培养具备电子信息科学与技术的基本理论和基本知识，受到严格的科学实验训练和科学研究初步训练，能在电子信息科学与技术、计算机科学与技术及相关领域和行政部门从事科学研究、教学、科技开发、产品设计、生产技术管理工作的电子信息科学与技术高级专门人才为目标。而高等数学在物理专业的学习中起着关键作用。通常认为，高等数学是由微积分学，较深入的代数学、几何学以及它们之间的交叉内容所组成的一门基础学科，主要内容包括：极限、微积分、空间解析几何与向量代数、级数、常微分方程。本文通过实例对高等数学的理论加以运用及论证，为自己学好高等数学奠定基础。

学生答案

1 微分在求变加速运动路程中的运用

物理中常用以下方程求变速运动中的路程 s,

$$s = vt + \frac{1}{2}at^2 \quad \text{①}。$$

该式对加速度不变的运动适用。对变速运动，① 式中 a 应视为变量。

例如，若一矿山升降机作加速度运动时，其加速度为 $a = c(1 - \sin\frac{\pi t}{2T})$，式中 c 及 T 为常数，已知升降机的初速度为零，试求运动开始 t 秒后升降机的速度及其所走过的路程。

解：由题设及加速度的微分形式 $a = \dfrac{\mathrm{d}v}{\mathrm{d}t}$，有 $\mathrm{d}v = c(1 - \sin\frac{\pi t}{2T})\mathrm{d}t$，

对等式两边同时积分 $\displaystyle\int_0^v \mathrm{d}v = c\int_0^t (1 - \sin\frac{\pi t}{2T})\mathrm{d}t$，

得：$v = ct + c\dfrac{2T}{\pi}\cos\dfrac{\pi t}{2T} + D$，其中 D 为常数。

由初始条件：$v = 0$，$t = 0$，得 $D = -\dfrac{2T}{\pi}c$，于是 $v = c[t + \dfrac{2T}{\pi}(\cos\dfrac{\pi t}{2T} - 1)]$。

又因为 $v = \dfrac{\mathrm{d}s}{\mathrm{d}t}$，得 $\mathrm{d}s = c[t + \dfrac{2T}{\pi}(\cos\dfrac{\pi t}{2T} - 1)]\mathrm{d}t$，

对等式两边同时积分，可得：$s = c[\dfrac{1}{2}t^2 + \dfrac{2T}{\pi}(\dfrac{2T}{\pi}\sin\dfrac{\pi t}{2T} - t)]$。

2 积分在求磁感应强度中的应用

磁感应强度（magnetic flux density），描述磁场强弱和方向的物理量，是矢量，常用符号 B 表示，国际通用单位为特斯拉（符号为 T）。磁感应强度也被称为磁通量密度或磁通密度。一般求磁感应强度的方法有如下几种。

无限长载流直导线外：$B = \dfrac{\mu_0 I}{2\pi r}$。其中，$\mu_0 = 4\pi \times 10^{-7}\ \text{N} \cdot \text{A}^{-2}$，为真空磁导率；$r$ 为该点到直导线距离。

圆电流圆心处：$B = \dfrac{\mu_0 I}{2r}$ 。其中，r 为圆半径。

无限大均匀载流平面外：$B = \dfrac{\mu_0 \alpha}{2}$ 。其中，α 是流过单位长度的电流。

一段载流圆弧在圆心处：$B = \dfrac{\mu_0 I \varphi}{4\pi R}$ 。其中，φ 是该圆弧对应的圆心角，单位为弧度。

但当事物模型变复杂时，就无法直接使用公式求出。

例如，一个塑料圆盘，半径为 R，电荷均匀分布于表面，圆盘绕通过圆心垂直盘面的轴转动，角速度为 ω，求圆盘中心处的磁感应强度。

解：电荷运动形成电流，带电圆盘绕中心轴转动，相当于不同半径的圆形电流。圆盘每秒转动次数为 $\dfrac{\omega}{2\pi}$，圆盘表面上所带的电荷密度为 $\sigma = \dfrac{q}{\pi R^2}$，在圆盘上取一半径为 r，宽度为 $\mathrm{d}r$ 的细圆环，它所带的电量为 $\mathrm{d}q = \sigma \cdot 2\pi r \mathrm{d}r$，圆盘转动时，与细圆环相当的圆环电流的电流强度为

$$\mathrm{d}I = \sigma \cdot 2\pi r \mathrm{d}r \cdot \frac{\omega}{2\pi} = \sigma \cdot \omega r \mathrm{d}r \text{ ,}$$

它在轴线上距盘心处的 x 点所产生的磁感应强度为

$$\mathrm{d}B = \frac{\mu_0 r^2 \mathrm{d}I}{2(r^2 + x^2)^{3/2}} = \frac{\mu_0 r^2}{2(r^2 + x^2)^{3/2}} \sigma \omega r \mathrm{d}r = \frac{\mu_0 \sigma \omega}{2} \frac{r^3}{(r^2 + x^2)^{3/2}} \mathrm{d}r,$$

故 x 点处的总磁感应强度为

$$B = \frac{\mu_0 \sigma \omega}{2} \int_0^R \frac{r^3}{(r^2 + x^2)^{3/2}} \mathrm{d}r,$$

变换积分

$$\int \frac{r^3}{(r^2 + x^2)^{3/2}} \mathrm{d}r = \int \frac{r}{(r^2 + x^2)^{1/2}} \mathrm{d}r - x^2 \int \frac{r}{(r^2 + x^2)^{3/2}} \mathrm{d}r,$$

所以

$$B = \frac{\mu_0 \sigma \omega}{2} \left[\sqrt{R^2 + x^2} + \frac{x^2}{\sqrt{R^2 + x^2}} - 2x \right] = \frac{\mu_0 q}{2\pi R^2} \left[\frac{R^2 + 2x^2}{\sqrt{R^2 + x^2}} - 2x \right] \omega \text{ 。}$$

学生答案

B 的方向与 ω 方向相同（$q > 0$ 或 $q < 0$）。

于是在圆盘中心 $x = 0$ 处，磁感应强度 $B = \dfrac{\mu_0 \omega q}{2\pi R}$。

总结与思考

本文从物理方面分析高等数学相关知识，并深刻地认识到高等数学的博大精深，为自己进一步学好高等数学奠定基础。众所周知，物理学中宏观与微观事物的处理方法是不同的。因此，当一个问题在宏观上困难而微观上易解时，通过高等数学的手段可以将其转化为微观问题。反之亦然。因此，高等数学在物理问题解决中有着不可替代的作用。

参考文献

［1］四川大学数学学院高等数学教研室.高等数学（第一册）（物理类专业用）［M］.北京：高等教育出版社.

［2］舒幼生，胡望雨，陈秉乾.物理学难题集萃（上册）［M］.北京：中国科学技术大学出版社.

教师点评

　　这一组 2012 年的非标准答卷，展现了不同专业、不同层次学生发现数学问题的能力，凭借对数学问题的敏感，发现隐藏于所学专业中的数学题；提出数学问题的能力，能够从数学的角度分析和解决专业或专业课程中的问题；收集信息的能力，能够通过各种渠道收集解决问题所需要的各种信息；信息处理能力，能够在繁杂的信息之中，筛选出对解决问题有用的信息；灵活解决问题的能力。对所学的微积分课程，理解了，掌握了，并且能自己运用了。这些论文不仅是老师今后教学的参考，也是激励学弟学妹们学好数学的动力。

大学化学（Ⅰ）-2

课程号：203006020

大学化学（Ⅰ）-3

课程号：203182030

吴 迪／四川大学化学学院

吴迪，2007 年博士毕业于南京大学化学化工学院；2007 年 7 月至 2008 年 9 月，南京大学化学化工学院讲师；2008 年 9 月至今，四川大学讲师、副教授；2013 年，英国牛津大学化学系博士后。

长期从事"大学化学"等课程的教学工作，省级精品课程"大学化学"教学团队的主要成员，曾任四川大学化学学院人才培养基地建设办公室主任，积极参与教学改革，特别关注课堂教学体系改革与创新。教改成果曾以通讯作者身份发表在国际化学教育领域顶级期刊、美国化学会主编的 J. Chem.Educ.（化学教育）上。作为主研参与中组部和教育部在四川大学设点的"拔尖人才（化学）培养试验计划"，国家自然科学基金委多项人才培养"能力提高"和"条件建设"等教育基地建设和教学改革项目。

试题去标准化
——课堂革命破题之矛

四川大学化学学院　吴　迪

【摘　要】本文通过分析教育对象的现状，解析未来社会对人才的需求，提出了四川大学这样的高校课堂改革的目标，一是用标准化的方法培养非标准化的人才；培养跨专业跨学科的人才；培养有顶天立地的"胸怀"与"格局"的人才。同时，阐述了非标准答案试题考核学业的方式是达成上述教育目标的有效途径，是课堂教学革命破题之矛。

【关键词】非标准　学业考核　教育目标　课堂改革　跨学科

高等教育的课堂教学面临着残酷的现实：一方面，教学形式落后导致学生课堂情绪不饱满、参与度不高；另一方面，教师投入不足，对提高教学水平也没有有效的途径和方法。2017年，教育部部长陈宝生带头吹响"课堂革命"的改革号角。高等教育的课堂要怎么变？特别是"985""双一流"高校的课堂教学要怎么变？要根据什么而变？变化的理想目标是什么？如何达到理想的彼岸？有没有有效可行的方法？这些问题，成为一线教师迫切想解决的问题，也是社会对高等教育的期待。

本文通过分析教育对象的现状，解析未来社会对人才的需求，厘清四川大学这样的高校课堂改革的目标，并尝试阐述非标准答案试题考核学业的方式对达成上述教育目标的有效性。

一、我们面对着什么样的学生？

18～22岁青年是现代大学教育的主要对象，认清他们的现状，是分析教育命题的起点。高考制度决定了K12教育的基本状态，深度影响着大学新生的整体状况。目前中国部分青年的好奇心、求知欲、科学精神和质疑能力被抑制，他们自嘲"不是学生，是考生"，强的是通过高强度训练提高解题的速度和技巧，弱的是面对崭新问题的思考能力；强的是对已有结论逐字逐句有口无心的记忆，弱的是在未知领域快速收集归纳认知并条分缕析表达的能力。

他们带着惯性走入大学，有相当一部分寄希望于教师把知识点揉碎了、掰烂了喂到他们的嘴里，通过看似勤奋的题海战术，用他们熟悉的套路，继续保持中学期间的考试优势（而非学业优势），他们——虽然并不十分清晰，也不好意思公开表达，但至少隐隐约约地——期待教师继续用应试教育的模式教学，期待通过刷题的方式获得高分。他们这种期待，无非是对新情况、新问题的恐惧，因为没有经过分析问题、解决问题的训练，新难题会让他们手足无措，不知从何开始思考。

二、学生想要什么？

现代高等教育的理念和目标饱受功利化世俗观念的影响，难以达成共识。教育理念和目标不是某一个人制定的，而是各种背景、各类层次的人群所持教育理念与目标的综合体。高层次教育很大程度上基于"延迟满足"，与一些急功近利的社会风气南辕北辙。教育家纵有高瞻远瞩的理念，也抵不过面广量大的读书无用论，被媒体失实夸大了的个例，和分不清职业培训与高层次教育区别者逻辑不清的批评声音。令人遗憾的事实是：即便没有任何"升学压力"，应试教育在高校里仍很普遍；即便是在"985""211""双一流"高校里，有些本应走心的高层次教育下的学生也难免只走个流程、混个学分、刷个高分、拿几个证书。另外，考查教学活动的"质"比"量"简单易行，导致教师、学生都半推半就地按照多快省的方式执行下去。

三、学生想要的是不是他们的真实需求？

客户说出来的需求不一定是他们真实的需求，任何伟大的产品一定是用户在使用后发现不可或缺——这一市场公认的原理同样适用于教育服务。学生的真实需求，绝不是高分低能、几张证书，而是用人市场对人才素质的需求，是时代发展对人才发展的需求。那么，面向未来的教育，要面临的挑战有哪些呢？

首先，是合格劳动者的标准变化对教育提出的挑战。当今，正是工业革命时代向信息、万物互联、大数据、虚拟现实和人工智能大步迈进的时代，是从追求"更多更大"转变为想要"更强更好"的时代，这个时代有一些快速显现出来的重要特征，如去标准化、个性化、自动化、创新性、想象力等，机械重复的劳动，正在快速地被机器取代。面对这样的趋势，教育，该做出怎样的应答？

其次，是知识急速膨胀对教育提出的挑战。学科，是人类以有限的智力理解世界做出的无奈分工，并不表明任何实际问题依赖某一学科可以得以完善解决，需要获取其他专业精专的知识、自学理解、和原有专业相融合、将自学的知识应用于实际问题。换句话说，未来人才需要的，不再是对结论性知识的记忆，而是学习能力和迁移能力，是对反馈的响应、总结和自我修正能力，或称"自我迭代"能力。教育，要如何培养学习者的这种能力，使受教育者能在离开教师、离开校园后，持续的自我成长，终生学习？

第三，是创新创业的迫切需求对教育提出的新命题。在大众创新、万众创业的时代，市场渐渐达成共识，一个人的"胸怀"与"格局"对他／她能否成功创办一家伟大的公司、干出一番伟大事业的影响，是决定性的。然而，"胸怀"是天生的，是人的价值观，是校园里就基本定型的，公司很难通过后期培训影响人的"胸怀"。"天生"，与原生家庭和教育有关，无数个案表明，在 18 ～ 22 岁这样价值观逐渐定型的年龄段，校园、教师、朋友对受教育者的"胸怀"具有不可忽略的影响作用。在这样一个改革进入深水区的时代，为了我们更加美好的生活，伟大企业、伟大事业只能依靠拥有伟大胸怀的人去开创，而这样的人，能被什么样的高等院校遴选和培养出来，如何遴选和和培养这样的人才，成为"985""211""双一流"高校必须回答且必须回答好的问题！

四、试题答案的非标准化支撑了什么教育目标？

试题答案的非标准化反映了教育者对人才培养去标准化的理念和目标。

一方面，尊重差异化的被教育者个体是第一动因，是因材施教，是教育初衷，相对容易达成共识。

另一方面，对教育目标的去标准化，是面对时代变迁的回应。部分教师所持的教育目标标准化理念，即"全班同学要达成统一的学业目标，要能对知识达到一致的掌握程度"的想法，在四川大学整体推进"非标准答案考试计划"中，至今仍是阻碍力量。

打个比方说，学生并非从一处来，也绝非要去往一处。现代高等学校不需要，也不应该按照生产线制造标准化产品的方式培养学生，恰恰相反，面对多元化的社会需求，高等院校应当主动搭建非标准化的培养渠道，如非标准化的专业认证、培养方案和课程大纲等，使所有学生能够清晰便捷地到达他自己的目的地，如同高速公路设置多个出入口，以便快速方便地连接两个目的地。

试题答案的非标准化，反映了教育者的胸怀，是培养学生境界的途径。

所谓改革到了深水区，指的是改革者要有勇气"革自己的命"，把既得利益拿出来。教师，以"权威"形象出现在学生和社会面前，在华夏传统文明中，被视为不可置疑、不可挑战的对象。教师"革自己的命"，意味着不但要放下架子，允许学生给出"不同于我之所思所想"的答案，甚至要主动了解学生的文化语境，吸引他们的关注，引导他们努力。《来自星星的你》是2013年热门韩剧，被用作"大学化学"课程的开放式题目的标题，引导生命科学专业学生思考生命的本质，这不仅仅是换了一个方式让学生主动学习"温度、压强、键长、键能、固体、液体、元素性质"等基础知识，更是促动学生质疑目之所及，质疑现有生命形式，甚至质疑课本，质疑权威。敢于调动学生质疑自己的教师，是给学生做出"胸襟宽阔、有容乃大"的表率的教师，体现了教师为了学生达到"鸢飞鱼跃"境界而甘愿俯首做学生垫脚石的胸襟。

试题答案的非标准化，是提升学生格局的入口。

格局有多大，取决于看问题的出发点。能用更多学科背景、从更多人群的视角看问题，格局自然就更大一些。"课堂教学"革命之难，在于旧有的教育体系局限于一个专业、一门课程、一堂课，是封闭性的，是为了达到"格物致知"的目的，却没有获得"学以致用"的效果。打破一门课程、一堂课的局限性，是"课堂革命"的核心。"非标准答案试题"的一种表现形式，是问所教知识点如何应用于另一个场景，这就是打破课堂局限性，成为"此学科、此知识点"向"彼领域、彼应用场景"转换的窗口，是迁移知识的过程，也是关心他人所需的过程。在这样的过程中，练习跨学科理解问题、处理问题，与其他领域的人共情、共知、共同解决问题，并在下一次面临问题的时候，自然而然地站在其他学科的角度、其他人群的角度思考问题，从而提升格局。

《来自星星的你》要求学生想象在温度、压力、辐射、元素组成等与地球表面环境不同的地方，生命的存在形式。学生的想象力随着讨论和相互启发而不断拓展，从容易被想起的硅基生物，到液体、气体生命，到把量子纠缠态、五维环境引入生命状态中，远远突破"大学化学"这门课程原本设置的教学大纲。通过开放性的命题，突破了课程的局限性，展现了课堂的"开放性"。

综上所述，根据现代社会急功近利的氛围和青年茫然的现状，根据市场对合格劳动者标准的要求变化、信息急速的膨胀现状和创新创业的迫切需求，提出了优秀大学课堂改革的目标：培养非标准化、跨学科、顶天立地的人才，并阐述了非标准答案试题作为学业考核的途径，是课堂教学革命破题之矛。

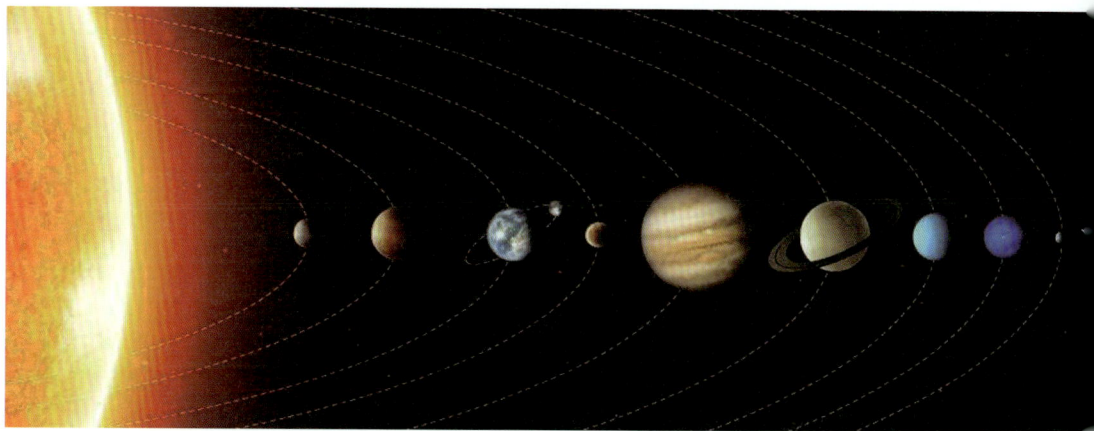

考试题目

题目：

《来自星星的你》论文

简要说明：

本次作业以《来自星星的你》为主题，要求学生通过循证猜想、无边界的想象，谈谈水星、火星、土星、X星（纯粹假设的空间）等地球以外的世界，猜想与化学有关更好。手写、手绘、word 编辑，PPT 均可，七个字与文献重复则算抄袭，超 30% 重复计为 0 分，50 ～ 5000 字均可，格式严格按照《*Cell*》杂志要求；PPT 等格式以严肃科学美观大方为原则。

学生答案

答案一（节选）：
生命科学学院 邓秋慧 2014级8班

"来自星星的你"畅想论

　　针对此次讨论课题，我们讨论了有关外星生命物质组成的问题，探讨了外星环境下，生命的可能存在形式。大体可分为几类，现仅对其二进行阐述。

**　　第一类，硅基生命。**

　　在地球上，C 是构成生命的基本元素，包括人类在内的所有生物都是以碳和水为基础的。硅是碳的同族元素，且与碳有许多化学相似性，因此我们设想，在外星环境可能存在以硅为有机质的生命。硅在宇宙中分布广泛，硅氧搭建骨架可产生聚合硅酮，一些特异生命体很可能由类似硅酮的物质构成。硅基生物看起来像活动的晶体，其结构件可能是被类似玻璃纤维的丝线串在一起，中间连接以张肌件以形成灵活、精巧，乃至薄而透明的结构。它可以直接把光能转化成电能，以维持其生命活动。波茨坦大学天体物理学家儒略申纳尔、英国化学家詹姆士默生雷诺兹、英国遗传学家约翰·波顿·桑德森·霍尔丹曾在此方向进行过探索。

**　　第二类，无定形态生命。**

　　我们总习惯于以地球生物的思维去思考外星生命。而事实上外星环境的复杂性远不止于人类所观测乃至推论出的情况。因此，我们小组转化了人类生命基本形态的思维，提出了"无定形态生命"，或者"意识生命"的畅想。量子纠缠现象表明，粒子在由两个或两个以上的粒子组成的系统中相互影响，两个或两个以上的稳定粒子间，会有强的量子关联。在量子纠缠现象中，信息传播速度似乎大于光速。由爱因斯坦的质能方程 $E=mc^2$ 可知，物质速度不能大于光速，当其大于光速时，质量将为 0，物质将不在实际中存在。但我们设想该"物质"是一种超光速的信息流，无实体，但有意识，以意识的形式构成生命。物理学家希格斯曾经提出希格斯机制，有些基本粒子因为与宇宙中希格斯场作用而获得质量，而这些基本粒子质量为 0。因而我们可以假设该生命由基本粒子构成，无定形态无质量，但有其储备信息，即意识，当其需要，可以与希格斯场作用而获得质量，以实体形式出现于范围内的任一时空。

我们目前学识浅陋，难以推论外星生命的相关问题。但我们仍愿意竭己之力，努力学习、探索，争取为追求未知的进程添上一笔精彩。最后，以一位天文学家之言作结："如果宇宙中存在的生物只有人类，那将是对空间的极大浪费。"

学生答案

答案二（节选）：
生命科学学院　吴　蕾　2015141241104

关于寻找地外生命的指示性标识的分析

【摘　要】根据鲍罗和泰伯拉提出的人择原理，在探索地外生命的过程中，人类倾向于寻找与自己在物质组成和结构上相似的生命形态，这种方式在一定程度上限制了搜索范围，从而可能导致人类忽视一些超出自己知识结构的生命迹象。本文将首先对生命的特征进行重新定义，分析在生物学定义之外可能存在的生命形态，并以人类现阶段规定的寻找地外生命的指示性标识为出发点，分析其可行性和限制性，进而以重新定义的生命特征为基础，设想其他可能的地外生命指示性标识。

【关键词】地外生命　指示性标识　生命特征

1. 关于生命特征的探讨

在生物学领域，对于生命特征的阐述众说纷纭，而且生命与生物两个词之间的界限也十分模糊，在许多教材中不作区分。

根据林宏辉、兰利琼主编的《普通生物学》，生命的基本特征包括以下六点：

1）生命有着共同的物质基础。

2）生物体表现出高水平的组织结构性。

3）生命以其开放性维持其有序性（具体表现为通过新陈代谢与外界环境保持物质和能量的交换，从而实现生长、发育、繁殖及生命的延续）。

4）生物体能感知外部环境并做出反应，维持其内稳态。

5）遗传与变异。

6）以遗传与变异为基础的生物体具有多样性，而自然作用于具有多样性的生命世界，必然会导致选择，选择压力的最终结果是产生了演化。

通过以上描述，我们可以看出生物课本中对于生命（或生物）的定义，是一个能够与外界环境作用的，具有物质上、结构上高度相似的，能够生长和繁殖的一类实体，但却并未区分出生命与生物。

林培育在其博客"生命的现代生物学定义"中写道，生命是指生物体所表现出来的自身繁殖、生长发育、新陈代谢、遗传变异以及对刺激产生反应等复合现象。

由此，生物体是一类物质实体，而生命则是这物质实体所表现出的种种特性。通过这种方式，我们可以为生物与生命确定相对明确的界限：

1）一个生物体在自身的某个阶段可能并未表现出生命的特征。比如细菌在芽孢阶段没有明显的代谢作用，只保持潜在的萌发力，此时可以说芽孢没有生命，但不能说形成芽孢的这个细菌实体不是生物。再比如，病毒在寄主细胞体内可以完成复制等生命活动，但是离开寄主细胞以后就无法生存、不能表现生命现象，所以称病毒为"介于生命与无生命物质之间的一种奇妙的生物"。

2）一些表现出生命特征的事物未必能被称作生物。人类通过计算机技术，可以通过简单的规则虚拟出一个能够运动并且产生运动的子体的虚拟生命，它在一定程度上满足了我们对于生命的定义，但由于没有物质实体，所以不能被称作生物。

比如生命游戏（如图1）（援引百度百科中对于生命游戏的介绍），每个格子的生死（生为黑色，死为白色）遵循下面的原则：

①如果一个细胞周围有3个细胞为生（一个细胞周围共有8个细胞），则该细胞为生（即该细胞若原先为死，则转为生，若原先为生，则保持不变）；

②如果一个细胞周围有2个细胞为生，则该细胞的生死状态保持不变；

③在其他情况下，该细胞为死（即该细胞若原先为生，则转为死，若原先为死，则保持不变）。

人们在实践的过程中发现，即使是以上简单的规则，也足以产生看似"智能"

学生答案

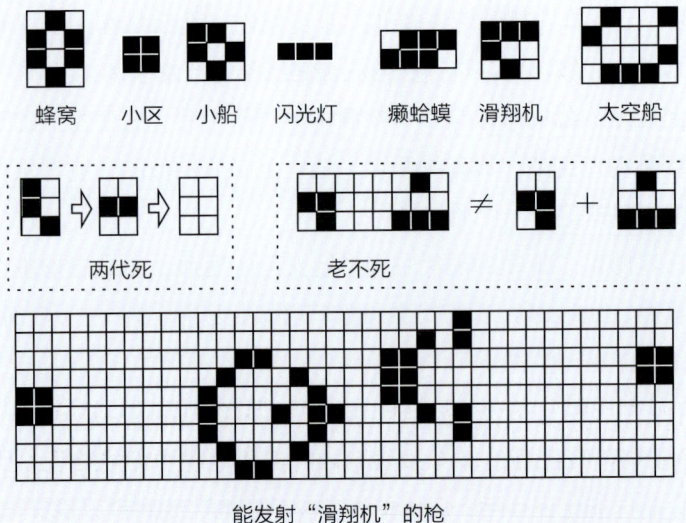

蜂窝　小区　小船　闪光灯　癞蛤蟆　滑翔机　太空船

两代死　　　　　　　老不死

能发射"滑翔机"的枪

图1　生命游戏所产生的不同的"生命"

的生命体,有的永远静止,有的在两个状态中摇摆,有的经历一段时间后会回到原来的状态,而更有甚者可以"发射"另一生命体。

综上所述,在现代生物学定义中,生物是生命的物质载体,而生命则是其物质载体在化学组成及结构上的相似性、内外环境的开放性和应激性、对自身信息的遗传性和变异性等现象的总称。尽管我们在生物学领域对生命现象进行了一定拓展,使其进入了计算机领域,但是现有的对生命的认识依然离不开一个基础——物质实体。

爱因斯坦的质能方程显示了能量和物质可以相互转化,而香农的信息论则证实信息与能量之间存在相互转化的关系。如果将上述生命的种种特性统称为一种信息和能量的变化,而将生物定义为一类物质,则现有的定义存在将信息、物质和能量相互剥离的问题。但如果把对生命的定义统一到信息层面,将有助于人类从更为宏观、更为抽象的领域来认识现阶段所有已探知的生命现象,并将更好地指导对探寻地外生命的指示性标识的选择。

本文将生命定义为一个具有复制和积累能力的不稳定的信息集，以将生命的载体从物质形态拓展到能量形态和信息形态。现阶段对于物质载体的生命研究较为充分，也是寻找地外生命过程中唯一的搜寻方向。

2. 现阶段搜寻地外生命的指示性标识的选择

在对生命定义的探讨中，已经指出，现阶段寻找地外生命主要集中在寻找物质层面与人类相似的实体，而这种搜寻的指示性标识主要来源于人类对于自身以及其他地球生命生存条件的研究。人类目前对于生命存在条件的研究主要有数学、物理和化学三个层次。

数学层次主要集中在概率统计方面。1960 年美国天体物理学家弗兰克·德拉克提出了最早的"绿岸公式"：$N = R \times ne \times fp \times fl \times fi \times fe \times L$。

公式中，N 代表银河系中可检测到的技术文明星球数，它取决于等式右边 7 个数的乘积；

R 表示银河系中类似太阳的恒星的形成率（即每年平均诞生的颗数），一般认为，只有像太阳这样的恒星附近才有可能孕育出智慧生命来；

ne 是在可能携带（具有生命的）行星的恒星中，其生态环境适合生命存在的行星的平均颗数；

fp 表示有可能有生物存在的恒星（有人称其为"好太阳"）颗数，换句话说，"好太阳"一般是指那些光度恒稳、能长时间照耀从而满足形成智慧生命演化所需的恒星；

fl 是已经出现生命的行星在可能存在生命的行星中所占的份额；

fi 表示已经有智慧生命的行星的颗数，因为低级生命演化到智慧生命的概率毕竟很小；

fe 是在这些已有智慧生命的行星中，已经达到先进文明的高级智慧生命的行星（如能作星际电磁波联络）的份额；

L 表示具有高级技术文明世界的平均寿命（或者说延续时间），因为只有持

学生答案

续发展很长时间的文明星球才有可能做星际互访。

在我们的银河系中，如果按这公式中的采取最少的数值来计算，即最不理想的条件下，将得 $N=40$，但在最理想的条件下计算，将得 $N=5\times10^7$。

虽然概率计算是科学准确的方式，但是在单凭经验列出公式、没有数据用作检验，甚至没有准确的数字用于计算的情况下，得出结果的偏差依旧很大。

物理层次，主要包括宇宙环境与所属星球的物理性质两个方面。

1）宇宙环境是比较容易探测的指标，所以类地行星的搜寻是当下寻找地外生命首先进行的工作。对于生命存在而言，合适的宇宙环境，可以概括为以下三点：

① 稳定的能量来源。任何生命都要体现能量获取、转化、传递的过程。生命作为一种靠外界能量输入而保持其有序性的耗散结构，其存在必须要有一个相对稳定的能量来源为基础。对于地球生命而言，能量的主要来源为太阳（地球所环绕的恒星）内部的核聚变反应。

② 与能量来源之间适宜的距离。由于能量来源的环境较为极端，仅太阳表面的温度就达到 5500℃，而且由于在如此高的温度下鲜有物质能以固态或液态的形式存在，导致恒星内部和表面极不稳定。离太阳最近的水星平均地表温度为452.15K，最高温度为700.15K；离太阳最远的冥王星地表温度在155.15K以下。目前地球上发现的嗜极生物生存的最适温度条件也在375.15K～485.15K之间，低于或高于这个温度，就会导致生物休眠。而且，目前发现的嗜极生物都是细菌，并不是比较高级的文明体，而且不同嗜极生物生存的温度也相对狭窄，而过远或过近的距离会导致昼夜温差加大，从而不利于生命存在。

③ 稳定的周边环境。首先，目前推测银河系的中心有一个巨大的黑洞，而太阳系距银河系中心有约2.5万光年的距离，由于黑洞有吞噬周边物质和能量的能力，这段距离保证了太阳系的安全和稳定。其次，地球与其他太阳系行星的轨道相互包含，没有相交的部分，而且地球与小行星带之间距离也很远，这样使偏离轨道的小行星撞击地球的威胁较轻且较少，使生命能在一个相对稳定的环境下

产生。

2）除了有合适的宇宙环境之外，星球本身的性质也能影响生命的产生和延续。适合生命存在的星球应该具有以下四点性质：

① 岩态行星或者卫星。由于地球本身是一颗岩态行星，所以目前对于地球生命的所有研究都是以岩态行星为基础进行的。研究表明，气态行星内部是高温、高压、高辐射的环境，最基础的细胞也可能被撕裂。

② 较厚的大气层。大气层对地球生命的作用包括吸收紫外线、维持地表温度、阻挡太空辐射、抵御或减轻陨石撞击四个方面。

ⅰ）吸收紫外线。紫外线是一种波长小于可见光的电磁波，由于其能量极高，经由皮肤吸收以后可对 DNA 产生损伤，对于人类而言有致癌的作用。但是大气在对流层和平流层之间有一层臭氧层，它距地面约 20km 到 30km，能将太阳光中 99% 的紫外线过滤掉，从而对生命重要的信息载体 DNA 起到很好的保护作用。

ⅱ）维持地表温度。地表热量的主要来源是大气逆辐射（如图 2）。阳光穿过大气层照射到地面，经地面反射后回到大气层，此时大气层再将大部分的能量逆辐射返还地面。而且，大气凭借自身热的不良导体的特性，减少了能量向宇宙环境的散失，维持了地表温度的恒定。

ⅲ）阻挡太空辐射。太空辐射是一种包含 γ 射线、高能质子和宇宙射线的特殊混合体，被认为是原子核，周围的则是质子，或者氢原子核。它具有惊人的能量，

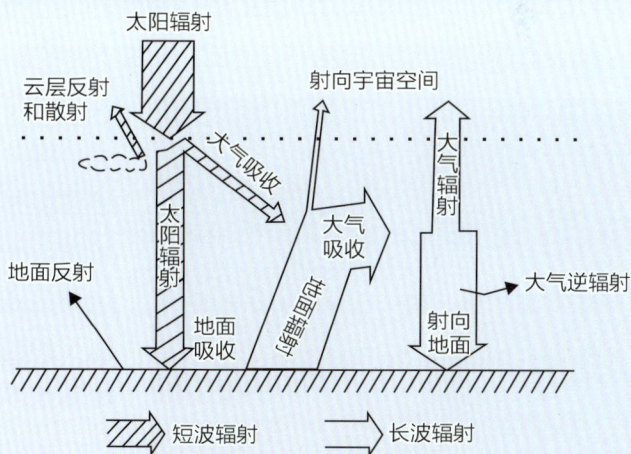

图 2　太阳辐射和地面辐射的传递

学生答案

对生物体有强烈的致死作用。地球磁场和大气层同时起到了防御太空辐射的作用。如果保留地球磁场但减少地球大气层至 1/10 厚度，那么所受到的辐射将增加两个数量级以上。

　　iv）抵御或减轻陨石撞击。曾有记录显示的陨石速度可以高达 50 倍以上的音速，由于流体中流速越大的位置压强越小，所以陨石周边的压强会猛烈降低。而且，由于陨石运动速度过快，前部的空气来不及躲闪，使得空气被剧烈压缩，同时增大了陨石前部受到的压强。再者，陨石与气体摩擦，也会产生巨大的内能。所以体积较大的陨石在落地之前都会因这样一个猛烈的能量转化、传递的过程而解体，从而减轻了陨石撞击地面造成的损害。

　　③ 流动介质。生物作为一个较活跃的能量耗散结构，需要一个较稳定且活跃的介质来维持自身的新陈代谢。气体和固体都只能满足一个方面，而液体作为中间物质可以更好地满足生物体内生化反应进行的介质要求。液态水作为地球上碳基生命的生存基础，也一直是人类寻找地外生命的最重要指标。当然，也有人设想生命可以存在于液态甲烷或液态硫化氢中，但也都是以液态介质作为基础。

　　④ 磁场。前文已经提到过宇宙射线对生命的危害，蓝色大理岩科学学院的物理学家迪米特拉·阿特瑞（Dimitra Atri）曾表示，"如果你完全移除地球的磁场，那么受到的辐射量将增加两倍"。由此，地磁场对宇宙射线的削弱作用也不可忽视（如图 3）。同时，地磁场作为受环境影响相对较小的稳定性质，被许多生物作为辨别迁徙方向的依据，一旦没有地磁场，生物的活动范围将会受到限制，从而减弱了跨越范围较广的能量流动和物质循环。

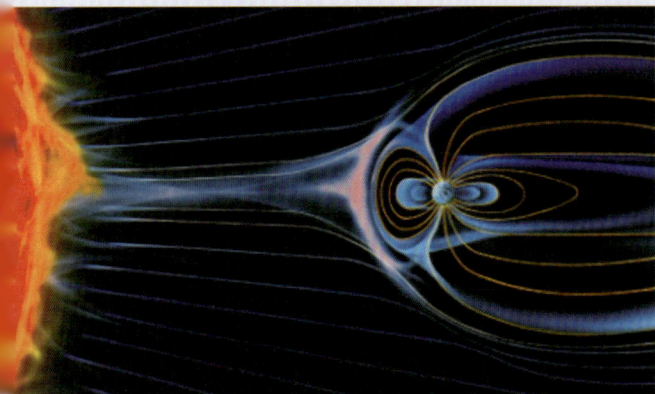

图 3　太阳风袭来时地球磁场的变化

　　化学层次，主要指组成生物的基本元素和小分子。

1）组成生物的基本元素。现阶段对于地外生命究竟以什么元素为基础众说纷纭，但是大家首先都认可碳基生命（因为地球生命本身就是碳基生命），并以碳基生命为基础推测可能有硅基生命的存在。碳原子最外层有四个电子，氧化性与还原性相当，而且可成键数比其他常见元素多，相对分子质量较轻，有利于加快化学反应的速度……这些因素使得碳元素成为生命的基本元素。由于同主族元素的化学性质相似，所以硅作为紧邻碳的元素逐渐进入人们的视线（如图4）。但是常温下的硅呈现固态，而且相对分子质量较大，可能需要一个更为高温的环境。而且，硅的化合物参与的反应，速率一般较慢，所以如果存在硅基生命，其寿命和时间观念也将与我们截然不同。

2）组成生物的基本小分子。核酸是细胞的遗传物质，蛋白质是生命活动的主要承担者，于是重要生物大分子的单位分子——核苷酸和氨基酸，也是寻找地外生命的指示性标识。日本东北大学、日本国立材料科学研究所和日本广岛大学的研究人员通过模拟陨石撞击古代海洋，对撞击后恢复的产品进行精确分析后，发现无机化合物形成了核酸碱基和氨基酸。这项研究证明了陨石撞击产生生命的可能性，同时也指明在寻找地外生命的过程中需要关注陨石撞击地表液态物质造成的影响。另外，我国学者对从天外飞来的吉林陨石雨中收集到的陨石进行了分

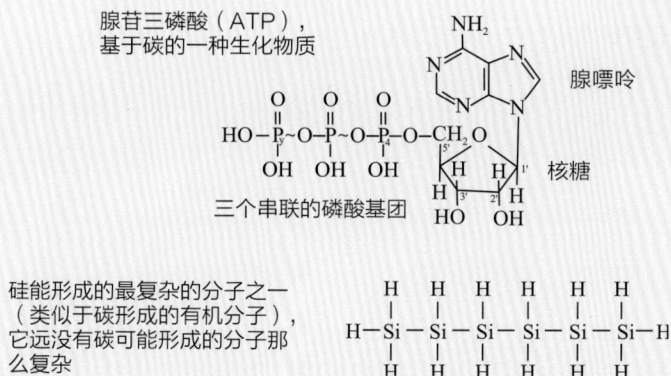

图 4　碳基分子和硅基分子结构的比较

学生答案

析，找到了氨基酸、核苷酸等多种小分子有机物，并测知陨石年龄为 46 亿年，由此也表明地外存在组成生物的小分子结构，进而推测地外生命极有可能存在，甚至地球生命本身也起源于地外。

3. 对现有指示性指标的扩充

在前文的探讨中，我们可以看到现阶段对于地外生命的搜寻主要集中在类地生物上，但生命现象不仅仅局限于此。如果把生命定义为具有复制和积累能力的不稳定的信息集，那么其实还有更多的生命被排除在了我们现有的知识体系之外。

比如，一段不断积累错误、具有感染其他程序的电脑病毒，一段可以将自己复制并嵌入到其他波形中的电磁波，甚至是一个人类群体形成的具有侵略性的文化意识形态，从信息层面来看，这些都是有生命活力的，只不过它们的生命载体可能体现在一个我们目前无法感知并理解的维度。

所以，在搜寻地外生命的过程中，人类应该保持一个开放的心态，不要被自身的知识结构限制，尝试用抽象的、哲学化的思维方式去看待宇宙中的非生命现象。

参考文献

［1］刘伟杰. 从康德的星云假说看地外生命存在的可能性［J］. 辽宁行政学院学报, 2008（3）: 189-190.

［2］张守忠. 从生命起源看地外生命存在的可能性［J］. 世界科学, 2004（2）: 25-26.

（略）

答案三（节选）：

生命科学学院　王子儒　2015141241100

对硅基生命如何存在的浅层思考

【摘　要】2015 年 9 月 28 日晚 11 时，NASA 宣布了它们关于火星研究的最新发现：证据表明火星的确存在液态水。这一发现来自美国宇航局的火星侦察轨道器（MRO），其所拍摄的怪异黑色条纹已经被证实是由火星上的液态水形成。此前，火星上的水一直被认为是以固态冰的形式存在，而如今 NASA 证实了火星上有液态水的猜测，这使得存在地外生命的猜想有了比之前更进一步的支持。鉴于之前对地外生命存在形式猜测最多的是硅基生命，本文通过分析硅基生命与碳基生命的特点，结合一些硅基化合物的数据，提出了一种硅基生命存在的条件。

【关键词】地外生命　碳基生命　硅基生命　硅基化合物

1 引言

地球是人类迄今为止已知的唯一存在生命的星球，而且据目前我们的认知，人类是这个星球上演化最先进的种族（请暂时允许我这么说）。自人类从万千物种中脱颖而出之时，便开始了对于自身、对于生命的思考，而随着人类掌握的科学技术的发展，对于生命的探究也逐渐深度化。我们开始思考在整个宇宙之中是否存在与地球一样孕育出了生命的星球，并开始猜测地外生命的存在形式，例如和我们一样的碳基生命或是全新模式的硅基生命等。最近 NASA 公布的关于火星上存在液态水的报告，更是加大了人们对地外存在生命这一观点的信心。本文试图说明作者本人对于所谓硅基生命的一些猜想。

学生答案

2 硅基生命的概念及其提出

硅基生命的概念大概是在 1891 由波茨坦大学天体物理学家儒略申纳尔（Julius Sheiner）首次提出的。在该概念提出后不久，英国化学家詹姆士幺默生雷诺兹（James Emerson Reynolds）便在 1893 年英国科学促进学会的一次演讲中指出，硅化合物的热稳定性使得以其为基础的生命可以在高温下生存。

三十年后，英国遗传学家约翰·波顿·桑德森·霍尔丹（John Burdon Sanderson Haldane）提出了进一步完善的想法：在一个行星的深处，可能会有半融化状态硅酸盐的生命，这类生命的能量来源则是铁元素的氧化作用。

3 硅基生命理论的基础

硅元素在元素周期表中，位于碳元素的正下方，这意味着硅元素和碳元素有许多相似的基本性质。例如：硅能像碳一样，和四个氢原子化合形成甲硅烷；硅酸盐是碳酸盐的类似物，以此类推。

硅元素与碳元素一样，都能组成长链或聚合物。如：类比于碳与氧交替排列形成的聚缩醛，硅与氧可形成聚合硅酮。

4 硅基生命的特点

4.1 硅基生命相比于碳基生命的优点

（1）许多硅基化合物比碳基化合物更稳定，更耐高温，如硅氧键键能为 $422.5kJ \cdot mol^{-1}$，而碳氧键键能为 $351kJ \cdot mol^{-1}$；更好的证明便是我们地球上岩石与木炭的对比。这意味着硅基生命可以更好地适应高温环境，所以根据目前对于行星形成的看法，他们也许可以比碳基生命更早地出现在一颗行星上。

（2）硅元素的反应与碳元素相比会显得缓慢，所以其生命周期会比碳基生命长，同样，其生命长度也应该会比碳基生命更长。

4.2 硅基生命相比于碳基生命的致命缺点

（1）硅元素是亲氧元素，在自然界甚至很难找到游离态的硅，其与氧的结合作用非常强。与碳基生命相比，二氧化硅比二氧化碳更难以从生命体的体内被排出，因为二氧化碳在我们所生活的自然界的通常条件下是以气体形态存在的，而二氧化硅刚形成时就会形成晶格，并且以固态形式存在。

（2）因为硅原子比碳原子多一个电子层，半径比碳原子要大，所以其对外层电子的控制力较弱，这会导致以下问题：①虽然硅能和碳一样形成长链，但其所能达到的长度必然会比碳链短很多；②硅不能像碳一样形成许多的手性分子；③硅链在水中不稳定，易断；④硅元素反应会比碳元素慢。第一个问题会使硅链携带的信息远远少于碳链，第二个问题会使硅基生命体的能量利用率大大降低，第三个问题说明了硅基生命不能存在于有大量液态水的环境中，而第四个问题，既是优点也是缺点，反应的减慢会导致其更难以适应周围环境的变化，尤其是某些剧变，这样的后果就只有一个——生物灭亡。

5 数据分析

数据类型 物质	熔点	沸点
S	388.36K（115.21℃）	717.87K（444.72℃）
Si	1687K（1414℃）	3173K（2900℃）
SiS_2	1363K（1090℃）	1403K（1130℃）
Na_2S	1223K（950℃）	
Li_2S	1211K（938℃）	1645K（1372℃）
Li	453K（180℃）	1615K（1340℃）

6 结论

根据以上数据以及和地球生物的类比可知：如果有一个常年处于1615K～1645K的星球，那么便可以保证硫处于气态、硅处于固态、二硫化硅处于气态、二硫化锂处于液态且锂处于气态。于是，在这样的环境下，可将氧用

学生答案

硫替代、碳用硅替代、氢用锂替代。如此这般，将碳基生命的基本元素替换为适合硅基生命的元素，理论上便有可能出现硅基生命。

7 余论

目前一些对于硅基生命的猜想大多局限于和氧、氢等碳基生物所拥有的基本元素的反应。所以，在此我脱离了这些元素，但由于学识的限制，出现了以下的问题：

（1）当思维没有脱出碳基生命的基本模式时，我的想法中仍然保留了与 H_2O、CO_2、O_2 等类似的物质，但是却无法构造出其营养方式，也许会是通过类似于光合作用的、基于硅电子转移的某种反应来生成类似于葡萄糖的物质。

（2）当思维跳出了碳基生命的基本模式时，发现了更为广阔的想象空间。例如：无需物质支撑的生命形式，就如同《复仇者联盟2：奥创纪元》里的奥创一样。所以，在此是否可以猜想，生命的存在形式是否真的需要以物质作为基础？我相信，这一定会引起我们更深层的思考。

谁说大一学生对科学不够饥渴？谁说大一学生缺乏基础知识就不能自主学习，不能提出假设？

你看，要教的 $PV= nRT$，超纲的元素化学，跨学科的质能方程，迄今还没写进教材的量子纠缠，当年获诺贝尔奖的希格斯场理论，还有人类尚未认识清楚的时空观念、信息和意识，都被大一学生"现学现卖"。"现学现卖"的能力，可不就是创新、创业、创前程的钥匙嘛！

教师点评

有机反应机理（双语）

课程号：203109030

袁立华／四川大学化学学院

袁立华，理学博士及博士生导师，1998 年晋升教授，获第八届四川大学教学名师奖； 从事本科教学 30 余年，主讲过"有机反应机理（双语）""高分子科学导论（双语）""高分子化学""精细化学品检测与剖析""合成化学""化学实验安全技术"等课程；2015 年获首届四川大学"卓越数学奖"三等奖、2013 年获"四川大学唐立新教学名师奖"、2012 年和 2014 年获四川大学课堂教学质量优秀奖、2012 年获大学生课外科技实践活动优秀指导教师称号、2011 年荣获四川大学第五届优秀本科教学一等奖、2009 年获四川大学教学名师培养对象称号、2008 年获四川大学教育教学成果奖二等奖 2 项。

非标准答案考试在"有机反应机理"课教学中的应用
——从非标考试中获得的几点启示

四川大学化学学院　　袁立华

【摘　要】非标准答案考试是创新教育衡量学习效果不可或缺的手段。本文基于"有机反应机理"课程考试中非标准答案试题编写及应用的案例，探讨了非标准答案试题与标准答案试题的关系、个性化差异答案的特点及其启示。

【关键词】非标准答案考试　有机反应机理

非标准化教育的呼声日渐高涨[1-3]，其主要动因之一是基于标准答案考试[4]的传统教学方式在培养具有创新性人才方面暴露出愈来愈多的缺陷[5]，比如形式与内容脱节，难以对学生在多层次（包括识记、理解、运用、分析以及综合）[6]进行考核，从而无法彰显公平。更为重要的是，教育界已发现，唯有力推非标准答案考试，才能在创新创业、跻身于世界科技行列的路上迈出一大步。本文拟从化学科学中有机化学领域"有机反应机理"的课程考试试题方面，通过非标准试题编写和对试题答案的分析，讨论从中获得的启示。

标准化教学的特点之一是依据特定基础教程、教材或编写的讲义进行施教，在考核或考试方面也局限于书本知识、遵循标准化的试题和单一答案的原则（主要是主客观题）[7]。大多数学科的教学在过去很长一段时间都沿用这一模式，因为至少对于识记和理解所学知识还是具有较大的促进作用。四川大学化学学院开设"有机反应机理"这门课程已有近十五年的历史，在双语教学中一直采用自编英文讲义和国外优秀英文原版教材。教学中涉及的有机化学反应机理，其书写描述主要由表示电子转移、指示反应、表达共振结构式以及反应平衡的若干箭头符号构成，这几种箭头将各个反应物和产物串联组合起来，就构成了所要描述的反应机理过程[8]。由于反应条件不同，导致反应结果的多样性，学生需要根据已被广泛接受的反应机理模式及有机化学基础知识，对试题中提到的具体反应提出可能的反应机理，以期理解并预测反应的最终产物。提出反应机理的整个过程，尽管包含有前人建立起来的客观事实，但仍多涉及主观的推测。因此，从该课程教学内容的特点来看，采用标准化教学及其标准化考试模式并不是最佳的教授方式，结合非标准化的施教方法更贴近对机理过程的推演和描述。鉴于该课程设置要求具备有机化学基础知识，不少选课者甚至已有一定的科研经历，所以编写英文试

提升其创新思维能力。差异化程度是反映人才创新实力的一个重要指标，培养能提出思路别致的人才正是高等教育所追求的目标之一。

（3）非标准答案考试试题取材于新近研究报道，有利于增强理论联系实际的意识。上述反应源自对可降解聚邻苯二醛的研究，前者作为热敏降解膜曾用于平板印刷术中。了解反应过程机理，可以拓展讨论的空间，提供改进合成工艺的指导思路。

非标准答案考试策略诚然可以在很大程度上促进特质型人才的培育，但与此同时，绝不能低估甚至否认标准化考试的作用[10]，兼具两者特色的试题更能反映应试者掌握、运用和综合知识的能力。针对"有机反应机理"这一课程的考试，试题编写中标准化试题部分仍占 50% 左右。此外，如何把控标准答案与非标准答案考试的关系还与具体学科特点有关，不可以一概全。一味地追求非标准答案考试有悖于唯物辩证法的基本原理，执此必失彼。

参考文献

[1] 马连霞. 非标准化考试模式的探索与实践 [J]. 教书育人（学术理论），2006（5）：92-93.

[2] 李忠. 标准化考试的实质及引发的教育问题 [J]. 河北师范大学学报（教育科学版），2010（12）：5-10.

[3] 孙婧，王文溥. 高校非标准化考试模式初探 [J]. 长治学院学报，2016，33（2）：96-97.

[4] Z. Caha, J. Šulistová. A Standardised Test as a Tool for the Reliable Verification of Acquired Knowledge [J]. Littera Scripta, 2016, 9（1）：22-32.

[5] 王立坤. 关于标准化试题的思考 [J]. 北京成人教育，1991（6）：27-28.

[6] D. R. Krathwohl. A Revision of Bloom's Taxonomy [J]. Theory Into Practise, 2002, 41（4）：212-218.

［7］王伦信. 我国标准化考试的引入和初步发展［J］. 华中师范大学学报（教育科学版），1997（2）：89-96.

［8］R. B. Grossman. The Art of Writing Reasonable Organic Reaction Mechanisms［M］. 2nd Edition. Springer-Verlag, 2003.

［9］J. A. Kaitz, C. E. Diesendruck, J. S. Moore. End group characterization of poly (phthalaldehyde)：surprising discovery of a reversible, cationic macrocycli zation mechanism. Journal of the American Chemical Society, 2013, 135（34）：12755-12761.

［10］鲁子问. 中国标准化考试的死去与活来——标准化考试的政策性分析［J］. 湖北招生考试，2005（12）：12-16.

考试题目

题目：

Please write possible mechanisms for the following reaction.

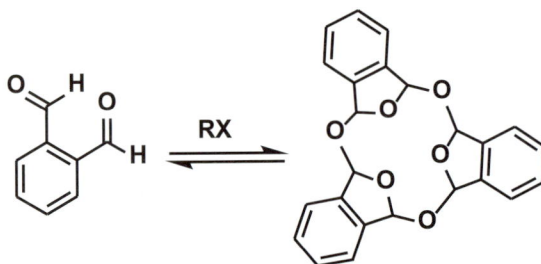

RX is Lewis acid.

(*J. Am. Chem. Soc.*, 2013, 135, 12755–12761)

简要说明：

　　在路易斯酸存在下涉及醛酮为底物的反应是有机化学反应中一类重要的反应类型。这道"有机反应机理"试题取自《美国化学会志》2013 年的一篇研究报道，希望考查学生提出多种反应途径、阐释成环机制的能力。该反应既可以从底物分子发生亲核取代反应开始，也可以考虑从路易斯酸亲核加成（合理性稍差）出发，或通过中间不同的反应步骤，来体现不同的反应途径。尽管反应路径不一，但殊途同归，书写过程很能体现学生的解答思路。

答案一（节选）：
化学学院　刘　硕　2013141231099

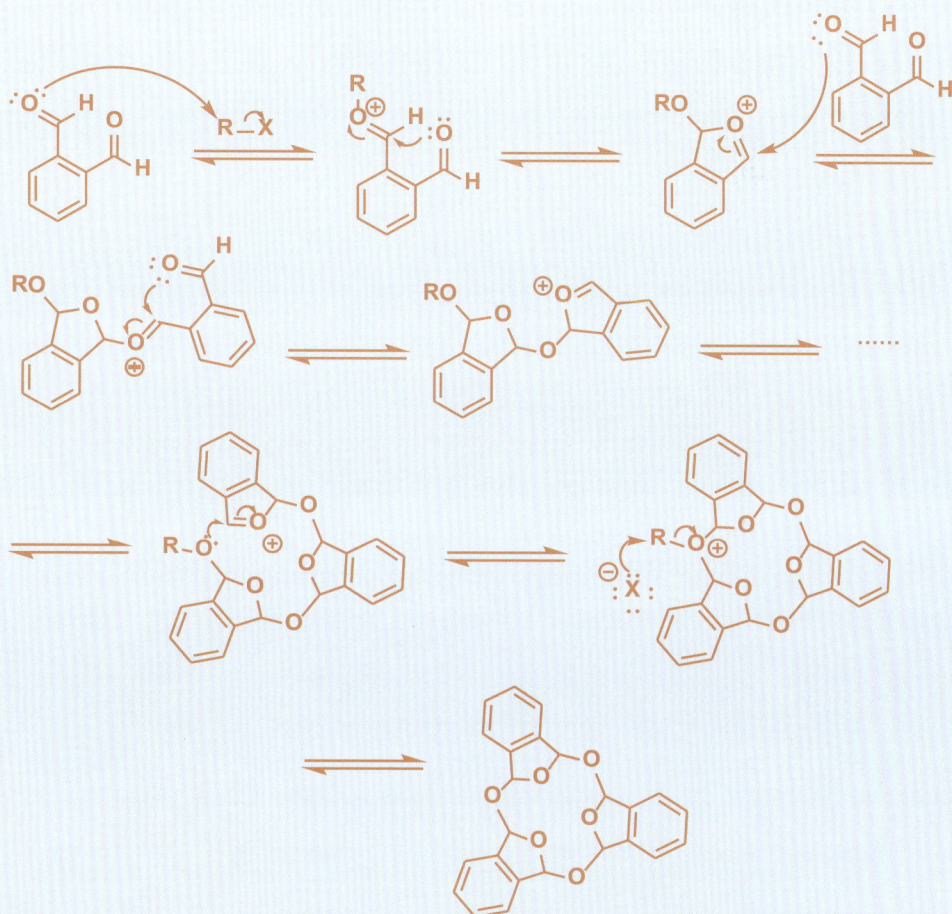

学生答案

答案二（节选）：
化学学院　张泽莲　2013141231197

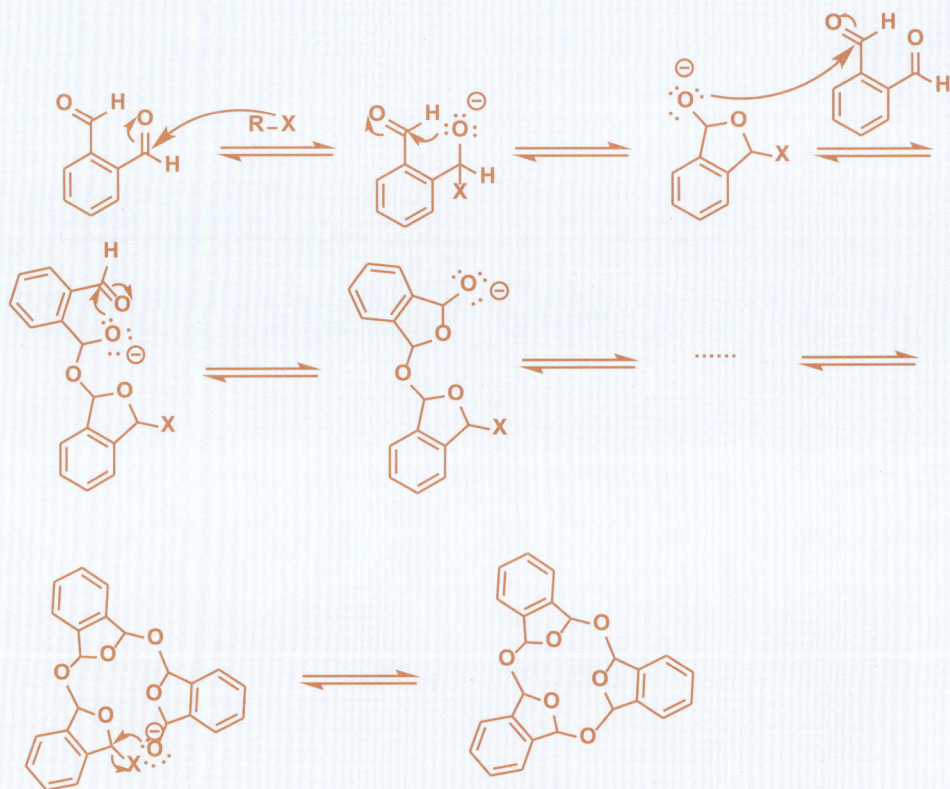

答案三（节选）：
化学学院　黄　巍　2013141482131

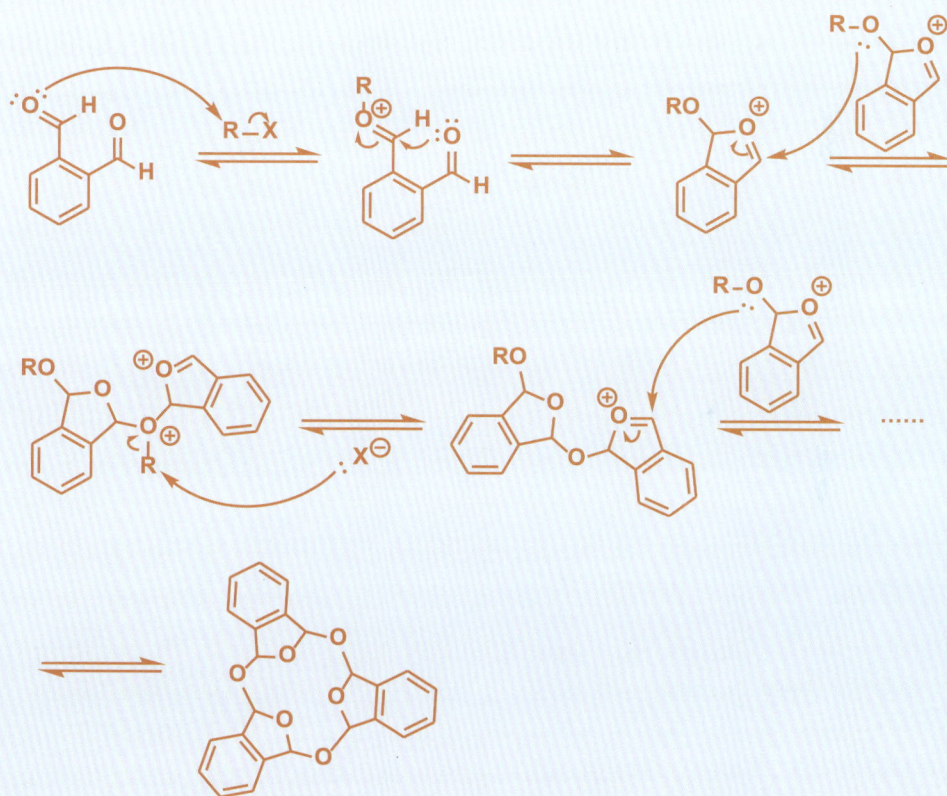

学生答案

答案四（节选）：
化学学院　林　悄　2013141231225

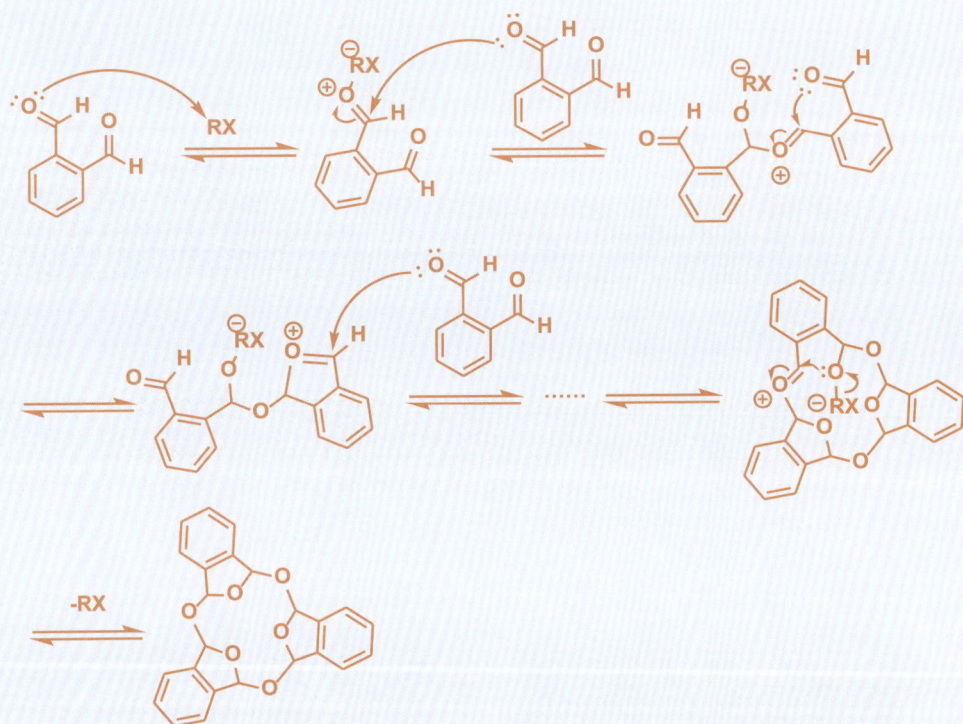

教师点评

有机反应的途径常有多种可能性，对相关基础概念亦有不同角度的理解和阐释，试题答案的非标准化更能反映学习的思维习惯。

李 静 / 四川大学生命科学学院

李静，教授，博士生导师；2005 年毕业于四川大学生命科学学院，获博士学位；2008 年至 2009 年，美国路易斯安那州立大学博士后；目前主要从事教学与动物保护遗传学研究；国家级精品资源共享课"普通生物学"主讲教师；四川省精品资源共享课"动物生物学"主讲教师；曾获得 2003 年度、2004 年度和 2006 年度四川大学青年骨干教师奖励，2011 年四川大学课程考试改革一等奖，2011 年四川大学优秀课程网站三等奖；参与编写包括国家十一五规划教材在内的教材两部。

利用非标准答案试题塑造人才
——"普通生物学"课程中的非标准答案试题探索

四川大学生命科学学院　李　静

　　课程考试是高校教学中的重要环节，它既可以有效地检测学生的学习效果，评价教师的教学质量，反馈教师教学和学生学习中存在的问题，为教师优化教学内容、改进教学方法提供有益的信息，同时还可对学生的学习起到积极的引导和促进作用。长期以来，国内大多数课程考试往往都只注重考试的评价功能，存在考试方法与形式单一、对教学和学习过程的反馈作用不重视、对学生学习的引导作用不足等问题[1, 2]，导致学生对考试产生了诸多错误的认识，有畏惧的，有敷衍的，有考前临时抱佛脚的，有"60分万岁"的。为解决"为什么考""考什么"

"怎样考"等问题，充分发挥考试多样化的功能，即不仅作为"评价"人才的手段和方法，更注重其对学生学习的引导和促进作用，即发挥"塑造"人才的功能，近年来我们"普通生物学"课程组开展了非标准答案试题的课程考试形式的改革。

"普通生物学"是生命科学学院针对生命科学各专业学生开设的一门必修基础课程，也是学生入学以来修习的第一门专业课程，因此培养学生对生命科学的兴趣、理解生命的基本特征、构建生命科学知识基本框架是课程的重要目标。针对这一目标，我们采用了全过程的课程考核方式，平时成绩与期末成绩的比例为60：40，过程考核次数多，考核方式多样化，许多为非标准答案考试，如要求学生设计动物物种。物种设计的试题旨在帮助学生理解动物身体结构如何与其功能相适应。首先在课堂学习中，我们以动物的营养与消化、血液循环和气体交换、渗透调节与排泄系统为例展示了动物的细胞、组织和器官如何完成其生理功能，并介绍了各类群的动物在自然选择中，进化出了不同的体型、生理结构、行为方式以适应不同的，帮助学生充分理解环境对动物身体结构的影响。然后要求学生完成"Design your own species"，该题目要求每个学生从指定的生境中随机选择一种（提供了四种常见的生境：热带雨林、沙漠、极地、海洋）；同时选择其在食物链中的位置（捕食者或被捕食者中的一种）。学生需要利用网络、教材、参考书或自然博物馆，寻找该生境中的各种动物作为模型，分析这些动物对生境的适应机制，并基于分析，设计一个自己的物种。在这几年的探索中，我们发现这种非标准答案的考核优点在于：

其一，让学生随机选择动物的生境及食物链中的地位，通过自由组合能产生多种随机条件，保证学生可以开展多样化的设计，随机抽取的方式也防止了学生倾向性地选择某一种生境，以致不利于不同学生之间设计结果的对比和参考。比如设计热带雨林的捕食者和热带雨林的被捕食者的学生即可相互进行比较，有的学生甚至在下课后还继续与同学就设计的合理性和可行性进行比较和争论，大大激发了学生的学习热情。其二，为增强考核的专业性，我们细化了设计物种的要求，要求学生提供所设计物种的详细生物学信息，如动物属于什么类群、食性如何、外形上的适应、运动能力、体温维持、栖息地、代谢废物如何排泄、繁殖方式和策略，等等，既要基于现有的动物模型，又能充分发挥自身想象力，保证学生通过设计，从各个层次理解动物对自然选择的适应性。其三，展示方式选择，利用大白纸，可画、可写，结果直观、生动、形象，张贴于教室，利于学生间的相互交流。这改变了过去仅仅将答案交给老师的情况，由老师评价改为由学生自己相互评价。我们还让学生对自己喜欢的设计进行投票，对获得投票最多的学生给予在全班进行口头介绍的机会。这样的评价方式使学生获得了极大的认同感，对设计过程的认真程度大大增加。有些同学不仅详细描述了设计物种的特点，还展示了自己查阅资料、参考模型及设计思考的过程，显示学生在这一过程中的主动学习能力和研究探索兴趣。

许多学生的设计结合了绘画、文字描述、查阅资料、所学知识和丰富想象，设计的结果不仅合理，而且具有科学性和想象力。2013级的一位同学设计了一个能进行光合作用的软体动物：绿贼，该动物体内具有叶绿素，让其在浅海活动时可以利用太阳的光能。而2014年《 *The Biological Bulletin* 》报道了一种能进行光合作用的软体动物：绿叶海蛞蝓 （ *Elysia chlorotica* ），它们通过平行转移基因的方式获得了与其共生藻类的叶绿体基因[3]。我们学生设计的动物与该物种已非常近似，表明学生基于研究调查的设计不无科学道理，设计的物种可能正是存在于自然界尚未被发现的物种。2014级的一位同学设计了一个具有结网能力的雨林狼蛛，不仅描述了其纺绩器可能的结构、网的形态，还画出了它利用吐丝在不同植物之间跳跃的运动方式。非标准答案的试题激发了学生的想象力，提高了学生的动手能力和参与性，增强了学生对生命科学的学习和研究兴趣。

通过非标准答案考试，教师不仅可以评价学生成绩，也可了解教学效果、解决教学中存在的问题；而学生通过考试，认识到学习不是为了考试，而在于培养实践能力和创新精神。我们的关于非标准答案试题的探索点燃了学生热爱生命、探索生命科学的激情，充分发挥考试多样化功能，让教师和学生都在考试中收获交流的快乐、生命科学的乐趣。

参考文献

［1］于凤云. 基于提高本科教学质量的高校课程考试机制研究［J］. 扬州大学学报（高教研究版），2010, 14（5）: 90-92.

［2］教育部高等教育司. 第二次全国普通高等学校本科教学工作会议资料汇编［M］. 北京: 高等教育出版社，2005.

［3］J. A. Schwartz, et al. FISH labeling reveals a horizontally transferred algal（Vaucheria litorea）nuclear gene on a sea slug（Elysia chlorotica）chromosome［J］. Biological Bulletin, 2014, 227（3）: 300-312.

普通生物学

课程号：204168040

考试题目

题目：

Design your own species

1. 每个学生从指定的生境中随机选择一种生境，同时选择捕食者或被捕食者中的一种。生境：热带雨林、沙漠、极地、海洋；食物链中的地位：捕食者、被捕食者。

2. 利用网络、教材、参考书、自然博物馆寻找该生境中的捕食者／被捕食者动物作为模型，分析模型动物对生境的适应机制。基于分析，设计你自己的物种！

3. 利用大白纸展示，内容可以通过文字描述、画图、列表等方式展示，尽可能形象生动。

4. 2个星期后用于班级展示和交流。

5. 物种设计的具体要求：

· 设计物种的命名，属于什么类群？（动物门类？）

· 消化系统的适应：食性？（植食性？肉食性？食腐性？滤食？寄生？）

· 外形上的适应：体表色彩鲜艳或具伪装色？

· 如何运动？

· 单独生活或群居？

· 如何维持体温？（过高？过低？）

· 在何处栖息？（如树栖？穴居？）

· 身体大小？

· 如何排泄代谢废物？

· 神经和感觉器官的适应？

· 繁殖方式和策略的适应？

简要说明：

"普通生物学"是我院针对生命科学各专业学生开设的一门必修基础课程，也是学生进入大学以后修习的第一门专业课程，因此培养学生对生命科学的兴趣，使其理解生命的基本特征是课程的重要目标。在平时成绩考核中我们采用了多样化的方式，比如动物物种设计。布置该题目前，我们已在课堂学习中介绍了各类群的动物在自然选择中，进化出不同的体型、生理结构、行为方式以适应不同的生境，让学生充分理解动物的适应性进化机制。该题目让学生通过调查，设计一个自己的动物物种，大大激发了学生的想象力，提高了学生的动手能力和参与性，增强了学生对生命科学的学习和研究兴趣。

学生答案

答案一（节选）：

生命科学学院　易　尧　2013141241034

答案二（节选）：
生命科学学院　赵世纪　2013141241094

热带雨林捕食者——雨林狼蛛

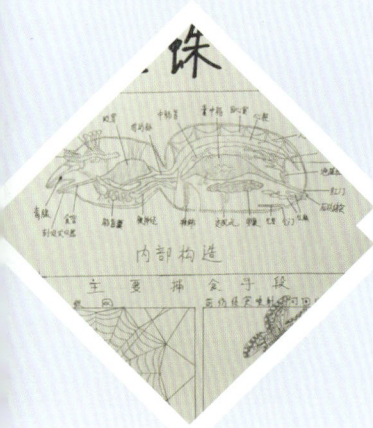

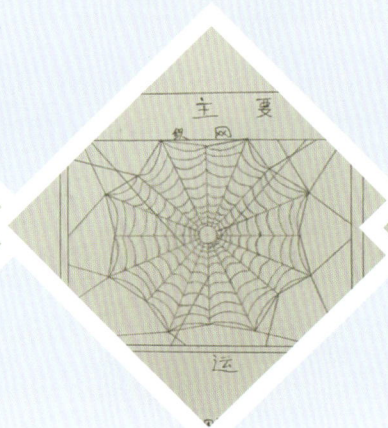

学生答案

答案三（节选）：

生命科学学院　杜天娇　2015141241012

答案四（节选）：

生命科学学院　孙诗津　2015141241082

学生答案一

这位同学设计了一个能进行光合作用的软体动物：绿贼。而在 2014 年，《*The Biological Bulletin*》杂志报道确实存在一种能进行光合作用的软体动物：绿叶海蛞蝓。这一物种与学生设计的动物非常近似。在探索未知的生命世界里，学生的想象和创造能力无限！

学生答案二

该题目让学生随机选择动物生境及食物链中的地位，自由组合能产生多种随机条件，每位学生都可以开展自己的调查和设计，有利于不同学生之间设计结果的对比和参考。比如设计热带雨林的捕食者和热带雨林的被捕食者的同学即可相互比较。

学生答案三

以大白纸展示方式，可画、可写，直观、生动、形象，易于学生间相互交流。同时避免了过去仅仅将答案交给老师的情况，由老师评价改为由学生自己相互评价。许多同学的设计结合了绘画、文字，查阅资料，并结合所学知识和自描述、想象，设计的结果不仅美观，而且具有科学性和想象力。

学生答案四

细化设计物种，既要基于现有的动物模型，又能充分发挥自身想象力，保证学生通过设计，从各个层次理解动物对自然选择的适应性。

教师
点评

动物生理学

课程号：204011020

physiology2012的博客
http://blog.sina.com.cn/u/2931917857 [订阅] [手机订阅]

首页 | 博文目录 | 图片 | 关于我

博文

- **全部博文(653)**
- 生活小科普(170)
- 课程通知(7)
- 前沿科学(52)
- 哦？我不信(2)

- 博文收藏(7)

特色博文

- 影评博文(0)
- 365(19)

全部博文(653)

全部 | 含图片 | 含视频 | 手机发表

· 是什么杀死了大熊猫	(0/38)	2016-01-20 14:41
· 河鲀毒素应用的困难以及克服方法的…	(0/15)	2016-01-20 13:46
· 如何巩固记忆？	(0/20)	2016-01-20 09:28
· 人为什么忍受不了和自己体温相同的…	(0/44)	2016-01-20 09:14
· 表征是一种假定的认知符号	(0/10)	2016-01-20 09:12
· 真实存在的外星寄生虫——缩头鱼虱	(0/141)	2016-01-19 13:00
· 巴西龟才不是垃圾龟！	(0/130)	2016-01-19 12:46
· 据说是世界上最呆萌的鸟类——银喉长…	(0/26)	2016-01-19 12:18

考试题目

题目：

博客撰写

自 2012 年始，我们在新浪博客中开设了"动物生理学"课程博客，要求每个同学在学期内至少完成 3 篇博客的撰写。撰写要求：

1. 内容包括动物生理学各研究方向的研究进展，个人对"动物生理学"课程内容的思考或自己感兴趣的生理学方向；

2. 字数要求：不超过 800 字，用自己的语言描述，尽量简洁清楚；

3. 每位同学可对其他同学撰写的博客进行评论，该博客被评论的数量（无论是点赞还是反对）将作为成绩评定的重要依据。

简要说明：

2012 年我们开始在新浪博客开设了"动物生理学"课程博客，每位选修本课程的学生都需要至少完成 3 篇博客的撰写，并以此作为我们平时成绩的一部分，该部分成绩将占课程总成绩的 30%。自开设该博客以来，受到同学们的广泛关注和欢迎，截至 2015 年秋季学期，学生撰写的博客数量达到 653 篇，我们博客网址访问量达到 34396，而访问者并不仅仅限于我们的学生。公开的博客作为课程考核的内容之一，帮助我们达到了教学与考核的多重目的。

学生答案

答案一（节选）：

生命科学学院　景志信　1142042021

<h1 style="text-align:center">你的快乐来自哪里？</h1>

从《环球科学》上了解到大脑中真正负责直接产生快乐感的，不是以前所认为的奖赏回路，而是与之有关的"快乐热点"。

让我们再回到课本《人体及动物生理学》（高等教育出版社 第3版）P117上，我们知道，有研究表明，刺激猕猴的杏仁中央核、内侧核、皮质核可引起奖赏性行为效应，即表现为乐于接受或是正向行为增强反应；临床上发现刺激杏仁核群可使患者产生愉快感。

可是，我们通常所说的快乐、愉快到底是和哪些因素有关呢？我们吃到了美食，会觉得快乐，就像是被"奖赏"一样，会继续吃更多以获得更多满足。注意，这里用的词是满足而不是快乐。我们很容易把快乐和满足混淆。在大鼠身上做实验时，如果在它的大脑某个区域安装一个可以进行电刺激的电极，并使它可以通过按下一个控制杆，来自行启动植入电极，从而刺激大脑，那么大鼠就会强迫症般地在1小时之内自行刺激超过1000次。即使研究人员切断电流，大鼠还会按下控制杆许多次，然后才停下来去睡觉。

可见，大鼠不知疲倦地去刺激自己，疯狂地满足自己大脑产生的这种"快乐"，毋宁说是"需要"感。也许按照以往的研究，从脑干附近开始，一直延伸到前脑的一条神经回路是介导快乐信号的主要通路。但实际上，它介导的主要是与需要相关的信号。因为快乐不论是零碎的喜悦，还是获得满足之后的激动，都不只是一种昙花一现的额外感受。也就是说，它是一种只有当人们更基本的需求得到满足时才会出现的东西。

而进一步研究发现，除了以前发现的这条通路以外，一些叫作"快乐热点"的部位相互作用，它们分别位于伏隔核的某些区域以及杏仁核附近的某些区域，从而产生喜爱的感受。另外一个扣带状的大脑皮层区域则接受来自"需要"和"喜爱"回路的信息，并将这些信息转换成有意识的快乐表现，并根据从其他脑区获得的信息来调整这一感受。

那是不是这些回路就只会产生增强的反应呢？我们会为了得到快乐一直让自己保持某种刺激吗？这一感受的生物化学调整机制是什么？反馈调节机制存在吗？是通过激素或者某种化学物质的调节还是产生的某种产物的底物反馈抑制呢？这一切有待我们继续研究下去。

你知道你的快乐从何而来了吗？

师生评论（部分）：

由此可见对于人的快乐产生的认识过程也是相当复杂的一个过程，常规的刺激、切除实验得到的结论也不一定完全正确，快乐的产生还与其他众多因素相互联系着。不得不感慨人的大脑实在是太精细复杂。

——冯沙传

可不可以考虑从这个方向（电极刺激）治疗抑郁症？

——柳新宏

能够让我们将生活中难于理解的抽象的情绪、感情转化为可以逐步被理解和认识的客观现象，这也是我的快乐所在！同学们加油！

——李　静

不得不承认科学的发展推动了社会的发展，也促进了对自身的了解……当一切谜团由科学的道理阐述之后，我们能改造自我到什么程度呢？拭目以待……

——彭　芙

学生答案

答案二（节选）：

生命科学学院　张昭然　2012141243027

发现水通道蛋白的荣誉属于谁？

2003 年 10 月 8 日，瑞典皇家科学院宣布，将当年诺贝尔化学奖授予美国科学家彼得·阿格雷和罗德里克·麦金农，分别表彰他们发现细胞膜水通道，以及对离子通道结构和机理研究作出的开创性贡献。而在诺贝尔奖颁奖仪式正在举行时，化学奖的评选结果却受到部分科学家的指责。这是诺贝尔奖历史上的一个引起了较大争议的奖项。

据瑞典《每日新闻》10 日报道，罗马尼亚科学论坛"奔向群星"发表声明说，早在 1986 年，罗马尼亚科学院院士格奥尔基·本加教授就已经发现了构成细胞膜水通道的膜蛋白，其成果发表在《欧洲细胞生物学杂志》上。而今年诺贝尔化学奖两得主之一的美国科学家彼得·阿格雷则到 20 世纪 80 年代末才发现膜蛋白。因此，诺贝尔奖评选委员会在把诺贝尔化学奖颁发给膜蛋白发现者时，不应该忽视本加所作出的贡献。

那么，发现水通道蛋白、获得诺贝尔奖的荣誉究竟属于谁呢？我查阅了相关资料，在此谈谈我对于此事的思考。

一、水通道的含义及意义

水是一种特别的物质，因为水分子虽然不溶于脂，并且具有极性，但很容易通过膜。长期以来，普遍认为细胞内外的水分子是以简单扩散的方式通过脂双层膜的。后来发现某些细胞在低渗溶液中对水的通透性，很难用简单扩散来解释。如将红细胞移入低渗溶液后，很快吸水膨胀而溶血，而水生动物的卵母细胞在低渗溶液中不能膨胀。因此，人们推测水的跨膜转运除了简单扩散外，还存在某种特殊的机制，并提出了水通道的概念。

水通道蛋白是一类膜蛋白，相对分子质量不大。植物细胞的质膜和液泡膜中各有不同的水通道蛋白。根据来自动物的水通道蛋白的研究，这类蛋白质可能是四聚体，每个亚基上各有一个小孔，水分子可以从中穿过。

水通道蛋白的发现是非同寻常的，因为水通道是水进出细胞的关键，许多生理过程涉及体液的流动，例如出汗、排尿、发炎红肿以及流泪，等等。水通道蛋白的功能使我们在炎热的夏天浓缩尿液而不致发生脱水，也能让我们在饥饿时把储存在脂肪组织的水释放出来。很多疾病，比如一些神经系统疾病和心血管疾病就是由于细胞膜通道功能紊乱造成的，对细胞膜通道的研究可以帮助科学家寻找具体的病因，并研制出相应药物。另外，利用不同的细胞膜通道，可以调节细胞的功能，从而达到治疗疾病的目的。中药的一个重要功能是调节人体体液的成分和不同成分的浓度，这些成分可以通过不同细胞膜通道调节细胞的功能，因而有专家认为，对细胞膜通道的研究可以为揭示中医药的科学原理提供重要的途径。

2003 年 12 月，诺贝尔奖化学委员会主席本特·诺登这样评价：阿格雷的发现与生命有密不可分的关系，水通道蛋白是一个决定性的发现，它为人类打开一个新的领域，去研究细菌、哺乳动物和植物水通道的生物学、生理学和遗传学。

二、水通道蛋白的研究历程

细胞膜水转运机制的研究一直进展缓慢。虽然早在 19 世纪中叶就有人提出细胞膜上可能存在介导水转运的通道，但是此后一百年的研究几乎没有进展。直到 1957 年，Sidel 和 Solommom 才发现红细胞膜的高效水通透性是由水选择性通道介导的，该通道只容许水分子通过，而离子和其他溶质则不能通过。20 世纪 70 年代初，Macey 和 Farmer 发现红细胞膜的渗透性、水通透性可被汞化物抑制。直到 1987 年都没有人能够确定水通道的化学性质，也就是说关于水通道是否是蛋白质都有争议。

20 世纪 80 年代中期，当时还是霍普金斯大学一个血液病专家的阿格雷研究孕妇体内红细胞膜 Rh 血型抗原时分离到他们所需要的 Rh 蛋白，同时又发现了一

学生答案

些"杂蛋白"。这种"杂蛋白"非常丰富，分布广泛，也见于人类肾脏和植物，于是他想探个究竟。他将此杂蛋白分离纯化得到了一个分子量约28ku的膜内在蛋白，命名为CHIP28（channel-forming integral protein，通道形成整合蛋白）。当时该膜蛋白的功能尚不清楚，通过对该蛋白进行氨基末端测序及后续的分子克隆研究，获得了CHIP28的cDNA全序列。经组织定位研究并与其他学者交流，阿格雷意识到该蛋白可能就是长久以来寻之不到的神秘的水通道。

他通过非洲爪蟾卵证实了自己的推断。1991年他将表达CHIP28的非洲爪蟾卵置于低渗透压缓冲溶液中，使卵细胞体积迅速膨大，再将纯化的CHIP28重建于脂质体膜上，并将其置于低渗环境中也同样观察到体积膨大的现象。两种情况下的体积膨大都被已知能够阻断红细胞水通透性的汞化合物抑制。至此，第一个水通道分子终于被确定了。像许多其他膜通道一样，水通道的化学性质也是一种蛋白质。

彼得·阿格雷获诺贝尔奖后，格奥尔基·本加教授表态说，他们在对红细胞进行了长达10年的研究后，首先发现了水通道膜蛋白，他所在意的并不是奖金本身，而是他的发现应该受到注意，他的贡献不应该被漠视。瑞典哥德堡大学细胞与分子生物学教授赫德曼也承认，在阿格雷之前本加就已发现了膜蛋白，但本加却未能通过实验来显示细胞膜是如何输送水分子的。

三、诺贝尔奖的评奖标准

诺贝尔奖的评选并非基于任何公认或众所周知的原则或标准，而只是基于诺贝尔个人生前的愿望和设想，其法律基准就是他于一八九五年十一月二十七日签署的最后遗嘱。

诺贝尔在遗嘱中，把大约100万瑞典克朗赠予十多名亲友，余下部分（3100万瑞典克朗）用于设立诺贝尔奖，遗嘱中关于诺贝尔奖的内容如下：

我，签名人艾尔弗雷德·伯哈德·诺贝尔，经过郑重的考虑后特此宣布，下文是关于处理我死后所留下的财产的遗嘱：

在此我要求遗嘱执行人以如下方式处置我可以兑现的剩余财产：将上述财产兑换成现金，然后进行安全可靠的投资；以这份资金成立一个基金会，将基金所产生的利息每年奖给在前一年中为人类做出杰出贡献的人。将此利息划分为五等份，分配如下：

一份奖给在物理界有最重大的发现或发明的人；

一份奖给在化学上有最重大的发现或改进的人；

一份奖给在医学和生理学界有最重大的发现的人；

一份奖给在文学界创作出具有理想倾向的最佳作品的人；

最后一份奖给为促进民族团结友好、取消或裁减常备军队以及为和平会议的组织和宣传尽到最大努力或做出最大贡献的人。

物理奖和化学奖由斯德哥尔摩瑞典科学院颁发；医学和生理学奖由斯德哥尔摩卡罗琳医学院颁发；文学奖由斯德哥尔摩文学院颁发；和平奖由挪威议会选举产生的5人委员会颁发。

对于获奖候选人的国籍不予任何考虑，也就是说，不管他或她是不是斯堪的纳维亚人，谁最符合条件谁就应该获得奖金，我在此声明，这样授予奖金是我的迫切愿望……

这是我唯一有效的遗嘱。在我死后，若发现以前任何有关财产处置的遗嘱，一概作废。

四、诺贝尔奖应该属于谁

由上可知，诺贝尔奖只是人为设定的一个奖项，它依据自己的标准评奖。我们不妨再来看看有关分子水平的细胞膜通道研究的总体情况：

分子水平的细胞膜通道研究在20世纪60年代后期出现进展。乙酰胆碱受体膜通道蛋白质低分辨结构显示出细胞外的一个大漏斗结构通向一个狭窄的细胞膜通道。20世纪70年代末，奈尔和萨克曼发明了单通道记录技术，用于探测离子通道通透性的细节研究，他们因此获得1991年诺贝尔生理学或医学奖。20世纪

学生答案

80 年代，科学家运用单通道记录技术，结合克隆、突变表达等手段，在离子通道蛋白质的不同功能区定位方面取得了长足进展，到 20 世纪 90 年代中期，离子通道的选择性功能已经定位于通道"门"的区域。然而，只有通过分析原子水平的高分辨结构，才能真正了解狭窄离子通道内部"门"的构造及其选择离子的机制。蛋白质分子高分辨结构需要蛋白质晶体作为材料，由于技术困难，膜通道蛋白质很难结晶，原子水平的高分辨结构一直无法取得。

从以上情况和诺贝尔在遗嘱中强调"发现""发明""改进"这几个词，不难发现，相较于思路的提出，诺贝尔奖更倾向于技术的突破，这可能与诺贝尔本人对于思维和技术哪个更重要的认识有关，也可能考虑到以此为依据颁奖更能减小争议——如果诺贝尔奖也颁发给那些只是提出新思路而无具体可见的成果的人，评奖标准将难以界定。所以，一方面，本加教授只有表态而不具备充分的证据证明自己的成果；另一方面，即使他曾想到水通道是蛋白质，若没有解释水通道蛋白结构，也将因成果"技术性不够"而无缘诺贝尔奖。

麦金农的开创性工作建立了膜通道的完整机制模型，为新药的设计研制提供了基础，其实验方法也为今后在其他膜蛋白质上的研究开辟了道路。而阿格雷则出乎意料地发现了至关重要的水通道，同样为生理学和医学在生化研究方面开辟了一个新天地。

阿格雷证实了水通道蛋白的化学成分，解析了它的结构，这使得一切研究有了清晰的依据，使得科学在这一方面从混沌走向精确。由此，人们才从"蛋白质 –RNA–DNA"的角度对该领域的未知问题一探究竟，水通道蛋白在生理学上的重要意义才通过人类基因突变分析和小鼠基因敲除等手段得到了广泛研究。迄今为止，在人类已经发现了至少 5 种水通道蛋白基因突变：晶体主要内在蛋白 AQPO 突变引起白内障；AQP1 突变的个体表现为尿浓缩能力下降；APO2 突变引起少见的肾原性尿崩症；而在 AQP3 和 AQP7 突变个体未发现明显的生理异常。所以说，阿格雷的研究不仅仅是单纯从技术上明确了水通道蛋白，他更给后继的研究者指明了方向，或许这才是阿格雷研究的最重要意义所在。

由此我认为，阿格雷把生命现象定位于蛋白质，又将蛋白质的结构和工作机理揭示出来，是为生命科学领域开辟了又一分支，为许多与人类生命相关的研究做了重要铺垫。从这些角度看，2003 年诺贝尔化学奖的荣誉当属阿格雷。

五、其他的一些思考

在查阅相关资料时，我看到了诺贝尔奖的评选方法、颁发史上的趣事，看到了一些诺贝尔奖得主的传记，分析了如何才有资格获诺贝尔奖，也注意到了很多国家和个人对于诺贝尔奖的不同态度。在这过程中，我产生了一些思考：我们究竟应当如何看待诺贝尔奖？

毋庸置疑，诺贝尔奖对于大多数科研领域的工作者有着巨大的吸引力，该奖项不仅有着一笔数目可观的奖金，更涉及一大批在世界上、在人类历史上有杰出贡献的获奖者，能与大量人类精英共获此奖，是许多人梦寐以求的事情。

然而，我认为我们不应该过分追求获得诺贝尔奖。一方面，诺贝尔奖将给有重大贡献的人，而一个人，只有当他忘却一切世俗纷争和名利纠葛、完全被科学的美吸引、全身心沉浸到探索的乐趣当中时，才有可能做出超人的成就。倘若一心想着名利，就无法沉下心来，慢慢走入自然科学内部那些最引人入胜的地方，当然也就难以获得突破性的成果。

另一方面，其实诺贝尔奖也只是一个有很大局限性的奖项。人类社会的发展、人类探索未知世界的进展，可以分为思想和操作两个方面。思想将人们的视野牵向远方、给未来照出条条大路；操作解决具体问题，直观可感，有较强的现实意义。诺贝尔奖基本只奖给操作方面，但思想与操作是科学发展的两只脚，二者缺一不可，故没有获得诺贝尔奖并不能说明一个人的成就不够突出、贡献不够大。

最后，其实一个真正热爱自然科学的人，并不会很在意是否能获得什么评判、何种荣誉；他们所在意的是在一生的探寻与追求中所享受的点点滴滴：科学本身魅力无穷，是一本永远读不完的书，而探求奥秘、找寻真理是一件无比吸引人的事，其中的每一点困难、每一点收获、每一个思考、每一个想法，都使得热爱自然科

学生答案

学的人体验着如诗如歌的美妙。过程的美就是他们的财富，这是任何一个奖项无法给予的，是任何一个荣誉无法比拟的。

所以，虽然我分析了阿格雷获奖的原因以及怎样的成果才有资格获诺贝尔奖，现在我愿意把它们全都忘掉！我只是牢牢地记着像阿格雷一样的传记故事，体会他说的话，感受他的品质和他的生活；我只是愿意永远不忘科学的美和我对于自然的好奇与爱，并且努力地让自己能够进入这一领域，用一生感受探求未知世界的幸福。

参考文献

[1]岳东方.2003年诺贝尔化学奖[J].生命科学,2003,15（6）.

[2]张学英,张文根.细胞膜通道的发现[J].宝鸡文理学院学报（自然科学版）,2004,24（1）.

[3]姜岩.解读2003年诺贝尔化学奖[J].中国高校科技与产业化,2003（11）.

[4]麻彤辉,杨红.膜通道研究再获诺贝尔奖[J].生物物理学报,2003,19（4）.

[5]王鸿杰,张志文.细胞膜离子和水通道——2003年诺贝尔化学奖[J].生物学通报,2004,39（1）.

[6]曾晖,周原,李根容,等.发现细胞膜的通道:2003年诺贝尔化学奖简介[J].自然杂志,2003,25（6）.

[7]郭昊,李学军.细胞膜上的水通道——2003年诺贝尔化学奖工作介绍[J].生理科学进展,2007,38（3）.

[8]杨潘云,王舫,代洁纯,等.水通道蛋白——一次意外的发现[J].生物学通报,2010,45（7）.

[9]刘骏.花生验方数则[J].家庭医学,2005（8）.

［10］邹承鲁：两度与诺贝尔奖擦肩而过［J］.科学大观园，2007（1）.

［11］公鲁.以泛蛋白为中介的蛋白质降解的发现——2004年诺贝尔化学奖研究成果介绍［J］.化学通报（印刷版），2004，67（11）.

（略，共计35个参考文献）

学生答案

答案三（节选）：
生命科学学院　李红钰　2012141242031

Fight，Flight or Freeze

Biologically，success does not mean winning，it means surviving. 博客开头先引用一句我查资料的时候看的很经典的话，它帮助我们理解应激的机制。So，时时牢记，或许正是那些窝囊的生存选择让我们存活下来！

应激反应的机制以前叫作 fight or flight response，战逃反应，但是鉴于彭建鹏提出的人在吓傻了的时候静止不动有违进化的疑问，科学家们将它改成了 fight，flight or freeze response。了解这三个反应的表现，快速区别不同情况下是哪种情况，请戳这个链接——http：//trauma-recovery.ca/impact-effects-of-trauma/fight-flight-freeze-responses/，点 fight、flight、freeze 三个钮会有很清晰的列表。简单说，fight 就是情绪激动，摔东西、怒吼；flight 就是紧张到发抖，退缩逃走；freeze 就是吓呆了不能动弹。

fight & flight 都是交感神经系统主导的（也不绝对，比如内脏之类的地方就是副交感神经占优势），请参考彭建鹏同学博文《焦虑的机制》以及这篇文章：http：//www.xumuren.com/forum.php？mod=viewthread&tid=398007，动物应激研究的理论基础。应激时植物性神经系统作用于心血管系统、胃肠道系统、外分泌腺及肾上腺髓质，使动物的心率加快、呼吸加快、血压升高、胃肠道活动减弱、瞳孔放大以接收更多光线、使血液大量分配到肌肉等，总的来说就是将能量分配到利用运动和感知的部位，具体见这里，http：//youth.anxietybc.com/your-body-protects-you。由于植物性神经系统只特异性地作用于以上几种功能系统，且作用时间较短，所以在讨论长期应激时往往被忽略。另外，用植物性神经来衡量应激反应在实际操作中很难做到。以上这 2 个原因导致了植物性神经系统在应激研究中的局限性。另一类重要的应激反应是神经内分泌系统的反应。与植物性神经系统相反，神经内分泌系统所分泌的激素对机体的影响是长期、广泛的。应激时机体神经内分泌变化主要以交感神经肾上腺髓质系统和下丘脑—垂体—肾上腺皮质系统（HPA）反应为主。神经内分泌系统是应激改变机体生物学功能的关键。我这篇文章主要讨论的是短期反应，焦虑应该是属于长期的反应了，它和健康、过度应激的关系不在讨论范围内，感兴趣的同学可以自己查资料。战逃反应的意义显而易见，它让人在瞬间爆发出巨大的力量，不管是战还是逃。

freeze 和以上两种机制相比就相对独立了，主要由副交感神经系统主导。关于为什么我们会进化出 freeze 这种策略，目前比较公认的是，当我们面对极大的危险，已经几乎没有希望战胜或者躲开的时候，呆住不动或许是最好的保护方法。想象远古的情景重现，草丛里突然窜出一只老虎，你是打算迎头痛击（毫无希望）呢？还是以 30km/h 的最大时速去和 80km/h 的最大时速赛跑（必死无疑）呢？还是待在原地尽量隐蔽（心存侥幸）呢？freeze 在这时无疑是最优选择，很多动物甚至发展出"假死"（更有可能不是聪明到故意装死，是真的被吓得 freeze 了），于是这个看似奇葩的保命方法的有效性得到了大大提高！

看了这么多，最让人好奇的可能就是我们是怎样在极短的时间内做出 risk-assements，决定应该采取哪一种对策的。很遗憾的是，这个神奇的事情暂时还没有研究清楚，或者我还没有查到资料。可以参考的资料有：http：//www.medicalnewstoday.com/articles/199051.php Scientists Discover Neural Switch That Controls Fear，它用核磁共振研究了 freeze response 时的大脑活跃区，以及 http：//www.ncbi.nlm.nih.gov/pmc/articles/ PMC2489204/ Exploring human freeze response to a threat streeser，该文章通过实验研究什么样的 threat 和情况会导致 freeze 反应。我深知这是一篇好文章，但是实在没有耐心深夜拜读了。另外，很有趣的是，有人提到的动物催眠可能就是 fight，flight or freeze 的本能性僵直，是不属于心理上催眠术的。

另有人提到紧张的时候"脸红"的问题。我觉得这不一定是应激的一个反应，要根据采取的应激策略决定，脸红最多只是脸上血管变粗伴随的一个现象而已。脸红是人类一个比较独特的现象，和其他动物有很大不同，在情感表达和沟通方面有重要作用。对脸红现象的研究又是另一片大天地了。

同学们可以选择自己感兴趣的任何生理学方向进行探索和学习，博客内容包罗万象，从生理学研究的宏观方向到最微观的分子层次，从最低等的单细胞动物到最复杂的人体。这打破了过去单一的考核题目和答案的模式。此外成绩的评定参考学生相互交流的结果，充分调动学生的积极性。

公开的博客让学生完成作业并不仅仅交给老师看，而是分享给全部的同学，从而有利于知识的充分交流。我认为学生完成作业并不仅仅是为了让老师了解学生的学习状态，更应该成为所有学生相互交流、互相学习的手段。我们的考核方式让学生将自己了解的知识分享给其他同学，亦为他们的交流提供了很好的平台。我很高兴地看到，通过评价其他同学撰写的博客，同学们在课后的交流大大增加，不仅增长了知识，而那些被提问学生还会进一步去查阅资料，不断自学。甚至这种交流并不局限于本年级的学生之间，同学们甚至可以看高年级学生的博客并开展交流。

教师
点评

许多学生在撰写博客时，通过联系自己的生活实践，查阅资料，观察和分析其中包含的生理学原理，有理有据，已经初具科研论文的雏形，令人欣慰。

公开的博客让网络上所有人都可以看到其内容，尤其是低年级学生可以了解高年级师兄师姐们的观点，这使得学生对自己的撰写内容更加关注，有效避免了很多抄袭和造假行为，培养了学生的学术道德规范思维。

破茧成蝶
——知识日新月异情况下的需求

四川大学生命科学学院　赵　建

　　随着海量知识的日益增多以及获取知识方式的多样与便利，尤其是网络工具的加入，使很多良莠不齐、甚至是错误的知识点混杂其中，如果直接或不加深刻思考地全盘接受，势必会混淆知识点，束缚学生的思维，错搭知识框架等。束缚思维的"茧"所指之一即为以标准答案为上或为精准的传统考试模式。在教学过程中，作为学习引导者要促成破茧成蝶，此处提及的"蝶"为批判性思考及持之以恒的主动学习。

　　破茧有助于认清学习本质。校园生活中随时出现的各类考试，其目的主要是检验学习效果，有时候又是筛选手段，所以对答案的标准性就要求较高，尤其是大学之前的阶段，因为有高考这个重要筛选节点。标准答案也有其存在的优点，如可操作性、公平性等，但是可能导致的另外一种结果是让学生认为学习就是记住答案、会做题和考试，变成唯分数论。这个现象已经不是端倪，而是普遍存在了。如果高考前的该现象尚情有可原，大学学习还依然如此就迫切需要改变了。打破对标准答案为上的认同，有助于把学习本质重新调回通过学习和批判性思考，解决科学问题上来。

破茧有助于提高学习兴趣。传统考试对学生进行大量知识点的记忆要求很高，本来高校课本都是大部头书本，学习体量大，而井喷式增加的知识，对学生而言无疑又是雪上加霜，从而在传统考试与有效学习之间形成了尖锐的对立状态，高校的文科和生物类理科专业中该冲突貌似更为严峻，往往会出现考试一结束，有的同学认为就是该学科学习的终止时间。而貌似宽松的非标准答案的考试模式和题型，让学生体会整理、挖掘知识的必要性和升起再学习的冲动，就是因为不够标准的可左可右的问题与答案，留给了学生更多的问题与思考，亟待通过主动学习而加以解决，从而调动学生的学习兴趣和保障学习质量。

破茧有助于完善知识结构。生物类很多知识因为生命科学的本身特点就没有所谓的标准答案，很多答案涉及很多无法统一界定的限制条件或者生理状态，加之知识的日新月异，单纯对标准答案的追求已远远不能满足当下的生物学科的学习。我个人对好学生的界定是掌握学科的基本知识、拥有完善的知识结构、具有能发现并解决问题的能力。所以在课堂内外学习和课程考核中，优秀学生的评价标准之一是能提出有水平的高质量问题。我曾经在课程过程考核中出了"请学生根据某某知识点或研究领域，出一道优质题目"的考题，因为我认为学生能否提出一个好问题的前提或者基础肯定不是有无标准答案，而是完善的知识结构。

破茧有助于解决问题。学生不管从主观上还是客观上都不愿意为了考而学习，都想能够解决科学或者实际问题。当下的双创教育理念之一也是依托问题进行创新创业学习。非标准答案考核模式，有助于学生全面思考问题，设想更多的解题方案，这些都有助于日后实际科学问题和现实问题的解决。所以，可能"孔乙己的茴香豆的'茴'字有几种写法"在某个层面上要被重新思考。通过回顾知识点和经典研究方法，比较性学习，提出众多备选方案，能知道优劣和原因，最终凝练恰当的答案，解决科学或现实问题。

破茧有助于共同提高。当下获取知识点的载体很多，借助于网络工具，使得获取所谓的标准答案变得更为便捷，但太容易就会不够珍惜和不利于提高。学生通过对非标准答案试题的解答可以提高学习兴趣、效果和完善知识结构，所以出非标准答案试题对任课教师也是一种提高，不易天然获取，出一道好题目也需要教师充分思考和提高整理问题的水平。怎样才能做到既检验了学生学习和教师教学效果，又能展示和提高学生综合思考问题、解决问题的能力，还能激发学生的学习兴趣？破茧过程中两者会相互促进，达到双赢。

破茧是否存在弊端需要深入思考。教学工作是一个系统工作，不是简单的非此即彼，文前提及的"茧"所指为束缚思维的以标准答案为上的传统考试模式，这里有个前提条件是一味追求标准至上和束缚思维。学习过程中，对基础知识的记忆和掌握还是必须的，否则组织非标准答案的素材和展开思维的基础理论都缺乏，何谈多种备选方案。此外，非标准答案考试模式对好学者的正向促进作用明显，能显著帮助这类学生提高学习兴趣，拓展他们的思维等；但对不好学者也有弊端，如果他们单纯的以应付完成这类考核为所有要求，则缺少学习压力和约束，主动性学习意愿又不够，学习效果就难以得到保障。所以如何权衡标准与非标准答案的比重与利弊，如何调动尖子生以外学生的学习动力，如何加强过程学习考核的比重和采用哪些教学方法等，值得进一步思考。

考试题目

题目：

阅读《大肠杆菌的故事》并参照材料整理酿酒酵母菌的知识点，写一段"酿酒酵母菌的故事"。将有关酿酒酵母菌的知识点总结成系统知识。（15分）

答题要求：

a）字数多于 500 字；

b）内容主要涉及：（1）基本性质与特点；（2）模式生物的优势；（3）研究进展；（4）重大应用事件和现实意义；（5）其他方面。

简要说明：

出题主要思路：

1. 学生阅读详实或综合性题干也是一种学习，并且能从中有所收获和提高。

2. 将零碎知识点进行系统整理，在整理过程中充分思考，与题干知识相互比较等，提升理解和整理水平。

3. 给学生另外一种学习导向，大学学习从记忆性学习向理解、分析等层次学习过渡。

4. 变换考试问题模式，利用新颖的试题或题干引起学生答题和学习的兴趣。

阅读材料（材料来源：实验万事屋，2015-12-20））：

大肠杆菌的故事

　　我是一个实验室里的大肠杆菌，别笑，我是一个很厉害的菌，我现在正在实验员的头发梢上和你们说话。我在实验室呆了很久了，跟你们讲讲我在这里的经历。不知道是不是因为上次不小心暴露在紫外线照射下的关系，我好像不能分裂了，大概是 cdc25 突变了吧。人类把我分在革兰氏阴性菌里面，因为我细胞壁里面没有磷壁酸，实验室里像金黄色葡萄球菌那些贪生怕死的家伙就有这种构造，像背着个防空洞一样。细菌里面还有一些家伙穿防弹衣，人类把它们叫作荚膜、微荚膜、黏液层、菌胶团什么的。我没什么特别的地方，外套上有脂多糖（LPS），比那些革兰氏阳性菌更能抵抗毒物和抗生素的毒害。肽聚糖什么的大家都有，肽主要是肽桥四肽尾（L-Ala-D-Glu-L-Lys-D-Ala），聚糖有什么我就不啰嗦了。我们比较害怕青霉素，那东西让我们肽桥搭不起来，溶菌酶什么的也很讨厌，专切 β-1,4 糖苷键。哦，还有个东西可以说说，我长着一根鞭毛，据我上上上上不知道多少辈说，他当年有几个朋友被抓去了，被一个无聊的科学家用抗体绑在载玻片上原地打转，验证了什么"鞭毛旋转论"，据说当时那家伙很紧张，吓得每秒转 270 圈，最后累死了。

　　我还认识一些奇葩，感觉自己快不行了就缩在体内变成了一颗球，叫什么芽孢，据说是很牛的构造，耐热耐旱抗辐射且抗各种药物，可以在里面睡个好几万年。有个叫苏云金的家伙变成了芽孢还怕遭人暗算，在身边备了一颗碱溶性的晶体蛋白——伴孢晶体，我说那东西用来干吗，他说是杀虫的，我说哪条虫子闲着没事来啃你啊，他说我就喜欢这样，多有安全感！大家都觉得他是变态，正好他英文名叫 Bt。

　　之前我好像有提过繁殖的事情。（此处省略酵母菌相关内容）开头说过我不能分裂，挺郁闷的。为啥？——自我感觉不是基因突变就是还在生长的延滞期，可能最近有些营养不良，离开香喷喷的培养基太久了（使劲吸了下流到嘴角的口水）……然而培养基上那些家伙也不是白吃白喝，他们大多都在指数期，被用作种子啊，试药啊，发酵啊什么的，有些比较惨的被拿去照紫外线什么的了，出来不是死了就是变了个样子，有的还有了什么超能力，能够合成出什么什么素，把身边的菌都杀了；有的变成了残疾菌，之前可以自给自足的氨基酸现在还要靠人家施舍。我是个清高的菌，才不会为了那一点点的 LB 培养基变成行尸走肉呢！

其实我是从培养基里逃出来的，之前也被整过。那天一大早的有传闻说我们要去蒸桑拿，我听了还挺兴奋。结果我们被泡进了氯化钙里面，然后就有点神志不清（听说这叫"感受态"，感受个什么啊，能活下来不错了），一会儿热一会儿冷的，身边还有一大堆 DNA，一开始以为是兄弟们遭了暗算裂解了，仔细看看又好像个是我们的遗传物质，不过迷迷糊糊地就跑进我们身体里面去了，后来我出来的时候发现自己虽然穿着脂多糖这层防弹衣，在那钙离子的迷魂作用下还是有一条 DNA 钻了进来，一条单链被我灭了，还有一条整到了我的染色体上。后来我被放到了另一个选择性培养基上，眼瞅着之前神志清醒、宁死不屈、没被整合 DNA 的兄弟一个个地翻了白眼……据说那条 DNA 上有什么抗性基因，培养基里下了药，没它俺们就活不了。这样看来外源 DNA 也不一定是什么坏东西，后来我看见那些有抗性基因的兄弟就让他给我传一份，所以我自身染色体上有不少这样的基因，哦，还有一些质粒。当然也有传导失败的时候，那天我问一个给我发质粒的家伙，是不是网速问题啊怎么总是传不过来。他说谁让你找我的，我是 Lfr。我说啥叫 Lfr？他说我是低频重组菌株，你去找高频重组菌株（Hfr）吧，一般 50% 的可能就传输成功了。然后我就跋山涉水地找到了一个 Hfr，发现问他要质粒的人还挺多，害我排了一下午的队。好不容易轮到我，他一脸憔悴地跟我说："我的机子累死了，每天都要传这么多资料，有人还给我下病毒，我现在也是个溶源菌，你小心点！"我吓了一跳就没敢和他联网。

好吧，既然讲到了病毒，那么我就讲讲那些个像外星人一样的家伙，人类叫他们噬菌体。一旦被它们黏上可就惨了。它们会吸附在我们身体上，然后像打针一样，把自己的 DNA 打进我们体内，这叫侵入，然后在我们身体里增殖，早期转录翻译成早期蛋白，晚期转录翻译成晚期蛋白。早期蛋白就喜欢篡改我们的 RNA，晚期蛋白就变成了它们自己的东西了。用这些蛋白组装出无数个它们，这步叫成熟，或者叫装配，最后它们要跑出去，就把我们裂解了。它们猖狂的时候通常会把我们兄弟都杀了，留下一些噬菌斑，人类就喜欢看我们这样被杀来杀去，还搞出了效价和一步生长曲线什么的。效价在不同地方有不同的含义，在这里指每毫升试样中所含有的侵染性噬菌体粒子数，又称噬菌斑形成单位数或感染中心数，通常用双层平板法测。一步生长曲线是定量描述那些杀菌狂魔（噬菌体）生长规律的曲线，有三个重要的特征参数：潜伏期、裂解期和裂解量，曲线上的三个时期是潜伏期、裂解期和平稳期。之前那位老兄感染的病毒是温和噬菌体，我猜大概是 λ 噬菌体吧，一般很长时间才要命，但是一旦感染整个菌就好像不是自己的了，我看那位老兄的菌毛凌乱，口齿歪斜，大概命不久矣。

说了这么多我好饿啊，这实验员的头发真干净，都没什么可以吃的东西，我是细菌，相当于微生物中的肉食性菌，我喜欢 C/N 比比较低（氨基酸含量比较高）的食物。我的能量利用方式嘛，我可以糖酵解（EMP），但是三羧酸循环（TCA）好像不怎么行，我没有线粒体的嘛。有些有菌绿素的家伙只要照照光就能把二氧化碳变成食物，是微生物圈里面利用太阳能创收的劳动模范。戊糖磷酸途径（HMP）很多菌都可以，不过还有一种 ED 途径，其他生物就不行，嗜糖假单胞杆菌体内有 KDPG 醛缩酶，可以这么消化食物，不过据说比糖酵解费力。

答案一（节选）：
生命科学学院　李意缘　2014141241070

酿酒酵母菌的故事

　　我是一个待业的酿酒酵母菌，我找不到工作。父母给我买了张票让我乘着风四处飘看看大千世界，说不定哪天运气不错就飞进发酵罐里去了。那时候，我那贪婪的只会贴在表面吃糖的表弟酵母菌就会羡慕我这只为人类酿酒业做出伟大贡献的小小真菌了。

　　你想知道我能干什么？那我就先给你讲讲我的特殊性吧。

　　我是一只真核微生物，我是很有"内涵"的菌啊！我的肚子里有各种细胞器，就像是工厂里的各个车间分工不同的事，让我能正常存活下来，大肠杆菌、放线菌那些家伙羡慕着呢。它们会 EMP、HMP 什么的代谢途径，然而我很不屑啊，它们都会 TCA 吗？线粒体都没有还敢给我装大哥，有 ED 途径了不起啊，还不是因为没有细胞器才想出来的补救的法子。哦，对了，有一个我不得不唏嘘的特别的代谢类型，它们没有，我可以发酵啊，我能把 EMP 途径产生的 Pyruvate。啥？你不知道 Pyruvate！作为一只学过酿酒的我要嫌弃你的英文了，甘油懂吗？我能在无氧条件下把它转化成酒精，所以我才说我为人类酿酒事业做出了伟大贡献呢！我太太太爷以前在酒厂里可是一大牛菌啊，据说还被表彰了很多次呢！突然想起来，为什么说我和大肠杆菌啥的细菌、放线菌、蓝细菌、支原体、衣原体、立克次氏体不一样，不仅仅是因为我有内涵、有文化，还因为我的细胞核是有形状的，是有膜包被的，还有，我的细胞膜上有一种被人类叫作麦角甾醇的东西，在紫外线照射以后可以产生 Vitamin D，我好多朋友都去搞这个工作了。

学生答案

　　我不仅仅能酿酒，能产 VD，我还是一种被科学家称作模式生物的东西。就是我身上具有了一大类生物都具有的特点，而且通过出芽生殖的方式，繁殖速度快，所以叫作模式生物。在我身上研究得出的结论可以运用到那一类和我相似的生物上。有这个称号的还有大肠杆菌、拟南芥、斑马鱼什么的。

　　我跟你说说工作的事情吧，为什么我这么优秀却还是待业。我本来是想为科学献身做一只在实验室里的科研菌，发挥我的模式生物的特长，我爸却说酿酒是我们家世代相传的手艺，把我送去法国学酿酒还说给我找了一个大酒厂实习，我一看发酵罐里菌挤菌的就不去了。他一生气把我赶出来在外面飘荡。但是最近啊他又叫我回家，说什么有很多上大学的酵母菌在外面玩被抓去生产酵母汁了，拿这种新闻来吓唬我；见我不怕又说国家开放二胎政策，我不回家就别回去了，我妈出个芽我就有个弟弟妹妹了，方便又快捷。唉，等一下，我们好像是走错路了，让我看看地图。

答案二（节选）：
生命科学学院 卫潇茗 2014141241132

酿酒酵母菌的故事

我是一只小小的酿酒酵母菌。别看我小，我也是真核微生物的一员呢。不过我还是比那些细菌小兄弟大多了。说到真核微生物这个大家庭，成员可是十分丰富的。我有来自植物界的显微藻姐姐们，还有来自动物界的原生动物哥哥们。我自己呢，则是属于菌物界的一员了。菌物界这个概念呢，还是一个外国人提出来的，是指并列于植物界和动物界的一个界级。我是菌物界真菌门里面的，我的叔叔婶婶还有属于假菌、黏菌的。我虽然叫酵母菌，不过酵母菌包括了好多好多种。和我们酵母菌嫡亲的还有霉菌兄弟们，就是长了很多丝的那个家伙；和蕈菌兄弟们，他们可厉害了，长了一个好大好大的头，据说很好吃呢。

我有一个神奇的外衣，就是所谓的细胞壁啦。可别小看我的外衣，它至少是由三种成分以上组成的——葡聚糖、甘露聚糖和几丁质。虽然 G+ 细菌小家伙们有厚厚的肽聚糖，他们那个层很令人羡慕，不过我的外套也很棒，当我在一个培养基上自由生长之后，就形成了菌落。我的菌落和细菌有点像，都挺黏稠、透明、中心与周边、正反面颜色一致，又好挑出来，不过我有一个很特别的地方：我的菌落里有酒香味！可别小看了这味儿，你想想，你是愿意闻到霉菌的霉味儿，放线菌的土腥味儿，还是我迷人的酒香味儿呢？

都说孩子是母亲身上掉下里的一块肉，这话在我们家族里就很适用了。我们是通过一种叫作芽殖的手段来繁殖的。所谓出芽生殖呢，就是宝宝像一个小芽儿一样从妈妈身上出现，再蹦出来，还在妈妈身上留下一个叫作芽痕的东西，看着很痛呢。不过一个妈妈也就生几个宝宝，所以不会出现"满身伤痕"的情况了。

在自然界中，我们分布十分广泛，成熟的果实上经常都有我们的存在。所以你买了水果回去做果酒，甚至可以不用另外添加菌种了。另外，我们可是一种重

学生答案

要的模式生物。不是我吹，我们作为模式生物好处可多了。像我们这种又是真核微生物又是单细胞，结构十分简单，又没有霉菌那么多丝儿，分布又广泛，又好培养，又不臭，上哪去找我们这么合适的模式生物呢？咳咳，妈妈说做菌要谦虚，其他那么多好处我就不说了。

我们家族在人类历史上可谓画下了浓墨重彩的一笔。要是没有了我们，多少嗜酒如命的人会生不如死？没错，身为酵母菌，我们最重要的应用就是酿酒了。我挺喜欢我的工作的，因为每次工作时可以吃好多糖！又可以在二十度左右的温水中舒服地泡一个澡，顺便产点酒精毒死那些想要破坏我们产酒质量的坏蛋。我真是太喜欢我的工作了。

我们也可以和小伙伴合作产其他东西呢。我们和醋酸杆菌合作的时候，就可以产醋。有种热门的饮料，好像叫苹果醋，就可以由我们先把苹果里的糖转化成乙醇，再由醋酸杆菌把乙醇变成醋。我们还有很多其他作用，等着你来探索发现呢！

最后再啰嗦一句，乳酸菌可喜欢我们了。每次实验室培养他们的时候，就喜欢加点酵母膏。而且我们喜欢的培养条件很像：多糖，酸度大，温暖的环境是我们的最爱。

我的故事暂时就到这里了。其实我还有好多东西是你们人类不知道的呢，快来发现吧！

答案三（节选）：

生命科学学院　翟雨琪　2014141501112

<h1 style="text-align:center">酿酒酵母菌的故事</h1>

　　大家好，我就是人见人爱、花见花开的酵母菌，我可是人类几千年来的好朋友，不像那些鼠疫杆菌、肺炎双球菌还有天花病毒什么的，给人类带来麻烦，我向来是帮人类酿制发酵食品的好助手，几乎不引起人类疾病。唉，同是微生物，差距咋就这么大呢？

　　因为我有真核生物特征性的染色体、细胞核和 80s 核糖体，所以我也是一个纯真核生物呐！才不像那些细菌，连个成形的细胞核都没有，也没有膜性细胞器，整个细胞质只有 70s 核糖体那一种细胞器。但是，我也有和其他真核微生物不同的地方，比如，我有质粒，哈哈，这毕竟是一个彰显个性的时代。

　　来来来，让你们欣赏一下我的高级三层式的衣服，人们管这个叫"三明治式"的细胞壁。它的外层是甘露聚糖，中层是蛋白质，内层是葡聚糖，可别小看了这层葡聚糖，它正是赋予我这件衣服强度的东东。但是我也有一个很苦恼的问题，我很怕蜗牛消化酶，它们就能把偶的衣服分解。算了，聊聊我的形体吧，我一般是卵圆形，椭圆形的，我的其他酵母菌兄弟们也有柱状，香肠状的，我经常嘲笑它们长得难看。我在固体培养基上还可以形成湿润、厚厚的菌落，你闻一下，还有酒香哩！

　　我生殖方式也和细菌们大不相同，它们大都搞二分裂，但是我却是主要靠出芽生殖，对，就像树木发芽一样，萌萌的。

　　当然，我也是科学家的好朋友，在他们手中，我可以变得神通广大。如果你想问他们为什么喜欢我，我也可以偷偷告诉你。首先，我是真核微生物嘛，有完整的细胞器体系，不像那些原核微生物不具有膜性细胞器，它们不能对翻译的初级蛋白质做进一步的精加工，但我有内质网等来做这些，所以我所表达的外源基

学生答案

因产生有生物学活性蛋白的可能性更大；其次，我有真核微生物的一套对 mRNA 进行剪接的酶系，我的基因组也不大，方便科学家操作。当然，还有其他一系列的原因，比如个体小，生长周期短，来源丰富等。

科学家使用我搞出了很多名堂，你知道施一公男神吧，他在《Nature》上发过的两篇关于剪接体的文章就是用我做的；还有颜宁女神的研究等，可以说我也是一个功臣呢！因为我的卓越贡献，人类科学家早就把我的基因组给破译测序了，这样可以方便他们操作并加深对我的了解和认识。

除了这些高大上的当西，我还可以用来酿酒、制面包、制馒头，等等。哈哈，好像听到酒家和吃货们的欢呼了！当然，我还可以做医用，生产核酸、维生素，等等。这可是对食品医药功勋卓著啊！同时，科学家们还用我通过基因工程生产基因工程疫苗、激素、干扰素等生物活性物质。和我同属于酵母菌的一些其他兄弟们由于可以分解烃类物质而用于石油脱蜡，可见我们酵母菌类的真菌真是神通广大啊！

哎呀，时间差不多了，要去发酵果酒了，我们回聊～～

　　以上是摘抄的几位学生的答案，尽管里面有部分知识点不够准确，但是从答案内容和答题形式可以看出：

　　1. 每位同学都充分地调动脑力努力进行了答题，尽管有些同学答题素材积累不够，但从答案中的知识点覆盖面和故事篇幅等都可见学生仔细研读过题干中大肠杆菌的众多知识，并参比题干构架积极完成酿酒酵母菌相关知识的梳理。

　　2. 教与学是以学为主，从提交的每一份答案来看，没有标准、没有重复，都是每位学生自主整理与分析的结果。平时教学过程中也涉及此类非标准答案类型的问题，答题轻松且促进自主学习的效果好，放在期末考试中的主要目的是在当下网络时代检索具体知识点非常便利的条件下，引导学生从记忆性学习向高层次学习过渡。

　　3. 学生愿意接受的教学和考试模式才利于学。学生答题形式丰富，如某同学用武侠小说形式进行了答题；利用新颖试题或模式可以提高学生的学习兴趣，如某同学在考试结束后仍有兴趣继续补充和完善该非标准答案。

教师点评

声明：书中所涉及图片仅限于学生试题答案，不作其他用途。

挖掘
创新潜能
重构
思维空间
下册

——2016年四川大学优秀非标准答案考试集

主　编／张红伟
副主编／夏建刚
编　委／兰利琼　刘　黎
　　　　冉桂琼　李　麟
　　　　何　玮　陆　斌

四川大学出版社

序言

　　教育不是注入一桶水，而是点燃一把火。一流大学的教育目的不仅是让学生学习知识、提升素养、塑造人格，更是要让学生真正具有独立思考能力、创新创业能力、协作精神和社会担当能力。四川大学把课堂教育教学改革作为突破口，把学业评价方式改革作为切入点，以此来提高教育教学质量。从2011年开始，学校全面启动实施了"全过程考核—非标准答案"考试改革，核心就是要打破传统的应试教育模式，从过去靠死记硬背的"记忆式"学习向"想象式"学习转变，使学生在学习和运用知识的同时，更要去想象、去独立思考、去自由探索，激发学生去异想天开、创新创造，培养学生的批判精神和独立思考的能力。

　　对学校全面实施"非标准答案考试、取消60分及格"的学业评价方式，我们的老师大力支持、积极参与，全面推动改革，主动改变理念、改变思维、改变传统的考试命题方式和习惯，让试题更具灵活性、开放性与探究性，使考试不是简单地去考学生背了多少、记了多少，而是考学生思考了多少、领会了多少，促使学生有好想法、好创意，以此来激发学生学习的积极性、思维的创新性，促使学生真学、真想、真领会。

历经 6 年的考试改革探索与实践，我们已经逐步从"期末一考定成绩"的传统而单一的学业考核方式，转变为"学业（课程）考核全程化、评价标准多元化、考核方式多样化、考核结果动态化"的新模式。当前，我们正在全面推进世界一流大学和一流学科建设。建设世界一流大学，核心是培养一流人才，关键就是要办最好的本科教育。我们要以继续深入实施"探究式—小班化"课堂教学改革为突破口，全面推行启发式讲授、互动式交流、探究式讨论、非标准答案考试，真正促进师生互动、教学相长，努力培养真正具有独立人格、宽广视野、开阔心智和理想气质，具备国际竞争力、领袖能力和广阔潜力的一流人才。

基于此，我们收录了非标准答案考试改革的典型案例，并集结成册，公开出版发行，以期激发广大教师参与和推动"全过程考核—非标准答案"考试改革的积极性和主动性，进一步全面推进学校教育教学改革，提高学校创新人才培养的质量和水平，为建设高等教育强国、实现中华民族伟大复兴"中国梦"做出"川大贡献"。

四川大学校长、中国工程院院士　谢和平

2017 年 11 月 29 日

目录
C ONTENTS

理科（二） P001

工科 P077

医科 P167

LIKE

理科

（二）

基因工程

课程号：204036030

王海燕／四川大学生命科学学院

王海燕，2006年毕业于四川大学，获博士学位；四川省精品课程、四川省精品资源共享课"遗传学"课程负责人；荣获国家级教学成果二等奖、四川大学教学成果一等奖、四川大学优秀教学奖一等奖。

前提前请假的除外）。这种方式也是老师加强课堂管理的一个措施，代替了"点名"考察出勤率的传统做法，对学生形成了约束，防止逃课现象的发生。当然，由于各种原因缺席而得零分的学生，也可以通过其他激励方式获得额外的加分，如参与课堂讨论。因此这种临时考试方式实施以来并没有招致学生的异议。

2. 开放灵活的期末考试

期末考试（占课程成绩的 40%，闭卷）改变了传统的主要考查学生记住了多少知识点的方式，侧重于考查学生运用遗传学原理和知识解决问题的能力。考试内容除了包括一些遗传学基本概念和方法外，更多的是理解原理、设计实验、分析数据、综合各章节知识解决复杂问题，加大综合性、前沿性试题的比重。学生不需要在考试前做大量的参考题，更不需要背考题及标准答案，而需要分析实验数据得出推论，或根据所学的遗传学理论设计合适的实验方案，或解释实验中的"意外"结果并设计正确的检测实验等。例如："正反交实验在 F_1 代如果得出不同的结果，可能是伴性遗传、细胞质遗传或母性影响，怎样用进一步的实验来确定属于哪一种类型？"再比如，结合一则新闻报道，要求学生分析其中蕴藏的遗传学知识，"2016 年 2 月 24 日英国《每日邮报》报道，英国一对夫妇生下一对同卵双胞胎姐妹，但姐妹二人的肤色截然不同，一黑一白，专家称这种事情发生的概率是百万分之一。请根据你所学遗传学知识解释有哪些原因可能导致这种现象的出现。如何证明你的推测？"回答本题需要用到"遗传学"课程的很多知识，如突变、表观遗传、基因与环境相互作用、发育遗传学以及 DNA 序列测定、DNA 甲基化检测等分子生物技术，考查了学生综合运用所学基础知识分析科学问题的能力。

有一些问题是没有标准答案的，只是考查学生对于所学课程知识的归纳、分析、演绎以及辩证思维能力，考查学生对本门课的理解与掌握程度。如："有遗传学家认为人的寿命长短是由遗传基因决定的，又有医生说寿命长短是由医疗条件、营养条件等社会保障因素决定的。他们的观点对吗？请你结合遗传学知识谈谈你的认识。"这样的问题可以启发学生在掌握基础知识的基础上，发挥创新及辩证思维，充分展现个人观点。

二、培养科学素养是课程学习的核心

科学素养是人们在认识自然和应用科学知识的过程中表现出的内禀特质，是要求在掌握科学知识的基础上，还应具有的科学精神、科学技能以及科学方法。拥有良好的科学素养是高等教育培养人才的目的之一。"遗传学"作为一门科学课程，在传播遗传学知识的同时，更应关注学生科学素养的培养。为了在"遗传学"教学中培养与提升学生的科学素养，教师除了在课堂上注重介绍科学家、科学史、科学进展以外，还在教学中设计了多种以学生为主体的教学活动，从科学发现、科学精神、科学方法等方面培养学生的科学素养。

1. 通过经典文献阅读追寻科学发现的历程

培养科学素养首先要培养原始创新意识和尊重原创的态度。在日常的课堂教学中，限于学时数，教师往往直奔主题，直接介绍概念和原理，很少介绍科学家最初如何得到这些结论，这实际上丢掉了最值得学习的知识，即科学发现的技能；也忽视了最重要的科研素质，即原始创新的意识和能力[2]。因此，我们让学生通过课后的经典文献阅读，去追踪科学家"提出问题、设计实验、分析数据、建立模型、验证模型、得出结论"的完整过程，让学生通过主动探索、发现和体验，学会对文献资料及有效信息的收集、分析、判断和处理，使学生受到科学思维方式和研究方法的熏陶，培养创新意识和科学素养。

我们在课程教学中，设计了"经典文献阅读报告会"这样一个考核环节，让学生去探寻知识的原始发现过程，而不只是掌握知识本身。教师列出一些遗传学相关主题及对应的1～2篇经典文献，每个学习小组选择一个主题，课后阅读该篇文献并在小组内分析讨论，最后在课堂教学过程中或专门的阅读报告会上报告有关内容，回答师生的提问并共同讨论其中的疑惑。学生在经典文献的阅读过程中，为了深入了解相关知识并能清楚地介绍给其他同学，往往都会主动对作者发表的相关文献进行追踪阅读，了解科学知识的发现过程，受到潜移默化的科学思维训练，而小组成员之间的相互交流也大大提高了学生的阅读理解效率。例如关于研制第一代和第二代转基因金色大米的文献，学生通过对原文的精读，弄清了转基因植物从设计到研制的完整过程，特别是第二代金色大米，科学家在设计时已充分考虑和避免了现在很多人担忧的转基因安全性方面的问题，使学生认识到科学的发展与进步是逐步推进的过程，盲目地封杀只会阻碍社会的发展与进步。而作者在文后关于提供金色大米无偿使用的声明，更让学生深深感受到科学家的社会责任感。

2. 通过课堂讨论和课程辩论赛传递科学精神

在科学素养中，最核心部分是科学精神。什么是科学精神？科学精神是怀疑精神，科学的态度首先就是怀疑，它要求人们凡事都要问一个"为什么"，追问它"究竟有什么根据"，打破砂锅问到底，而决不轻易相信；科学精神是求真精神，科学研究是获得客观的、真实的知识；科学精神是创新精神，创新是科学的生命，没有创新，就没有科学[3]。在专业课程的学习中一定要重视培养学生的科学精神，课堂讨论和辩论是培养怀疑、求真、创新精神的很好手段。生物体是世界上最复杂而精巧的机器，生命活动具有最精密而协调的调控网络，生物进化具有高度的不确定性，因此，在"遗传学"或"基因工程"等生物学课程开展相关的讨论与辩论具有独特的优势和资源。

课堂提问和讨论是科学素养训练必不可少的环节，提出问题是思维的起点，也是思维的源泉和动力，可以激发学生解决问题的强烈愿望，进而训练学生的创新思维。由于我国学生习惯于接受知识的教学模式，因此在提问和讨论中往往以沉默面对。此外，由于学生的水平参差不齐，参与发言的往往总是少数几个同学。怎样调动大多数同学的参与积极性，是我们一直思考的问题。首先，教师在教学中一定要鼓励学生大胆地提出自己的看法与想法，即使不对也没有关系，可以进一步去思考与求证。其次，在形式上我们把学生参与课堂讨论的情况进行量化打分，学生每次发言可以获得额外 2 分，每人总共加分不超过 5 分。额外加 5 分对学生参与课堂讨论是很好的激励措施。此外，对于缺席了随堂测验的学生，他们通常都会通过 3 次发言挣回 5 分。当然，分数的激励只是最初级的措施，教师精心选择设计的讨论议题才是学生积极参与的源动力。好的问题会带动学生深入思考，锻炼学生的思维力、创造力和表达力，使学生真正投入课堂，并从中获益。因此，提出的问题不应是常识性的标准化答案，而应具有答案多元性、思想开放性的特质，才能激发起学生讨论的热情。例如，我们在课堂上提出了一个假设，"如果未来的人类可以创造生命，或者从生命萌发状态就有一个'上帝'能够指导演化，是否可以创造（改造）出一种完美的生命？完美生命应该满足什么条件？"学生对这一问题参与的热情就很高，从讨论"具备什么特性才完美"，到质疑"何为完美？完美对自然界有意义吗？"思维得到很好的训练。这种主体参与的自由精神充盈于教学之中，学生能从中体验作为课堂主人的满足感和责任感，获得学习的快乐。

课程辩论赛不仅可以促使学生主动获取知识，更重要的是学会应用知识去批判对方的观点，这对学生的批判与创新意识与能力都是很好的锻炼，有利于学生确立辩证唯物主义世界观。因此，在几年前我们就将辩论赛纳入"遗传学"课程的教学活动并在课程成绩中占较大的比重（15%）。巧妙的辩题设计是辩论赛成功的基础，可以帮助学生拓展思路，培养独立思考的精神，提升质疑权威的勇气。在前期的辩论赛中，由教师根据教学内容设计辩题。后来为了进一步锻炼学生的创造力，在最近几年，改由学生自拟辩题。首先由每个学习小组提出 2~3 个和遗传学相关的辩题，然后举行一次关于确定辩题的讨论会。讨论中每个小组的同学都积极发言，阐述本组辩题的优势及合理性，同时也指出其他小组辩题的不足，虽然是为了让本组的辩题入选，实际上也促使同学们对每个题目都进行思考：正反双方应各持什么观点，题目是否具有可辨性。在几年的辩论赛中，同学们最终确立的辩题有"大力发展转基因作物，利大于弊还是弊大于利？基因专利，利大于弊还是弊大于利？个人基因组测序，利大于弊还是弊大于利？定制胚胎是好是坏？恢复灭绝物种是好是坏？是否应该进行生殖 / 胚胎细胞的基因改造？抑郁症是先天影响较多还是后天影响较多？科技是让人进化还是退化？"等等。从这些辩题来看，同学们除了关注生物科学的热点、伦理问题以外，也关注人类自身的健康。例如，在 2015 年的辩论赛中，几组同学分别提出了"定制婴儿""人工设计优良的物种是好还是坏""是否应该进行生殖 / 胚胎细胞的基因改造"等辩题，均是源于热门的利用 CRISPR/Cas9 技术进行人类基因组编辑的大背景，大家最后将辩题确定为"定制胚胎是好是坏？"在我们辩论赛一个星期后，《*Nature Biotechnology*》杂志报道，他们联络了全球的 50 位研究者、伦理学家和商业领袖，对人类生殖细胞改造所引起的伦理问题等发表评论。看到这一报道，同学们都很开心，作为一个大学生，他们也参与了这一世界顶尖的讨论，体验到成功的价值。

整个辩论赛完全由学生自己设计赛制及流程、组织辩论过程，教师更多的是以一个参与者和学习者身份加入其中。辩题及辩论双方确定后，同学们还要商议双方立论，以免立论角度不一致。例如，关于定制胚胎的辩论，正方最初的立论是对疾病基因的改造，这样可辩性就不强，所以双方协商一定是针对正常个体，以改造基因生完美宝宝为目的定制胚胎。得益于小班教学的形式，班上每位同学都能参与到辩论赛中。通过辩论赛的锻炼，学生归纳论点、利用论据证明论点的能力都得到提高，科学的思辨能力自然加强。此外，辩论赛还可以促进学生辩证地思考科学及社会问题，用唯物的、辩证的、客观的、发展的眼光看待问题和事物，这对于他们树立正确的科学观、人生观都是有帮助的。此外，辩论赛可以训练学生的表达沟通能力，也可以为他们今后考研、求职的面试积累经验，使教育成为真正意义的素质教育。

3. 模拟立项科研项目学习科学研究的方法

结合课程的教学内容和要求，带着科研训练这一目标导向，让学生自己拟订一个相关的研究题目，撰写研究计划书，帮助学生了解立项组织科研项目的过程，实质是学习应用所学知识解决未知问题的科学方法。例如，在"基因工程"课程中我们布置了一个课程论文，"一个基因工程产品的研制方案"，要求学生自己设计一个基因工程产品，撰写相应的研制方案。和科研项目计划书类似，研制方案中要包括立项依据、研究内容及技术路线、研制中可能存在的问题及解决措施等。从学生提交的论文看，既有研制"生长类似人类头发的转基因猴子""没有蛋黄的鸡蛋""和我们一样长寿的宠物"等脑洞大开的创意，也有很多基于学生正在进行的科研训练制定的切实可行的研究方案，如"利用 CRISPR/Cas9 敲除运动发酵单胞菌天然质粒生产高效产乙醇的运动发酵单胞菌"等。当然，可以看出一些同学提交的设计方案直接参考了某篇已发表的研究论文。虽然今后在如何选题方面有待进一步改进，但这一考核形式，至少让每位同学清楚了立项科研项目的基本过程及规范。这种早期的训练与考核方式对于部分同学以后设计方案，申请大学生创新项目，进一步锻炼科研创新能力极有帮助。

三、提升人文素养及社会责任感是课程学习的更高目标

科学归根结底是和人类的切身利益和长远利益息息相关的，科技进步可以改变人们的价值观、思维方式、生活方式和社会生产方式。人文精神是人对自然、社会、他人及自我的基本态度，是人和人类社会自我激励、自我约束、自我完善所需要的美好精神要素[4]，是科技进步的推动力和领航员。在专业课教学中，我们也可以充分挖掘其中的人文教育资源，对学生进行全方位的素质教育。遗传学蕴含着丰富的人文知识和人文精神，在以科学教育为主的"遗传学"课程教学中融入人文教育，对于培养学生的人文精神、尊重生命的健康意识，以及对人类社会发展的责任感等都具有重要的意义。"心怀天下，经世致用，悲天悯人"，是一个接受高等教育的学生应有的素养和情怀。

1. 通过"遗传学与社会生活"专题报告揭示科学与社会的内在联系

在"遗传学"教学中，充分挖掘学科的人文资源，将其巧妙地融合在各个章节相关知识介绍之中，揭示科学与社会的内在联系。例如，我们组织了"遗传学与社会生活"专题报告会，在课程的相关章节，让各小组分别就"人类行为与细菌耐药性的产生与传播""重新审视绿色革命""亲子鉴定中的遗传学基础"等问题进行报告，让学生剖析这些社会问题所涉及的遗传学理论基础。通过对这些问题的讨论和思考，提高了学生的人文意识和人文精神。此外，学生通过课程的

学习能用遗传学知识给周围的人解答一些社会生活问题，让他们获得学习的成就感和荣誉感。

2. 通过学习遗传病知识帮助学生了解自身，尊重生命

遗传学与人类的生殖繁衍、疾病健康密切相关，了解自身，珍爱生命也是"遗传学"课程的人文主题。"在线人类孟德尔遗传数据库（OMIM）"是一个关于人类基因与遗传性状的综合性数据库，我们要求学生在课后学习使用该网站，每人查询一种自己感兴趣的遗传疾病，了解该疾病基因的相关信息，撰写介绍该遗传病知识的科普短文。然后，在课堂教学中设置 OMIM 环节，每次课留出 20 分钟，由 2~3 位同学上台讲解自己所查询遗传病的相关知识，要求以简明扼要的语言、丰富多彩的图画利用短短 5 分钟介绍一种遗传病，说明该疾病是由什么基因突变引起的，以及它的显隐性、染色体定位、致病的分子机制、主要症状表现、该遗传病最早的文献报道、目前主要的治疗措施等内容。这实际也是对学生的自学能力、英文阅读理解能力、归纳总结能力以及自我表现能力的综合考核。通过这样一个教学环节，除了使学生在一个学期能够了解多种遗传病的基本知识以外，更重要的是通过对遗传病的深入了解，激发了学生对生命的尊重与珍视。那些遗传病患者看似和我们无关，实质是替每个健全人承担了遗传风险，对弱势人群的关爱是每一个健全人的基本素质。

3. 通过科普宣传引导学生承担社会责任

在专业课教学中，可以让学生利用所学知识服务社会，增强学生的社会责任感，确立服务社会的理念。例如，前几年在全社会对转基因食品争论如火如荼的大背景下，对于正在学习"基因工程"课程的大学生，我们认为不仅要自己掌握相关的专业知识，也有责任向公众，或起码是他周围的亲朋传递转基因的科学知识。科普不仅是科学界的事情，也是每一个掌握专业知识人士的责任。基于这一设想，我们设计了一道平时考核的试题"一个生物学专业学生眼中的转基因植物／食品"，要求学生撰写一篇关于转基因植物／食品的科普短文并发送到微信朋友圈、QQ 空间等社交平台，积极与评论者互动，期末时在课程网站上提交自己的科普短文、好友的评论以及最后的总结。相似的作业以前也布置过，一般就是让学生写一篇科普短文就行了。在各种资源无限丰富的网络时代，学生可能只需要花半小时通过拼拼剪剪就可以完成论文，写完后可能自己都没有认真阅读，更不用说思考相关的问题了。学习永远不是一件轻松的事情，如果没有外力的推动，大多数学生都有惰性，教师应该把他们的积极性调动起来。所以后来我们要求学生将短文发送至自己的社交平台，这样同学们就会严肃认真地对待，思考采用何种形式、从什么角度、选择哪些内容、用什么通俗易懂的语言，让自己朋友圈的读者了解相关的知识，很好地促进了学生对课程知识的学习和掌握。此外，同学们在与评论者的大量互动中，进一步加深了对相关问题的思考和理解，取得了更大的收获。

这道考核题我们在最近两年均布置给学生，同学们把科普短文分别发至了QQ 空间、微信朋友圈、微博、贴吧，甚至果壳网等科普网站，并且都附上了相关的评论。从最后的总结可以看出，同学们都花了大量的时间参与这次活动，一位同学写道，"我个人是比较排斥部分转基因食品的，所以我一直在想我怎么才能写出比较客观又正确的文章，这样才能传递给别人一些正确的东西。在提笔之前，我查阅了大量的资料，关注果壳网的微博，一条一条地看，又到科学网上看别人发的帖子……然后自己又在 PubMed 上面查找、核实资料。最后，我艰辛地写完了。"在与评论者大量的互动交流中，同学们对转基因安全性这一问题有了更深刻的思考，一位同学的总结比较有代表性："来自生物学专业同学的评论，由于系统地学习过相关内容，他们对于转基因认识比较客观、比较全面……没有学习过相关知识的同学，对转基因持怀疑态度，并不十分愿意接受转基因，但并不反对转基因的发展。然而有的同学对转基因定义不明确，希望他读过我的科普小短文之后，对转基因有一定的认识……与父母的交流让我认识到一个很重要的问题，那就是：现在大部分民众（中、老年群体为主）对转基因的具体概念并不清楚，只是觉得大家都说不好的那么一定就是不好的。同时，某些公众人物对他们的影响不可忽视……我知道新事物的诞生总是伴随争议，但是无论转基因是好是坏，我们总得给它一个机会，不能因为一些虚无缥缈的传闻就封杀个彻底。这不仅是对科学家辛勤研究的不尊重，更是对人类发展进程的否定，这样是不对的。"

4. 利用课程总结报告促使学生反思所学知识及人生

在期末，我们通常会要求学生"以遗传进化为主线，撰写对遗传、进化和生命的感悟"的课程论文。让同学们在课程学习结束后，再回过头来反思课程的知识及启示，辩证地思考一些遗传学、生物科学乃至人生哲理的问题，最终形成自己的思想，这对于学生的发展至关重要。通过这些哲学的思考可以帮助学生树立正确的生物学观，最终对构建学生正确的生命观和人生观给以帮助。

四、体会及思考

在我们的"遗传学"及"基因工程"课程教学过程中，这些多元化的过程考核形式，在不同的学期分别实施，是课程考核的重点。伴随这一教学改革，我们也建立了新的学生学业评价体系，强调过程考核，教师主要参考学生平时在课堂讨论、专题报告、辩论赛以及课程论文等方面的表现综合评定学生成绩。课程成绩中期末考试占40%，过程考核占60%，大致由课堂表现（10%+5%）、阶段测验（10%～15%）、专题报告（10%～15%）、辩论赛（15%）、课程论文（10%）几部分构成。这种培养及考核方式，不仅使学生在基础知识、科学方法、独立思考、创新思维等方面得到锻炼，也使学生的人文精神及社会责任感得以加强。这些教学活动不仅提升了学生学习的主动性，学生获取知识和应用知识的能力也得到显著提高，更重要的是学会了独立思考，学会了辩证地看待科学及社会问题，形成了自己的观点和思想。在获取科学知识的同时能够享受科学之美，并获得人生感悟。

当然，在教学中还有一些问题需要思考和改进，例如小组式分工协作容易使积极性不高的学生偷懒，个别学生参与度不高，导致报告与讨论仅仅依靠小组内几位认真、有兴趣的学生来完成。如何让每一位同学都积极参与到教学活动中，是我们今后要解决的问题。此外，从专题报告来看，不少同学的总结凝练能力、

PPT 制作、语言表达能力等还较弱，直接导致报告的效果不好，其他的同学受益较少。因此，在教学中，每个小组报告前，由教师对报告进行审阅，提出修改意见，较好地提高了报告效果，也让报告的同学得到进步。不过，这对教师的学术水平、教学能力、组织能力、工作责任心等提出更高的要求。随着教学改革的不断深入，教师也要不断学习进步，全方位提升自己的素质。

参考文献

［1］王海燕，等．遗传学教学中以学生为主体的教学改革探索［J］．高校生物学教学研究（电子版），2015, 5（2）：34-37.

［2］邢万金，莫日根．在遗传学课堂教学中培养本科生科研素质［J］．遗传，2016, 38（11）：1030-1038.

［3］引自中国青年报．

［4］胡延吉，梁红．美国遗传学教材的编写原则及特点［J］．中国农业教育，2010（1）：51-54．

考试题目

题目：

一个生物学专业学生眼中的转基因植物 / 食品

1）通过"基因工程"及其他相关课程的学习，请你从一个生物学专业学生的角度，写一篇关于转基因植物 / 食品的科普短文（内容、角度、风格自拟），强调原创性，突出自己的认识和观点；

2）将该短文发送到你的 QQ 空间、微信朋友圈或其他社交平台；

3）期末在课程网站上提交你的短文，并附上好友的评论，最后再总结一下你看后的想法。

简要说明：

试题设计思路："基因工程"课程的核心内容就是介绍基因操作的基本原理以及如何研制转基因生物 / 产品。对于转基因植物 / 食品安全性这一处于风口浪尖的话题，我们相信同学们经过课程的学习，应该有正确的认识。但对于普通的大众，面对媒体上铺天盖地的各种针锋相对的观点，他们该如何选择？我们认为，在对新知识新观念的接受程度上，人们更愿意采纳自己信任的人的观点。科普不仅是科学界的事情，也是每一个掌握专业知识人士的责任。因此，作为生物学专业的学生，起码可以向他周围的亲朋传递转基因的科学知识。至于最终吃与不吃转基因食品，那只是个人的选择。

基于这一设想，我们设计了这样一道平时考核的试题。一方面可以促进学生对课程知识的学习和掌握，同时因为要发送至社交平台，学生会更认真地对待这

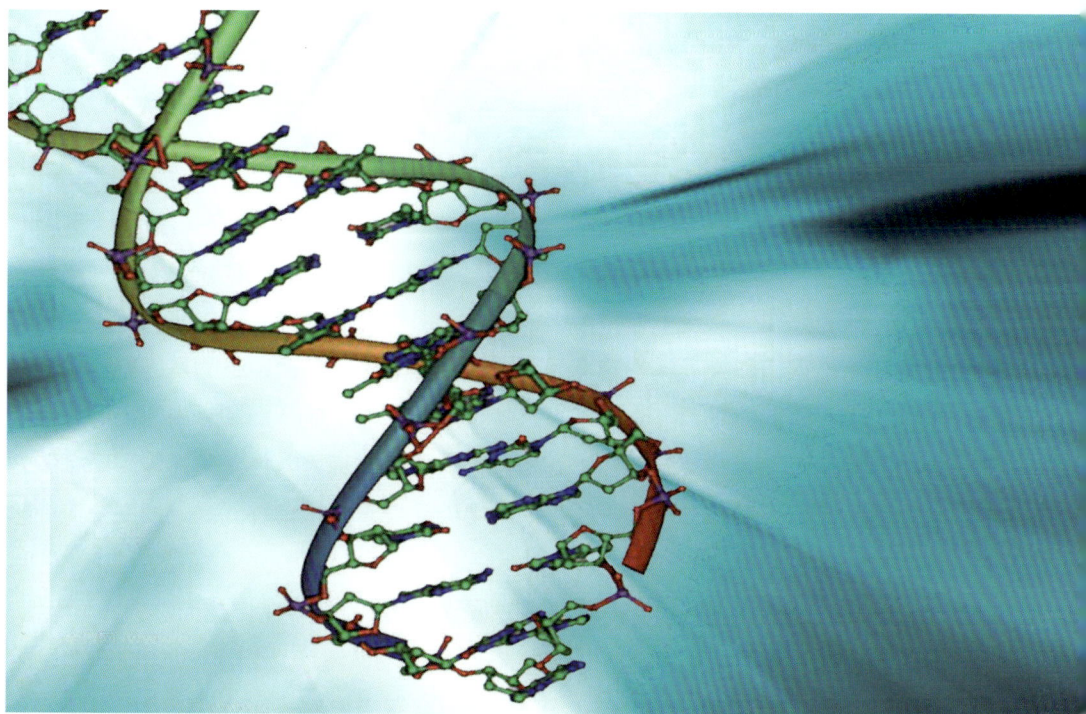

篇科普短文；另一方面也让每位学生尽一份科普宣传的社会责任。

　　本道作业题，我们在最近两年均布置给学生，学生把科普短文分别发至了QQ 空间、微信朋友圈、微博、贴吧，甚至果壳网等科普网站，并且都附上了相关的评论。通过这一考试方式，不仅让学生参与了一次关于转基因的科普宣传，更重要的是，每位学生不仅在撰写短文的过程中，更多的是在与评论者的大量互动中，进一步加深了对相关问题的思考和理解，取得了更大的收获。

学生答案

答案一（节选）：

生命科学学院　陈　曦　2013141411122

论转基因食品的安全性

观点：通过正常食品安全检测的转基因植物 / 食品正常食用无害。

转基因其实一点也不神奇，这种现象在自然界甚至在人体中时刻发生着。最典型的便是病毒侵染导致的转基因。很多种类的病毒会将自身的基因整合至宿主基因组中，病毒的基因在某种意义上就算是被转入了这个细胞之内。当病毒再次去感染其他细胞时，部分粗心的病毒会带着前任的基因入住新居，这两个细胞之间就发生了基因横向交流。因此，病毒侵染又被看作是物种间基因横向交流的一种方式。

转基因防不胜防，或者说根本无法防范。很多反转斗士坚信天然的好，没错，转基因这种现象就是天然的。并且，人工控制下的转基因比天然的更加安全。

何出此言？用于食用的转基因产物，其转基因过程一般有如下几个共同点：基因来源安全，大多为同属作物甚至同种作物。

靶位点固定，不会像天然转基因那样暴力乱插。并且在完成外源基因插入后，一般都会有后续的测序工作以保证基因组其他位点无转基因引起的异常。

代谢产物测定，确保转基因产品不会有危险物质的产生，或对易于过敏的物质进行标注。

抗病虫害产品等所产生的毒蛋白经过大量实验验证对人体无害。

如此，正常食用转基因食品对人体健康不会造成危害，甚至转基因食品因为其特殊性，会以更加严格的标准去检测，甚至更为安全。

同学互动

1楼 评论时间: 2016-01-07 21:54:08 回复 ▼

你问我滋瓷不滋瓷，我是学生物的，怎么能不滋瓷啊？但是安全不安全，还是要按照基本法，不能说你说它是转基因的，就把它批判一番

15-广东-吕明壹

该评论来自手机Qzone

我 @15-广东-吕明壹 头像好评～有些人啊～某些大v啊，总想搞点大新闻。Naive。哪里有点转基因负面消息啊，跑的比西方记者都要快！看看人家美国的沃尔玛，顾客安全意识不知道比他们高到哪去了，他们和转基因食品谈笑风生。

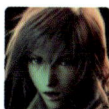

6楼 评论时间: 2016-01-07 22:00:49 回复 ▼

反正我觉得稍微有点知识的，都不会盲目的去反对转基因的

14-郑哲宇

该评论来自手机Qzone

我 @14-郑哲宇 盲从毁一生，偏信穷三代～
1月8日 15:12

> 我也说一句

7楼 评论时间: 2016-01-07 22:01:31 回复 ▼

觉得解释的很好丫，但文章专业性可能有点强吧。。

伊然

该评论来自手机Qzone

我 @伊然 嗯，时间仓促所以写的专业词比较多，解释的也不到位～谢谢捧场～
1月8日 15:11

45楼 评论时间: 2016-01-08 11:01:28 回复 ▼

不反对转基因，反正吃什么好吃就好了。。。转基因的事情还需要加大科普力度哦！不然很多非专业领域的大众还是不接受。。。

15-生科-小品

该评论来自手机Qzone

我 @15-生科-小品嗯～势在必行，谢谢～
1月8日 14:28

> 我也说一句

学生答案

46楼　评论时间: 2016-01-08 14:42:32　　　　　回复 ▼

文章开头痛击键盘侠看得人荡气回肠！实话说我对所谓"民科"就很不感冒，尤其是生物领域，动不动就搞个大新闻搏人眼球，丝毫不考虑科学性。我朝政府是时候大力整顿一下网络评论的"反智主义"倾向了（这个暂且不表以防偏题）。本人对于转基因食物还是持谨慎态度的，比如不怎么吃圣女果木瓜转基因大豆油（卧槽突然想起来昨夜和牛牛排的配菜迷你蔬菜不就是转基因么哪有一根食指大小的胡萝卜，真是无孔不入），这一点上还是像欧盟。但是选择不选择转基因看个人，转基因却是必然趋势，除非目前有新的技术手段解决粮食危机。粮食危机气候变化都会置人于死地，任何新的技术手段必然在初期需要有人为之付出尝试的代价，人类才能走向进步。虽然我个人做生物对于人工改造自然也时常心里犯嘀咕，但是也必须承认认知世界的过程就是如此，人类的理性终将战胜感性，所以我对转基因的未来持乐观态度。

我 @张翼-扬州大学兽医 谢谢张兄捧场～小弟才疏学浅让
张兄见笑了～其实转基因食品如果是经过严格筛选检验的
对人体是无害的。我们的担心主要是：1.转基因是否扰乱物
种正常代谢，产生毒害物质。2.转基因是否会将转入的基
因扩散。但就以上两点，我个人认为只要安检到位是不会
有危险的
1月8日 14:49

我也说一句

学生感悟

本文在 QQ 空间得到许多好友的广泛关注，3 小时内浏览数 180、评论数 47、转发数 2。在与其他同学的交流中，我体会到大部分具有基础生物学知识的人都不盲目反对转基因，大家关心最多的是转基因的安全性检测，但是仍然有少部分人坚信天然的一定最好。因此，科普还有很长的路要走。

答案二（节选）：
生命科学学院　陈彦立　2013141241169

论转基因食品的安全性

"我们身边有什么转基因产物啊？"

"转基因蔬菜能吃吗？"

"吃了转基因蔬菜会有危害吗？"

"会有什么危害呢？"

"听说转基因大豆什么的都吃死老鼠啦！"

我相信大部分反转基因斗士都是用这样金灿灿的逻辑得出"一定要反转基因"这一结论的。然而这样的逻辑是漏洞百出的，那到底什么是转基因作物呢？转基因作物的安全性又是怎样的呢？下面我们就通过喷饭君和他的同学们的聊天记录来看看转基因到底是怎么样的。

同学 A：那你说转基因作物到底是什么？

喷饭：喷，就是说把某个表达特定性状的基因转入作物里，让作物可以表达这个基因带来的性状。

同学 A：戳多麻袋（等下），让我捋一捋，就相当于说把控制我霸道总裁的基因转入很怂的你的身体里，你就可以成为和我一样的霸道总裁？

喷饭：呃……你一定要这样理解也可以。

同学 B：等下，你刚才说的定义里是说转基因作物都是将好的基因转入？

喷饭：其实基因不存在好的和坏的，其实确切地说应该是把有利于农作物的基因转入。比如说，棉花是个好东西，然而，棉花有个很大的缺点就是特别容易被虫侵扰，由于虫害，普通棉花的产量会非常低，这会严重地影响我们的生产生活。

学生答案

但是，经过转基因处理，我们把苏云金杆菌基因里表达抗虫蛋白的基因转入了棉花，棉花成功地表达了抗虫基因，从此棉花就很少被虫子侵扰，因此，使用杀虫剂的频率大大降低，不仅棉花的产量大大地提高了，还把杀虫剂对环境的污染大大降低了。

同学A：言归正传，所以现在是无法证明转基因害处多多，就如同你们无法证明它完全无害一样？

喷饭：对啊，所以你可以选择转基因食物，也可以不选择，这是你个人的权利啊。

同学A：其实，我总结一下哈，转基因这个技术是没有错的，也不是什么阴谋，只是还不够确定，而且我觉得哈，转基因作物其实可以很好地解决食物匮乏、营养匮乏的问题。科学家们任重而道远啊！

同学互动

【话唠】forever 妖姐(1589608142) 17:26:48
啊啊啊啊啊啊！作业要求。。我想问问大家对转基因植物或者转基因食物的看法
【话唠】forever 妖姐(1589608142) 17:26:49
啊啊啊啊啊啊啊
【话唠】forever 妖姐(1589608142) 17:26:59
无法@all的我。。
【话唠】forever 妖姐(1589608142) 17:28:31
大家有关注崔永元挂农大学生的事情吗
【话唠】forever 妖姐(1589608142) 17:28:36
啊呀呀呀呀。。有人吗。。。
【吐槽】forever 何弘毅(1273625938) 17:29:06
没关注过
【话唠】forever 妖姐(1589608142) 17:29:13
. . .
【话唠】forever 妖姐(1589608142) 17:29:27

2015-12-10
【吐槽】forever 浮云(983112911) 17:29:59
3" ·))
【话唠】forever 妖姐(1589608142) 17:30:02
对转基因食物的看法
【活跃】forever 首长(847707471) 17:32:21
吃了能变钢铁侠吗
【吐槽】forever 张裕羚(601494279) 17:35:05
可以优化抗虫病、产量等问题，前景不错，但是现在不都讲原生态麼，长久吃下去对人有危害吗？未来对整个植物界基因多样性生态多样性是否有影响？
【话唠】forever 妖姐(1589608142) 17:36:24
其实就是想问大家对于转基因食物的态度
【话唠】forever 妖姐(1589608142) 17:36:30
以及原因

学生感悟

由此次科普活动为契机，我和我的父母以及我的同学们探讨了转基因作物话题。

对于上一辈来说，这样的反对是对转基因这一科学方法的不了解导致的，是由于对于这一专业基本知识的缺乏造成的，这也是普及转基因作物的关键点，即我们转基因专业的宣传不够，拒绝转基因的一方和提倡转基因的一方都没有给出科学的依据以及理由，所以我认为官方的转基因科学宣传是必要的。

同学们的想法是五花八门的，不太熟悉转基因知识的同学的情况和长辈的差不多，并且更加趋于多元化，甚至一定程度上考虑到了物种多样性的问题。专业比较贴近的同学虽然支持转基因作物推广，但是仍然提出了自己的顾虑，即物种多样性以及基因污染问题，这些类似的问题也确实是我们转基因作物研发以及推广过程中面对的实实在在的问题，也是我们正在改进的。但是根据食品安全规定，推广于市场上的转基因产品都是和普通作物安全性无差别的。

其实，转基因作物问题并非是一个单纯的科学问题，还是一个社会问题、一个商业问题，其主要矛盾是利益冲突，加上有人故意主推极端想法，所以导致大家谈转基因色变。

学生答案

答案三（节选）：

生命科学学院　范辰韵　2012141241058

论转基因食品的安全性

转基因啊！你让我难以取舍；

你朦胧又晦涩、可爱又可怕；

我不想拥有或者放弃，只想陪伴左右，直到看懂你。

——转基因食品之三行情书

近期 "智能平方"组织在纽约举办了一场关于转基因食品利弊的辩论，有别于以往辩论的针锋相对，它更具探讨性、科学性和求同存异性。其引发了我对转基因食物技术发展的新看法和愿景。辩论双方不再纠缠已确立的事实，而注重讨论转基因作为技术的整体价值和利弊权衡。参考辩论内容及转基因食品的研究进展，我总结了关于转基因食品公认的事实：

1 转基因性状

抗虫、抗除草剂性状的确大量降低了杀虫剂的使用，例如玉米、大豆和棉花地里面的杂草的确更加容易控制。

2 安全性

①转基因反对者认为越来越多抗除草剂的杂草出现，而这些具有抗性的杂草造成更多的除草剂的使用；支持者认为，害虫对转基因作物的抗性会增强，这点对任何杀虫剂都一样。我们知道杂草会演化出对除草剂的抗性，无论是转基因作物系统还是其他作物系统的除草剂都没有区别。②没有证据表明现在的遗传工程应用有明显的急性短期效应，潜在的长期效应还没有被发现。

作为生物技术专业的求学者，下面谈谈我自己的观点。一方面，转基因食物技术作为新兴科学并未被人们熟知和掌握，我认为当下更重要的是对技术本身进行深入研究，而不是对其盖棺定论。举个 20 世纪初的例子，在血管缝合技术发展成熟前，人们对器官移植手术也是疑信参半，但如今器官移植却在临床上拯救生命方面发挥着重要作用。

另一方面，我想说科学研究的原则是尊重事实，不仅是专业人士，每一位民众都不该成为舆论的散播者，对于我们不了解的事物，我们可以在思考中分析利弊，而不该在危言耸听中畏惧和反对。转基因技术的进步和发展有赖于科研人员的大胆创新和民众的理性支持。

在此，我有这样的愿景，研究人员能抓住转基因食品的主要矛盾，从理论研究和实验验证角度针对性地攻克它，并以科学的、专业的口吻向民众传递可靠信息。而作为普通民众，应保持理性，不盲目支持或否定转基因食物，用理性思维分析生活中的转基因食品。转基因食品未来的发展我不得而知，但希望人们能在正确认识现状的基础上做出自己对转基因食物的选择。

学生互动

1楼 评论时间: 2014-12-27 09:19:04

不学生物好多年～～😂

刘希

该评论来自手机Qzone

我 @刘希 那就用常识谈谈自己的观...
12月27日 22:03

3楼 评论时间: 2014-12-27 22:11:48

大学生

侯锐

该评论来自手机Qzone

4楼 评论时间: 2014-12-27 23:22:22

个人认为转基因食物虽然还存在一定的未知风险，但也绝不能全盘否定，我比较支持发展转基因食物，但也不能吃它，我认为所有上市销售的转基因食品都应该注明是转基因的，让消费者自己来选择能否还是不吃

王骏

我 @王骏 标明转基因食品的态度是很重要...的观点也非常...专业、科学的分析让大众都了解了，作为民众，我们也应该主动认识到了解转基因进行而理性的对待它，而不该谨慎从舆论和猜测。我们以正确的态度对待转基因，才能更好的推动科研发展。
12月28日 15:33

我 @我自己的宝 嗯嗯，幸双手赞同！
12月28日 22:39

5楼 评论时间: 2014-12-28 16:05:09

对于转基因的发展我也站在支持的角度，目前公众对于转基因的认识十分片面，倾向于从一些负面的小道消息了解转基因，认为其反人伦反自然，而不了解转基因所选取的基因都是来自于自然界生物体，并纳入遗，可以理解为拥有某些特性更能在种间竞争中获得成功，加快了生物进化的速度。此外一项转基因的退出，都经过了一系列的国际安全标准，例如大田实验。但是不可否认的是对于中国来说，在针对转基因的各项法律法规并不完善，转基因商品的透明化，公众的认知和接受能力较低，此时的转基因推出和商业化并不是合适的时机，容易导致不良商家转孔子，一旦发现公众的反对而排斥心理增大。所以转基因是发展的必然趋势，我们不应该因为一些没有得到证实的认识就反对，导致转基因科研落后于它国，我们应该大力发展转基因的科研技术和实验。但是其商业化并不是时机，国家应该严格把守其安全度做到透明化，同时也对公众进行知识普及。

该评论来自手机Qzone

我 @大吴李丽 很惊喜你明确支持转基因，这本身就是对技术方面的推动。现有的转基因研究成果是经过层层把关才投放市场的，一定程度上这些产品是值得信赖的。但当我们没有绝对的事情，转基因是否存在长效影响我们不得而知。这项技术还有许多方面需要科研人员的研究和发展，透彻的基因研究、合理的利用优势和有效规避缺点是转基因技术为人们接受的必由之路。
12月30日 19:37

6楼 评论时间: 2014-12-29 01:27:30

我觉得，现在担心转基因的有两种人，一种是完全不懂的，一种是研究很深入的，现在的任务应该是让完全不懂的人了解转基因的安全性和有效性，同时让学者对其进行更加深入的研究，由此看来，不论支持还是反对都是正确的，也都是错误的，让普通人来支持深入研究才能真正推动科学的发展，而不是让他们无脑的反对

我 @许路来 是啊，我也觉得转基因技术方兴未艾，然而它还需要长足的发展。这有赖于研究人员的努力、民众的理性认知和市场需求的推动等等。...
12月30日 19:20

学生答案

学生感悟

　　通过对我这篇转基因科普文的回复来看，我的朋友对转基因的态度有以下几种：①高大上，我不懂。（只点赞）②有些顾忌，不反对，尽量避免接触转基因食物。（考虑了安全性和舆论压力）③完全支持，自己会选择转基因食物且相信它的优良性状。（专业知识和实践总结）首先，我很开心自己的朋友圈并没有盲目反对转基因食物的人（或许因为很多朋友是生物专业的缘故吧，而且其他领域的朋友都是只点赞的类型）；然而，我能感觉到朋友们多数对转基因相关文章并不感兴趣且敬而远之，文章的阅读人数不少但回复和点赞的人并不多，而且估计阅读点击量也是因为首段噱头的缘故。（一方面我的文章写得不够好，另一方面这个话题太大而且难说出个所以然，人们放弃了对它的关注）

　　通过与朋友们的互动，我感觉到即便是对转基因仍然感兴趣的伙伴们，他们对转基因的理性认识也还是不够，至少对公认的事实了解不全面和不正确。多数人都是通过了解的片面知识来决定自己的态度，更有甚者完全盲信舆论。所以在我的文章里，着重对公认的转基因食物事实和潜在问题（技术和安全评价）做了陈述，最终提出自己的号召：我们应注重对转基因食物的理性分析，而不是纠结于是非判定。这样才有利于技术的进步和人类的发展。希望无论是科研人员还是普通大众都能摆正对转基因食物的态度，进而对技术本身的价值进行辩论，发展和创新就是在这种肯定和否定中良性循环。

教师点评

作为一名掌握了专业知识的大学生，同学们通过这一次关于转基因的科普宣传，尽了自己的一份社会责任；每位同学不仅在撰写短文的过程中，更多的是在与评论者的互动交流中，加深了对相关问题的思考和认识，获得了更大的收获。通过这一知识传播过程，同学们也获得了学习的成就感。

微生物学（双语）

课程号：204127030

孙 群／四川大学生命科学学院

孙群，四川大学生命科学学院教授，博士生导师，生物技术系主任，资源微生物与微生物技术四川省重点实验室主任，兼任四川省微生物学会理事长、中国畜产品加工研究会常务理事。曾获四川大学首届卓越教学奖、唐立新教学名师奖、学生喜爱教师奖，获四川大学首届"德渥群芳"标兵科研团队导师称号等奖项。

"微生物学"非标准答案考试改革探讨

四川大学生命科学学院 孙 群 赵 建 张 杰 徐 恒 Neil Brewster

【摘 要】非标准答案考试，引导学生训练思维和培养应变能力，对学生具有很强的引导和激励作用。本文对高等院校生命科学学院多个专业的专业基础课程"微生物学"的非标准化考试的试题组织、命题、评阅等方面做了有益尝试。

【关键词】微生物学 考试改革 非标准化试题 玉米

"90后"和"00后"大学生思想活跃，有着强烈的学习兴趣、怀疑精神和创造能力，在学生和教学手段有着巨大变化的形势下，今天的大学教学需要进行一场深刻的"供给侧改革"，而非标准化试题的倡导和践行则是一项极具潜力的手段[11]。在非标准化试题的引导下，学生通过线下学习，查阅专业资料，与同学面对面讨论，形成针对某个科学问题的有自己观点的综述或小报告，可以促进学生主动学习、探究科学问题习惯的养成[2,3]。

微生物学是生物学中重要的基础学科，发展快，内容覆盖面广、跨度大，与其他学科联系紧密。微生物学又是实践性和应用性很强的实验学科，要求理论密切联系实际[4]。"微生物学"课程考试改革总体思路及预期目标是通过"微生物学"双语教学课程教学中过程管理及考核，探索该课程的过程考核及命题的有效方法，促进学生的学习积极性，提高双语教学质量。非标准答案考试改革贯穿该课程的全部考核过程中[5,6,7]。下面举例说明各环节的非标准答案考试的实践过程。

一、通过课后作业进行非标准答案考试

利用各种分析技术手段准确观察和测定微生物形态和构造是研究微生物细胞新陈代谢的重要基础。在第一次家庭作业中，我们布置了如下题目：

In a journal article, find an example of a light or SEM or TEM image. Discuss：

Why was the figure included in the article and why was that particular method of choice used for the research？

What other figure would you like to see in this study？

Outline the steps to obtain such a photograph.

此思考题训练二年级学生进行文献检索，熟悉文献查阅和批判性阅读。学生提交了很多优秀作业。

二、期末考试中的非标准答案试题探索

该门课程的总成绩由平时成绩、期中成绩、实验成绩、期末成绩等组成，平时成绩由各次过程考核成绩确定，期末考试成绩占总成绩的40%。期末考试中的

20% 一般都是非标准化答案试题，比较常见的是一道材料题，学生根据材料组织形成自己的知识构架，该题可以考查学生对知识的掌握程度和灵活运用能力。以下是我们给出的部分材料及对学生回答的要求。

2016 年《柳叶刀》发表文章，数据显示中国男性肥胖人数已从 1975 年的 70 万人（占全球 2.1%）上升至 4320 万人（占全球 16.3%），女性肥胖人数从 1975 年的 170 万（占全球 2.5%）上升至 4640 万人（占全球 12.4%）。中国的肥胖人群数量呈快速增长状态，其增长速度为全球第一。

2016 年，《Nature》发表的文章几近完美地解释了"肠道菌群究竟是如何引起肥胖的？"高热量食物进入肠道后，经肠道里微生物发酵，会有大量的醋酸盐产生，它们被肠道吸收，穿过血脑屏障，进入大脑；激活副交感神经系统，刺激分泌胰岛分泌胰岛素（insulin），细胞启动储存能量的程序；同时，刺激胃释放饥饿激素（ghrelin），饥饿感随之而来。

2016 年年底，《Cell Metabolism》文章报道了让小鼠产生"饱腹感"的菌群和相应的蛋白。在小鼠的肠道里寄居着有益肠道微生物——大肠杆菌 K12。在进食 20 分钟之后，K12 在肠道中的数量达到顶峰。这时，开始释放一些特殊的蛋白（例如 ClpB 蛋白），参与到肠道 - 大脑信号通路中，通过促进肠道细胞分泌多肽 YY 和 GLP-1（胰高血糖素样肽 -1），并让小鼠产生"饱腹感"。

请根据上述材料结合微生物学相关知识对原发性肥胖人群提出健康饮食方案建议，并论述其原理。该题考查学生对前沿进展研究方向的认知，培养学生的分析、总结、思考能力，提升学生逻辑性思辨和科学论文的写作能力。

总之，在该课程的考核中，我们的考试是课程教学过程中的形成性考核与期末课程结束的总结性、鉴定性考试并重的，由多种考核方式构成、时间与空间按需设定的多次考核综合评定成绩的课程考试模式[8, 9]。在整个过程考核过程中，始终贯穿着非标准答案的考试，引导学生训练思维和培养应变能力，对学生具有很强的引导和激励作用。教学是一个必须以学生为主体和充分发挥学生主动性、积极性的过程，只有重视教学过程中对学生的激励、引导和控制，才能促进教与学，保证教学质量和实现课程教学目标。总结性、鉴定性考试主要作用是检测、鉴定或证明学生最终掌握知识程度和具有的技能与能力水平[10, 11]，从而对课程教学目标达到的程度做出评价，反馈和指导下一轮的教学工作，而非标准化答案考试则是一个在实践被证明了的非常有效的手段。

参考文献

[1] 陶静，孙新城. 试论高校微生物课程考试方式的改革 [J]. 轻工科技，2012（6）：180, 182.

[2] 陈俊，林巧爱，张丽芳. 关于医学微生物学考试方式改革的思考 [J]. 检验医学教育，2012（4）：19-20.

[3] 何希宏，张会图，王洪彬，等. 微生物实验课考核评价体系的改革与探索 [J]. 中国轻工教育，2017（5）：79-83.

[4] 裘娟萍，钟卫鸿，王薇. 改革考试方法，培养创新能力——微生物学考核方法改革初探 [J]. 高教与经济，2001（1）：44-45.

[5] 王一非，肖瀛，周一鸣，等. 应用型本科"食品微生物学"的渐进式过程考核改革探索 [J]. 农产品加工（上半月），2017（11）：76-77.

[6] 国辉，何晓青，金一，等. 高等林业院校"微生物学"课程教学改革的思考——以北京林业大学为例 [J]. 中国林业教育，2017（s1）：43-46.

[7] 张会香，李海云，李子院，等. 微生物学课程考核方法改革探索 [J]. 科教导刊（中旬刊），2016（9）：106-108.

[8] 韩剑，罗明，顾爱星，等. 高校微生物学考核方式改革与实践 [J]. 考试周刊，2015（66）：6-7.

[9] 裘娟萍，钟卫鸿，王薇. 工科微生物学课程考核方法改革的初探 [J]. 微生物学通报，2002, 29（2）：102-103.

[10] 孙婧，王文溥. 高校非标准化考试模式初探 [J]. 长治学院学报，2016, 33（2）：96-97.

[11] 韦冬余，赵璇. "标准答案"审思 [J]. 教育科学论坛，2011（10）：21-23.

考试题目

题目：

In a journal article, find an example of a light or SEM or TEM image. Discuss：

1. Why was the figure included in the article and why was that particular method of choice used for the research？

2. What other figure would you like to see in this study？

3. Outline the steps to obtain such a photograph.

简要说明：

1. 二年级同学通过期刊文章搜索，熟悉文献查阅；

2. 学习电子显微术在微生物学研究中的实际应用；

3. 通过多篇文献查阅，学生了解科研中不同方法的恰当运用，以及思考如何发现新的更好的研究角度和得出结果。

答案一（节选）：

生命科学学院　谢　夔　1142041023

Attempted Isolation of Nanobacterium sp. Microorganisms from Upper Urinary Tract tones

1.Research background:

A single team has reported isolation of nanobacteria in human and bovine blood products, as well as, more recently, kidney stones. This has raised controversy. To confirm the data, one MIT team searched for nanobacteria from 10 aseptically removed upper urinary tract（UUT）stones.

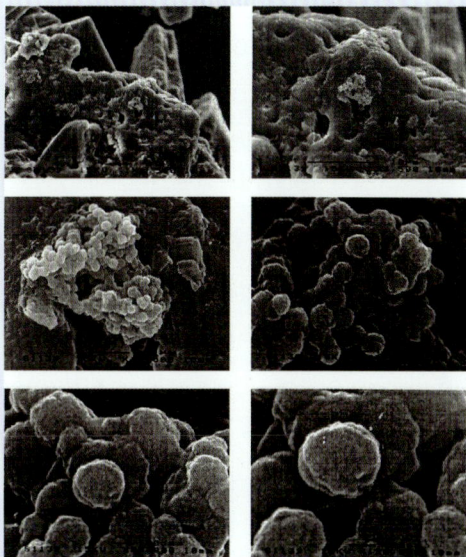

2.Where do the pictures come from ?

The team used scanning electronic microscopy（SEM）with four stones and culture of stones on either 3T6 fibroblast monolayers or liquid RPMI medium. Detection of nanobacteria was made with a commercially available monoclonal antibody, 16S ribosomal DNA amplification with specific primers, and transmission electronic microscopy（TEM）of

学生答案

inoculated cells.

Details from a fractured UUT stone from SEM analysis showing nanobacterium-like particles.

Drancourt M, et al. J. Clin. Microbiol., 2003(41)：368-372.

3.What can we get from the pictures ?

① According to the pictures, the particles really look like bacterium from the shape, and the bacterial colony-like groups.

② The average size of the particles ranges from 20 to 500nm. (Which is not shown in the pictures, but mentioned in the report.) So it is smaller than most bacterium. Since they can be the so-called nanobacterium, the pictures is authetic.

4.What else do I want from the pictures ?

① Special organells of bacterial like flagellum.

② Since we are testing whether it is a nanobacterium, we can make an observation whether it can moves freely. So we can take TEM pictures of the same place, and make comparison.

答案二（节选）：
生命科学学院　许路来　1142043020

电镜下的生物

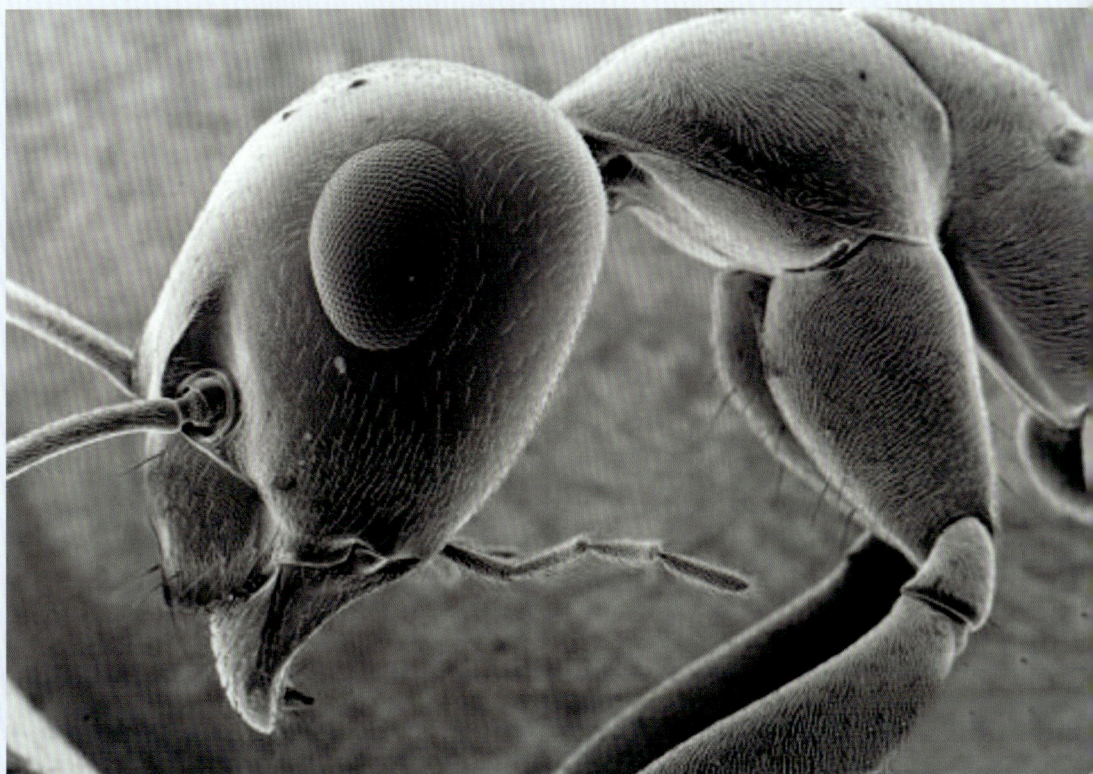

上图蚂蚁的显微电子图片，其眼睛大约有 300 微米宽。

该图片为观察蚂蚁表面的情况，很明显应该使用扫描电镜，如果使用透射电镜则不能看到蚂蚁表面的情况。另外我认为使用光镜也可以，但是远远没有该图清晰，同时想要测出眼睛的宽度也很困难。

学生答案

　　Squid Suckers，在 2008 年国际科学与工程可视化奖评选中获得荣誉提名奖项。枪乌贼有 8 个爪子和两个触角，爪子和触角上面都有吸盘，并与角质毒牙相连。这些微小的吸盘，直径大约有 400 微米，使得半米长的鱿鱼有很好的抓地力。

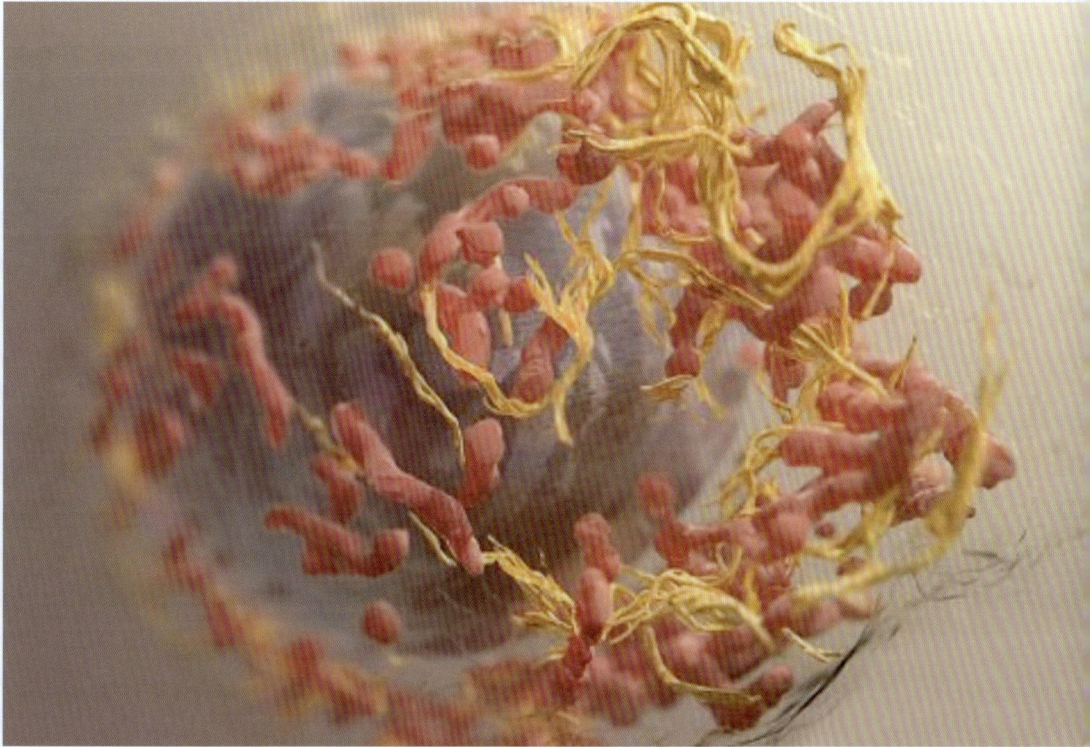

　　2008 年国际科学与工程可视化奖评选中荣誉提名奖项得主。图片是癌细胞的 3D 立体显微图片，它是利用离子磨损扫描电子显微镜收集数据而做出的。离子磨损扫描电子显微镜是测绘哺乳动物纳米级细胞的最新方法。

学生答案

另外下面是我查到的一些关于扫描电镜的样品制备的方法：

扫描电镜的样品制备方法

……

化学方法制备样品的程序通常是：清洗→化学固定→干燥→喷镀金属。

1. 清洗：某些生物材料表面常附血液、细胞碎片、消化道内的食物残渣、细菌、淋巴液及黏液等异物，掩盖着要观察的部位，因而，需要在固定之前用生理盐水或等渗缓冲液等把附着物清洗干净。亦可用 5% 碳酸钠冲洗或酶消化法去除这些异物。

2. 固定：通常采用醛类（主要是戊二醛和多聚甲醛）与四氧化锇双固定，也可用四氧化锇单固定。四氧化锇固定不仅可良好地保存组织细胞结构，而且能增加材料的导电性和二次电子产额，提高扫描电子显微图像的质量。这对高分辨扫描电子显微术是极端重要的。为增强这种效果，可用四氧化锇－单宁酸或是四氧化锇－珠叉二肼等反复处理材料，使其结合更多的重金属锇，这就是导电染色。

3. 干燥：固定后通常采用临界点干燥法。其原理是：适当选择温度和压力，使液体达到临界状态（液态和气相间界面消失），从而避免在干燥过程中由水的表面张力所造成的样品变形。对含水生物材料直接进行临界点干燥时，水的临界温度和压力不能过高（37.4℃，218 Pa）。通常用乙醇或丙酮等使材料脱水，再用一种中间介质，如醋酸戊酯，置换脱水剂，然后在临界点干燥器中用液体或固体二氧化碳、氟利昂 13 以及一氧化二氮等置换剂置换中间介质，进行临界干燥。

4. 喷镀金属：将干燥的样品用导电性好的黏合剂或其他黏合剂粘在金属样品台上，然后放在真空蒸发器中喷镀一层 50 ～ 300 埃厚的金属膜，以提高样品的导电性和二次电子产额，改善图像质量，并且防止样品受热和辐射损伤。如果采用离子溅射镀膜机喷镀金属，可获得均匀的细颗粒薄金属镀层，提高扫描电子图像的质量。

……

教师点评

学生答案一

此思考题训练二年级同学进行文献检索，熟悉文献查阅和批判性阅读。该答案从领域存在的问题着手，通过电子显微术对纳米细菌观察到的形态和结构，证明纳米细菌的存在，并理解采用该方法的恰当性，提出了观察细菌特殊结构从而获得更多证据的想法，为以后科研思路的形成奠定基础。

学生答案二

该答案基于课堂中学习到的透射与扫描电镜的差异，确认了观察表面形态以及估测大小使用 SEM 的必要性，以及其他方法的不足之处，表明该同学确实掌握了微生物学中的显微术，并了解科研中不同方法的恰当运用。

细胞生物学（双语）

课程号：204128030

邹方东／四川大学生命科学学院

邹方东，教育部高等学校大学生物学教学指导委员会委员；中国细胞生物学学会常务理事；四川省细胞生物学会副理事长；国家级精品视频公开课"细胞的命运"、国家级精品资源共享课和国家精品在线开放课"细胞生物学"负责人；荣获国家级教学成果二等奖和四川大学卓越教学奖等。

开放互动教学模式下的"细胞生物学"非标准化考试

四川大学生命科学学院　邹方东

【摘　要】"教、学、考"是知识传递过程中三个非常重要的环节，但长期以来，大学教学的这三个环节都存在不少瓶颈和短板问题，有些甚至是多年积弊。传统的"教、学、考"三者明显脱节、模式单一，教师教什么、学生就被动学什么，最后考什么。要更好地达到老师探究式教、学生主动性学，不仅需要借助在线资源和学习平台，关键是要改变学生的学业评价模式，将考融入教和学的全过程。本论文总结了为何建立"细胞生物学""教、学、考"新模式，以及这种新模式如何推动学生学习方式的改变；阐述了非标准化的评价模式如何推动教学方式的改变。这种新的"教、学、考"模式不再仅仅着眼于知识点，还注重训练和考核学生"求知好奇""思辨创新"和"合作沟通"等重要的能力。

【关键词】细胞生物学　非标准化　评价模式

什么样的学生才是优秀的学生？才是真正的学霸？这是每一位教育教学工作者必须思考的问题，因为只有对此问题有了一定的思考和认识，才能在日常的教育教学工作中实践。在此，我很愿意引用四川大学原校长谢和平的观点，认为优秀的大学生应该具备以下三大能力：要通晓知识，受过宽泛的通识教育，并具有扎实的专业知识基础；要掌握科学的思维方式；具有独立思考、创新创业、协作精神和社会担当能力。要在高等教育教学过程中培养学生的这三大能力，有必要改变现有的"教、学、考"模式。而建立新的"教、学、考"模式，不仅是培养、选择高水平"学霸"所需，也是"教、学、考"彼此相互促进、相互引领所需，更是国内外高等教育形式所逼。

一、大学教学正在发生变化

我想从自己多年来在一线教育教学的感受谈起。

1. 课堂上的变化

课堂虽然不是大学教育的全部，但却是十分重要的一部分。不可否认，最近一些年来，大学生听课抢座的现象越来越稀有了，即便有，那也往往不是发生于传统的大学课程和传统的大学教师的课堂。很多学生不愿意坐在教室的前面几排，大学课堂犹如人的秃顶一样，前排和中间座位常常空着。对今天的大学生而言，课堂吸引力大大降低，学生被网络吸引，课堂上戳屏关注网络成为当前不少大学生上课的标志性动作。但是，这些现象的出现不仅仅是学生的问题，教师也有责任，教育教学方法需要改进。高等教育本身在变化，课堂上教师不应只是知识的传授者，也不再是知识的垄断者，大学围墙正在逐渐消失，全球优质教育资源正在免费共享……

2. 教育模式与评价体系的变化

传统的教育模式和评价体系，强调知识的记忆和重复比较多，很多优秀人才不易脱颖而出。考试的目的是什么？考试不仅仅是将教学内容和教学效果反馈给教学双方或作为第三方评判的依据。考试模式的丰富、评价体系的改变还能推动教育模式的改变。而教育模式和评价体系的改变，对于创新性人才的培养至关重要。根据 Bloom 教学目标分类，从"记忆、理解、运用、分析、评估、创新"金字塔式不断递进的要求来看，如果大学教育和评价体系过多地强调知识的记忆和重复，而忽略了以知识的记忆理解为基础，考查学生利用知识进行分析、评价、发现甚至创新，毫无疑问，这样的大学教育和评价体系必然残缺不全。

诺贝尔经济学奖得主 Herbert Simon 曾经说过，真正的知识并不是那些能够简单地记住和重复的知识，而是能够运用并能够发现的知识。可见，我们现有的大学教育模式和评价体系还有很大的提升空间。

3. 教育的目标是为未来做准备

据美国培训记录学会 2004 年报告，世界知识量在过去 10 年翻了一番，现在正以每 1.5 年翻一倍的速度增长，而学生在校学习的时间百年来都没有明显增加。这就给大学教师提出了一系列问题：如何在有限的时间内传递有效的知识？教师该如何教？学生该如何学？考试该如何考？教育的目标是什么？等等。

如果从教育的目标来看教、学、考模式的改变，将更有说服力。不可否认，教育的目标是为未来做准备。而求知好奇心、思辨创新力和合作沟通能力是各行各业优秀人才所具备的素质。因此，今天的大学教师所传授的基本知识尽管非常重要，但这些知识也只是为了学生未来发展做准备。因此，在传授知识的教学过程中，要帮助学生开拓脑力，培养其学习技能，以帮助学生获取必要的知识，从而丰富他们的科学思维和思考方式等。

那么，如何在新的"教、学、考"三大环节中体现传统教、学、考所忽略的求知好奇心、思辨创新力和合作沟通能力等，这是"细胞生物学"课程教学在实践中特别重视的一个方面。

二、"细胞生物学""教、学、考"新模式

"细胞生物学"课程实行教学方式的"探究化"，学生学习的"个性化"、学习过程的"社会化"和考核模式的"非标准化"。

1. 实现"教、学、考"新模式的主要措施、方法

教师如何教、学生如何学、如何考，以便最大限度地发挥教学的效益，增强学生创新性和批判性思维，也将决定是否真正吸引学生主动学习、探究式学习，破除"高分低能"积弊。在教学3个关键环节上，依托"细胞生物学"开放资源，突破时间、空间，充分利用线上线下，课堂内外，丰富师生角色，从而构建新的"教、学、考"模式。

课前——知识学习、准备阶段：教师要求学生课前自主学习"细胞生物学"在线视频资源，阅读相关文献资料，理解一些基本概念和原理等知识；并要求学生带着问题参与在线学习以及在网络学习平台上提出问题、讨论、解答问题。这体现了学习的"个性化"和"社会化"（因为学习平台上还有数以万计的社会学习者）。

课中——知识探究、内化阶段：课堂上的宝贵时间用于教师与学生、学生与学生之间的讨论、互动。为了有效内化知识，教师在课堂上往往对每一章中的重要科学结论、关键科学实验和代表性科学人物进行深入的探讨与分析，让学生不仅内化知识点，更促进创造性、批判性思维的训练，拓宽学生视野。教师在课堂上需给予学生必要的引导和帮助，使学生更好地理解、内化知识，从而一改教师满堂灌、学生被动接受知识的局面。教师在课堂上不再是单向传授"知识点"，而是将重点放在了激发学生对重要科学发现过程的理解、探究与思考上。这体现了教学的"探究化"。

课后——知识应用、升华阶段："细胞生物学"的学科特点决定了仅仅背住"知识"并不一定意味着已经很好地掌握理解了该"知识"。为此，通过在线测试、讨论后，再布置开放性的实验设计等问题，利用所学知识，由学生以小组的形式

讨论、作答，并在课堂上演示，或者由学生在学习平台上发布、交流相关知识点的最新进展，从而达到应用、升华知识的目的。学生在此模块的表现计入其课程成绩，体现了考核形式的"非标准化"。

但非标准化考试不限于此，还具有其他内涵。

2. 非标准化考试的主要特点与形式

"细胞生物学"非标准化考试是以知识的记忆理解为基础，重点考查学生利用知识进行分析、评价、发现甚至创新，并评判学生的"求知好奇""思辨创新""合作沟通""交流表达"等基本素质与能力。具体有以下几方面的特点：

（1）考试答案的非标准化。

"细胞生物学"考试的问题具有灵活性、探究性和开放性，以知识的记忆理解为基础，侧重知识的迁移、应用、评价甚至创新。这些问题的答案并非唯一和现成，也绝非翻翻书，就能照抄照搬。试题比较灵活、开放，答案往往并无对错之分，而只是相对完美与否之别。

（2）考试时空的非标准化。

除了期末考试外，"细胞生物学"突破在规定时间和空间进行考试的既有模式。考试的地点不仅仅在课堂上，也在图书馆、寝室甚至校巴上，不仅可在教室里考试，也可以在网上、课程中心、SPOC（Small Private Online Course）等学习空间里考试。在这些空间举行考试，开放性非标准化答案的试题更加适合。非标准化考试突破了只有半期、期末考试的既有模式，贯穿于整个互动开放式学习过程。

（3）考试形式的非标准化。

传统的考试形式，都在同一时间面对同样的考题，而"细胞生物学"有些考试，每个学生需要回答的问题可以完全不一样，有些学生甚至没有机会回答问题，问题带有"突击性、灵活性和应景性"等特点，侧重考生对知识的迁移和应用。比如互动教学过程中的问题与作答、探究、分组讨论等。在互动教学过程中，这种考试形式的非标准化恰好十分有利于激发学生的探究能力和好奇心。

（4）考分评判的综合化。

评价学生，除了卷面分数外，还有学习过程表现的考核。此外，学生的成绩还包括在互动式、探究式教学过程中的参与度，包括学生提问能力等。这种"非标准化考试"全面衡量了学生获取、分析、交流信息的能力，也体现了学生求知好奇、思辨创新、合作沟通能力的评判。

三、"教、学、考"新模式的实践

传统的考试尽管可以"淘劣"，但不能完全依赖它"择优"。因此，急需考试模式的改变。我们通过非标准化考试，强化突出了学生学习过程的考核，体现了学生对知识的理解、运用、评判等能力，而非简单重现或重复知识。此外，通过非标准化考试，学生的提问能力、思维活跃度、求知好奇心、思辨创造力、合作沟通能力等关乎未来发展的重要素质得到了体现，并最终成为课程总成绩的一部分。这种非标准化考试更有利于选拔那些真正优秀的学生。通过近几年的实践，学生的学习变化主要有以下几方面：

1. 促进学生主动参与到探究、互动教学模式中学习

教学模式的转变，在目前有必要依赖考试模式的转变，因为有一些学生并不愿意花更多的时间通过探究、互动这种非常重要有益的方式学习。如何让这些学生"转型"主动参与学习过程？这就需要依赖考试改革，将非标准化考试引入教学过程中，"逼迫"学生真正参与、主动学习。

2. 激发学生主动学习的热情和激情

由于非标准化考试答案侧重知识的迁移、融会贯通及应用、评判甚至创新等，也由于一门课程最终成绩与学生在学习过程中的参与度和表现直接相关，因此，通过非标准化考试改革，学生的学习热情和激情能得到更好的激发。

2013级潘洋同学写道：考试里，发现了细胞生物学更好玩的东西，虽然说不出来，但我想到了一句台词"I am on fire"（我整个人都燃了），我相信我会通过"细胞生物学"的考试，并将我对生物学的热情一直燃下去。

3. 改变学生的传统学习习惯和应付考试的思维误区

学习生物学的很多学生通常认为只要会背，就能拿到高分。有些"聪明"的学生甚至可以不听课，期末考试时在考前突击一下也能取得不错的成绩。显然，这些都是误区。传统的所谓"学霸"在"细胞生物学"学考试上不再灵验了。有学生告诉我，他上大学以来，发现单纯"背"细胞生物学不再灵验；原以为考前突击"背"一下就可以，看来根本不管用，因为问题很灵活、很开放，书本上没有现成的答案。很多同学都认为，通过这种模式的考试，虽然辛苦，但能体验到学习的乐趣，加深自己对知识的真正理解和运用，有助于对知识的整体把握和思维的改变，对以后的学习和发展有很大帮助。

参考文献

[1]邹方东，李娟，杨军，等."细胞生物学"精品课程建设的探索与实践[J].高等理科教育，2010（1）：52-56.

[2]洛林·安德森.布卢姆教育目标分类学［M］.北京：外语教学与研究出版社，2009.

[3]邹方东，王喜忠.细胞生物学"教师、教材、教法"三位一体课程建设与改革［J］.中国大学教学，2009（1）：52-54.

[4]马继刚.课堂教学方法与艺术［M］.成都：四川大学出版社，2009.

[5]Terry Doyle. Helping Students Learn in a Learner-Centered Environment ［M］. Stylus Publishing, LLC, 2008.

[6]邹方东，王喜忠.大学教学应注重介绍科学发现过程［J］.黑龙江高教研究，2002, 105: 110-111.

考试题目

题目：

学完"细胞生物学"课程后，请以"细胞赞"或"细胞厌"的形式谈谈你对细胞的理解。

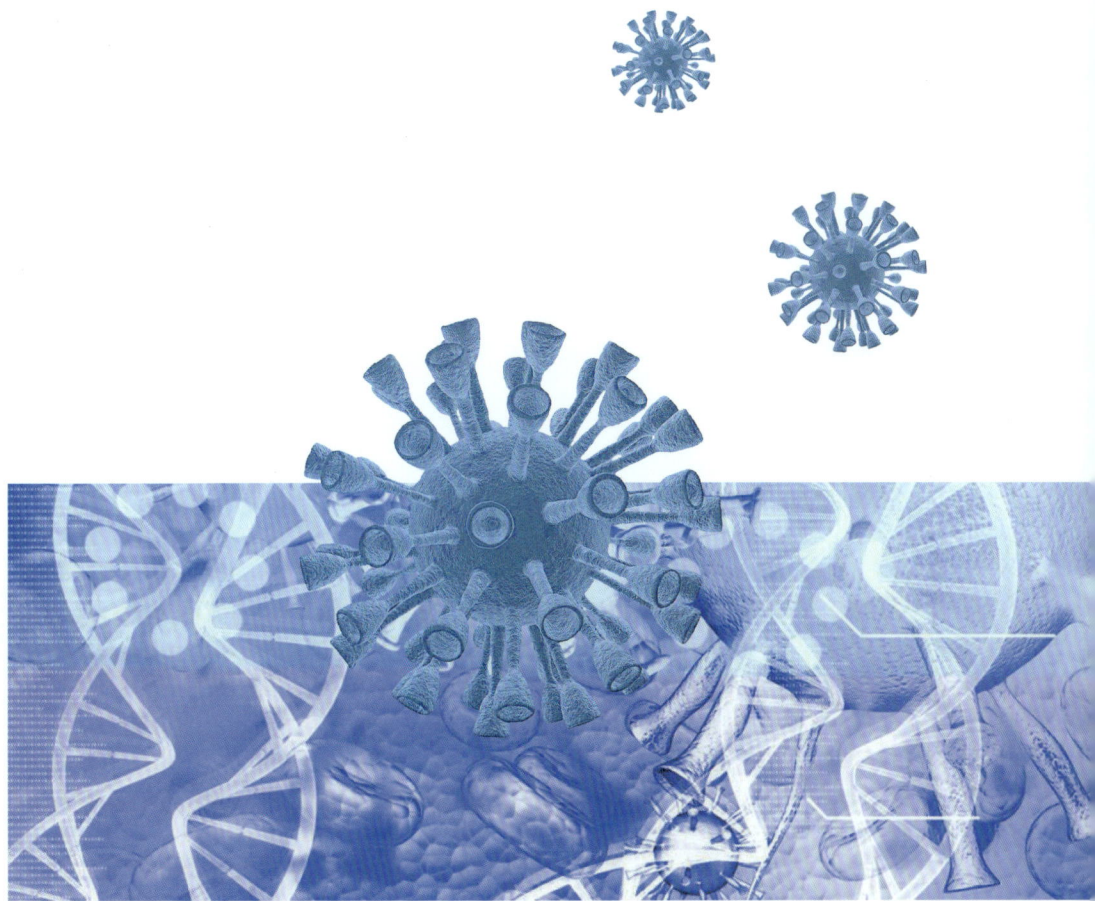

学生答案

答案一（节选）：
生命科学学院 党劲野 2013141241006

细胞赞

细胞兮，

你是如此神奇。

真核高端大气，原核充满生机，古核介于中间，病毒令人捉急。

细胞兮，

你是如此美丽。

普通光镜下的你，时而整齐密集，时而分散均一。

荧光显微镜下的你，部分暗淡隐匿，部分万分绚丽。

电子显微镜下的你，虽然包罗万物，却又不失精细。

细胞兮，

你是如此封闭。

有膜系统的你，把世界分割成四五六七。

细胞核内膜系统，线粒叶绿溶酶体，外有细胞膜包庇，内部分工有差异。

细胞兮，

你是如此精密。

膜泡扩散和载体，运输转导不停息，世界虽被膜分离，却也均被膜联系。

分选蛋白种类多，信号通路最难记，若想不出差与错，全靠信号和受体。

还有细胞骨架立，助胞定型器聚集。

细胞兮，

你是如此神秘。

核内结构已确立，核酸序列也测齐，然而这无字天书却无法解密。

表达调控因何起，后需核糖体翻译。

细胞兮，

你是如此不义。

自古无数将相皇帝，为求不老，为你尽心尽力。

人有生死轮回，你有细胞周期，

而衰老、癌变、死亡，只是你在生死薄上轻轻划下的一笔。

你既然在胚胎发育中分化成人，又何必最终将自己抛弃。

细胞兮，

你是如此细腻。

邻里之间常联系，生活在现代社会的我们，却不知周围谁住哪里。

细胞黏着离不开胞外基质，而人心间的"胞外基质"早已销声匿迹。

细胞学，

我爱你，期末离开你后，才发现你的魅力。

悔当初，恨自己，没有把你，好好学习。

故谱此细胞赞，将你铭记。

学生答案

答案二（节选）：
生命科学学院　尤玉玲　2013141241081

细胞赞

问	内质网高尔基溶酶体
生命	论蛋白质终将何去何从
起于何	构型构象折叠降解早注定
细胞虽小	
然五脏俱全	信号序列膜泡运输
造天地之生灵	蛋白质在细胞中畅游
动物植物微生物	包被膜泡网格蛋白
虽形异而本质具同	构成微型的邮递马车
胞膜胞质骨架细胞器	
相辅相成造就生命之始	信号分子第二信使
相似相异藏于染色体之中	触一发而动全身
	微丝微管中间丝束
叹	合聚之力成支柱
生命	
妙于何	核膜核孔核仁核体
胞膜流动	生命信息之源
似生命律动	有丝分裂减数分裂
自由而又有序	生命传递之媒
钠泵钙泵质子泵	增殖分化发育凋亡
创物质交换之畅途	成长必须之旅

细胞衰老细胞死亡
生命消逝之缘由

你是否也曾好奇，是什么构成了复杂而奇妙的生命
你是否也曾好奇，小小的细胞是如何完成生命延续
独立的细胞是最简单的生命
蛋白需要经过层层分选
信息需要经历层层传递
而细胞与细胞之间的交流创造了更加精彩的生命过程
物质传递与冲动传递
将一个又一个细胞紧紧联系
九层之台起于累土
细胞合力推动生命之舟

一个简单的胚胎细胞
又是如何分化形成各种组织器官
令人闻风丧胆的癌细胞
又是如何在体内扩散转移
一学期的学习
让我们发现生命的不可思议
发现细胞的精妙
渐渐了解生命的每一个活动都是选择与调控的结果
不得不感叹
细胞不仅是一门科学
更是一门艺术与哲学
怎能不赞！

学生答案

答案三（节选）：
生命科学学院　马宜良　2013141241093

细胞颂

细胞，矛盾地悠扬长歌

细胞有人类无法想象的精巧

精准的膜泡，放大的信息，完美的配对

膜泡被准确送达，信息发挥着应有的作用

细胞的错误恰是生命华丽地表演

基因偶尔的粗心大意，遗传物质交换的随机

所以世界生物多姿多彩，不断进化演变

看那长长的核苷酸链

那是进化的乐谱

生命的长歌

细胞，哲思

我们，从哪里来？

我们，到哪里去？

生命起于何处？

生命终于何方？

到底细胞孕育了生命

还是生命催生了细胞？

到底线粒体为细胞所奴役

抑或是细胞不可分割的本体

细胞是无私的细胞吗？却贪婪地吞噬着世界

细胞是自私的细胞吗？却用凋零守护着生命

癌症，是人类世界的梦魇

癌症，抑或是细胞求生的极限

它是人类的灾难

但也许是细胞世界的宝藏，生命的礼赞！

脂膜，风华

瞧！精巧的脂膜

或层层叠叠，用最朴实的结构构建最华美的蛋白

或珠联璧合，用最简单的信号传递最准确的信息

有突起，蛋白的尖角赫然立于脂膜之上

有凹陷，胞饮作用吞吐世间精华于细胞之内

有的蛋白如中流砥柱跨于脂膜之中

有的像璀璨繁星嵌在脂质星空之下

有的似最资深的土壤紧紧依附于伟大的脂膜上

而这复杂的结构却车水马龙，川流不息！

学生答案一

我在全国性大会上多次将这位学生的答案与同行们分享。此答案之所以优秀，不仅仅因为学生以诗歌的形式对细胞进行了赞扬、语言优美押韵且科学性极强，关键是学生给出的每一段文字，都是对"细胞生物学"教材相应章节主要内容的精彩总结！实在难能可贵。最后一段更是作者智慧的巧妙展现！

学生答案二

"你是否也曾好奇，小小的细胞是如何完成生命延续""令人闻风丧胆的癌细胞，又是如何在体内扩散转移"，与其说这是学生给我的答案，不如说这是学生提出的问题。但我更欣赏后者，因为她的回答，也激发了我对细胞的好奇心……

学生答案三

细胞如此之小，却肩负着生命的结构与功能重担，其复杂、精细，甚至错误，演绎的生命奥秘都让人痴迷。马宜良同学对"微不足道"的细胞充满了哲思：细胞是无私的细胞吗？却贪婪地吞噬着世界；细胞是自私的细胞吗？却用凋零守护着生命。癌症，是人类世界的梦魇，抑或是细胞求生的极限，这些思考，都让人眼前一亮，豁然开朗。

教师
点评

童 英／四川大学生命科学学院

童英，1998 年获北京大学细胞生物学博士学位，1998—2001 年于日本东京大学医学院担任客座研究员，2005—2008 年于美国 Howard Hughes 医学研究院 UCSF 进行博士后研究，2001 年进入四川大学生命科学学院工作。参与多项校教学改革项目，获 2015 年四川大学考试改革突出贡献奖和四川大学"探究式－小班化"教学质量优秀奖。

"细胞工程"课程
非标准答案考试改革的探索

四川大学生命科学学院 童 英

【摘 要】细胞工程是应用生命科学和现代工程学手段在细胞、组织、器官乃至个体水平上对生物进行遗传改造和应用的科学，代表着生物技术的发展前沿。为提高学生学习的积极性，引导发散思维和探索精神，我们充分利用了考试这一重要手段，进行了非标准答案考试改革，探索将考试和学习相结合，将考试形式多样化、趣味化，取得了良好的教学效果。

【关键词】细胞工程 非标准答案考试改革 考教结合 考试形式多样化趣味化

细胞工程代表着生物技术的发展前沿，是应用生命科学与工程学的原理与方法，在细胞、组织、器官乃至个体水平上研究生物遗传特性，并对生物进行遗传改良或进行特殊产物生产的一门学科。细胞工程技术发展迅猛，包括各种优良经济植物的培育和改良、组织工程器官的制作以及类器官的研究等，相关知识不断更新，取得的成果也在不断刷新着人们的想象。

学科发展的迅猛态势对"细胞工程"课程的讲授提出了新的挑战，在这种新的要求下，我们注重引导学生将主要精力从死记硬背课本和笔记的知识点，转到对细胞工程核心技术的理解。同时，我们引导学生逐渐积累发现问题、分析问题和解决问题的能力，以提高学生的综合技能[1]。在教学过程中，我们充分利用了考试这一重要手段，进行了非标准答案考试改革，在试题命题和考试形式上进行了探索。

（1）考学结合，考试补充学习

考试除了作为检验教学效果的重要方法之外，还可以成为学生学习的有效途径。我们将考试与学习结合，在考试中补充学习。传统的考试仅仅是学习之后检验学习效果的方式，学生在学习过程中的关注点是已有的知识和技术，表现出对课堂学习缺乏兴趣，对考试持应付态度，甚至演变为为了考试而学习。这种"考试目的"式的学习在大学的教学中应该予以纠正。考试不是目的，好好利用考试反而能吸引学生学习的兴趣，激发学生的发散思维。

要通过考试吸引学生学习，就要求考试的命题有别于传统的直接问答的方式，命题的思路应该是将基础知识与现实结合。基础知识往往比较客观简单，缺乏吸引力，而现实的话题却更能吸引眼球、激发好奇心。我们在试题中加入了创新题型和内容，尽量将课堂所学与实际联系，以现实为切入点，引导学生学习基础知识，并鼓励学生提出自己的思考。这些试题没有标准答案，只有参考答案，而且评分灵活，鼓励学生从不同的角度思考问题，引导学生对学科发展、技术改进和成果应用进行探究，激发学生的创新思维能力。这样，考试与学习相结合，边学边考，边考边学，既考也学，更加有效地吸引了学生进行学习。

例如，"组织工程肉"的制作是目前细胞工程发展的一个前卫事物，由肌细胞、脂肪细胞和结缔组织混合进行大规模培养制作而成。紧跟现实的技术发展，我们以课堂调查的形式就这一话题进行了非标准答案考试。题目是：如果你是中央电视台的饮食节目主持人，请问你会在媒体上推荐这种肉类进入未来的餐桌吗？为什么？

这样的题目关系到现实和未来的食品，很快吸引了学生的兴趣。赞同的同学会认为这种肉清洁而且富含营养，其最大的优点在于减轻了畜牧业的压力进而改善了生态环境。反对的同学则认为这种肉类与天然肉类存在明显差别，安全性还不能保障，因此在观念上很难接受。不管是赞同还是反对，每位参与调查的同学都会认真地查阅资料，了解细胞培养特别是细胞三维培养和大规模培养的技术，分析技术的优势和存在的风险。这样，就以一道与现实相关的题目，激发学生学习和思考细胞培养的基本技术。每位同学的回答都是他们思考的结果，这些回答没有对错之分，都值得肯定！而同学们这些想法的相互交流和讨论，会有助于他们培养开放的思维，从多角度想问题、解决问题。

（2）考试形式多样化和趣味化

在考试形式上，除了期末考试外，我们新增了读书报告、文献评价、课堂讨论、课堂调查、实验设计和科学辩论会等多种形式，综合锻炼并考评学生的技能。形式多样化的同时，我们还注重考试题目和过程的趣味化。

其中，围绕特定主题的科学讨论会是考试的一种重要形式。科学讨论会由学生自己组织。选出的组委会与同学一起制定章程，安排程序，设定评分标准。会议的主持、纪律的维持和成绩的评定等，都由学生自主完成。讨论过程中，还设计了一系列小游戏，使会场的气氛很活跃。而讨论会的主题一般设为现实热点的话题，例如，"人类已开始进行组织工程器官的研制并取得一定的成果，请你设想人类是否最终能够制造出组织工程人？"这些题目非常具有吸引力，学生会积极地参与到里面来。教师在讨论会中的角色是个旁观者，适当进行点评，探讨组织工程器官的制作、拼装人可否成功，未来人的模式等。科学讨论会的组织和参与，可以敦促学生查阅组织工程技术的相关资料并对相关原理和研究现状形成自己的思考，同时培养学生的组织能力和命题讨论能力。这种多样化和趣味化的考试，更能激发学生的自主学习。

作为教师，仅仅把教科书上的标准概念和理论灌输给学生是远远不够的。每一种理论，它的来龙去脉、它的支持证据、它的应用范围，这些知识的讨论和学习，对学生的思维才更具有启发性，才是对教学精髓的传承。非标准答案考试就是要在传统标准答案考试的基础上，引导学生的发散思维和探索精神。非标准答案试题的解答，需要学生在掌握基础知识的前提下，联系实际，提出自己的见解，因而对学生更具挑战性。非标准答案试题的评阅，则需要教师依据自己的学识和经验，以开放的心态，审慎对待每位学生的观点，鼓励学生的开放性思维。将考试转化为学习，考试命题围绕现实热点和考试形式多样化、趣味化，是我们在"细胞工程"课程教学中探索出来的非标准答案考试的有效途径，希望能对其他课程的教学有所启迪和帮助。

参考文献

［1］谭雪梅，赵云，刘志斌，等."细胞工程"课程教学改革的探索和案例分析［J］.高校生物学教学研究（电子版），2017，7（1）：22-26.

细胞工程

课程号：204135030

考试题目

题目：

研究人员将肌细胞、脂肪细胞和结缔组织混合进行大规模培养，制作成为"试管肉"。这种肉清洁而且富含营养。如果你是中央电视台的饮食节目主持人，请问你会在媒体上推荐这种肉类进入未来的餐桌吗？为什么？

简要说明：

在如今"转基因食品"还饱受争议的时代，"组织工程肉类"即俗称的"试管肉""人造肉"无疑是个更加前卫的概念。人造肉的制作是目前细胞工程发展的一个新事物，其最大的优点在于减轻了畜牧业的压力进而改善了地球的生态环境。但由于这种肉类与天然肉类的明显差别，目前人们在观念上还很难接受这种肉类。这道题可以督促学生从不同的角度来思考这个问题，思考"试管肉"的优势、劣势以及与之相伴的风险和需要解决的问题，进而思考组织工程发展的方向。这是一个具有前瞻性和开放性的问题，每位同学的回答都是他们思考的结果，值得肯定！

答案一（节选）：
生命科学学院 刘秋月 2012141055011

试管肉当前作为一种实验室产物成本过高，但我觉得这并不是限制其推广的理由。

若试管肉有特殊的功效：吃肉＝吃药？免去某些药物注射之苦，既降低感染又享受食物。

若试管肉更方便，加工过程更简单：撕开包装放入烤箱几分钟便可吃到烤肉，无需腌制过程。某种程度上会降低餐厅人工成本。

若因为潮流原因：越贵越有人吃（安全不敢保证，每年都有人吃河豚中毒，仍有人乐此不疲），将其作为奢侈品消费。

每种食物的出现必然有其用途，故我支持试管肉的创意。

答案二（节选）：
生命科学学院 陈依娇 2012141223049

对试管肉的看法：

吃的东西，无非追求营养与口感，单从营养角度出发，昆虫肉、酵母菌，都是不差的。

但若试管肉能做出真正肉的口感，我觉得是很不错的。现在畜牧业给环境造成了一定的负担，养猪养牛都有大量温室气体产生，且浪费资源。所以我支持试管肉，便宜又方便，且不会为环境造成太大负担，生产周期短，成本不会太高。

试管肉需要解决的问题：

（1）培养液要对人体无危害；

学生答案

（2）口感要好；

（3）让社会认同；

（4）制定试管肉产品的统一生产标准；

（5）鉴别好坏。

综上所述，希望试管肉技术早日获得成功。

答案三（节选）：

生命科学学院　李高寒　2012141241034

我认为试管食物在地球已无法为人类提供足够的食物之时是可行的，而且这样能提高利用率，比如类似骨头等无法食用的部位可以不用生产。

但是这项技术在当今是无法普及的，即使是被证实 100% 安全，大多数人也难以接受，尤其是人类越来越追求纯天然、有机的食物，对于人造的总持有怀疑、害怕的态度。

答案四（节选）：

生命科学学院　张　航　2012141241062

对于试管肉这种东西，我是绝对不会吃的。吃东西有至少一半的乐趣是非物质的，即对食物的印象好坏。试管肉是一种目前让我想到就觉得恶心的东西。

其实发展转基因对大家的好处可能更大一些。即使这样人们都不能完全接受，更何况试管肉这种东西。总之我认为发展这个没什么前途和必要。除非不吃会饿死，要不然绝对不吃。

答案五（节选）：
生命科学学院　王士勇　2012141241031

我认为试管肉有点像培养的一团肿瘤似的，如果让我食用还有一定的心理障碍。不过我认为试管肉在以后会有一定的市场，因为现在人类数量不断增加，食品供应无法满足人类的需要时，如果可以利用太阳能培养一些自养细胞，产生营养，再用这些营养对细胞进行培养，进行试管肉的工厂化生产，将对人类食品生产有重要意义。

答案六（节选）：
生命科学学院　卢元斌　1042043017

好吃就吃呗，非洲人民尚食草，就不讲究了，只要有营养，味道好，就有市场，像果冻、火腿肠之类的食物都有市场，没道理试管肉不行。

答案七（节选）：
生命科学学院　戴　雨　2012141241012

我认为目前来看试管肉不太可行，不太有推广价值。有以下几点原因：
（1）技术成本过高，不但耗时耗力，还不一定成功；
（2）肉质可能没有天然的好，毕竟天然肉肥瘦相间而且营养可能更丰富；
（3）经济上不利，尤其对牧民养殖户，完全是抢了他们的饭碗。
但如果某天我们的技术推广性更强，操作更流水化，甚至可交给养殖户来完成，也未尝不是个好的创造食物的方法。

学生答案

答案八（节选）：
生命科学学院　王石玉　2012141241030

试管肉这种食物，对于有的人来说可能是一件好事，然而也会存在反对意见。

对于那些不杀生或者希望没有残害动物行为的动物保护主义者，他们会希望这种食物被广泛接纳。这样避免了动物被杀害，同时试管肉也可以培养出珍稀动物的肉，这样就可以避免猎杀野生动物。

然而这种食物，对于公众来说，可能不会被接纳。食用的安全性是否能保证是消费者关心的问题。如今食物安全问题是普遍关注的问题。如果生产出这种食物，可能会令不法分子有机可乘，且养殖户的利益也会受到冲击。

答案九（节选）：
生命科学学院　邓静怡　2012141241091

对于试管肉这种前卫的细胞工程产物，利用它来解决世界饥饿问题我可以接受，但是可能花费很高，不实用。对于我自己，现阶段我不会吃，一方面，它的来源和生产过程无法清楚明确知道，经过细胞工程改造的东西对人体有害无害还不确定；另一方面，部分生产商家无法信任，就算试管肉本身无害，被某些黑心厂家生产出来也指不定有什么问题呢！现在我的生活，如果买得起肉，就不会吃它。

答案十（节选）：
生命科学学院　张若星　2012141242057

之前在果壳网上看到过关于人造牛乳的报道，今天又看到了试管肉，给人的感觉就是人工食物已经成为一种科研的热点，不仅是为了解决人口过多后贫困地区的食物问题，也是对环境保护中过度放牧问题的一种质问。

我个人并不倾向吃试管肉、喝人造乳，但这不失为一种替代物，应该会逐渐被接受。

王石玉和李高寒同学对现状进行了具体描述，说明"试管肉"所能解决的问题和目前食品业的安全问题对发展"试管肉"的影响。部分同学如张航和邓静怡，从现状和自身感情出发，对"试管肉"持否定态度。戴雨同学则列举了目前"试管肉"技术所面临的困难，提出其发展所需解决的问题。还有刘秋月、陈依娇、卢元斌和王士勇等同学，肯定了该项技术对人类发展和生态保护的巨大作用，展示了其广泛应用前景。每位同学的回答都是他们思考的结果，这些回答没有对错之分，都是值得肯定的！而同学们相互交流这些想法和讨论，会有助于他们培养开放的思维，从多角度想问题、解决问题。

教师点评

发育生物学（双语）

课程号：204130030

考试题目

题目：

在你所学的发育生物学名词中，请列举 1 ～ 2 个印象最深的名词，解释并说明为什么印象深刻。

简要说明：

发育生物学的名词较多较细，背记所有的名词是很困难的，也是不必要的。这道题主要是督促学生自主地回顾所学的知识，并且反馈出学生的兴趣点在哪里，这样有利于教师调整教学内容，让课程更生动有趣。

答案一（节选）：
生命科学学院　姚　远　2012141241059

皮层旋转的实质是物质重排。令我印象深刻的是之后一位科学家做了一个巧妙的实验，用人工的方法诱导了皮层旋转并发育成正常的胚胎：被秋水仙素或紫外线处理后的受精卵不发生皮层旋转。受精卵正常状态下由于重力作用，动物极在上，植物极在下。他将处理后的受精卵旋转 90 度放置，在重力的作用下，动物极与植物极开始进行物质交换，一段时间后，竟然发育成了正常的胚胎。这个实验并未借助任何其他实验工具，仅仅是将受精卵旋转角度，却达到了一样的发育结果。这个巧妙的智慧的思维令我印象深刻。一花一世界，一个细胞就是一个生命，其中的微观世界蕴含着大智慧。

答案二（节选）：
生命科学学院　戴　雨　2012141241012

紧缩（紧密化）：一种内在的力量控制那些卵裂球聚合在一起，非常神奇。而通过了解，神奇之中又带有科学合理与进化的优越。紧密后的细胞从方方面面都能更紧密地连接，细胞之间物质传输，无论是信号还是化学物质、生物分子，都能更好地进行沟通，利于哺乳动物相对复杂的生长过程的顺利进行。同时，外层细胞间的紧密连接也保护了卵裂球，稳定了整个细胞系。真的不禁感叹，生命如此聪明，即使这些细胞还不具有大脑，但其生理生化反应过程，也足以让我们人类无法跟上节奏。

答案三（节选）：
生命科学学院　王　冠　2012141241002

调整型发育和嵌合型发育：我认为无论是调节型还是镶嵌型发育形式，其在分子水平上的机制都是相似的，从分子水平上来认识胚胎的发育模式会更加有意

学生答案

义一些。

高级生命体一定是对信息（外在的和内在的信息）能够高效处理的生命形式，甚至从某些方面来讲，它本身就是信息的整合系统，愈是能够更有效地处理和整合内部的和外部的信息，生命形式适应性愈强，生命形式愈复杂。

答案四（节选）：
生命科学学院　胡敏超　2012141242040

高等动物的生殖细胞在自然状态下只可能来自那一批胚胎时期就决定好的极少数细胞。这么看来，动物的体细胞很大程度上做出了较大的牺牲，虽然分化出来了多个胚层、器官，占据了身体绝大部分，甚至还拥有思维情绪逻辑等高等的反应，但是还是牺牲了自己繁殖和继续存在的可能，把繁殖的任务特定交给那群早就和自己分道扬镳的生殖细胞。

联想到动物常见的癌症，可以理解成注定失去繁殖能力的孢子体的叛乱，通过癌变，这些细胞再次可以突破那些限制……癌变是其唯一可能永存的方式。

答案五（节选）：
生命科学学院　李娴都　2012141242003

了解了卵黄系带后，隐约感觉当时巧克力慕斯里的白色物质可能就是它。于是我上网进一步查阅资料发现，其实鸡蛋制品中经常会发现这类白色蛆虫状物体。以巧克力慕斯为例，巧克力慕斯主要由鸡蛋、牛奶、低粉、泡打粉、植物油、黑巧克力等原料和配料组成。而鸡蛋中的卵黄系带在混合搅拌的过程中，很难完全打散拌匀。最终，没有打散的卵黄系带，经高温烘烤变成了乳白色的形状。说实话，如果没有学习生物，我可能永远也无法理解其中原委。

　　"发育生物学"的学习不仅仅是理论的记忆，更重要的是获得这些理论的实验思路和实验方法。姚远同学对皮层旋转的理解，来源于对研究人员所采用的实验方法的赞叹，我第一次知道这种实验方法时也怀有同样的心情。赞美前人的同时，想到可不可以在某个时候遇到问题时自己也同样能迸发出奇思妙想呢？所以我们现在是不是要多多学习和思考以时刻准备着呢？

　　戴雨、王冠、胡敏超同学从发育生物学的基本概念出发，理解细胞、组织以至个体，对生命的各种现象如细胞怎样整合成生命体、细胞癌变的本质等问题进行了独特的思考。李娴都同学从理论联系到了现实生活所观察到的现象，探寻了理论的现实意义。从回答中也可看出，每位同学对不同的概念都有自己独到的理解，这些都是值得肯定的！

教师点评

射频通信电路

课程号：205053030

杨　阳／四川大学电子信息学院

杨阳，四川大学电子信息学院副教授，院长助理，2008 年至 2010 年为四川大学与美国 Clemson 大学联合培养博士生，2010 年在四川大学获得无线电物理专业理学博士学位。

关于非标准答案式教学在本科电子信息课程中的探索

四川大学电子信息学院　杨　阳

【摘　要】电子信息课程教学是大学工科教学中重要的一类，旨在培养专业型技术人才，以适应科技蓬勃发展的社会对电子信息技术人才的极大需求。目前我国电子信息课程教学已经取得了很大的成绩，但仍然存在重知识轻实践，考核方式较单一等问题。针对这些问题，本文提出非标准答案式教学方法，以本院"射频通信电路"课程为例，由教师引导学生充分发挥自己的创新能力和实践能力，在最终的考核中学生给出了丰富多样的答案，取得了良好的教学效果。

【关键词】电子信息课程　非标准答案　素质教育

一、引言

从 18 世纪 60 年代英国第一次工业革命到如今 21 世纪，科学技术已经经历了多次重大革命，科学技术的突飞猛进已经逐步打破了人类的认知[1]。伴随着信息技术和互联网技术的发展，学生获取知识的途径也愈加丰富[2]，因此教师的教学方式也理应做出相应的调整。尤其在工科的教学领域，动手实践尤为重要，可以极大地培养学生的创新能力[3]。针对这一部分，本文提出一种非标准答案式教学，转变传统教学观念，鼓励学生大胆思考、小心求证，取得了良好的教学效果。以本人"射频通信电路"课程的教学为例，说明非标准答案式教学对于工科学生创新能力的培养具有很好的作用，同时也促进了当前高校素质教育的发展。

二、教学内容、方法和形式改革

电子信息类人才要对事物保持敏锐性和好奇心，要具有丰富的想象力和联想力，要敢于提出问题，并勤于自主思考解决问题[4]。针对问题，要有较强的分析问题和解决问题的能力，同时还要具有发散思维，能够举一反三。电子信息类课程教学不是工厂流水线作业，方法不是唯一的。因此，在课堂教学上，教师应当引导学生从多种角度思考问题并提出自己的答案，给学生灌输"工程问题没有标准答案"的思想。本文所提出的非标准答案式教学就是一种很好的探索，下面将从内容、方法和形式这三个方面来分析，非标准答案式教学应该如何在电子信息课程领域实施。

（一）更新教学内容

电子信息学科中的新产品、新技术和新理论更新速度极快，可能才出版几年的教材就已经适应不了目前教学的需求了。非标准答案式教学要求教师告诉学生，知识并不会一成不变，许多当今社会遇到的新的技术问题，需要用新的知识去解决。

（二）革新讲课方法

现在部分高校课堂采用"一言堂"的形式，在非标准答案式课堂上，教师应当注重民主，学生有什么问题可以及时举手发问，有什么想法也可以大胆地提出供大家讨论，提倡"圆桌式"教学，课堂不再只有教师的"一家之言"。

（三）启发学生思考

非标准答案式教学要求课后练习不再拘泥于教材后面的习题，期末考试也不再是传统的纸质试卷，而是给出几个不同的项目供学生选择作答，这样的考试没有标准答案，学生在做项目的过程中既能学到课本中的理论知识，又能锻炼自己的创新思维和动手能力。

三、教学案例

（一）学生自主编写软件

在"射频通信电路"的课程实验中，学生通过对书本知识的学习，深刻理解了 Smith 圆图的物理意义，通过自学 MATLAB 编程语言编写了一套基于 GUIDE 图形界面的软件。如图 1 为一名学生编写的软件界面，该软件功能齐全。

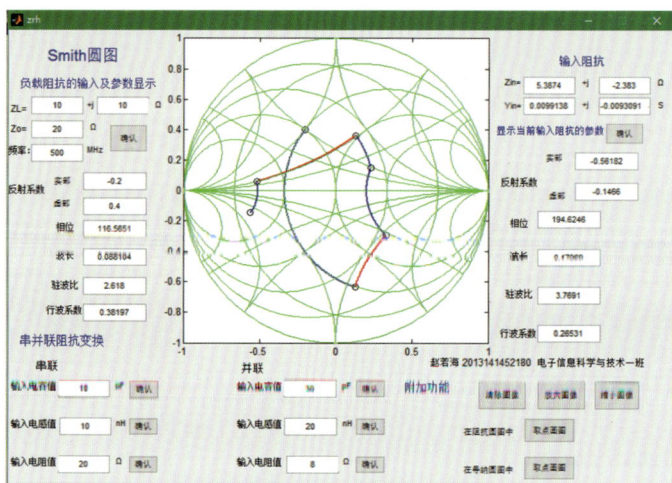

图 1 学生编写的软件界面

本课程设计需要大量的数学作图知识，以及相应的优化算法来处理问题并达到要求。这一算法学生花了很长的时间去思考，虽然过程很痛苦，但是最后都达到了设计要求，让学生收获颇多。

（二）Android 应用传输线计算工具

传输线是用来传输电磁能量的装置，用来连接信号源和负载，在射频电路的设计中经常使用，但与此同时，涉及传输线尤其是微带线的相关计算往往比较繁琐，手动计算耗时较长且出错概率较大，能够进行传输线相关运算的程序应运而生。在 PC 端已存在较多此类工具，而在移动设备如此发达的今天，在手机端却还缺少相对应的计算工具，这便是本课程设计的灵感来源。一位同学设计了一款基于 Android 操作系统的传输线计算 APP，见图 2。

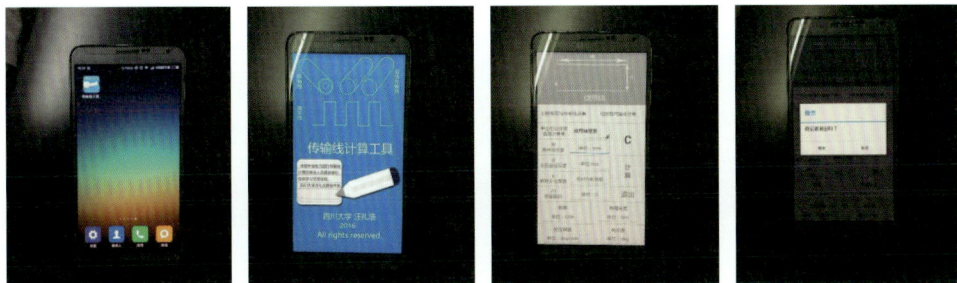

图 2　学生编写的 Android 应用 APP

该同学将此课程设计做成了方便使用的手机 APP，除了将课程中学习到的射频知识应用到软件设计的核心计算部分，更发挥灵感，自学了 Android 手机 APP 设计，自行设计 UI，将传输线设计软件转移到手机中，成为一本"可以携带的传输线设计手册"。

四、结语

在素质教育不断发展的今天，高校工科教师理应顺应时代潮流，转变思想，更新应试教育"标准答案式"的培养理念，以培养学生综合素质为己任，不断提高学生发现问题、解决问题的能力。本文所提出的在电子信息课程中实施非标准答案式教学是素质教育的一个重要实践。通过这种教学方式，能够多方面、多方位地调动起学生的积极性，为学生未来的人生道路打下坚实基础。

参考文献

［1］杨强，罗静.浅谈培养创新素质的电子信息课程教改［J］.当代教育实践与教学研究（电子刊），2016（4）.

［2］成立，祝俊，王振宇，等.基于培养创新素质的电子信息课程教改［J］.甘肃联合大学学报（自然科学版），2007, 21（6）.

［3］刘翠红，蒋晖，王建永，等.工科大学物理教改刍议［J］.芜湖职业技术学院学报，2011, 13（4）.

［4］任磊.电子信息工程专业教学改革探索［J］.大观，2017（1）.

考试题目

题目：

根据提出的滤波器参数要求、滤波器类型以及给出的介质板的介电常数，设计一个能自动计算出滤波器电路各处微带线尺寸的软件（类似微带线阻抗计算软件或者 Smith 圆图软件）。

软件界面包含：

1. 输入部分。滤波器的参数要求：何种类型滤波器，频率，阻带抑制等。

　　滤波器类型选择：巴特沃兹，切比雪夫还是椭圆？

　　介质基板参数设置：介电常数，厚度。

2. 输出部分。滤波器的阶数。

　　各部分微带线的长度和宽度。

简要说明：

本题为平时过程考核中的一道非标准答案试题。该题具有高度的灵活性，学生可以采用多种编程语言编写软件。在完成此题的过程中，学生需要积极研究滤波器的设计方法，探索滤波器各参数对输出结果的影响，具有很强的探究性。同时，该题答案可以多种多样，学生可以设计不同的软件形式，软件界面和输出结果展示界面，具有高度的开放性。

该题为学生充分展示其聪明才智提供了机会和条件，不少学生积极探索，脑洞大开，采用各种编程语言设计了许多有特色的软件，答案丰富多彩。

答案一（节选）：
电子信息学院　赵若海　2013141452180

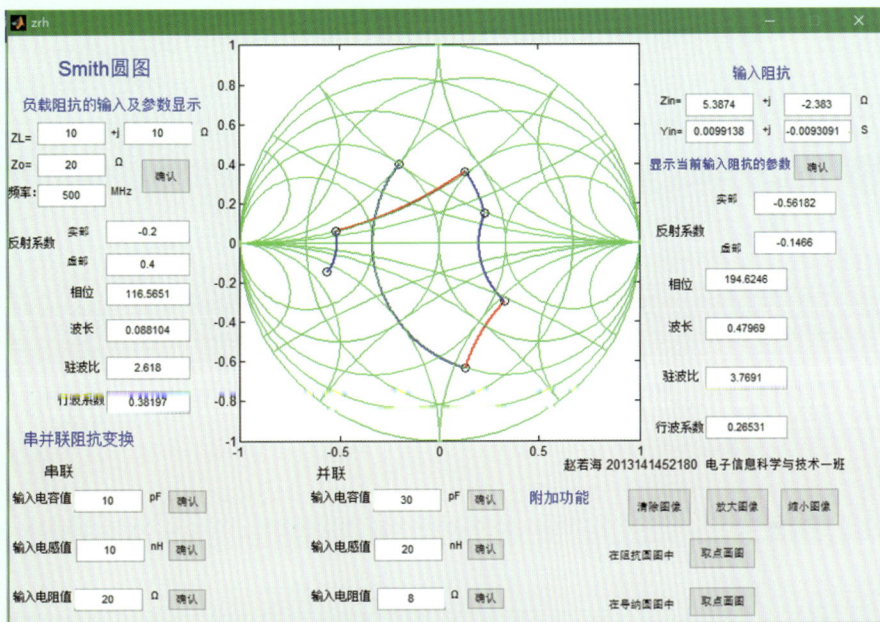

学生编写的软件界面

学生自评

　　本次实验对于我来说，完全是一个陌生的领域，对 MATLAB 完全不熟悉，从来没有使用过 MATLAB 的 GUIDE 图形用户界面。所以，刚刚开始花了很多的时间来学习这方面的知识，我不仅去图书馆借阅图书来学习，而且通过在互联网上看视频、逛技术论坛等途径来学习。除了需要掌握 MATLAB 的 GUIDE 图形用户界面的操作以外，本次实验需要大量的数学作图知识，比如电抗圆和导纳圆的绘制就是很困难的，最困难的是画出两点之间的圆弧来表示阻抗变换的过程，这个不仅需

学生答案

要数学知识，更重要的是要想出一个很好的算法来处理问题并达到要求。这一算法我花了很长的时间去思考，起初，想到的是通过角度来限制圆弧，可是发现其数学公式的推导相当困难，后来发现限制横纵坐标的范围要简单很多。不过从角度问题过渡到坐标问题的过程是相当漫长的，花了特别多的时间和精力去思考。虽然过程很痛苦，但是最后很圆满地达到了设计要求，还是让人很高兴的。同时，也收获很多。第一，掌握了 MATLAB GUIDE 图像交互界面的使用与设计。第二，学习了 GUIDE 的重要语句的使用，包括 handles 语句、str2double 语句、se 语句、delete 语句。第三，更加深入地明白了 Smith 圆图软件的使用。第四，更加深刻地理解了阻抗变换以及与 Smith 圆图相关的知识。

答案二（节选）：
电子信息学院 汪礼浩 2013141452075

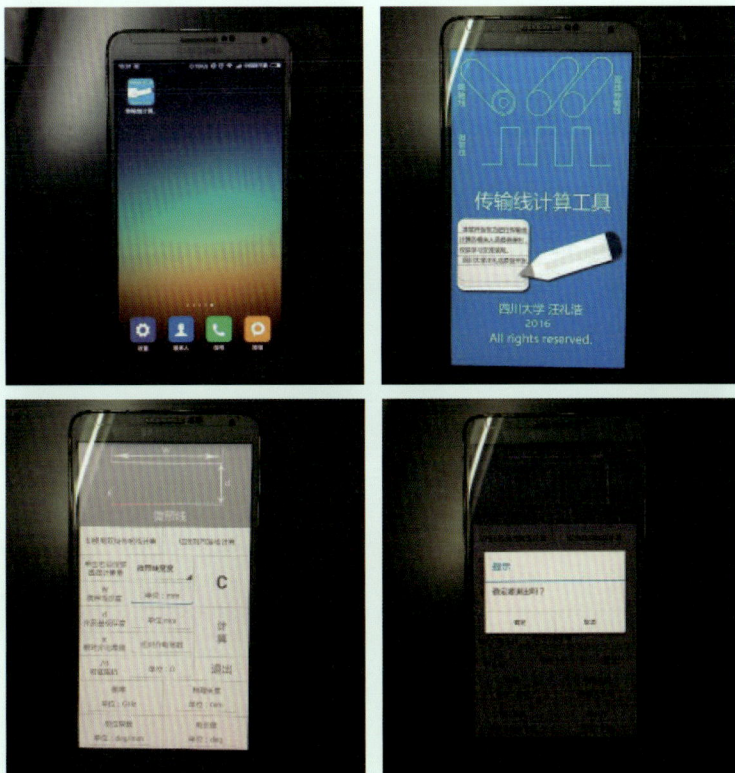

Android 应用传输线计算工具的设计

学生自评

传输线是用来传输电磁能量的装置，用来连接信号源和负载，在射频电路设计中经常使用，但与此同时，涉及传输线尤其是微带线的相关计算往往比较繁琐，手动计算耗时较长且出错概率较大，于是能够进行传输线相关运算的程序应运而生。在 PC 端已存在较多此类工具，而在移动设备如此发达的今天，在手机端还缺少相对应的计算工具，因此，这便是 Project 设计内容之一的灵感来源。于是一款基于 Android 操作系统的传输线计算 APP 出现了。

学生答案

答案三（节选）：

电子信息学院　刘勇成　2013141452042

低通滤波器设计

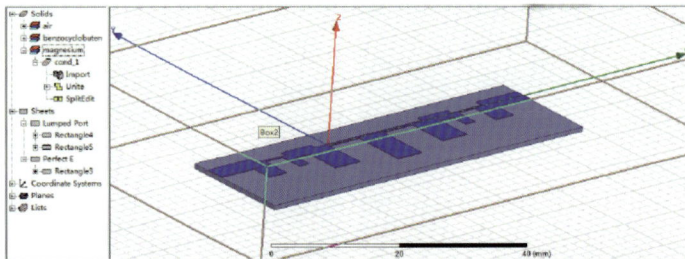

利用 HFSS 建模

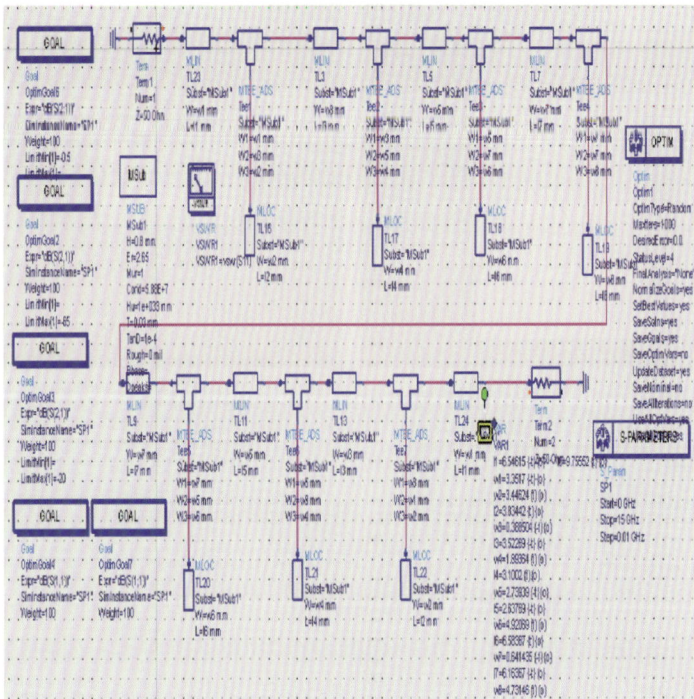

利用 HFSS 仿真以及 ADS 电路原理图

学生自评

此次设计让我受益匪浅，带我走到了射频世界的门口。通过这次设计我学习了滤波器的几种设计方法及设计原理，同时也学会了一些 ADS 和 HFSS 软件仿真方法，这些对我将来的学习和工作都有很大的帮助。通过设计，我更直观地理解和巩固了课堂所学的理论知识，调动了学习兴趣。在和淘宝射频板制作卖家进行交流的过程中，我了解了很多实际中用到的板子的知识，对于常用的板子的性能和覆铜方法等也有了初步的印象。在今后的学习生活中，我希望我还能保持这样一种端正的态度，一颗好奇心，一份坚持，在技术道路上继续前行。

学生答案一

该学生编写的软件功能齐全，其对于课本上讲解的 SMITH 圆图有着深刻理解，并且将 SMITH 圆图相关知识转化成软件中相应的功能。在项目实践过程中，学生还自主学习了 MATLAB 的相关知识。

学生答案二

这位同学将该课程的软件设计小项目变成了更方便使用的手机 APP，除了将课程中学习到的射频知识应用到软件设计的核心计算部分，更发挥灵感，自学了 Android 手机 APP 设计，自行设计 UI，将传输线设计软件转移到手机中，成为一本"可以携带的传输线设计手册"。

教师
点评

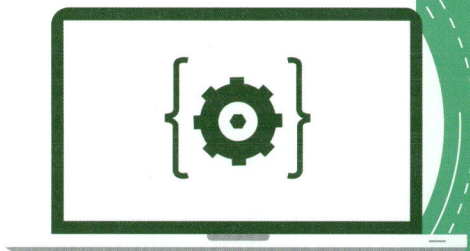

学生答案三

这位同学对工程应用的理解非常深入，同时使用了 ADS 和 HFSS 来仿真低通滤波器，并且将两种设计方法的结果进行对比，使实际设计的低通滤波器性能更稳定，保证仿真结果与实测结果的一致性。利用多种方法解决同一个问题，并进行对比的思路难能可贵。

现代材料分析技术

课程号：301136040

黎 兵／四川大学材料科学与工程学院

黎兵，四川大学材料科学与工程学院教授，博士生导师。四川省海外高层次留学人才。四川省学术和技术带头人后备人选。

2001年7月—2004年12月：在四川大学获得博士学位，材料物理与化学专业，薄膜材料与器件研究方向；2011年1月—2012年1月：美国堪萨斯大学物理与天文学系，访问学者。

1996年7月至今，一直从事太阳能材料与器件的研究工作。连续三年获"四川大学优秀青年教师"称号。任四川大学"985工程"科技创新"西南灾害防治与资源"平台科研骨干、教育部工程研究中心"四川大学后续能源材料与器件教育部工程研究中心"副主任、《半导体学报》理事会首届理事。

"现代材料分析技术"中期考核的非标准化探索

四川大学材料科学与工程学院

黎　兵　曾广根　刘　才　王文武　郝　霞　李　卫　武莉莉　张静全

【摘　要】材料的设计、制备及表征，是材料研究的三部曲。材料设计的重要依据来源于对材料的物性分析；而材料制备的实际效果必须通过材料物性分析的检验。因此，材料科学的进展极大地依赖于材料物性分析水平。"现代材料分析技术"是针对材料类专业本科生开设的专业必修课。其中，光谱分析是中期之前讲授的内容。课程的中期考核，既承上启下，又占比高。经过多年多届的教学探索和实践，我们连续多届采用非标准化的中期考核，反响很好。

【关键词】材料分析　光谱分析　非标准化

1. 引子

首先，请允许我（第一作者）用自写的古体七言绝句，作为本文的引子 ——

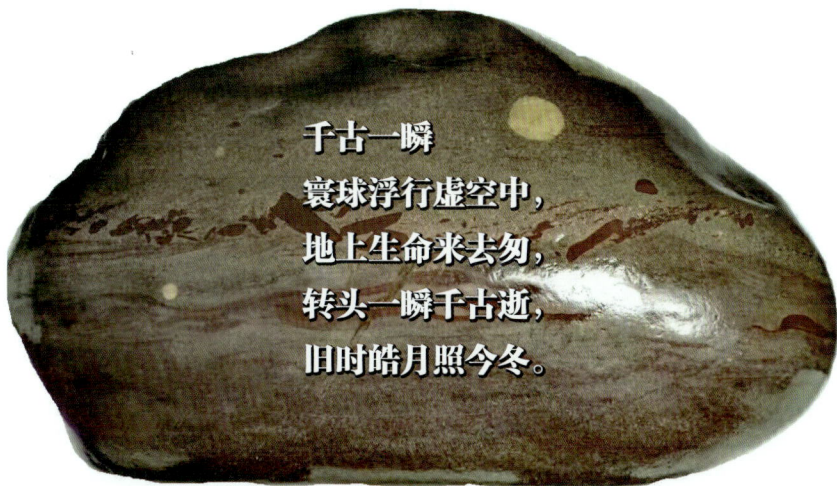

千古一瞬
寰球浮行虚空中，
地上生命来去匆，
转头一瞬千古逝，
旧时皓月照今冬。

这首诗的意境是，畅想地球和月球这些星体，悬浮在宇宙中运行，不舍昼夜；而地球上的生命，则是宇宙中的奇迹；虽然岁月如梭，但曾经照耀过古人的、引发文人骚客情怀的月亮，今天依然还在照耀着我们。

这不禁令我们遥想地球之外的宇宙天体世界，那里存在着什么样的物质？曾经经历过什么样的变迁？它们的光谱或能把这些秘密泄露给我们。虽然，今天人类的飞船可以到月球、金星、火星上去，从那里采样回来做各种测试分析，然而，这些星球只是茫茫宇宙天体世界之一粟。就太阳这样的星球，其成分就不能靠飞船去采样，更何况还有离我们几光年，甚至几十、几百光年的星球，就现在的宇航技术而言，我们更无能为力了。实际上，远在宇宙飞船出现前一百多年，人类依靠光谱技术，就已经知道太阳以及银河系中各个星体的组成成分了。

我们相信，随着人类科学技术的进一步发展，现代材料分析技术也会越来越先进和便捷。

2. 现代材料分析技术

一提到材料分析，就会令人联想到精密仪器分析。诚然，市面上关于仪器分析的书籍，已不算少，不过大多是以介绍化学分析类的测试仪器为主；且其读者对象是以化学专业类的本科生、研究生为主。

本文作者中的黎兵（教授）、曾广根（副教授）长期担任材料物理、材料化学、新能源专业必修课"现代材料分析技术"的主讲教师，深感缺少专门针对材料科学与工程类的高等学校教材以及与材料物理、材料化学专业密切相关的参考书。有感于此，编著者集十余年的教学所得，汇编出版了同名教材，试图弥补。

众所周知，功能材料的物化性分析，主要是针对材料的组分、结构及微观形貌进行测试表征，本课程就主要从这三个方向出发，来选择精密仪器进行原理性的介绍，包括 X 射线衍射技术（XRD）；此外，在其他材料分析类书籍中很少见到的核磁共振波谱法，也在本书中做了较全面的介绍。这样，分子结构的四大分析工具（紫外可见光谱法、红外光谱法、质谱法、核磁共振波谱法），在本书中都收录齐全了。

课程讲授的安排力图体现其教学目的，即使学生对材料的各种现代分析技术有一个初步的、较全面的认识；掌握相应的基本原理、方法及理论推导。其目的是培养有一定的材料分析、材料设计能力的高等人才，而不是仅仅为了操作精密仪器和简单地按设备按钮而已。

爱因斯坦说过："追求知识比掌握知识更重要。"

从我们对文明发展阶段的划分（石器时代、青铜时代和铁器时代）就可以看出材料对我们人类而言有多么重要了。可以说，人类社会每一个新时代的出现都是由一种新材料的出现而促成的。材料与人相仿，差异往往深藏在表面之下，人们唯有靠先进的科学仪器才能略窥一二。为了了解材料的性质，我们必须跳出人类的经验尺度，钻进物质里面去，进入微观，甚至超微观世界中去。

材料的设计、制备及表征，是材料研究的三部曲。 材料设计的重要依据来源于对材料的物性分析；而材料制备的实际效果必须通过材料物性分析的检验。因此，可以说材料科学的进展极大地依赖于材料物性分析水平。

材料分析正是通过对材料的物理、化学性质的参数和其变化（即：测量信号）的检测来实现的。由于采用不同的测量信号，对应了材料的不同特征关系，也就形成了各种不同的现代材料分析技术。

3. 非标准化中期考核安排

"现代材料分析技术"是针对材料类专业本科生开设的专业必修课。其中，光谱分析是中期之前讲授的内容。本科生的期末最终成绩由平时成绩＋中期考核＋期末卷面成绩等多部分组成。而其中的中期考核，既承上启下，又占比高，所以尤显重要。经过多年的探索和实践，我们连续多届采用非标准化的中期考核。举例来说，以"不花一分钱，自制光谱仪"为题，请同学们利用课堂所学，利用纸盒、光盘、刀片等简单材料和工具，自己设计图纸，组装出简单的分光器。要求同学们尽量以寝室为单位，自由分成若干小组，每个小组的成员均须承担不同的角色任务，或设计图纸，或提供材料，或拍照，或编写讲演 PPT 等，这样每个同学都能得到锻炼。最后，在第 10 周左右中期考核时，以小组顺序上台演示自制的分光器和PPT。PPT 里面须包含成员分工、制作原理、制作过程、分光结果等。最终以讲演的效果、组织的内容、光谱仪 box 的实体展示、分光的效果等，综合考评得出小组成员的中期成绩。同学们接受任务后，干劲十足，八仙过海，各显神通，每一届都有不少令人眼前一亮的作品。

4. 总结

结合多届本科学生完成之后的感受，综合看来，大家均认为这种非标准答案的中期考核，能很好地调动自己的学习积极性，使得枯燥的理论学习也变得生动起来；同时增强了动手实践能力，加深了对课堂知识的理解记忆，提高了团队合作意识，并增强了同学间的友谊，大家表示收获很大。另外，由于大家都以各种角色参与了这个期末占比高的中期考核，每位同学的中期考核分值都不低，这样也为大家取得优良的期末总成绩打下了良好的基础。

考试题目

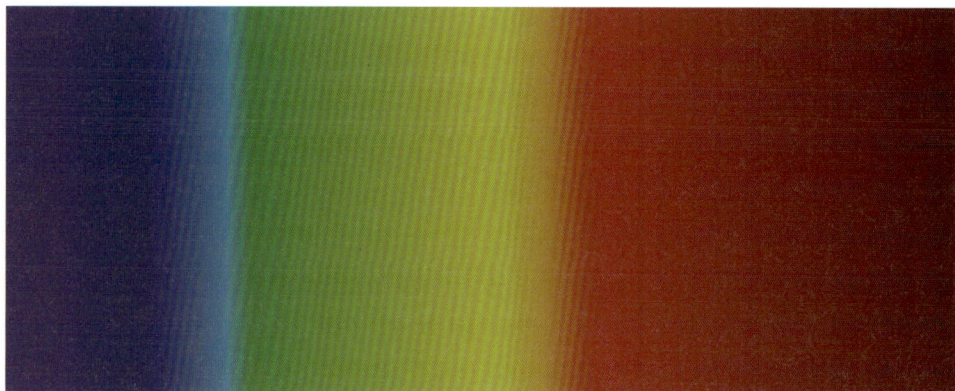

题目：

不花一分钱，自制光谱仪

简要说明：

"现代材料分析技术"是针对材料类专业本科生开设的专业必修课。其中，光谱分析是中期之前讲授的内容。中期考核，就是以"不花一分钱，自制光谱仪"为题，请同学们利用课堂所学，利用纸盒、光盘、刀片等简单材料和工具，自己设计图纸，组装出简单的分光器。

要求学生以寝室为单位组合成若干小组，每个小组的成员均得承担角色任务，或设计图纸，或提供材料，或拍照，或编写讲演 PPT 等，这样每个学生都能得到锻炼。最后，在第 10 周左右中期考核时，以小组顺序上台演示 PPT，PPT 里须包含成员分工、制作原理、制作过程、分光结果等。最终以讲演的效果、组织的内容、光谱仪 box 的实体展示、分光的效果等，综合考评得出小组成员的中期成绩。

学生答案

答案一（节选）：
材料科学与工程学院
讲演：韩　玉
组员：韩　玉／曹慧玲　等

两小儿辩日之光谱仪篇

原理

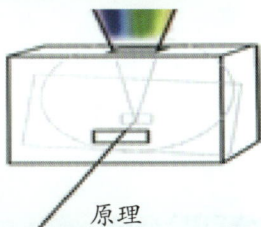

制作过程

制作过程

学生答案

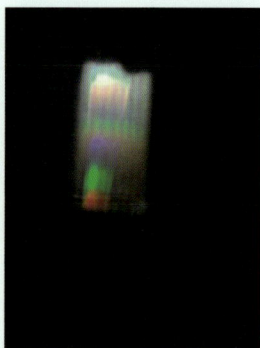

日光灯光谱

红光灯光谱

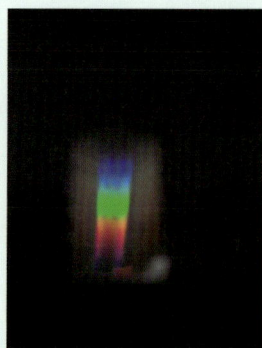

太阳光谱

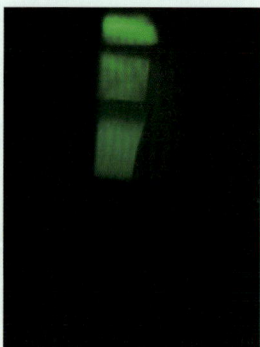

绿光光谱

蓝光光谱

紫光光谱

答案二（节选）：
材料科学与工程学院
组员：陶斯淑／苏思宇／马　浩／莫桃兰

DIY 简易光谱仪

1. 基本原理

1.1 什么是光谱仪

光谱仪（Spectrosope）是将成分复杂的光分解为光谱线的科学仪器，由棱镜或衍射光栅等构成。

1.2 具体有哪几类

光谱仪按分光波段可分为可见光波段光谱仪、红外光谱仪和紫外光谱仪；按色散元件可分为棱镜光谱仪、光栅光谱仪和干涉光谱仪等；按探测方法可分为直接用眼观察的分光镜，用感光片记录的摄谱仪，以及用光电或热电元件探测光谱的分光光度计等。

1.3 光栅（衍射）光谱仪

光栅的分光原理

光栅方程：$d\sin\theta = \pm k\lambda$（$k = 0,\ 1,\ 2,\ \cdots$）。

白光入射时，λ 不同，θ_k 不同，按波长顺序排列形成光谱。

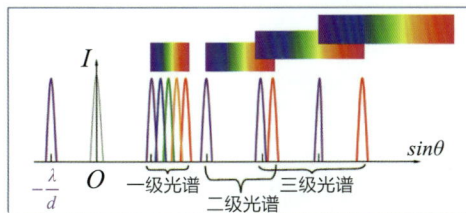

分光原理图

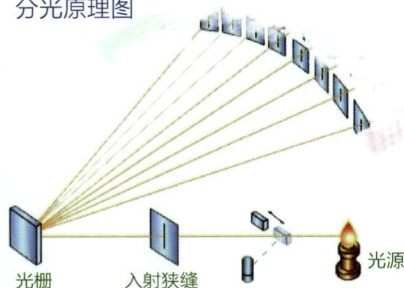

学生答案

2. 分工与设计（前期准备）

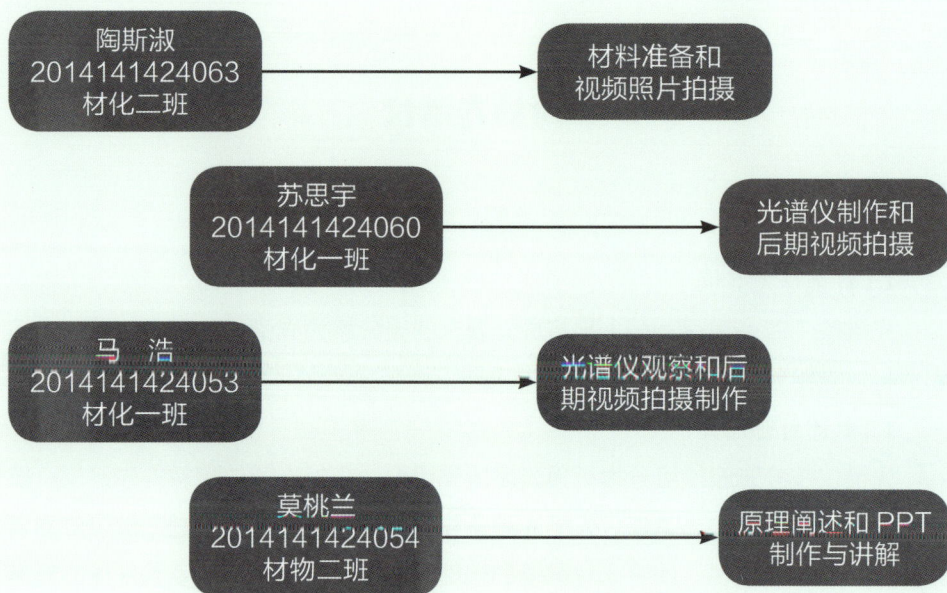

陶斯淑
2014141424063
材化二班 → 材料准备和
视频照片拍摄

苏思宇
2014141424060
材化一班 → 光谱仪制作和
后期视频拍摄

马　浩
2014141424053
材化一班 → 光谱仪观察和后
期视频拍摄制作

莫桃兰
2014141424054
材物二班 → 原理阐述和 PPT
制作与讲解

设
计
图

主要参数
轮廓（mm）：
135×100×45
缝长（mm）：
15
缝高（mm）：
25
缝宽（mm）：
0.5±0.1
观察孔（mm）：
20×10
镜面角（°）：
45

实物图

3. 制作与观察过程（视频截图）

4. 收获与感悟

团队 ⟷ 创新 ⟷ 心态

学生答案一

该组同学先从《列子·汤问》的"两小儿辩日"讲起。故事略带着两小无猜的单纯与缱绻，折射着金乌永恒的智慧光芒——太阳，关于生命，关于遐想。在孔圣人谦逊的询问之下，在列子精辟的记述中，所有来自太阳的远古的未知，都随着丹青笔墨一一铺呈开来。孔子东游，见两小儿辩斗，问其故。一儿曰："我以日始出时去人近，而日中时远也。"一儿以日初出远，而日中时近也。一儿曰："日初出大如车盖，及日中则如盘盂，此不为远者小而近者大乎？"一儿曰："日初出沧沧凉凉，及其日中如探汤，此不为近者热而远者凉乎？"孔子不能决也。两小儿笑曰："孰为汝多知乎？"

今日，这组对太阳有着同样执着兴趣的大学生，开启了他们的另一段新的旅程——对光的探索。

该组同学对自制光谱仪的原理、步骤进行了详尽叙述。他们在不高山、白石桥附近，用自制的光谱仪完成了太阳光的分光实验，也为他们自己留下了美好的大学记忆。另外，该小组同学还制作了花絮、视频等资料。

结合该组同学的课堂讲演内容等情况，综合评定其中期考核成绩为优。

学生答案二

该组同学从光谱仪基本原理、分工与设计、制作和观察、收获与感悟等几个方面，展开了整个自制光谱仪的过程。同时制作了相关视频。值得一提的是，该组同学在录制视频时，采用两名组员播报新闻的方式，讲解了他们自制光谱仪的有趣过程，并对多种光源（自然光、台灯、手机发光，甚至饮水机的指示灯光）进行了现场测试，充分体现了同学们学以致用的主动精神。该视频完整生动，加上课堂 PPT 的讲解，更是相得益彰。

结合该组同学的讲演内容等情况，综合评定其中期考核成绩为优。

教师点评

绿色建筑材料

课程号：305799020

欧阳金龙／四川大学建筑与环境学院

欧阳金龙，教授，主要从事绿色建筑及材料、建筑环境与节能的教学和科研工作。2009 年毕业于日本佐贺（国立）大学都市工学科，获工学博士学位，并获得 2009 年度教育部留学基金委主办的国家优秀自费（非国家公派）留学生奖学金（全球共 497 人，日本 49 人）。同年进入四川大学建筑与环境学院。2011 年获得国家社会科学基金项目，2015 年获得国家自然科学基金项目。发表学术论文近 50 余篇，其中 SC/EI 收录 10 篇；参与编著教材《绿色建筑材料及部品》。

"学以致用，而非死记硬背"的非标准化答案考试实践

四川大学建筑与环境学院　欧阳金龙

应用型课程的知识学习不是靠死记硬背标准答案，考查学生学以致用的能力才是正道，要杜绝考试作弊和抄袭。

通常，应用型课程的考试都是内容为选择题、是非题、问答题、计算题之类的标准化考试。然而，绿色建筑材料及部品的种类繁多，多达上万种。即使常用材料，也达到了上百种；而且材料的性质各异，其使用的目的、要求等也不尽相同。要求学生一一记住各种材料的特征、性能等基本的概念知识，是不科学的。考查学生利用知识进行评价、分析以及合理应用绿色建筑材料及部品的水平高低，才是关键。

绿色建筑作为一个系统工程，需要大量性能各异的材料，按合理的方式砌筑而成，可以更好地发挥材料的功能，体现绿色建筑的价值，因此合理应用绿色建筑材料及部品就非常重要。绿色建筑并不是指由绿色材料及部品堆砌而成的建筑，相反，其对建筑材料的合理应用要求更高，因地而异，因时而异，因使用功能、使用环境、使用部位等不同而不同。传统的标准化答案考试，在"绿色建筑材料"这门课程中显得既不合理，也不适宜，非标准化答案考试改革势在必行。

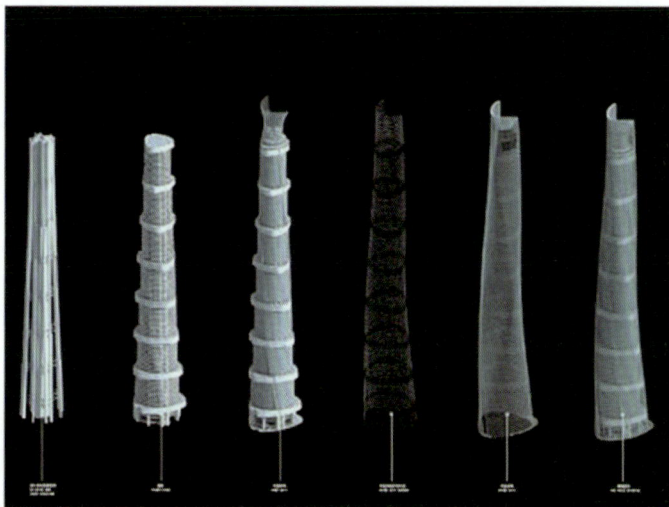

核心筒及   楼板   内层   外层幕墙   外层   整幢
超级结构   幕墙   支撑体系   幕墙   建筑

    既然确定了非标准化答案考试教改思路，那么就需要设计出适宜的考试题目。首先，考试的基本目的是必须要达到的，即考查学生对本课程知识内容的熟悉程度、应用能力等。其次，也必须从根子上杜绝作弊、抄袭现象。另外，既不能局限于闭卷考试，也不能局限于集中考试，需要符合学生今后的工作方式和习惯。学生在今后实际设计工作中，需要经常查阅参考书籍、资料信息等，才能熟悉了解各种材料的性质、功能等，才可能正确选用并应用材料。因此，经过综合考虑，本课程的非标准化答案考试确定采用课程论文的形式。

考试题目

题目：

绿色建筑材料及部品的综合利用和建筑材料及部品的绿色利用

以你自家住房或住房楼为研究对象。假定现在或未来，因达到物理寿命或因为其他原因，该建筑将被拆毁并按照原有设计方案实施重建。在重建过程中建筑本身及周边附属设施的所有建筑材料及部品，由你来决定选用何种和如何使用。请你应用本课程中所学知识，实现绿色建筑材料及部品的最大化利用和建筑材料及部品的最大化绿色利用。

答题要求：

（1）简单描述该建筑物的特征，如所在位置、当地气候特征、建筑层数、高度、布局、周围环境、建筑各部位的材料等；

（2）必须包含本课程教材十个章节的内容，也可拓展至这十个章节的内容之外；

（3）对每种材料或部品的选用必须充分说明理由，且应符合该建筑的实际需求。

简要说明：

首先，完全杜绝学生考试作弊和抄袭的可能性。由于学生来自五湖四海，自家住房或住房楼肯定不一样，那么答案也肯定是非标准答案。

而且，通过这次考试，要求学生进一步复习和熟悉本课程教材的知识内容，同时也考查学生是否能够熟练和正确应用本课程所学知识内容。

另外，通过评阅学生试卷，初步了解了学生的家庭背景，有利于把握学生的心理，并在今后对学生实施有针对性的教育。

学生答案

答案一（节选）：
建筑与环境学院　王世倩　2014141502083

我家在甘肃省白银市景泰县，住房建在农村，而且是平房，包括三个卧室，一个厨房，外加一个卫生间。住房建在靠近沙漠边缘的地方，所以那里沙化严重，一年四季风沙较多。夏季气候炎热干燥，一降水就极有可能发生涝灾，春季和秋季较冷，冬季降雪频繁，外加西伯利亚寒流的侵袭，且时常刮刺骨的冷风，所以极其寒冷。

现在住房需要重建，我决定：

1　屋盖和外墙用普通烧结砖的绿色墙材，这样费用较低。还有聚苯乙烯树脂泡沫塑料，因为聚苯乙烯树脂泡沫塑料：①保温隔热性能优良，因为泡沫塑料泡孔中的气体不容易产生对流作用，能够满足严寒冬季对建筑物的保温要求；②具有良好的吸声作用，因为聚苯乙烯泡沫塑料中存在大量的微小气孔，孔隙率大，吸声系数高；③压缩性能良好，其是一种弹塑性材料，这样沙尘暴等大风袭来时，不会产生永久变形；④其空腔结构使水渗入极其缓慢，吸水量小，夏季发生涝灾时不会被水泡胀。

2. 墙体和屋盖外表面使用保温隔热涂料，原因：①热导率低，保温效果显著；②生产工艺简单，能耗低；③施工相对简单；④阻燃性好，环保性强。

3. 卧室和卫生间之间的墙体使用实心粘土砖，因为它厚度大又比较重，共振频率往往低于 100 赫兹，所以隔声效果好。

4. 天花板铺设片状相变储热单元，相变储热单元能吸收窗户反射的太阳能，可供夜间采暖，也可减少冬天窗户造成的热损失。

5. 卧室的玻璃使用夹层玻璃，原因：①夹层玻璃具有很高的抗冲击性和抗惯性，抗风性能好，能起到安全防护作用，普通玻璃可能被风带起的沙石或风劲打碎，采用夹层玻璃后，即使在破裂情况下，仍能起到良好的保护作用；②有控制噪声功能，室内听到的风声会被减弱；③可控制吸热，夹层玻璃可阻挡有害的紫外光，保护室内家具。

6. 门窗使用铝木节能门窗，原因：①可保温、节能、抗风沙，有效阻隔风沙的侵袭，夏季可阻挡室外燥热，冬季不会出现结冰，还能减小噪声；②具有良好的装饰性能和视觉效果，且耐火性、耐久性好。

7. 门窗还使用手动遮阳百叶，原因：①造价低，设备简单；②可根据需要调节阳光入射量。

8. 屋面材料用混凝土瓦，原因：①其耐久性好，成本低，且质量优于粘土瓦；②在配料时加入颜料，可形成彩色混凝土瓦，美观，效果好；③强度高，具有良好的防水效果。

9. 其他要求：①在建筑施工现场采用"四化"管理，即建筑垃圾的"减量化""资源化""无害化"和建筑垃圾综合利用"产业化"，限制建筑垃圾的产生，尽量避免产生垃圾，鼓励和奖励垃圾"零"排放。②使用绿色建材、环保建材和健康建材，提倡构件标准化，减少建材生产过程中建筑垃圾的产生。③从建筑物拆卸下来的废旧木材，一部分可直接再利用。

10. 住房前铺水泥路：①平时看起来清洁干净，刮风时出行的人不会被风沙"淹没"；②下雨时道路不会泥泞，且运输车辆经过时不会颠簸。

道路两旁种松树：①可以减缓风沙的侵袭速度，有效遮挡风沙；②四季常青，绿化效果好。

学生答案

答案二（节选）：
建筑与环境学院　程皓楠　2014141473015

　　我的家位于山西省太原市，坐落于华北地区黄河流域中部，在我国建筑行业气候分区中属北方寒冷地区，是典型的地理气候类型中的温带季风性气候与温带大陆性气候：光能热量比较丰富，气候干燥，降雨量偏少，昼夜温差大，冬季干冷漫长，夏季湿热多雨，干湿季节分明。我家在太原市区，是一栋普通的六层民居，楼高如一般的城市居民楼，大为15~18米，又由于该地区处于北半球中纬度区，故是南北朝向——坐北朝南，布局为两室两厅，阳台及主卧的开窗口面向南方，便于这两个房间采光，而次卧则分别通过阳台、餐厅的保卫与外界隔开，便于卧室降噪；卫生间位于主、次两卧室之间，方便使用。

　　小区周围有一条商业步行街，人流量较大，而且商业噪声污染较为严重；又由于太原属于重工业城市，城市中空气质量较差且人口密集，城市热岛效应明显，因而改善室内的空气质量及热湿环境便成为重中之重。

　　而要实现该住宅绿色建筑材料及部品的最大化利用和最大化绿色利用，可从与建材发展相关的内环境设计、围护结构的构造和用能设备的选择三个方面着手。

　　首先，从围护结构的构造出发。从第二章的知识可知，围护结构分为非透明围护结构和透明围护结构。非透明围护结构包括墙体等。对于室内保温隔热要求，北方寒冷地区应以冬季保温为主，适当兼顾夏季隔热，同时还需要考虑尽量利用天然太阳光提供室内所需热量。要增强围护结构（墙体）的保温隔热能力。由 $Q=K\cdot(T_{out}-T_{in})$ 可知，当气候条件即温差一定时，要降低墙体的传热系数 K，增加墙体的厚度和降低墙体的导热系数。而增加墙体厚度会影响材料用量及结构，故主要从材料导热系数出发。我认为可以采用加气混凝土墙体（由水泥、石灰、粉煤灰和发泡剂配制而成，是一种保温绝热效果良好的轻质材料），墙体厚度为24cm，其保温绝热效果优于37cm厚的砖墙，可有效降低墙体厚度，节约材料。同时在墙体表面还可涂刷隔热保温涂料以提高孔隙率，提高热阻，降低传导热，可改善墙体保温隔热、降噪及阻燃等性能，还可采用增设空气层保温、墙体自保温等措施。

对于室内保温，由于北方地区冬季寒冷干燥，故对围护结构保湿性能提出了更高要求。减少散湿量可选用以上的加气混凝土墙体并增设适当厚度的空气层以降低墙体散湿系数。

再考虑降噪处理。由于地处商业闹市，故改善住宅的声环境十分必要。建筑隔声材料中最主要的是墙体材料，其品种规格也最多，可分为砌块、条形板、轻质薄板、复合板等。因此我认为对声环境要求高的卧室可采用复合板为墙体材料，并采用双层板墙隔声结构，在两墙之间的空气层填充多孔性吸声材料，选取轻质疏松富有弹性的高效吸声材料如玻璃棉、岩棉和矿棉板等。同时，为降低建筑撞击噪声，还可采用地毯及软木等弹性面层材料。

在以上所有选用的墙体材料中，均掺入相变材料，制成相变蓄能围护结构，可以大大增强围护结构的蓄热功能，使用少量的材料就可以储存大量的热量。如德国研究者将 BS 和石蜡注入混凝土中，使混凝土能够蓄热。同时，将相变储能围护结构与适合的通风方式结合，在相变储能墙体中设置风道，利用夜间通风，在冬季可以由空气将墙体日间所蓄热量带入室内，供室内夜间采暖用；在夏季可以将墙体在夜间散入室内的热量带出。在墙体的室内一侧，可贴相变调温壁纸或瓷砖，增强蓄热能力且可起到装饰作用。

透明围护结构，主要是门窗、玻璃帘幕等。太原市阴天较少，太阳光照比较充足，故可充分利用天然太阳光照，同时透明围护结构可通过透过玻璃的日辐射获得一定热量。我认为可采用中空玻璃表面镀膜制成热反射镀膜真空玻璃，并在其中充氩气，可对太阳辐射有所控制，并且提升节能性。最后，在窗前还可配上用相变材料处理的窗帘形成一个热屏障，增强保温隔热性。

对于门窗框材料的选用，可用钢材或铝合金经热处理后，进行喷塑处理，与PVC 塑料或木材复合制成门窗框，可以显著降低其传热系数；还可以设置"热隔断"，将窗框组件分割为内、外两部分，代以不导热材料连接，可大幅度降低

学生答案

传热系数。

此外，还要提高围护的气密性，可以采用双层门、双层窗。而对于门窗缝隙，可采用密封材料，如密封膏和密封条。

下面，从内环境设计及用能设备的选择方面着手。对于遮阳体系，我认为可采用可调节遮阳系统中的收回型遮阳系统，该系统简单有效，可控制窗户的实际遮阳面积，又兼具百叶窗的通风、照明及视线等优点。室内装饰可采用软质瓷，半透明度高，较为美观。

对于室内用能设备，可采用空气加湿器增加室内的湿度。而对于冬季北方普遍的供暖问题，我认为可以采用太阳能集热器＋相变地板采暖系统，采用相变蓄热地板，利用太阳能为热源加热水来为地暖供热，可实现供暖上的建筑节能并且不会降低空气的品质及湿度，保持室内环境的舒适度。

而要实现最大化绿色利用，则必须要对建筑材料及建筑垃圾循环利用。由于题目中要求先拆除原先建筑，故会有大量可循环利用的建筑材料及垃圾。对于废木料，可用来生产黏土水泥复合材料。对于量最大的废旧建筑混凝土，可将其碾碎、清洗、分级后，按一定的比例混合形成再生骨料，部分或全部代替天然骨料配制新混凝土。而对于建筑垃圾，可对其回收并综合利用：对废钢筋、废铁丝、废电线和各种废钢配件等金属，经分拣、集中、重新回炉后，可以再加工制成各种规格的钢材；对于废竹木，则可用于制造人造木材；对于大量的砖、石、混凝土等，经破碎、筛粉、干燥等处理，可用作再生骨料，用于砌筑砂浆、抹灰砂浆、打混凝土垫层等；对于砖瓦，经清理可重复使用。与此同时，还要优化拆除方法，在源头进行分类，提高废旧构筑物的再生利用率。应共同采用人工拆除内部装修、机械拆除构筑物体的科学拆除方法。

综上所述，从围护结构的构造、内环境设计、用能设备的选择三个与建材相关的方面来讨论在满足所处位置对建筑功能要求的前提下，通过材料的选择、改造并对建筑资源循环利用，来实现该建筑建材的最大化利用。

　　建筑材料并不是远不可及的"高精尖"材料，而是紧紧围绕在我们的身边，组成了我们日常生活、工作、学习的建筑空间。面对资源枯竭、能源短缺、环境污染的危机，发展绿色建筑材料，是建成绿色建筑的基础，是实现可持续发展的重要战略。

　　第一位同学的答案条理清晰，逻辑严谨；第二位同学的答案从绿色建筑材料引入，因地制宜，具有很强的针对性，可以改善实际建筑的环境问题，体现了学生学以致用的能力。

　　希望学习"绿色建筑材料"课程后，同学们可以学以致用，有能力改善自己最熟悉的家。虽然暂时仅仅只是梦想，但这个梦想并不"虚幻"！

教师
点评

过程机器

课程号：308045030

肖泽仪／四川大学化学工程学院

肖泽仪，化学工程学院教授，博士生导师，长期从事分离工程领域研究工作，先后主持或参与各类科研项目 30 余项，包括国家攻关计划（六五、七五、十五）、国家自然科学基金 5 项、省部攻关和基金 6 项、横向合作项目 20 余项。

1983 年开始本科教学工作，先后讲授"工程流体机械""工程流体力学""传热学""工程热力学"等 8 门课程，并指导学生毕业设计、论文写作和专题讲座等；1992 年开始指导和招收研究生，讲授"流体力学""膜及膜生物反应器""场论""分离机械专论"等 6 门研究生课程；5 次获得本科毕业论文优秀指导教师奖；参与编写 21 世纪核心教材。

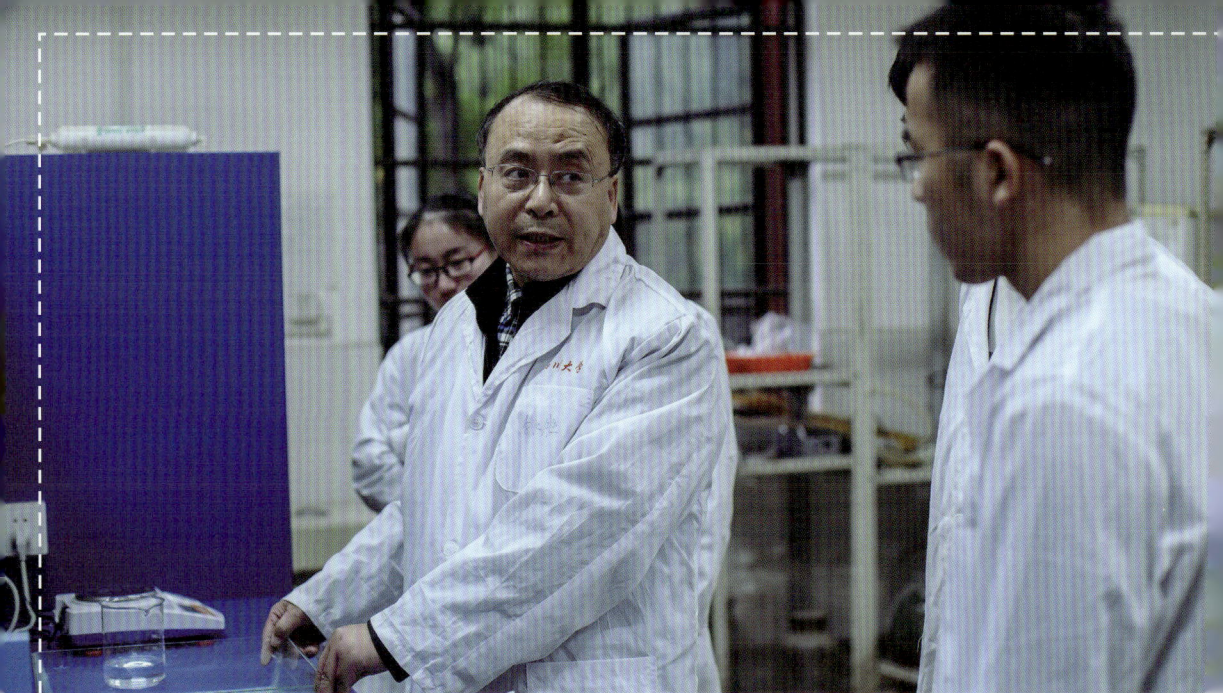

"过程机器" 课程教学的新思维

四川大学化学工程学院　肖泽仪

美国国家工程科学院在《21世纪工程师》一书中，对本科层次工程教育在新世纪的变革提出了展望，认为到2020年，工程教育培养的工程师们应具有几大特质：面向工程实际问题解决的、以数学和科学技术原理为基础的很强的分析能力，在实践中的灵巧和创造性，在社会各种场合的沟通交流能力，一定的商业头脑、领导和管理能力，高的道德水准，很强的职业嗅觉，敏捷、灵活、弹性及活力，终身的学习者[1]。传统的工程专业课的设置和教学，注重学生科学技术原理知识的学习以及计算、分析和设计能力的养成，对培养工业化时代的工程师是恰当的，但对后工业化时代，按该书所提的标准，传统教学就显然不能满足要求。

笔者从事"过程机器"课程（过程装备与控制工程专业本科主干专业课）教学逾30年，通过在教学中与学生的互动，与工业界和商界的长期交流和合作，深切感到传统的教学方法，包括考试考核的方法，与工业和工程技术的发展、新世纪学生的特质等有些不相适应，进行适当的调整改革是必要的。

"过程机器"课程的知识体系是从过程工业中与流体流动相关的一大类通用机

器中抽出的，可以看成过程工程大体系的一个分支，经数十年历史沿革，形成了流体输送机械（包括气体输送的压缩机和液体输送的泵）和流体分离机械的内容体系，涉及机器的原理、结构、功能和控制，以及相应的研究、实验、设计、制造、应用等。随着过程工业技术和流体机械技术的发展，"过程机器"课程教学仅以使学生获得流体机械原理和功能认知、机器机构和零部件设计制造、一般应用和维护等基本知识为主，已不能满足各方面要求。面对新的工业技术发展趋势、新的信息化教学手段、更富有活力的学生，特别是社会对学生知识和能力的新要求，在教学中灌注新的理念和方法，培养学生在基本知识以外，注重工程问题解决方案的思想和能力的养成，应该是"过程机器"课程教学改革创新的主要方向。

自 2009 年以来，笔者在"过程机器"课程教学中，除了继承传统方法中必须和有效的部分以外，陆续采取了一些改革措施，主要包括：

1）在教材内容以外，适当添加讲授一些强调现代工程问题解决方案的例子，比如气体压缩机的热泵应用及发展趋势，核燃料／材料生产的分离技术和设备等。

2）编制数十个有助于实际工程解决方案认知的测验题，用于课堂讲授时的随堂测验。

3）设计了课外实习课题，让学生在教学进程的中期完成，在课堂理论讲授的知识同工程实际中应用的感官认识的结合中，加深对工程实际问题解决方案这一命题的理解。

4）期末考试设置非标准答案试题，让学生在课堂学习和课外学习的基础上能够自由发挥，激发自己的想象力和创新思维。

任何工程实际问题本身都具有模糊和不确定性，其解决方案可以优化，但不具有唯一性。在新的工业革命（Industry4.0）[2]、新的社会发展形态、新一代的学生和新型教学手段条件下，如何让学生理解工程问题的多种答案，去分析、比较和选择，并进一步创造出自己的问题解决方案，是当前的大学和教师必须努力去改革、探索和实践的主要方向。

参考文献

［1］THE ENGINEER OF 2020-VISIONS OF ENGINEERING IN THE NEW CENTURY［M］. THE NATIONAL ACADEMIES PRESS, Washington, DC, 2004, www.nap.edu.

［2］王喜文. 工业 4.0：最后一次工业革命［M］. 北京：电子工业出版社，2015.

考试题目

题目：

江安学生宿舍空气源热泵热水系统

提交包含以下内容的报告：

1. 现场的照片（各主要设备、铭牌、管道等）。

2. 空气源热泵热水系统工艺原理（画出工艺流程图并配 300 字左右文字描述）。

3. 现场的空气源热泵热水系统的具体性能参数（功率、热水产量、温度等）。

4. 系统中主要单元设备（蒸发器、冷凝器、压缩机、泵等）的情况。

简要说明：

在学习了本课程的流体输送机械部分的知识内容后，希望学生对实际的压缩机、泵、管路及附属设备，以及由这些机器设备组成的热能工程系统，有感性认识和更深入的理性认识。大型公共空气源热泵热水系统是一个很好的例子。

答案（节选）：
化学工程学院　李　卓　2013141491137

空气源热泵热水系统

一般情况下，热泵正常工作的环境温度在 −5℃至42℃之间，温度低于 −15℃时，热泵将无法正常运行，因此对于冬季时间较长、气温较低的北方地区，热泵有一定的局限性。但在我国南方地区，特别是因为气候条件不利于使用太阳能热水器的地区，热泵不失为一种优良的水加热设备。而对于地处秦岭淮河线南的成都市来说，全年处于热泵的最佳工作温度，故选择热泵作为学生宿舍热水系统加热设备的决策是合理的。

学生答案

使用太阳能热水系统，充分利用屋顶空闲空间资源，有助于降低热水供应成本，并且在夏天起一定的保温隔热作用。而辅以空气源热泵系统对各种天气条件下热水的稳定供应起到了决定性作用。

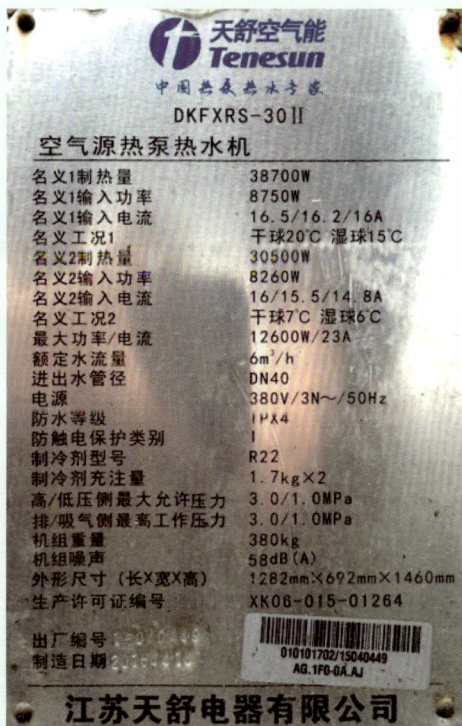

根据已有资料，在达到同样加热效果的前提下，热泵耗电量仅为普通电热设备耗电量的十分之三。而太阳能集热器的使用更能大大降低热水供应成本。

冷凝器

节流器

冷水　热水

压缩机 ← 输入电能

盘管风机

↑

外界吸收能量

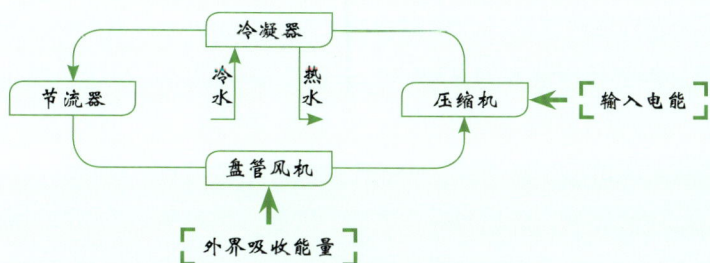

热泵工作原理简图

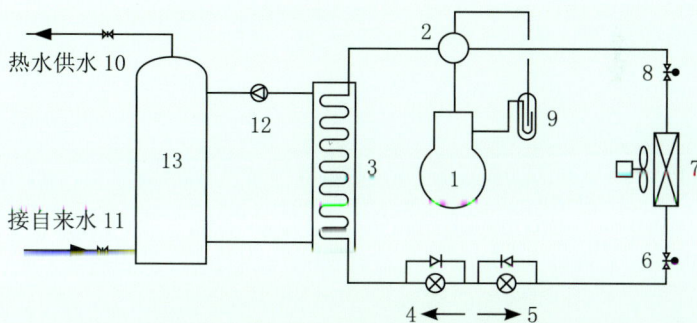

热水供水 10

接自来水 11

13　12　3

2

1

9

8

7

6

4 ← → 5

1- 压缩机；2- 四通换向阀；3- 套环式换热器；
4，5- 热力膨胀阀；6，8- 电磁阀；7- 风冷翅片蒸发器

空气源热泵热水机组系统原理图

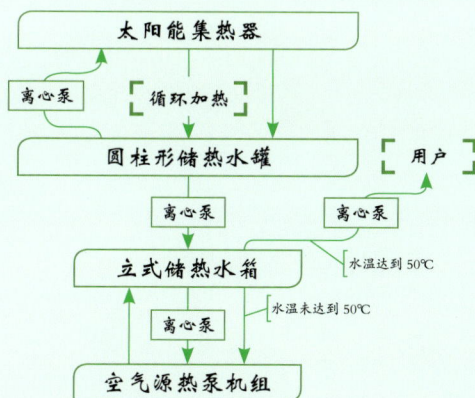

太阳能集热器

离心泵　循环加热

圆柱形储热水罐　用户

离心泵　离心泵

水温达到 50℃

立式储热水箱

水温未达到 50℃

离心泵

空气源热泵机组

太阳能与空气源热泵复合热水系统工作原理图

学生答案

　　以四川大学江安校区西园学生宿舍第九围合北侧热水系统为例估算，该系统建成运行后，年节省标准煤约 277 吨，减排二氧化碳约 692kg，减排二氧化硫约 5.53 吨，减少粉尘约 2.8 吨。

　　随着国际油气价格不断上涨，燃油和燃气等中央热水机组日常消耗费用逐年增加，而且排放的尾气对环境有一定破坏。因此，相对于传统燃气，燃油以及中央电热水机组，热泵所具有的安全、环保、节能等优势必将推动其在热水设备领域内的发展。

该份答案图文并茂，图片为现场拍摄，文字部分对空气源热水系统和热泵系统原理和构成进行了精彩阐述，显示了该生学习的专注和认真，很好地达到了该项测试的目标。

满分！

教师点评

提升素质教育水平，改革成绩考核方式
——非标准化答案考核之我见

四川大学化学工程学院　朱　权

【摘　要】本文从高校培养人才适应社会需求出发，结合"物理化学"课程的自身特点，提出了教学改革和非标准化答案考核的必要性。从课堂授课方式和考核方式两方面出发，详细阐述了提升教学质量和素质教育水平的具体措施。通过长期的教学实践，检验了非标准化答案考核的改革效果。

【关键词】物理化学　非标准化答案　科研思维　双创

近年伴随着高校扩招，大学毕业生人数逐年增加，从 2014 年的 727 万、2015 年的 749 万到 2016 年的 765 万，就业压力日趋严峻，"就业"不仅成为高校面临的严峻问题，也成为全国上下关注的焦点。自2014年起，党中央大力倡导高校生创业，"大众创新，万众创业"成为高校的一种新气象。四川大学原校长谢和平曾说过："大学生要能更好地创新创业，首先要有创新创业的知识、能力、智慧和本领，这就需要推进创新创业教育改革，核心是培养学生的独立思考能力、创新创业能力、协作精神和社会担当能力。这'三种能力'的培养，应体现在教育教学改革中，体现在深化课堂教学改革中。"基于以上认识，非标准化答案考核成为教育教学改革的关键一环。

"物理化学"课程的特色在于公式多、概念多和推导多，课程理论性强，内容抽象，教师讲授和学生学习的难度均很大，一直是基础化学教学领域中的一个难点。由于学时紧、课程内容多，过去主要采用课堂讲授和标准化的闭卷考试方式，导致学生局限于书本内容，经常采用死记硬背的方式应对考试，而考试结束后知识容易迅速被遗忘，教学效果较差。这种教学和考核模式难以满足提升学生素质教育水平，培养双创能力，增强社会应对能力的要求。因此，对教学方式进行改革，进行非标准化答案考核，提升教学质量可能成为改善问题的有效手段。

因此，应立足于"物理化学"的自身特色，改进授课方式：利用课程理论性和逻辑性强的特点，弱化公式推导，阐明课程的主线和框架；利用自身从事的科研项目和已有的学术积累，在课堂上尽量引入与基础概念和公式相关的科学前沿内容，强调基础知识的应用性；利用启发式教学，提出问题，引导学生主动思考，在交互式环境下完成教学，达到教学过程的愉悦性；贯注科研思维，有效结合教学和科研，提升学生分析和解决问题的能力。在此基础上，开展针对性的非标准化答案考核，形成教学和考核的双重革新。

在非标准化答案考核上，针对具体问题和研究对象，我会设置一个比较大的课题，要求学生不能仅依赖于书本，还需查阅大量的课外书籍和文献；不能仅依赖于个人，还需要团队协作和讨论；不能仅依赖于文字总结，还需要口头讲演叙述；不能仅依赖于自说自话，还需要禁得起老师和其他同学的质疑，希望能够充分地锻炼学生科研思维能力、团队协作精神和演讲表达能力。在问题解决上需要说明：为什要做、为什么要你做和你要怎么做；在团队合作上体现：合理分工、有效协作和深入讨论；在演讲表达上达到：说得清（问题、思路、方法）、提得起（观众关注）、禁得起（提问和质疑）。这样的考核不可能有标准答案在那儿准备着，但老师和其他同学的客观评价一定是能够获得的，有利于推动教学改革和学生综合素质的培养。

近几年来，在小班研讨基础上，我开展了大量的非标准化答案考核的尝试，针对超临界流体、电化学、表面化学等教学内容都进行了尝试，采用上述的组织方式，充分地调动了学生的学习积极性、主动性和创造性，学生有意识地去自己调研文献、推导公式、讨论方案、制作课件和激情演讲，对课程的知识体系有了深入掌握和能够灵活运用。采用这种教育模式，有效地培养了学生的综合能力，提升了素质教育水平。

今后，我会在非标准化答案考核的教学改革中继续前行，努力把"物理化学"变为一门不需被记起，却就难忘记的大学基础课程。

考试题目

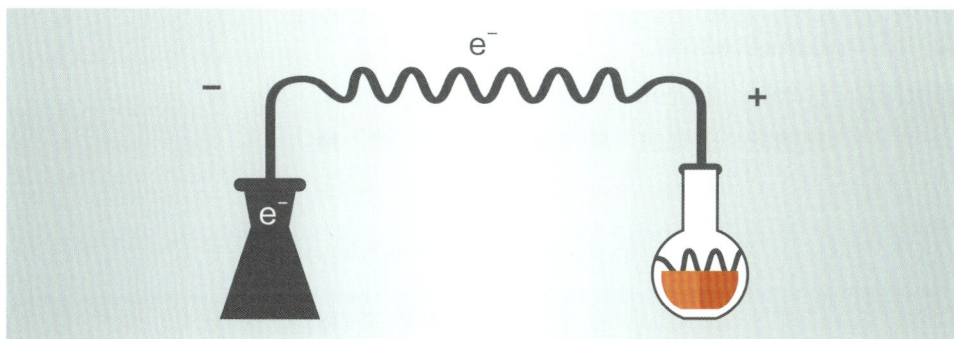

题目：

根据电化学的基本原理，针对现在国内外研究的现状，提出一种具有充分发展潜力的化学电源，阐述其工作原理，研究的重要意义以及将来可以开展的进一步研究工作或展望。具体题目自拟，请广泛查阅课外的书籍和相关文献，提出新颖的看法和观点，不允许采用上课讲述的例子。

考核形式：口头答辩 +PPT 课件。

组织形式：组成 6 ～ 8 个人的小组，每个人有具体分工；教师和助教负责具体答辩和提问过程的筹备、组织和总结等工作。

基本要求：阐明三个基本问题——该种化学电源的研究意义（即为什么要做）；该种化学电源的工作原理（即如何从课堂讲授的原理理解工作机制）；现在存在的问题和对将来的展望（即为什么还要进一步研究）。

评分标准：口头答辩得分 +PPT 制作得分 + 同学提问得分。

学生答案

答案一（节选）：

化学工程学院

蒋　萌　2012141492007

同组同学：郭竣畅　杨海武　马振威　陈海林　李心兰　孙　豪　马　涛
高健秋　苏惠田　陈章妍　罗小凤　张　琳

Lithium X Battery 关于锂的电池

前言

2013 年，一架波音 787 机身后部的辅助动力电池过热，导致起火。机场消防队花了一个多小时才扑灭火焰。事后检查发现，不光电池和壳体严重损坏，泄漏的熔融电解质和炽热气体使得半米以外的机体结构也受到损坏。

一、发现了带锂的 2 个电池

锂电池：Lithium battery。

锂离子电池 LIB：Lithium-ion battery。

二、锂们是不一样的

锂电池：$Li+MnO_2 \xrightarrow{\quad\quad} LiMnO_2$。

锂离子电池：

$LiCoO_2 \xrightleftharpoons{\quad} Li_{1-x}CoO_2+xLi^++xe^-$，

$xLi^++xe^-+xC_6 \xrightleftharpoons{\quad} xLiC_6$。

三、锂离子电池 LIB 是主流

习惯上，人们把锂离子电池也称为锂电池，但这两种电池是不一样的。锂离子电池已经成为主流[1]

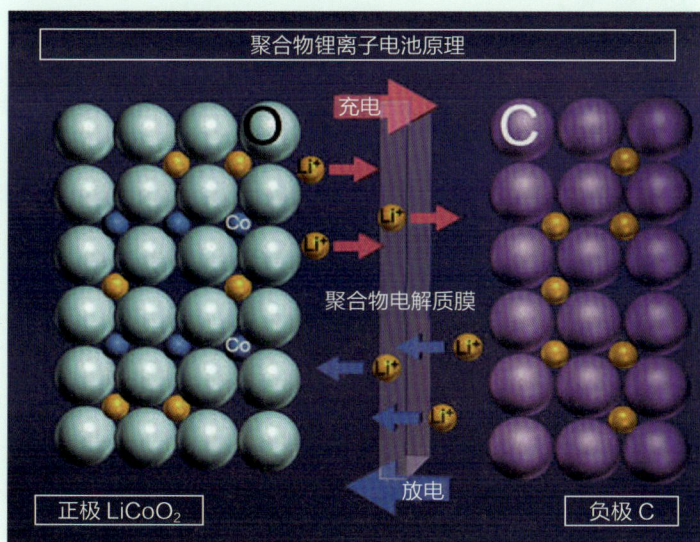

135

学生答案

四、"所谓"主流 LIB

1. 应用广[2]：高能量密度；不记忆：自放电少；便携。

2. 莫名其妙起火[2]：$LiCoO_2$ 损坏风险；易燃电解液（碳酸酯类）；过度；不可逆压力升高；自身发热严重（电流大）。

五、再说点"新"的呗

The lithium-air system captured worldwide attention in2009 as a possible battery for electric vehicle propulsion applications. [3]

If successfully developed, this battery could provide an energy source for electric vehicles rivaling that of gasoline in terms of usable energy density[3].

六、能量密度

能量密度：Energy Density，单位体积／质量内包含的能量。
理论值：热力学计算；实际值：实际上能利用的。

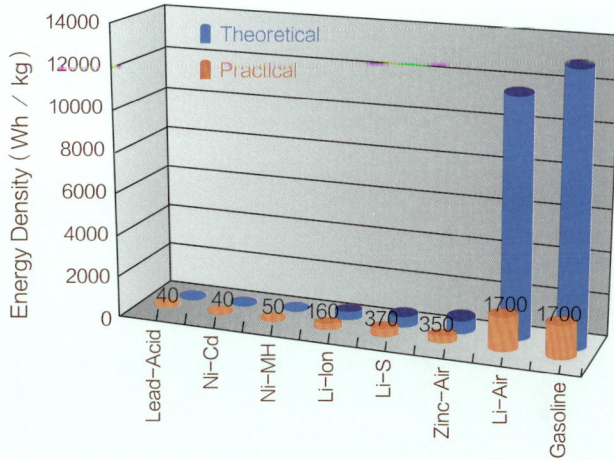

However, there is no expectation that current batteries such as Li-ion will ever come close to the target of 1700 Wh/kg. New chemistries are required to achieve this goal.

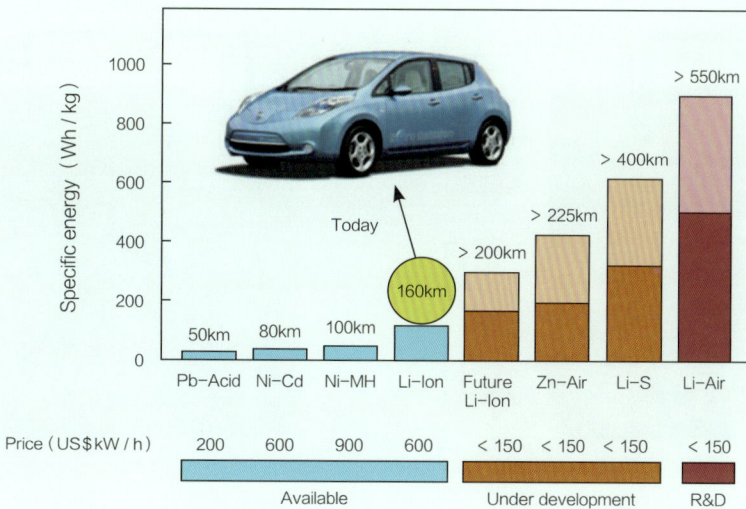

学生答案

七、锂空气电池 Li-Air

In an aprotic electrolyte, the fundamental cathode dis-charge reactions are thought to be

$$2Li+O_2 \rightarrow Li_2O_2$$

and possibly

$$2Li+1/2O_2 \rightarrow Li_2O$$

In an aqueous cathode electrolyte, the fundamental reactions are

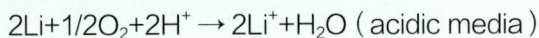

$$2Li+1/2O_2+2H^+ \rightarrow 2Li^++H_2O \text{（acidic media）}$$

$$2Li+1/2O_2+H_2O \rightarrow 2LiOH \text{（alkaline media）}$$

八、锂空气电池 Li-Air 工作原理

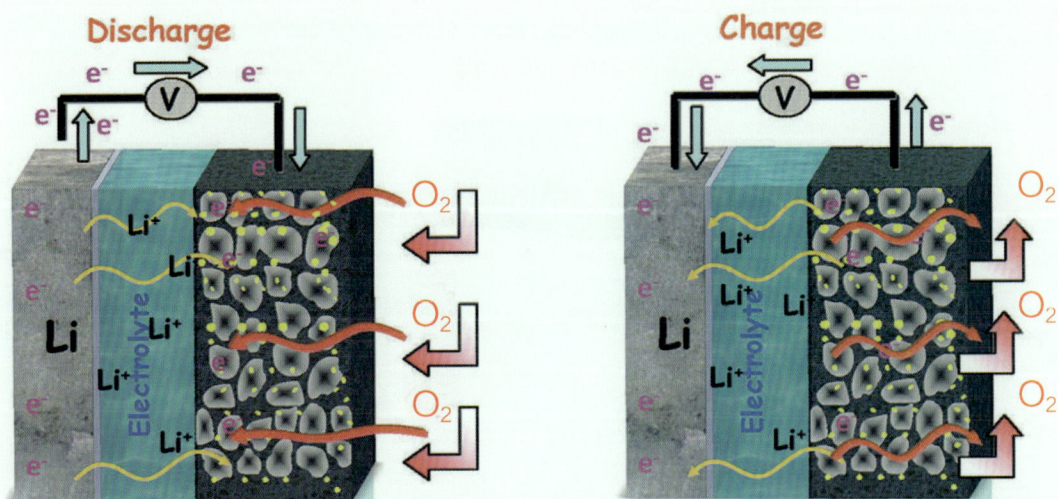

九、无水体系

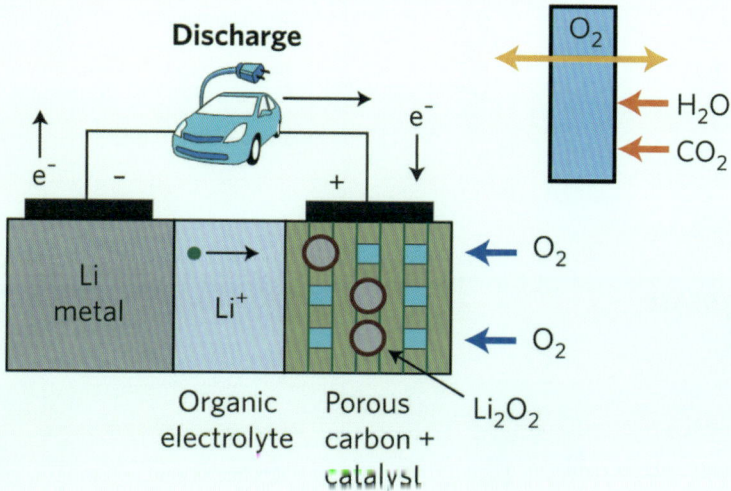

Discharge

e^- $-$ $+$ e^-

Li metal Li^+ ← O_2

← O_2

Li_2O_2

Organic electrolyte   Porous carbon + catalyst

O_2

← H_2O
← CO_2

十、含水体系

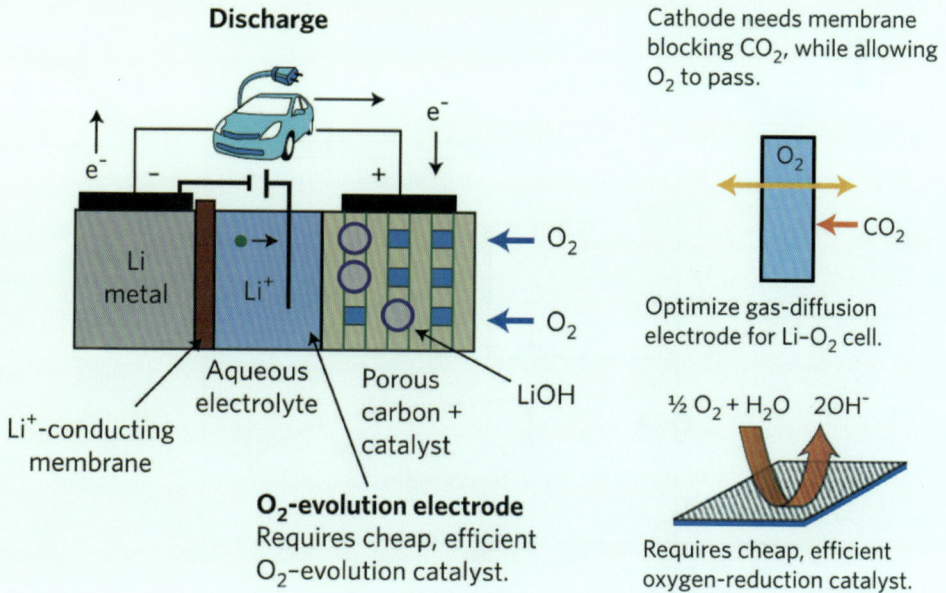

Discharge

e^- $-$ $+$ e^-

Li metal Li^+ ← O_2

← O_2

LiOH

Li^+-conducting membrane

Aqueous electrolyte   Porous carbon + catalyst

O_2-evolution electrode
Requires cheap, efficient O_2-evolution catalyst.

Cathode needs membrane blocking CO_2, while allowing O_2 to pass.

O_2

← CO_2

Optimize gas-diffusion electrode for Li–O_2 cell.

$\frac{1}{2} O_2 + H_2O$ $2OH^-$

Requires cheap, efficient oxygen-reduction catalyst.

学生答案

APROTIC

Lithium Metal

Solid-Electrolyte Interface

Aprotic Electrolyte

Li_2O_2 Reaction Products

Air Cathode

O_2

AQUEOUS

Lithium Metal

Artificial Interface

Aqueous Electrolyte +
Soluble Reaction Products

Air Cathode

O_2

SOLID STATE

Lithium Metal

Polymer-Ceramic A

Glass-Cermamic

Polymer-Ceramic B

Air Cathode

O_2

MIXED AQUEOUS/APROTIC

Lithium Metal

Solid-Electrolyte Interface

Li^+ Conducting and
Hydrophobic Membrane

Aqueous Electrolyte +
Soluble Reaction Products

Air Cathode

O_2

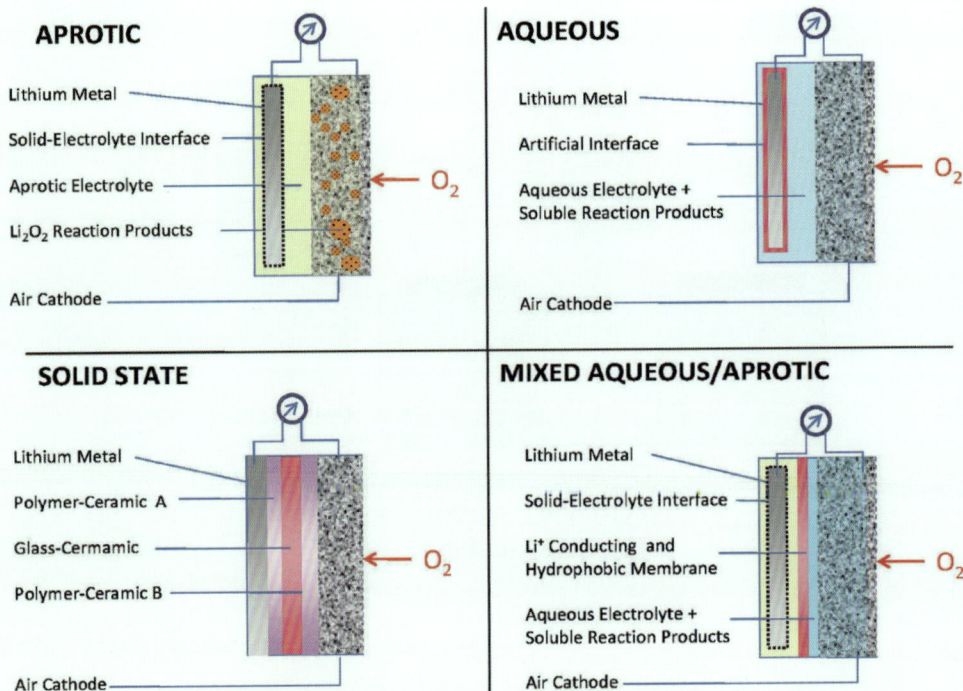

十一、Li-Air 充放电循环曲线

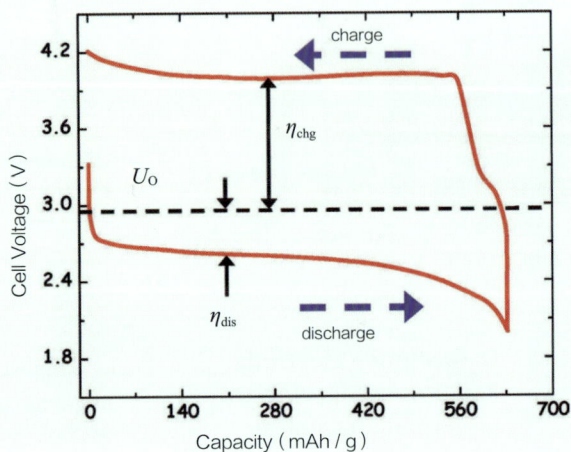

十二、Li-Air 严重的问题

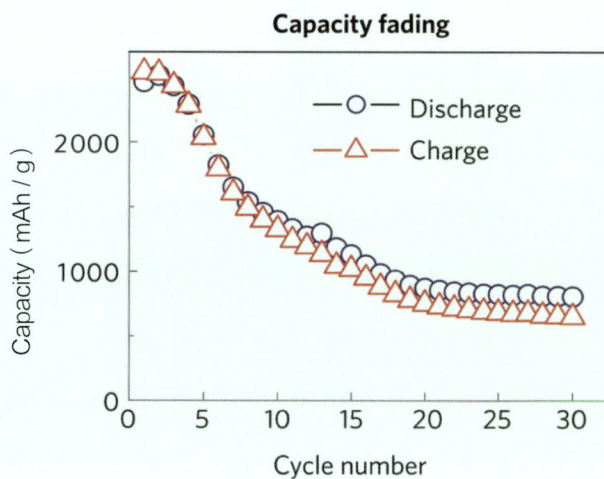

Capacity fading

十三、总结 Li-Air 的优点

能量密度高，合适

成本比 LIB 低很多

O_2 免费

十四、总结 Li-Air 的缺点

孔堵塞

锂资源相对缺乏

充放电解体

腐蚀

电极纳米金

学生答案

十五、Li–S

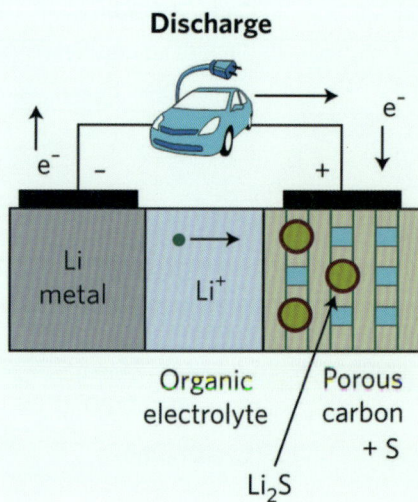

Discharge

Li metal

Li+

Organic electrolyte

Porous carbon + S

Li$_2$S

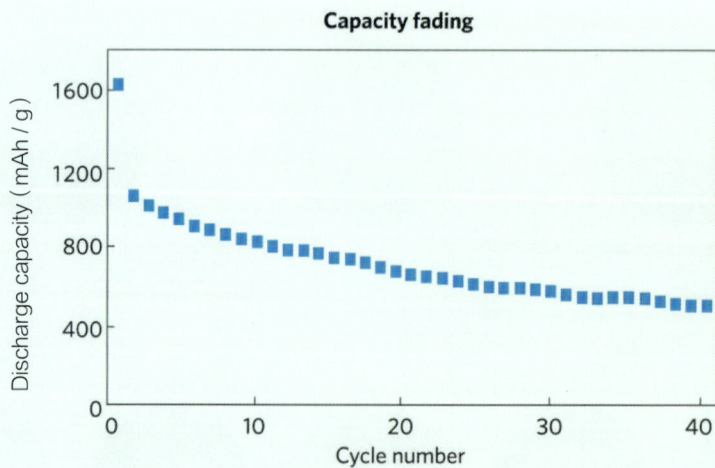

Capacity fading

参考文献

［1］百度百科锂电池［DB/OL］. https://baike.baidu.com/item/%E9%94%82% E7%94%B5%E6%B1%A0.

［2］Lithium-ion batteries［DB/OL］. http: //en.wikipedia.org/wiki/Lithium-ion_ batteries.

［3］Girishkumar G, Mccloskey B, Luntz A C, et al. Lithium- Air Battery: Promise and Challenges［J］. Journal of Physical Chemistry Letters, 2010, 1（14）: 2193-2203.

［4］Bruce P G, Freunberger S A, Hardwick L J, et al. Li-O$_2$ and Li-S batteries with high energy storage［J］. Nature materials, 2012, 11（1）: 19-29.

学生答案

答案二（节选）：
赵一鸣
PPT 制作：第四组

"铝"电池时代

"铝"电池？

以铝为阳极材料制造的电池称为"铝"电池，以 Al/ 空气型为例。

铝以其独特的优势，可能成为金属 / 空气电池阳极的首选材料。Al/ 空气型电池是一种新型高比能电池。Al/ 空气型电池中，铝合金负极在电池放电时不断消耗，并生成 $Al(OH)_3$；正极是多孔性氧电极。电池放电时，从外界进入电极的氧（空气）发生电化学反应，生成 OH^-。从可充电性来看，该电池可分为一次电池和机械可充的二次电池（即更换铝负极），电解液可分为中性溶液（NaCl 或 NH_4Cl 水溶液或海水）和碱性溶液。

熔盐铝型

铝在高温条件下具有较高电负性，是理想的熔盐体系电池电极材料。与水溶液电解质相比，熔盐电解质的优点主要为有高的电导率、低的极化率和高分解电势。而且铝在熔盐电解质中可发生电化学沉积，故可开发为铝二次电池。铝熔盐二次电池具有较高能量密度，但电池工作电压不高，且充电过程中铝容易形成铝支晶导致循环充放电性能不佳，过分地依赖于熔盐的组成。熔盐电解质需要高温或对环境要求苛刻，且成本较高，难于维护，限制了铝二次电池的发展。

除此之外，还有其他铝电池，包括 Al/AgO、Al/MnO_2、Al/H_2O_2、Al/S、Al/MnO_4、Al/Ni、$Al/KFe(CN)_6$ 等。

充电快 —— 超耐用 —— **好处优点** —— 聚划算 —— 倍儿安全

充电快

手机党得救了：新型铝电池 1 分钟充满电。

据外媒报道，斯坦福大学研究人员已经发明了一种高性能新型铝电池，这种电池能够在 1 分钟内充满。研究人员表示，这种新电池能够成为目前所广泛使用的锂电池的安全替代品。

智能手机用户都知道我们需要数小时间才能将一块锂离子电池充满电。但是，斯坦福的团队表示，他们所开发的铝电池充满电的时间仅需要 1 分钟。

超耐用

美籍华人科学家研制出首款可商业应用的高性能铝电池，其充电更快、寿命更长，而且还很便宜。新型电池可取代目前广泛使用但仍有不足的锂离子电池和碱性电池。相关研究发表在《自然》杂志网络版。

新电池寿命很长。其他实验室研制的铝电池只能充放电 100 次，一般的锂离子电池最多也只能充放电 1000 次，而新的铝电池在经过 7500 次充放电循环后容量毫无损失。这是第一次研制出这种超快，且在经过数次充放电循环"折磨"后还能安然无恙的铝离子电池。

聚划算

新华社报道，铝被认为是有吸引力的电池材料，但商业上可行的铝电池尚未问世。美国斯坦福大学一个以华人为主的研究小组在《自然》杂志网络版刊登研究报告，介绍他们最新研发铝电池具有高效耐用、可超快充电、可燃性低、成本低等特点，可以成为常规电池的安全替代品。

学生答案

另外，我们所开发的铝电池还拥有一些独一无二的优势：成本低，安全，充电速度快，柔性，生命周期长等。

倍儿安全

美国每日科学网站报道，研究人员在实验中将由铝制成的阳极和由石墨组成的阴极，再加上离子液体电解液，置于一个由柔性高分子包裹的铝箔软包内制造出一款电池。该研究合作者龚明（音译）表示："电解液基本上就是室温状态下的液体食盐，因此，整个系统非常安全。斯坦福大学化学教授戴宏杰表示，"我们开发出的新电池即便是你凿穿它也不会着火。"

戴宏杰还说："新研制的可充电铝电池比传统锂离子电池更加安全，锂离子电池可能会爆炸，为了防患于未然，美国联合航空和达美航空公司最近就禁止民航机托运大块的锂电池，而铝电池则不会爆炸。"

铝电池产业化的难题

铝电池虽研究较多，但却没有一种能真正实现工业产业化的，究其原因有三点：

（1）铝容易形成致密的氧化膜，使铝电极电位迅速下降。

（2）铝较活泼且是两性元素，容易与介质发生严重析氢反应。

（3）碱性介质中，铝阳极成流反应和腐蚀反应产物均为 $Al(OH)_3$，不但降低电解质电导率而且增加铝阳极极化，使得铝电池性能恶化，生成的胶状 $Al(OH)_3$ 在无催化剂条件下很难转化为可溶于水的 $Al(OH)_4^-$。

当前解决上述问题一般从以下三点出发：

（1）从铝合金本身出发，添加合金元素，如 In、Mn、Mg、Zn、Ga、Sn、Ti 等，改善铝合金阳极性能，使得铝在反应介质中得到活化。

（2）从反应介质出发，在反应介质中加入可降低铝阳极析氢速率的添加剂。

（3）从电池体结构出发，改善电池透气和排液结构，或设计为电解质循环结构。

研究进展

2014 年，新研制的一种以铝为材质的金属复合燃料电池已经在电动汽车上开始试验，效果良好。业内分析认为，铝电池有望受到市场关注。报道称，据该项新发明的专利持有人介绍，与传统电池相比，该电池有 3 个特点：一是在世界上独创了以流动的液体作为正极材料、电流和功率较大，可以做到千万安培级；二是以铝作为材料，并解决了铝的自腐问题，在世界上首次实现了铝的大电流应用；三是不需要充电桩，仅仅需要加入含固体的电池水，可以不受时间和空间的限制。据深圳发明家协会相关专家介绍，该项目标志着我国新能源领域又将迈上一个新的台阶，并可大大减少对石油的依赖和环境的污染。前期已经在电动叉车上应用，效果非常好，未来投入工业生产后，适用范围广。

前景

铝含量丰富且价格低廉，铝电池性能优秀且对环境友好，其产物无毒，可用于其他工业用途，无需特别处理，是理想的电池体系。在当前资源匮乏、环境日益恶化的情况下，铝电池的研究对于可持续发展有着重要意义。但铝电极在放电介质中的极化和寄生腐蚀反应等问题，严重地制约了铝电池的发展。铝合金阳极的微合金化，对电解质及电池结构研究的不断深入，将逐渐推动铝电池体系发展。铝电池具有广阔的发展前景。

学生答案一

首先从锂电池的重要性和发展现状提出了研究的重要性，其后从锂电池的工作原理详细介绍了其工作过程，深入地理解和利用了课堂讲授的知识。然后，分析了现有锂电池研究中存在的一些问题，提出了下一步工作的思路。虽然局限于学生目前的知识掌握水平，无法提出详细的解决方案，但对于大二的本科生来说，已经让他们对锂电池进行了深入思考，加深了对电化学知识的掌握。讲演和答辩过程也非常精彩，获得了我和其他学生的一致好评。

学生答案二

本身我设置问题的目的是锻炼学生的科研思维，这个答案如果按照我的要求是不合格的。但是，这一组的同学把铝电池的研究，基本上做成了一个生产或者说是营销方面的问题，从经济、安全和生产的角度去分析，给出了其进一步发展的前景分析。讲演过程中，问题叙述清晰、立论严密、语言生动，获得了其他同学的一致好评，应该说学生团队协作和讲演能力还是得到了锻炼，因此，也是一份较好的非标准化答案。毕竟，在"物理化学"课程中体现效益和生产的思想本身就是一种进步，同时，也充分体现了非标准答案的评价主体不应该仅为教师本人。

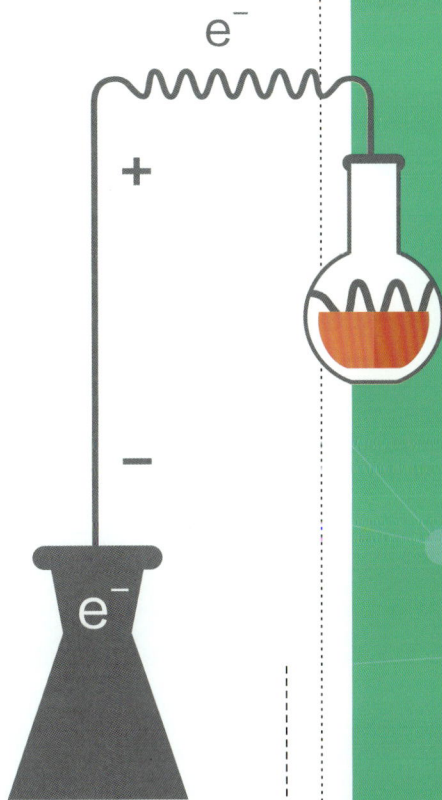

e^-

$+$

$-$

e^-

教师
点评

电磁场与微波技术

课程号：602011045

闫丽萍／四川大学电子信息学院

闫丽萍，电子信息学院教授、博士生导师。2003 年于四川大学获生物医学工程博士学位。2008 年到美国威斯康星大学做访问学者。自 1996 年至今，长期从事电磁场与微波技术方面的教学科研工作，主持并参与了国家自然科学基金及 973 项目、国防基础预研、四川大学教改等项目。在 SCI、EI 期刊发表论文40 余篇。曾获国家技术发明奖二等奖、四川大学课堂教学质量优秀奖及三次获四川大学青年骨干教师称号。

考试改革在"电磁场与微波技术"教学中的激励效应

四川大学电子信息学院　闫丽萍

【摘　要】本文探讨了"电磁场与微波技术"课程考试改革的几种不同方式，通过实践证实了过程考核和非标准答案试题在促进学生自主学习、积极思考和探索，以及在加强学生运用基础知识分析和解决工程问题能力、培养学生关注技术发展对人类生存环境影响等方面的积极作用。

【关键词】非标准答案　考试改革　课堂展示

"电磁场与微波技术"课程是电子信息大类的一门重要的专业核心课程。由于该课程涉及的数学公式多且推导繁杂，物理概念抽象且理论性强，内容庞杂，要求学生具有较强的空间想象能力、抽象思维能力和逻辑推理能力，因此历来被公认为是一门难教和难学的理论课程。如何在有限的授课课时（如 64 课时），通过激发学生的自主学习能力，加强课后学习，使学生更好地掌握该课程的基础理论知识和分析方法，提高解决工程问题的能力，达到当前工程专业认证的毕业要求，适应"新工科"人才培养的发展需求，是当前工科本科教育面临的一大挑战。

为此我们在考核方式上进行积极探索，通过加强过程考核和采用非标准答案考试，激发了学生自主学习、勤于思考和勇于创新的积极性，将枯燥的抽象理论学习变为快乐有趣的探索，取得了良好的教学效果。

首先，为了提高学生平时学习的积极性，加强学生对基础知识的掌握和熟练运用，本课程加强了过程考核，将原总成绩由 20% 平时成绩 +5% 期中成绩 +75% 期末成绩组成，改革为由 35% 平时成绩 +30% 期中成绩 +35% 期末成绩的组成。其中平时成绩则由课堂活跃度、作业、测验和课堂展示与讨论四部分构成，学生发挥自由度大，旨在考查思考和创新能力。期中和期末考试则为闭卷考试，主要考查学生基础知识的掌握情况，和运用基础知识分析或解决问题的能力，其中部分非标准答案试题从不同角度考查学生在分析和解决工程问题方面的综合能力。

每次授课前十分钟的基本概念复习提问应该是学生和老师都喜欢的部分。这不仅帮助学生复习了前面所学知识，有助于新知识的理解，而且围绕基础知识的简单型思考题让所有参与学生都能进行准确回答，而老师则在不占用教学时间的情况下完成了考勤，一举两得。课堂新内容学习过程中紧密结合工程的思考题提问则让学生既兴奋又担忧，促使学生紧跟教师思路，不断开动脑筋，积极思考。围绕所学知识随时发布的课堂展示作业，鼓励学生自愿组队选择自己感兴趣的题目，是学生愿意主动参与的另一种学习方式。学生课下查阅大量文献资料并制作成图文并茂的PPT，然后在课堂上进行简短报告，并与其他学生进行提问回答互动，不仅培养了团队合作能力，加强了学生对课本知识的理解和掌握，而且学术会议般的课堂展示形式与学生主持志愿者的设置，让学生在轻松愉悦的氛围中丰富了知识，开阔了视野。通过一学期的运行发现，这种课堂展示作业方式大大促进了学生自主学习的主动性，学生愿意通过努力学习和钻研在课堂展示中自信地展现自己的报告、总结和批判式思维以及主持能力，取得了很好的学习效果。同时，这些非标准答案的过程考查也为工程专业认证提供了有力的支撑。

如何高效学习，如何运用所学基础知识解释具体的实际工程问题，如何从身边的工程问题中体会这门课程知识理论的价值并激发学生努力学习、刻苦钻研的动力，常常是这门课程教与学过程中困扰教师和学生的难题。事实证明，非标准答案题目在激发学生自主学习方面发挥了重要作用。

在课堂展示作业中，老师常常只给出一个关键词或者一个主题，鼓励学生围绕关键词或主题自由发挥，确定题目并完成展示报告。例如在完成麦克斯韦方程组的学习后，老师只给了一个关键词——麦克斯韦。几组同学分别从不同的角度完成了该报告，包括：如果没有麦克斯韦我们的生活将会怎样，麦克斯韦的重要贡献，麦克斯韦方程组在新时空观中的表达，等等。从日常生活中的饭卡到以太、磁单极子再到规范对称性，丰富的报告内容让师生进入了一个"电磁波世界那么大，我们想去看看"的境界。

在课堂小测验中，通过围绕所学知识设计与实际工程联系紧密的测验题的方式，培养学生分析和解决工程问题的能力。例如学完电磁波传播和入射的基础理论后，老师设计了这样一道测验题：假若你正在使用手机通话，走到某一区域后，信号突然变差甚至无法通话，试分析可能的原因。尽管学生都能结合所学知识进行基本分析，但也有相当一部分同学不仅使用刚刚学过的本课程知识，还结合已学过的其他课程知识，从基站和手机硬件故障、电磁波传播过程中的环境变化、区域人群密集度等多个角度给出了多达 5 条以上的合理原因。测验之后进行分组讨论，鼓励学生打开思路，讨论每种可能原因及其发生条件，大大提高了学生学习和思考的积极性，收到了良好的教学效果。

在闭卷考试中，本课程也增加了非标准答案试题。引入利用基础知识就可以进行分析的实际工程问题，全面考查学生分析和解决工程问题的综合能力。例如期末考试中有这样一道题，"无线通信技术给我们带来巨大便利的同时，使我们生活环境中的电磁辐射也日益增加。请列举生活中常见的电磁辐射源，并分析如何对待这些电磁污染"。该题目的答案多种多样，给具有不同思维特点和知识积累的学生提供了广阔的发挥空间。学生从使用者、技术开发者和生产商、政府管理部门等不同角度，围绕如何降低产品的辐射功率、如何正确使用手机以及如何监管电磁环境辐射等方面阐述了自己对该问题的理解并提出解决方案，充分体现了学生经过课程学习后已培养出分析问题和解决问题的综合能力。

　　本课程授课过程中丰富多彩的课堂展示作业，结合实际工程应用的课堂小测验题目，以及促进学生积极探索和创新的非标准答案试题，不仅受到了学生的欢迎，而且取得了意想不到的教学效果。这些尝试为工科枯燥的理论性课程教学改革提供了有益参考，同时为达到工程专业认证毕业要求的电子信息类课堂教学积累了经验。

考试题目

题目一：

图中给出了一个印刷环天线反射系数测试（measurement）与仿真（simulation）结果的比较，从图中可以获得哪些结论？

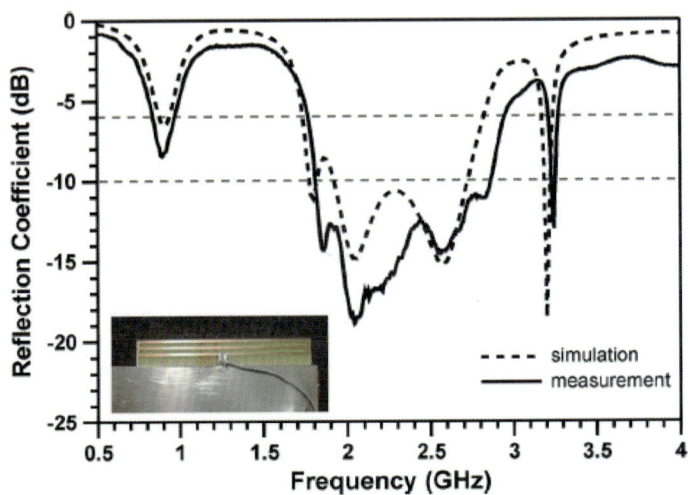

简要说明：

反射特性（即驻波特性）是"电磁场与微波技术"课程中的一个重要概念，是描述微波器件/设备工作特性的一个重要指标和参数。通过该指标，可以获得微波器件/设备的阻抗匹配频段或工作频段。

该题一方面旨在考查学生对反射系数概念的深刻理解及应用，即能通过反射特性来判定微波器件/设备可能的工作频带；另一方面旨在考查学生对计算结果和测试结果（更广义地讲，数据或信息）的分析与总结能力，即能否将课堂中学到的基本知识灵活地运用于对各种数据和结果的分析，并归纳出有意义的结论或判断研究结果的正确性。特别需要说明的是，学生尚未学习天线理论知识，因此其答案更能体现学生在数据分析与总结方面的差别。

该题的答案多种多样，以促进不同层次的学生进行深入思考，充分挖掘图中曲线所提供的结论和需要进行深入研究的问题。首先，学生可以通过观察给出对图中曲线特性进行描述的直接结论，如仿真结构与测试结果基本吻合、反射系数最大值与最小值所在的频点，等等；更重要的是，学生利用所学知识，获得这些直接信息背后隐藏的更有意义的结论和需要进一步研究的问题，如可能的工作频带、仿真结果与测试结果不符合的可能原因等，从而培养学生善于总结、发现问题并深入探究的科研能力和钻研精神。

学生答案

答案一（节选）：
电子信息学院　陈人龙　2013141452091

1）测试结果与仿真结果基本吻合；

2）仿真结果所得曲线较平滑且匹配时变化十分显著，而测试结果曲线毛刺较多，匹配时变化没有仿真时显著；

3）当工作频率为 3.2GHz 时，天线反射系数最小；

4）实际测试结果显示在 1.9~2.6GHz 范围内工作，反射系数较小；

5）测试时，2.05GHz 处的反射系数小于 3.2GHz 处的反射系数，这一结果与仿真结果相反，可能是由于器件实际情况导致。

答案二（节选）：
电子信息学院　赵猛阳　2013141452016

1）该天线反射系数在 2GHz 左右有最小值，因此该天线应在该频段工作；

2）该天线在 700MHz 与 3.2GHz 处反射系数骤降，因此应注意这两个频点处信号的干扰（假设结论 1 成立时）；

3）仿真结果普遍大于测试结果。

答案三（节选）：

电子信息学院　江本田　2013141452040

1）在低频时，仿真结果与测试结果比较吻合；但当频率持续升高时，仿真结果与测试结果出现了明显的差异，说明高频信号对天线的性能指标有较大的影响。

2）测试和仿真结果中，反射系数在 $f<1.5$GHz 和 $f>3.5$GHz 时接近于 1，此时接近驻波状态。

3）测试结果在 $f=2$GHz 左右出现谷值，反射系数接近于 0，而仿真结果在 $f=3.2$GHz 左右出现谷值，说明测试结果与仿真结果的最小点并不吻合，这可能会影响天线的工作特性。

学生答案一

该学生全面描述了图中曲线所包含的直接信息，并对工作频段进行了建议。难能可贵的是，在尚未学习天线理论知识的情况下，能够初步分析仿真结果与测试结果不符合的原因：可能是由于器件实际情况导致，体现了该学生善于发现问题并进行探究的特点。

学生答案二

尽管该学生没有列举出所有描述曲线特性的直接结论，但该同学给出了超出本课程所讲授知识范围的新颖性回答，即当天线工作在 2GHz 左右的频段时，由于其在 700MHz 和 3.2GHz 处反射很小，因此极容易接收到工作这两个频点的信号，所以提出了应注意这两个频点处干扰的建议，体现出该同学能对知识灵活运用的特点。

教师点评

学生答案三

由于学生尚未学习天线理论知识，因此对天线的谐振特性缺乏了解，这就不难理解为什么该学生得出了第3条结论。但值得一提的是，第1条结论，该学生不仅描述了仿真结果与测试结果比较吻合，还指出高频时仿真结果与测试结果之间的差异明显高于低频时，并进一步给出结论：高频信号对天线的性能指标有较大影响（注：该结论与实际工程应用相符合），说明该学生具有较好的观察分析能力。

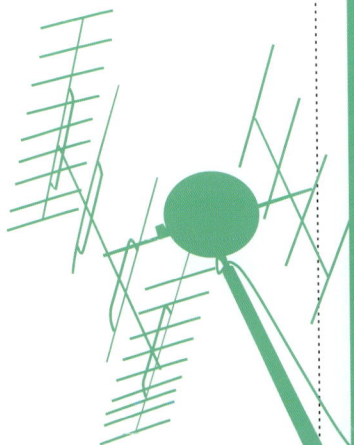

考试题目

题目二：

电磁辐射源主要包括自然和人为产生两大类。随着电子和信息技术的迅速发展，人类生活环境中的电磁波越来越多，有人将此称为环境的电磁污染。

（1）请列举3个常见的电磁辐射源；（2）简要讨论我们应如何对待这些电磁污染。

简要说明：

"电磁场与电磁波"是"电磁场与微波技术"课程的重要内容，根据教学安排，利用32课时完成讲授并进行期中考试。其基本概念和理论是电子大类各学科的基础，不仅有助于学生的后续专业课程学习和科研创新，同时也是其未来在相关领域工作的基础。

该题旨在考查学生对基础知识的理解和应用，能否将课堂中关于电磁波的产生与传播的基本概念及理论与日常生活中的实际应用结合起来，并对这些实际应用中的具体问题进行深入思考，为未来电子产品的研发、使用和管理等相关工作奠定良好的基础。

该题的答案可以多种多样，给具有不同特点和个性的学生提供了广阔的发挥空间，学生可以结合自己的观察与思考灵活地进行答题。第（1）问的答案可以列出多个，如雷电、太阳噪声、手机、基站、无线路由、电脑、广播发射塔、高压电网、微波工业加热设备、导航设备、雷达等，只要列举出三个电磁辐射源即可得全分。对第（2）问可以从多个角度出发进行阐述，如可以从电磁辐射的必要性和危害性进行阐述，根据所学知识给出合理的预防措施建议；也可以从使用者、设备生产者及政府监管部门三者各自应有的态度和措施进行合理阐述；若学生可以从废物利用的角度进行考虑，将更具有创新性。

学生答案

答案一（节选）：
电子信息学院　张　月　2013141452089

（1）常见的电磁辐射源有手机、电脑、基站。

（2）如何对待电磁辐射：（a）作为使用者，应合理使用电子产品，适当地做一些保护自己不受辐射的措施；（b）作为生产者与制造商，应优化设计，使产品的电磁辐射减到最低；（c）作为政府，提醒公众注意电磁辐射，建立相应标准，倡导健康的生活方式。

答案二（节选）：
电子信息学院　白瑞敏　2013141452119

（1）电磁辐射源有：手机、电脑、高压线、闪电、电视。

（2）应从以下几方面对待电磁污染：（a）加强防护措施，加防护罩、吸波材料等，以最大化地减小电磁辐射；（b）从根源上解决电磁辐射，分析电磁波的传播特性、产生原理，进而改进电路设计和布局等，减少电磁辐射。

答案三（节选）：
电子信息学院　王文君　2013141452193

（1）电磁辐射源有：手机、电脑、各种智能家居产品、信号塔。

（2）如何对待电磁污染：首先，我们应该在一定程度上接受这些设备的存在，因为它们给我们的生活带来了极大的便利。在信息时代，无法想象如果缺少上述电子产品会给我们生活带来多大的损失。其次，尽可能避免长时间接受辐射，以免对人体产生影响。再者，应该从设计上进行根本优化，减少电磁辐射。

学生答案一

该学生给出了日常生活中三种常见的电磁辐射源。在此基础上，从使用者、生产商、政府管理部门三个层面简单说明了对待电磁辐射源各自所应有的态度和须承担的责任。尽管这些描述尚不够深入和全面，但从一定程度上反映出该学生具有对问题考虑全面的特点。

学生答案二

该学生从如何解决电磁辐射的角度入手，在技术层面上提供了减少电磁辐射的具体措施和从根源上进行控制的解决思路，显示出该学生具有对该课程的相关知识灵活运用的能力。

学生答案三

该学生首先肯定了这些电磁辐射源存在的价值，即给我们的生活带来了极大的便利，事实也的确如此。然后，从使用者和设计生产者的角度提出了很好的应对策略，即避免长时间被辐射以及优化设计来减少辐射。尽管这些策略仅仅是一个总的指导思想而没有任何具体的技术措施，但一方面体现了该学生对待科技产物或科技新产品的缺点时应有的科学态度，另一方面也体现了该学生在仅具有基础知识尚缺乏专业方向具体技术的情况下已经具备了根据问题提出相应解决策略的能力。

教师点评

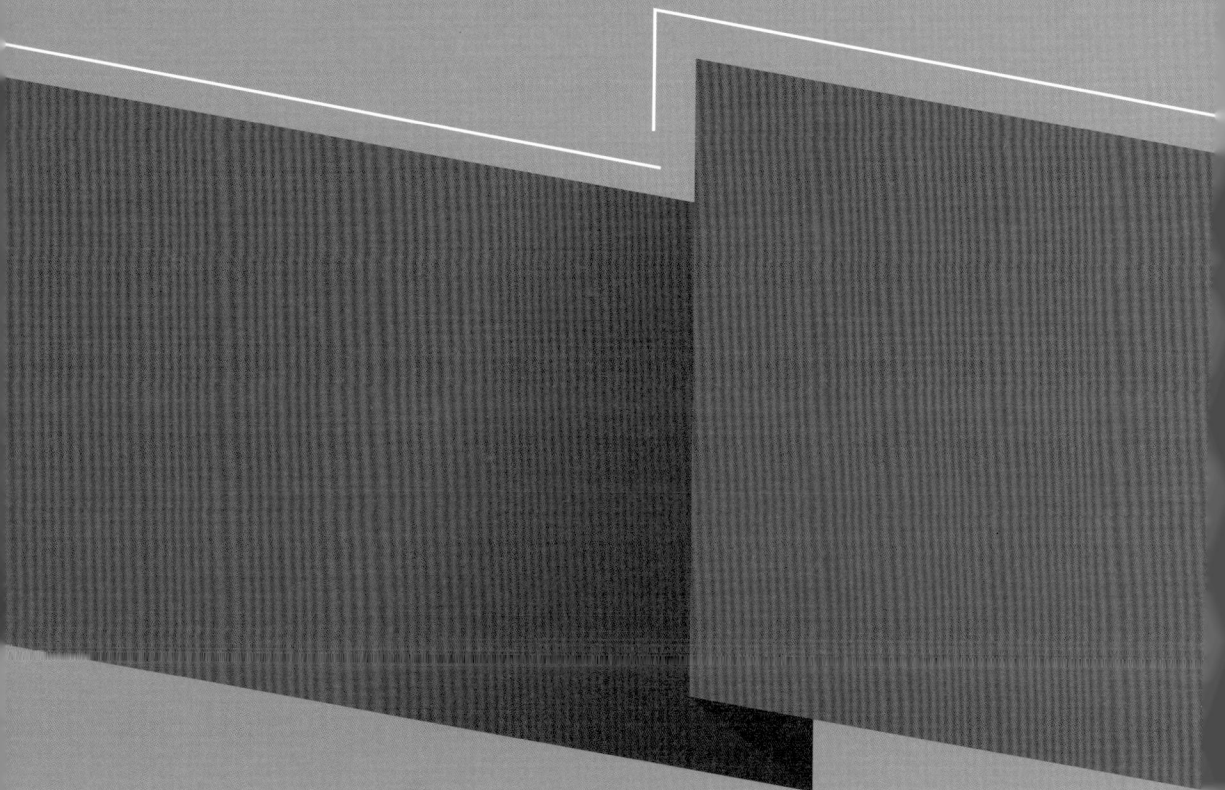

医科
YIKE

生理学 I

课程号：501074050

岳利民／四川大学华西基础医学与法医学院

岳利民，1982 年毕业于原华西医科大学，获医学学士学位，留校后先后在职攻读并获得医学硕士和理学博士学位。2002.10—2003.12 先后在美国 University of Texas at Dallas 和 Vanderbilt University 做访问学者。

现已从事生理学教学、科研 35 年，先后主持国家自然科学基金项目 4 项，在国内外杂志发表论文 40 多篇。主编十二五国家级规划教材两部，参编参译全国性本科及研究生教材 5 部。被评为四川省有突出贡献优秀专家，四川大学教学名师，四川大学唐立新教学名师。现任中国生理学会常务理事，四川省生理科学会副理事长，四川大学华西基础医学与法医学院生理学教研室主任，《生理学报》常务编委，《四川生理科学杂志》副主编。

"生理学"非标准化考核的
探索与实践

四川大学华西基础医学与法医学院　袁东智　岳利民

【摘　要】"生理学"是阐述正常人体生命活动规律的基础课程。在"生理学"教学过程中设计非标准化考核，有助于建立更加全面合理的评价学生学习成绩的考核体系，同时可提升生理学课程的教学质量。

【关键词】生理学　非标准化　考试

【前言】

随着时代的发展，社会与国家对当代大学生综合素质的要求日益提高，重视学生能力和素质培养的教学改革已经在国内各高校全面展开。课程考核是课堂教学评价体系的重要环节，也是教育教学改革的难点和突破口。课程考核不仅可以有效地检验教学效果，同时也推进教学改革和提高教学质量。打破传统考核体系，尝试进行非标准化考核，不但可以考查学生对知识的理解和应用能力，还可以培养学生分析与解决问题的能力和创新性思维，能更加全面合理地评价学生的学习成绩，是当今教学改革的趋势。

"生理学"是阐述正常人体生命活动规律的基础课程，学生必须在学习和掌握生理学知识的基础上，才能进一步学习病理生理学、药理学及临床医学相关课程。因此，其教学质量不仅直接关系到后续医学基础课程及其他专业课程的学习，也关系到学生的分析思维能力和知识应用能力等综合素质的培养。传统的"生理学"考试主要考察教材中的知识要点，着重考核学生对重点知识的识记，考试题目均有标准答案，故题目的灵活性不够，不能引导学生的发散性思维。学生考前突击，死记硬背，考后即忘。因此，基于以学生为中心，培养其学习能力及创新性思维的理念，最近几年我们针对我校基础医学、临床医学、口腔医学等医学专业，以及医学信息工程、药学等非医学专业的"生理学"教学进行了一系列教学改革。在前期"以病案为基础的教学"和"探究式—小班化"生理学课堂教学等多项教学改革实践的基础上，我们进一步对平时成绩的非标准化考核进行了探索。

非标准化考核即改变传统考核方式，结合学生专业特点或生活实际设计问题，让学生当堂以小组为单位进行分析讨论，或课后在认真复习所学生理学知识的基础上进一步查阅文献，对所涉及的问题进行分析，提出自己的见解。这样既加深对生理学知识的掌握，又有效地促进学生开阔思路，使其更好地应用和掌握知识。具体方法如下：

1. 课堂即时启发式提问讨论

改变以往"满堂灌"的教学模式，在课堂中根据教学内容启发式提问，或即时发言，或讨论后发言，记录学生平时发言情况，作为考核平时成绩的依据之一。如在介绍了细胞静息电位产生的原理后，让学生课堂上即时讨论如何设计实验加以证明。在讲授神经－肌接头兴奋传递后，让学生结合临床分析可能影响兴奋传递的因素。在学习有关胃液分泌机制后，让学生分析抑制胃酸分泌药物的最佳作用靶分子。

2. 结合生理学原理的读书心得

为了帮助学生查阅文献，分析和思考问题，考核其综合应用知识解决实际问题的能力，我们根据相关的生理学知识布置学生查阅文献的任务，撰写读书心得或小综述，作为一次平时成绩记录。如在学习了人体稳态的相关知识后对医学专业的同学要求在查阅文献的基础上撰写"人体稳态与疾病"的读书心得，对营养专业的同学要求撰写均衡营养对维持机体稳态的重要性的读书心得。这些开放式作业要求学生对生理学的知识能够融会贯通，并能联系生活和临床的实际。

3. 对临床病案的诊断治疗的分析提升对生理学知识的应用

我们选取了 4 个典型的临床病案，给出明确的讨论要求，让学生在课后结合所学知识，分小组对病案进行分析，在课堂上由小组代表发言，其他同学补充，老师最后进行讲评和总结，并对每个小组完成情况加以评定，再结合学生的个人表现评定成绩。

4. 针对非医学专业设计以专业问题和兴趣为引导的探索式生理学教学内容

针对医学信息工程、药学等非医学专业，充分结合其专业特点，为学生确定以专业问题为引导的探索式"生理学"教学内容。针对药学专业学生，以药物设计问题为引导，如以高血压的治疗及药物靶点设计考核学生对动脉血压的形成及调节知识的掌握；针对医学信息工程专业学生，以医学影像的设备及应用原理为引导，如以超声心动图的检测原理及其临床应用为引导使学生学习心脏的泵血功能，以机器人传感技术为引导使学生学习感官及神经系统的感觉和运动调控功能。

通过上述非标准化考核，以考促学，促使学生从"被动学习"转变为"主动学习"，提高学生在教学活动中的参与度，着力培养学生查阅文献、自主学习、发现问题和解决问题的能力。在总成绩中平时成绩占 50%，这样一方面提高学生对平时自主学习重要性的认识，另一方面对提高学生积极性也起到了鞭策激励的作用。

为了更加公正客观地评价学生的平时成绩，我们对平时成绩的综合评定依据进行了充分的讨论，主要依据是学生平时的讨论发言、在团队学习和作业中的表现、个人的读书报告和小综述，并且充分利用课程中心网络平台，使学习任务能顺利送达每位同学，也方便老师及时检查完成情况。

总之，通过非标准化考核的探索与实践，我们在培养学生的创新意识、应用知识分析解决实际问题的能力以及自身学习能力等方面已经取得了积极成效。在今后的实践和发展过程中，我们会不断借鉴中外考试改革方面的成功经验，进一步探索和完善非标准化考试模式，为培养高层次、高质量的创新人才提供良好保障。

考试题目

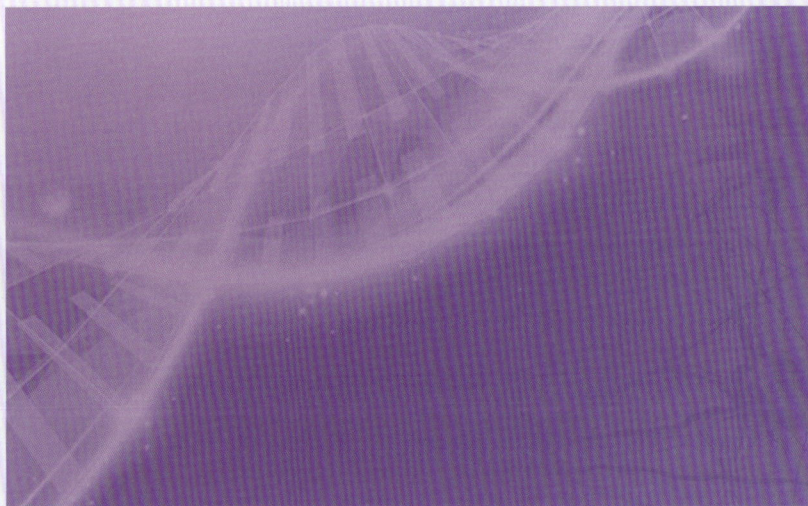

题目：

通过生理学知识的学习和查阅文献，以"人体稳态与疾病"为主题，自拟题目撰写小综述。

简要说明：

该题目是在完成生理学绪论学习，对稳态的概念有了基本了解，并对生理学这门学科有了总体认识后布置给学生的。要求学生在后续的学习过程中除了继续加深对人体稳态相关知识的理解外，还要充分结合人体各器官系统生理功能及其在稳态维持中的作用学习，通过查阅相关资料，小组讨论，加深对相关问题的认识。在此基础上要求每人撰写小综述，在接近期末时提交作业，作为一次平时考核的内容。

学生答案

答案一（节选）：
华西基础医学与法医学院　　楚四维　　2014151612004

稳态维持以及稳态与疾病的关系

【摘　要】生物生活在外界世界中，而构成有机体的各类细胞则生活在有机生命体内部的液体环境中，这个细胞生活的液态环境即为细胞外液，亦即内环境。与变幻无常的外环境不同，内环境的理化性质总是保持着相对稳定的状态，这种相对稳定的状态即称为稳态。维持内环境的稳态是细胞乃至整个有机体维持正常生命活动的必要条件。如果维持内环境稳态的机制被破坏，机体局部或整体的功能将会受到影响。

【关键词】内环境　稳态　调节机制　反馈控制　稳态应激

引言

稳态（Connon，1929）是现代生理学最经典和最重要的概念之一。稳态这一概念强调生命体的生理状态调节是围绕调定点上下波动的，是一个基于负反馈调节的动态平衡的过程。而当环境剧烈变化、代谢紊乱或是疾病发生时，如果器官组织的代偿活动无法有效维持内环境（Bernard，1857）稳态的话，内环境的各种理化性质将发生剧烈变化，导致器官或整个机体的功能受到影响，严重时甚至会危及生命。

1. 内环境及稳态概念的由来与发展

早在 1775 年，英国生理学家 Blagden 就在自己的身上进行实验，观察到人即使在 48℃的温度中静坐 15 分钟，体温仍能保持恒定。此外，另一名英国科学家稍后报道了他在不同情况下测量的鼠、鸡、蛇、鱼和蛙等动物的体温与外界环境温度变化的关系，指出高等动物在外界环境温度发生较大幅度变化的情况下，仍可以保持体温恒定。这些实验结果正是稳态这一思想的起源。

⋯⋯

在现代生物学和医学中，稳态的概念已被放大。1963 年，在一次关于稳态与反馈机制的会议中，科学家一致认为，"在广义上，稳态包括了使得有机体大多数稳定状态得以保持的那些协调的生理过程""这一概念也能应用于细胞、器官系统、个体以及社会群体水平等不同的组织层次""稳态并不意味着没有变化，因为稳态是调节机制的作用所向，可随时间的推移而变动，然而这种变化保持在紧密的控制之下"。稳态这一概念已经不再仅仅是生理学中的概念，这一概念在其他学科中也有着广泛的应用。

综上所述，稳态是一个生命科学的、具有普遍意义的基本概念，揭示了内在生命活动的一个重要规律。

⋯⋯

2. 维持稳态的机制——反馈和前馈

对于内环境稳态控制机制的解释，控制论的创始人，著名数学家 N. Wiener 与生理学家 A. S. Rosenbluth（1943）等人做出了确切的回答，他们指出："反馈是稳态得以保持的基本要素。"

⋯⋯

根据受控部分对控制部分作用效果的不同，反馈又分为正反馈（positive feedback）和负反馈（negative feedback）。在正反馈过程中，受控部分加强控制部分的活动；在负反馈过程中，受控部分发出的反馈信息抑制控制部分的活动。负反馈普遍存在于机体各种功能的调节过程中，是维持内环境稳态最重要的调控机制。

⋯⋯

学生答案

3. 稳态维持实例

稳态过程表现在生命组成的各个层次：细胞、组织、器官乃至整个有机体。下面列举一些生命体内重要的稳态维持过程。

3.1 体温调节稳态 恒温动物在不同的外界温度下能保持稳定的体温，这有赖于体内行为性和自主性的体温调节机制。行为性体温调节是指人体有意识地通过改变行为活动而调节产热和散热的方式。如根据环境温度增减衣物、使用风扇和空调等。行为性体温调节是一种以自主性体温调节为基础的有意识的活动，是对自主性调节的补充。自主性体温调节是指通过人体内部的体温调节中枢来调节体温的非随意的过程。具体过程包括通过体温感受器感受体温的变化，通过神经传导通路把体温的变化传给体温调节中枢，再通过自主神经系统、躯体神经系统或内脏神经系统来调节效应器的活动（如皮肤血流量、汗腺与骨骼肌的活动等）并改变机体的代谢水平。

3.2 细胞增殖稳态 机体会调节体内细胞的数量和大小，从而保持器官的正常功能。

3.3 血液 pH 值稳态 血液的 pH 值在正常生理状态下会稳定在 7.35 ~ 7.45 的范围，这有赖于血液中存在的多种缓冲对，如 $NaHCO_3$ 和 H_2CO。

3.4 血糖浓度稳态 血糖浓度的稳定对机体也是至关重要的。实验观测表明，机体在禁食 24 小时后其血糖浓度仅有轻微的变化，这说明机体内有完善的调节血糖浓度的机制。胰岛 B 细胞分泌的胰岛素可以促进细胞摄取利用葡萄糖，还可以将过量的葡萄糖转换为糖原贮存起来，从而降低血糖浓度。而胰岛 A 细胞分泌的胰高血糖素则会促进糖原的分解和糖异生过程，从而提高血糖浓度。

3.5 体液成分稳态 泌尿系统会移除体内的代谢废物，并维持体内水含量和无机离子浓度的稳定，从而维持体液渗透压的稳定。

3.6 血压调节稳态 机体通过心血管反射对血压进行调节。颈动脉窦和主动脉弓血管外膜下的感觉神经末梢是血压的感受器。当动脉血压升高或者降低时，压力感受器的传入冲动信号发生改变，从而作用于血管运动中枢神经元或其他相关神经核团，增强或减弱心交感神经或迷走神经的效应，达到舒张或收缩血管的效应。

……

4. 稳态失调与疾病

内环境稳态的维持称为调节。机体对各种功能活动的调节主要分为神经调节、体液调节和自身调节。这三个方面的调节如若不能有效地维持稳态，则会引起相应的非正常生理状态；同样的，各种疾病在各个层面上会破坏稳态的维持，从而加重病情。

4.1 血糖稳态失调　血糖稳态失调会导致血糖升高或降低。若体内胰岛素产生不足，或者细胞无法识别胰岛素，则细胞无法摄取利用葡萄糖，导致血糖升高，即糖尿病。若胰岛素分泌过多或胰高血糖素分泌减少，则会引发低血糖症。

4.2 体液 pH 值失调　如在严重呕吐之后，由于损失的胃酸较多，所以易引发代谢性碱中毒；在严重腹泻之后，由于损失的碱性肠液较多，所以易发生代谢性酸中毒。

4.3 排泄功能失调　泌尿系统通过排泄功能来维持内环境中各种成分的浓度稳态。如果排泄功能失调，如肾衰竭，那么肾排除代谢废物的能力将会减弱，导致对机体不利的废物如尿素积累在体内，引起离子浓度、血浆成分的失调，加重病情。

4.4 合成代谢失调　正常人体中，合成代谢和分解代谢的强度存在着稳态调节。如果合成代谢失调，如长期营养不良，则蛋白质摄入合成不足引起血浆蛋白成分比例下降，降低血浆渗透压，血浆内的水分会向组织液渗透过去，引起组织水肿、腹水。

4.5 血量稳态失调　血量稳态失调会以恶性循环的方式进行，如在大量失血时，血压明显降低，冠脉的血流量减少，对心肌的血供减少，导致心脏的收缩能力更弱，血压进一步降低。

……

5. 稳态概念的发展——稳态应激

在自然界中，生命体无时无刻不在面对外界环境的压力，同时也在面对自身生理或心理状态的压力。这就是应激产生的原因。有机体在利用负反馈机制维持原有稳态的过程中，由于负反馈机制具有事后发生、缓慢、不经济等缺点，难以满足机体在应激状态下生理调节的需要。Sterling 和 Eyer（1998）提出稳态应激的概

学生答案

念，此后 McEwen 和 Sterllar（1993）提出稳态应激负荷（allostasis）的概念，来评价生命有机体偏离自身正常稳态的程度。

……

虽然有关稳态应激的概念和模型尚存在一些争论，但是稳态应激这一概念无疑是对经典稳态理论的反思和发展。

……

6. 总结

稳态是贯穿医学的一个基本概念，是生命共有的重要机制。随着生理学的发展，越来越多的调节机制被解释为稳态调节的一种，稳态的内涵也在不断地接受挑战和发展。了解并掌握稳态的经典理论和发展过程对于生物医学的学习和素养养成无疑是非常重要的。

参考文献

Bernard, Claude. Leçons sur les effets des substances toxiques et médicamenteuses, Baillière（1857）.

Cannon, Walter B. "Physiological regulation of normal states: some tentative postulates concerning biological homeostatics." Ses Amis, ses Colleges, ses Eleves（1926）.

Cannon, Walter B. "Organization for physiological homeostasis." Physiological reviews 9.3（1929）: 399-431.

Cannon, Walter Bradford. "The wisdom of the body."（1932）.

Charles Seidel. Basic Concepts in Physiology. McGraw-Hill（2002）.

Guyton AC，Hall JE. Textbook of Medical Physiology. 12th edition. Elsevier（2012）.

McEwen, Bruce S., and Eliot Stellar. "Stress and the individual: mechanisms leading to disease." Archives of internal medicine 153.18（1993）: 2093-2101.

McEwen, Bruce S., and John C. Wingfield. "The concept of allostasis in biology and biomedicine." Hormones and behavior 43.1（2003）: 2-15.

Rosenblueth, Arturo, Norbert Wiener, and Julian Bigelow. "Behavior, purpose and teleology. " Philosophy of science 10.1（1943）: 18-24.

Sterling, Peter, and Joseph Eyer. "Allostasis: A new paradigm to explain arousal pathology."（1988）.

学生答案

答案二（节选）：

华西基础医学与法医学院　张秋雁　2014151611035

人体的内环境稳态调节

【摘　要】内环境稳态是指正常机体在神经系统和体液的调节下，通过各个器官、系统的协调活动，共同维持内环境的相对稳定状态。机体的新陈代谢是由细胞内很多复杂的酶促反应组成的，而酶促反应的进行需要温和的外界条件，例如温度、pH值等都必须保持在适宜的范围内，酶促反应才能正常进行。内环境的特点是其理化特性及其成分的数量和性质处于相对恒定状态，为细胞提供一个适宜的生活环境。内环境稳态是细胞维持正常生理功能的必要条件，也是机体维持正常生命活动的必要条件，内环境稳态失衡可导致疾病。

【关键词】稳态　内环境　动态平衡　稳态失调　疾病

1. 人体怎样保持内环境的稳态？内环境稳态与人体疾病有哪些关系？

首先，细胞外液是细胞生存和活动的液体环境，称为机体的内环境。细胞外液约占体重的20%，其中约3/4为组织液，分布在全身的各种组织间隙中，是血液与细胞进行物质交换的场所。细胞外液的1/4为血浆，分布于心血管系统，血浆与血细胞共同构成血液，在全身循环流动。在正常生理情况下，内环境的各种物理、化学性质保持相对的稳定，称为内环境稳态。

其次，内环境稳态是一种动态的平衡。内环境稳态，并不是说机体内环境的成分和理化性质是静止不变的。相反，由于细胞不断进行代谢活动，不断地与细胞外液发生物质交换，因此也就会不断地扰乱或破坏内环境稳态；同时外界环境因素的改变也会影响内环境稳态。

......

2. 内环境稳态的作用

内环境稳态是细胞维持正常生理功能的必要条件，也是机体维持正常生命活动的必要条件，内环境稳态失衡可导致疾病。内环境稳态的维持有赖于各器官，尤其是内脏器官功能状态的稳定、机体各种调节机制的正常以及血液的纽带作用。

如果某种器官的功能出现障碍，就会引起稳态失调。

实例：肾脏是形成尿液的器官，当肾衰竭时，就会出现尿毒症，最终导致死亡。

反馈：反馈是一个过程的结果返回影响过程的情况。

正反馈：结果对过程产生促进作用，即反应的产物反过来促进反应的进行。反馈信息不是制约控制部分的活动，而是促进与加强控制部分的活动。类似于血糖浓度升高，胰岛素浓度也升高。其意义在于使生理过程不断加强，直到最终完成生理功能。

负反馈：负反馈是结果对过程起抑制作用，即反应的产物抑制反应的进行。其意义在于维持内环境稳态，水平衡、盐平衡、血糖平衡、体温平衡等的调节就属于负反馈调节。

……

3. 内环境稳态被破坏实例

温度、酸碱度等的偏高或偏低，会影响酶的活性，使细胞代谢紊乱。

营养不良、缺少蛋白质、淋巴回流受阻、肾炎等都会引起组织水肿。

大量出汗时，体液丢失过多，引起乏力、低血压、心率加快、四肢发冷等。

尿素、无机盐等代谢废物在体内积累过多会导致尿毒症。

血液中 Ca、P 的含量降低会导致成年人骨骼软化。

血液中甘油三酯超标，会导致高血脂。

内环境理化性质相对恒定。理化性质包括温度、pH 值、渗透压、化学组成等。目前，稳态泛指体内从细胞和分子水平、器官和系统水平扩大到整体水平的各种生理功能活动在神经和体液等因素调节下保持相对稳定的状态。

……

学生答案

4. 内环境稳态的生理意义

内环境稳态的维持是各个细胞、器官的正常生理活动的结果；反过来，内环境稳态又是体内细胞、器官维持正常生理活动和功能的必要条件。内环境的各种理化性质的变动如果超出一定的范围，就可能引起疾病；反过来，在疾病的情况下，细胞、器官的活动发生异常，内环境稳态就会遭到破坏，细胞外液的某些成分就会发生变化。

……

5. 关于人体疾病和体内平衡的关系，在尿毒症、糖尿病、空调病方面可以有较为突出的体现

尿毒症．尿毒症的原因主要是肾功能丧失，体内代谢产生的氮质废物不能排出体外，在机体内蓄积，水电平衡失调、水潴留、电解质紊乱，也是肾脏本身的疾病和损伤……

总而言之，内环境稳态是一种动态的平衡。

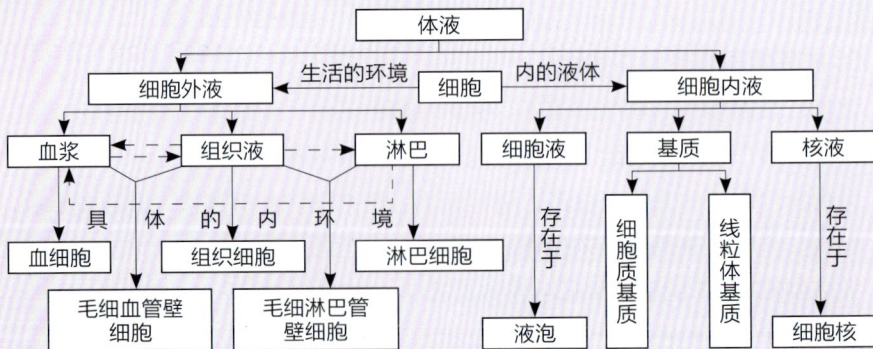

```
                          体液
        ┌──────────────────┼──────────────────┐
     细胞外液  生活的环境  细胞  内的液体  细胞内液
   ┌────┼────┐                        ┌────┼────┐
  血浆  组织液  淋巴    细胞液      基质      核液
   │    │    │      │          │         │
  血细胞 组织细胞 淋巴细胞   存在于   细胞质基质 线粒体基质  存在于
   │    │    │      │                      │
毛细血管壁 毛细淋巴管    液泡                  细胞核
  细胞   壁细胞
```
具体的内环境

参考文献

[1] Zeidel ML.Water homeostasis evolutionary medicine.Trans Am Clin Climatol Assoc, 2012, 123（2）：93-105.

略 4 个文献

答案三（节选）：

华西基础医学与法医学院　曾扬帆　2014151611032

机体稳态的维持机制及稳态与疾病的关系

【摘　要】细胞在体内直接所处的环境即细胞外液，称之为内环境。内环境是细胞直接进行新陈代谢的场所，也是细胞生活与活动的地方。因此，内环境对于细胞的生存及维持细胞的正常生理功能非常重要。内环境稳态就是指在正常生理情况下机体内环境的各种成分和理化性质，如 pH 值、渗透压、温度等，只在很小的范围内发生变动。由于细胞与内环境之间、内环境与外界环境之间不断地进行着物质交换，因此细胞的代谢活动和外界环境的不断变化，必然会影响内环境的理化性质，但内环境通过机体的调节活动能够维持相对的稳定，故内环境稳态是一种动态的平衡。由于内环境稳态是体内细胞、器官维持正常生理活动和功能的必要条件，因此一旦内环境稳态遭到破坏，各种理化性质的变动超出了一定的范围，就可能引起疾病。

【关键词】内环境　稳态　动态平衡　神经调节　体液调节　负反馈调节失衡导致疾病

一、什么是稳态

人体内的液体称为体液，按其分布可分为细胞内液（约 2/3）和细胞外液（约 1/3），细胞外液又按其分布可分为血浆（约 1/4）和组织液（约 3/4）。人体的绝大多数细胞并不直接与外界环境接触，而是浸浴在细胞外液中，因此细胞外液是细胞直接接触的环境。1878 年法国生理学家 Claude Bernard 提出，细胞外液是细胞在体内直接所处的环境，故称之为内环境。同时他还指出，机体内环境的成分和理化性质是保持相对稳定的，而内环境的稳定又是细胞维持正常生理功能的必要条件，也是整个机体维持正常生命活动的必要条件。内环境稳态就是指在正常生理情

学生答案

况下机体内环境的各种成分和理化性质只在很小的范围内发生变动。

内环境稳态并不是说机体内环境的成分和理化性质是静止不变的，相反，由于细胞不断进行代谢活动，不断地与细胞外液发生物质交换，因此也就会不断地扰乱或破坏内环境稳态；同时，外界环境因素的改变也会影响内环境稳态。但另一方面，体内各个器官、组织的正常功能活动都能从一个方面来维持内环境稳态。可见，稳态的维持是一种动态平衡。

二、稳态的维持机制

当机体处于不同的生理情况时，或者当外界环境发生改变时，内环境的成分和理化性质会发生改变。这时，体内的一些器官和组织、细胞的功能活动就会发生相应的改变，使被扰乱的内环境得到恢复，内环境稳态得到维持。机体对各种功能活动进行调节的方式主要有三种，即神经调节、体液调节和自身调节。需要指出，身体的许多功能活动可能同时接受多个系统的调控，一旦某一个调控系统发生了障碍，其他系统可以继续对该功能活动进行调控，维持生命活动的稳态。

（一）神经调节

机体的许多生理功能是通过神经系统的活动进行调节的。神经系统活动的基本形式是反射，反射的结构基础为反射弧，包括五个基本环节：感受器、传入神经、神经中枢、传出神经和效应器。感受器是接受神经调节刺激的器官，效应器是产生反应的器官，中枢在脑和脊髓中，传入和传出神经是将中枢与感受器和效应器联系起来的通路。

反射分为条件反射和非条件反射。前者为在生活过程中通过训练逐渐形成的后天性反射；而后者为通过遗传而获得的先天性反射。条件反射是在非条件反射的基础上建立起来的一种高级的神经活动，可以使机体对环境的适应能力大大增强。

（二）体液调节

体液调节是指体内的一些细胞能生成并分泌某些特殊的化学物质（如激素等），经体液（血浆、组织液、淋巴液）运输，到达全身的组织细胞或某些特殊的组织细胞，通过作用于细胞上相应的受体，对这些细胞的活动进行调节。和神经调节相比较，体液调节反应的发生相对比较迟缓，而作用的范围则较广泛，作用的持续时间相对较长。

体内有许多内分泌腺，能分泌各种激素。激素是一些能在细胞与细胞之间传递信息的化学物质，由血液或组织液携带，作用于具有相应受体的细胞，调节这些细胞的活动。

除激素外，某些组织、细胞产生的一些化学物质，虽不能随血液到身体其他部位起调节作用，但可在局部组织液内扩散，改变邻近组织细胞的活动。这种调节可看作是局部性体液调节，或称为旁分泌调节。

……

（三）自身调节

自身调节是指组织、细胞在不依赖外来的或体液调节的情况下，自身对刺激发生的适应性反应过程。例如，骨骼肌或心肌的初长（收缩前的长度）能对收缩力量起调节作用；当初长在一定限度内增大时，收缩力量会相应增加，而初长缩短时收缩力量就减小。一般来说，自身调节的幅度较小，也不十分灵敏，只作为神经调节和体液调节的补充，但对于生理功能的调节仍有一定意义。

以上所述的体内各种生理活动的调节，主要是以反馈控制的形式进行的。

反馈控制系统是一种"闭环"系统，即控制部分发出指令，指示受控部分进行活动，而受控部分的活动可被一定的感受装置（即监测装置）感受，感受装置将受控部分的活动情况作为反馈信息送回到控制部分，控制部分再根据反馈信息来改变自己的活动，调整对受控部分的指令，因而能对受控部分的活动进行调节。如果经过反馈调节，受控部分的活动向与它原先活动相反的方向发生改变，则称为负反馈调节；相反，如果反馈调节使受控部分继续加强向原来方向的活动，则称为正反馈调节。在正常人体内，绝大多数控制系统都是负反馈调节。

当一个系统的活动处于某种平衡或稳定状态时，如果因为某种外界因素使该系统的受控部分活动增强，则该系统原先的平衡或稳定状态遭受破坏。在存在负反馈控制机制的情况下，如图1所示，如果受控部分的活动增强，可通过相应的感受装置将这个信息反馈给控制部分；控制部分分析后，发出指令使受控部分的活动减弱，即向原先平衡状态的方向转变，甚至恢复到原先的平衡状态。反之，如果受控部分的活动减弱，则可以通过负反馈机制使其活动重新增强，结果也是向原先的平衡状

学生答案

态的方向恢复。所以负反馈控制系统的作用是使系统的活动保持稳定。机体的内环境和各种生理活动之所以能够维持稳态，就是因为体内有许多负反馈控制系统存在并发挥作用。图 2 为温度稳态调节的示意图。

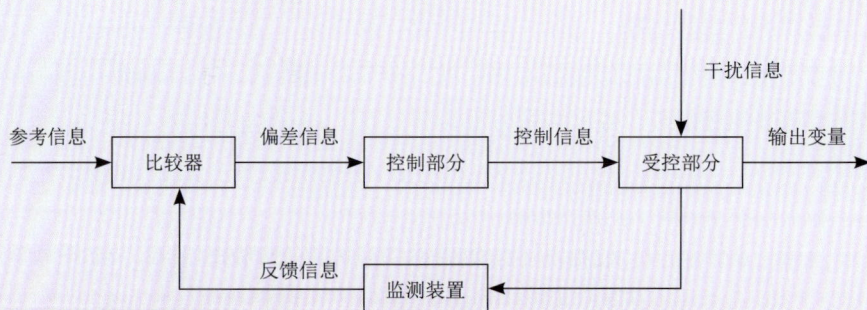

图 1　负反馈控制系统示意图

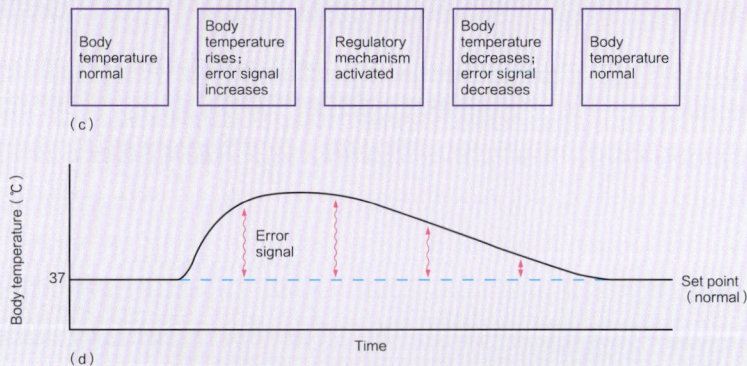

图 2　机体温度稳态的维持机制示意图

除负反馈控制系统外，还有正反馈系统、前馈系统等，共同维持内环境的稳态。

三、内环境稳态与疾病的关系

内环境稳态的维持是各种细胞、器官的正常生理活动的结果；反过来，内环境稳态又是体内细胞、器官维持正常生理活动和功能的必要条件。内环境的各种理化性质的变动如果超出一定的范围，就可能引起疾病；反过来，在疾病情况下，细胞、器官的活动发生异常，内环境稳态就会受到破坏。机体一方面出现损伤效应，而这种损伤效应又可作为因，继续引起机体更严重损伤的果，使病情趋向恶化或导致人体死亡，称为恶性循环；另一方面，针对损伤，出现抗损伤或代偿反应，通过因果良性循环，机体逐渐恢复或部分恢复正常。

以肝脏的稳态为例。肝脏是体内代谢最活跃的器官，肝衰竭患者失去肝脏的正常调节时，极易出现电解质紊乱、水潴留、酸碱失衡、营养代谢及糖代谢障碍等内环境紊乱的现象。

（一）电解质紊乱

1. 低钠血症：其发病机制主要是肾脏清除无溶质水的能力受损。在肝衰竭时，肾功能受损，肾小球滤过率降低和（或）近端肾小管对溶质的重吸收增加，而远端小管排出的滤液减少，水的排泄率下降。此外，长期低盐饮食，使钠摄入减少，利尿剂使用不当致使钠排泄增多，钠钾泵功能障碍，可导致低血容量性低钠血症。

2. 低钾血症：其发病机制主要是钾摄入减少或钾丢失过多，主要引发：①可兴奋组织细胞膜电位改变引起的异常；②缺钾、低钾血症引起的酸碱异常；③细胞代谢障碍引发的损害。肝功能不全时，食欲减退、进食减少，导致钾摄入减少；肝硬化晚期，有效循环血量减少，肾素 - 血管紧张素 - 醛固酮系统激活，同时醛固酮灭活减少，促进肾排钾，引起低钾血症。

……

参考文献

[1] Hooper L V, Macpherson A J. Immune adaptations that maintain homeostasis with the intestinal microbiota [J]. Nature Reviews Immunology, 2010, 10（3）: 159-169.

[2] Oike Y. Cutting-edge research exploring mechanisms of tissue homeostasis in health and disease [J]. Inflammation and Regeneration, 2015, 35（4）: 164-166.

[3] 姚泰. 生理学 [M]. 第二版. 北京：人民卫生出版社, 2014: 4-8.

[4] 黄宁，李著华. 病理生理学 [M]. 北京：科学出版社, 2015: 193-195.

学生答案

答案四（节选）：
华西基础医学与法医学院　王梦秋　2014151611024

内环境稳态与疾病

【摘　要】稳态是生理学上的重要概念，泛指人体内从分子、细胞到器官、系统以至整体各个水平上的生理活动在多种调节机制的作用下保持相对稳定的状态，是在内环境的基础上提出的。内环境稳态处于动态平衡中，反馈控制是调节内环境稳态的重要途径。稳态医学疾病观与治疗观都是从稳态的角度对疾病的产生与治疗进行阐述。

【关键词】内环境　稳态　反馈　疾病

1. 内环境与稳态

……

内环境稳态的动态平衡，是说机体内环境的成分和理化特性并不是静止不变的，相反的，外环境通过不断地与细胞外液进行物质交换而不断地扰乱或破坏内环境稳态，外界环境因素的改变也会影响到内环境稳态。但身体的各个器官、系统进行各种正常生理活动，能对抗外界环境对内环境的影响，使体内各种成分和理化特性都在正常范围内发生较小幅度的变化。

2. 稳态依靠反馈来维持

反馈控制系统是一种闭环系统，由控制部发出指令到受控部分，感受器会监测受控部分的活动，将活动信息与调定点的标准进行比较并送回控制部分，控制部分再根据反馈信息对受控部分发出调整的指令。

……

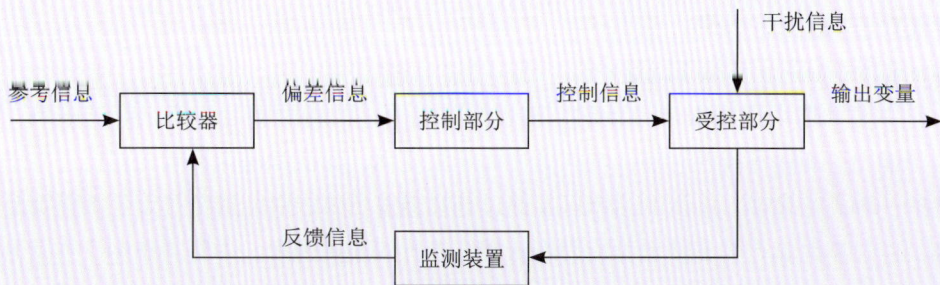

图 1　反馈控制系统模式图
注：出自赵瑛《对稳态、反馈含义的再认识》。

3. 稳态疾病与治疗

3.1 稳态医学疾病观

从内环境稳态的角度出发，健康状态即是内稳态处于稳定的动态平衡状态，而疾病则是内环境稳态在外界因素干扰下或机体内部功能异常的情况下被破坏。内稳态医学疾病观强调了"内因"对疾病发生的决定作用。机体有不同层次，大至器官系统，小至细胞分子水平。在每一个层次及与其相关的上下层次之间都有各自的稳态系统，这些稳态系统之间又有各种不同的联系，例如协调或是拮抗，组合在一起形成了生物体的大稳态。层次与层次之间或是层次与整体之间的协调配合失衡时，机体则表现为疾病。同时，神经－体液调节、免疫应答等机制的调控在维持机体内稳态方面起着重要作用，暂时的局部内稳态失衡并不表现为疾病，只是稳态在平衡和失衡、健康与疾病的中间过渡阶段，医学上称为亚稳态（高危态）。

……

3.2 稳态医学治疗观

一是注重对亚稳态的治疗。从稳态的平衡到失衡都会经历亚稳态这一中间阶段，在稳态还未完全崩溃时进行治疗，可遏制疾病的发生，使机体重新回到稳态。二是综合治疗畸形稳态。当致病因素持续作用，机体抵抗能力有限，不能完全根除病因但又还没有崩溃时，处于一个正常稳态与疾病中暂时的平衡状态，是机体努力与疾病因素抗争产生的"畸形稳态"，在治疗时要考虑到各种内外因素对加强机体的自稳作用。三是"以平为期"。治疗的目的是使机体恢复到正常内稳态，不能过度治

学生答案

疗使稳态向反方向偏离。

3.2.1 中医学与稳态治疗

中医稳态观强调整体与运动，重视五脏之间、四时阴阳与人体之间的联系。自稳能力可能随日夜四时节律性的变化而产生变化，而疾病是自稳能力对抗外界干扰的一种外在表现。中医的治疗观是通过药物激发机体的潜能或者是用药加强负反馈，通过制约偏亢偏衰使自稳能力能够抵抗外界的干扰因素。中医的正治疗与反治疗都是依靠"制约"的思想，即是"逆"的思想。同时中医也具有"顺"的思想，即是顺应机体的自稳调节过程。一顺一逆皆是通过调和使机体恢复到稳态。

3.2.2 基因与稳态治疗

疾病基因是指某一基因决定了某种疾病的发生。正常情况下，基因疾病产生的影响在机体各层次之间的协调配合下被抵消，不表现出来。而当机体稳态遭到破坏时，某些基因引起的蛋白质表达紊乱等才会表现出症状，从而体现为疾病。在进行基因治疗时，应当尤为谨慎，要以保证自身稳态为前提，同时还要注意伦理方面的问题。

总之，稳定的内环境能保持机体健康，使各系统正常运行。疾病是身体内稳态失衡的表现。通过加强机体的自稳能力来恢复健康是稳态疾病治疗的主要方式。

参考文献

[1]周小军，田道法，孙广华.内稳态、疾病与治疗[J].南京中医药大学学报：社会科学版，2000（3）.

[2]刘成源，罗红艳，张荣利.稳态医学观（上）[J].中国中医基础医学杂志，2001,7（10）.

[3]刘成源，罗红艳，张荣利.稳态医学观（下）[J].中国中医基础医学杂志，2001,7（11）.

[4]李国彰.中医稳态观与稳态学说[J].北京中医药大学学报，1994（6）.

[5]赵瑛对."稳态、反馈"含义的再认识[J].生物学通报，2000,35（3）.

[6]金观源.稳态概念的再认识[J].生理科学进展，1989（4）.

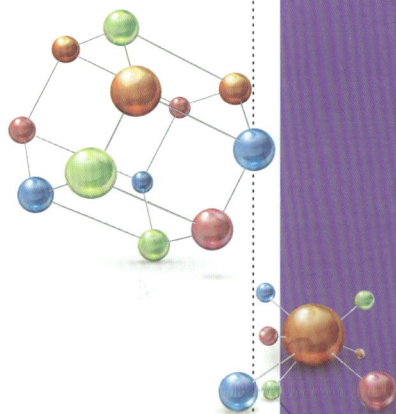

四位学生的读书报告都是在对生理学相关知识全面复习，结合文献查阅及个人思考的基础上撰写的，较好地阐明了有关人体稳态及稳态的维持的生理学理论，较全面分析了人体各器官、系统，乃至整个机体在稳态维持中所起的作用，同时介绍了当今得到广泛认同的稳态医学疾病观及稳态医学治疗观，充分反映了学生对相关生理学知识有了较全面及深入的认识和理解。

教师点评

口腔材料学

课程号：503008030

张杰魁／四川大学华西口腔医学院（华西口腔医院）

张杰魁，原华西医科大学口腔修复学（口腔材料）专业研究生毕业，口腔医学硕士，历任讲师、副教授，从事口腔材料学教学、科研和口腔临床医疗工作，主编国家"十五"重点音像规划品种教材、卫生部医学视听教材《口腔材料与临床应用（上、下）》，卫生部规划教材《口腔材料学》第四版编委以及《中华口腔科学》第2版，（口腔基础卷）口腔材料学篇编委，主研、承担多项国家、省级课题项目，两项国家发明专利发明人之一，获多项省、校级教学成果奖，先后发表科研、教学论文二十余篇。

非标准答案试题在"口腔材料学"课堂教学考试评价应用的探讨

四川大学华西口腔医学院（华西口腔医院）

张杰魁　叶咏梅　包崇云　李　伟　肖　宇

【摘　要】本文探讨了在"口腔材料学"的课堂教学考试评价中，通过考试命题的改革，在课程期末考试评价中运用非标准答案试题，达到拓展课堂教学范围、改变以教材内容为中心的教学模式，以及促进学生重视和积极进行课程教学拓展内容学习的目的。多年教学实践表明，在"口腔材料学"课堂教学的期末考试评价中，采用一定分值的非标准答案试题，对于课堂教学以及学生的全面评价，促进人才的培养具有积极的意义。

【关键词】非标准答案试题　考试评价　口腔材料学

高等教育的课堂教学及考试评价方式的改革，对于课程教学质量的提高具有积极的促进意义，在课程期末考试评价中采用标准答案试题，可以较好地发挥其检验教学质量的作用，而在课程期末考试评价中采用非标准答案试题，对于学生的综合素质和能力的培养、全面评价具有积极的意义。

为探索课堂教学考试评价的改革以促进课程教学质量的提高，以及更加全面地对学生的学习进行评价，我们在"口腔材料学"的课堂考试评价中，通过考试命题的改革，在课程期末考试评价中运用非标准答案试题，通过教学实践，取得了一些积极有益的效果。

1. 目的

在高等医学院校的课堂教学中，根据课程教学大纲采用考试来评价学生对教材知识点的掌握是一种普遍的且行之有效的方法。在"口腔材料学"的课堂教学过程中，按照教学大纲的要求以及教材内容，对学生需要掌握、熟悉和了解的各知识点进行拓展性教学，并在课堂教学期末考试评价的考试命题工作中，培养和全面评价学生追踪口腔新材料、新产品的临床应用和研究应用前景的能力和学习水平，是本课程考试命题工作适应高等院校对学生考试评价制度的改革以及人才培养要求的需要。

非标准答案试题是与标准化考试试题相对而言的，没有统一和唯一的评价标准，我们将"口腔材料学"课堂教学的一些专业拓展内容的非标准答案试题应用于课程学习评价中，可以达到拓展课堂教学范围、改变以教材内容为中心的教学模式，以及促进学生重视和积极进行专业课程教学拓展内容学习的目的。

在"口腔材料学"课堂教学工作中，以教材内容开展教学工作固然重要，但对于高等院校的学生，若仅仅以教材内容为中心进行课堂教学，不利于学生对最新的专业知识的学习和积累，不利于学生以后的科研和临床工作视野的拓展和培养。因此，在"口腔材料学"课堂教学中，以教材为主线，并在教学内容中积极引入口腔材料学专业领域相关的最新研究动态，以及口腔新材料、新产品的发展趋势是非常必要的。目前，随着高等院校课堂教学工作的改革，完全以教材内容为中心进行课堂教学的状况已经发生了积极的变化。在"口腔材料学"课程期末考试题中，引入部分非标准答案试题来引导和促进学生重视专业领域相关的最新研究动态、发展趋势，改变以教材内容为中心的教学和考试评价模式，拓展课堂教学范围，对促进学生创新思维能力的培养具有积极的意义。

2. 方法

在课堂教学的课程考试中，采用标准化考试试题来进行教学过程的评价是普遍的模式，考试题都具有参考标准答案，考试涉及的知识点都来自教材内容。由于"口腔材料学"课程的内容涉及口腔材料的分类、性能特点与要求、材料固化的机理以及临床应用，而口腔材料及制品的研究应用，在口腔临床发展变化很快，一些口腔新材料、新产品在临床已投入应用，而在教材内容中可能并没有包括这些新材料、新产品。为此，我们一方面在课堂教学中注意将口腔材料及制品的一些最新研究进展引入到课堂教学中，另一方面，在"口腔材料学"的课程期末考试题中，引入部分非标准答案试题，例如在考试题目一："近几年来国内外的口腔材料及制品有何新产品推出？试举一或两种新产品并简述其主要性能特点"这道非标准答案试题，需要学生在课程学习期间，通过查阅有关口腔材料及制品专业方面的最新研究应用的文献、临床产品资料，以及到口腔临床门诊科室熟悉目前口腔临床应用的口腔材料产品等才能够较好地完成试题。该非标准答案试题是一道教学改革创新思维题，该题分值一般占试卷总分值的 10% 至 20%。该题的答案不是唯一确定的，由教师根据参考评分标准并结合学生对口腔材料及制品的了解和认知程度来进行评价。

3. 结果

经过多年来的教学实践，我们在"口腔材料学"课堂教学考试评价中运用非标准答案试题，对于改变以教材内容为中心的教学和考试评价模式，拓展课堂教学范围，促进学生创新思维能力的培养发挥了一定的积极作用。本课程教学的学生对专业期刊文献的查阅情况显示，有较多的学生在本课程学习的大三阶段，还没有查阅过有关口腔医学专业课程的文献资料。因此，通过在"口腔材料学"的课程期末考试题中，引入一定分值的非标准答案试题，能够促使学生较早地查阅专业文献期刊、产品介绍资料和到临床门诊科室接触、了解最新口腔新材料、新产品及其在临床的应用和研究进展。

从课程期末考试同学们的该非标准答案试题的答题中可以看到，同学们对一些口腔材料产品的名称、性能与临床应用进行了了解并收集了资料，特别是对一些研究发展前景好的口腔材料产品如新型纳米全瓷修复材料、新型玻璃离子类的窝沟封闭材料、新型复合树脂等口腔新材料、新产品在口腔临床的应用及其研究前景都进行了相应的文献资料的查阅和简要的综述。

4. 结论

在"口腔材料学"的教学工作中，不仅在课堂教学讲课中引入和拓展专业相关内容，而且在课程期末考试中应用非标准答案试题，这种教学评价方式可以更好地拓展课堂教学范围，改变以教材内容为中心的教学模式，促进学生重视和积极进行课程教学拓展内容的学习。多年教学实践以及对学生的调查反馈表明，在"口腔材料学"课堂教学期末考试评价中，采用一定分值的非标准答案试题，对于促进"口腔材料学"的课堂教学改革，以及对学生进行全面的评价、促进人才的培养具有积极的意义。

参考文献

［1］陈治清，等.开创我国理工医综合性口腔材料学新学科［J］.华西医学教育，1989, 89（1）：3-6.

［2］李松林.实行深度教学推动大学课堂教学改革［J］.中国高等教育，2012（22）：36-38.

［3］张杰魁.学生考试成绩的自我评价与外部评价的对比分析［J］.西北医学教育，1998（1）：31-32.

［4］王胜强，等.高校创新与创业教育课程体系建设面临的问题与对策［J］.高等教育发展研究，2016（3）：36-38.

考试题目

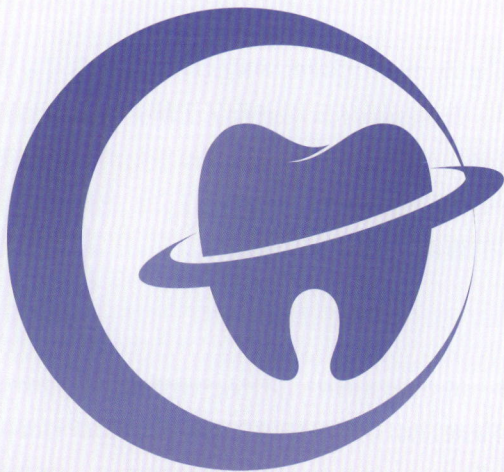

题目一：

近几年来国内外的口腔材料及制品有何新产品推出？试举一或两种新产品并简述其主要性能特点。

简要说明：

该试题为非标准答案试题，由主申报教师张杰魁副教授于 2006—2007 学年提出，并在口腔临床医学专业五、七、八年制的期末考试中作为问答题其中的一题，通过多年的教学实践，获得了积极的教学效果。该题的分值由最初的 5 分、8 分逐渐提高到目前的 10 分至 15 分。本题是一道教学改革创新思维题，其考试目的主要是考查学生对口腔材料学基础及临床应用研究的发展趋势的了解程度。该题的答案不是唯一确定的，由教师根据本题评分标准并结合学生对口腔材料及制品的了解和认知程度来进行评价。目前，口腔临床医学专业五、七、八年制的口腔材料学课程期末考试命题工作由申报的两位教师承担。

答案一：

华西口腔医学院　郑庆华　0275031023

IMAGINE®REFLEX® 瓷粉，用于制作纳米烤瓷牙。

该瓷粉具有"纳米白榴石结构"，无间隙的微观结构，最细致的白榴石晶体均匀分布。晶体的大小均在纳米单位范围，其烧结程序安全简单，具有烧结稳定的欧珀效果，无须长时间冷却，具有优秀的操作性能。上瓷完成的冠更加细致。

临床应用优点：①非常光滑、均匀的表面，有效抑制牙菌斑的生成；②具有有效保护牙龈和对殆牙的优势；③口内可进行高度抛光；④极高的韧性，不易崩解。

答案二：

华西口腔医学院　何　瑶　0655032024

（1）窝沟封闭技术是上世纪九十年代兴起的一种窝沟龋的预防技术。窝沟封闭材料也经历了从化学固化型到光固化型的过渡。近年新出的新型玻璃离子类的窝沟封闭材料与传统的复合树脂型的材料相比具有：①粘接性能优良；②生物相容性好；③流动性好；④可以长时间释放氟离子，对龋病进行预防。

（2）利用干细胞技术培养人工牙。该技术主要利用人体皮肤细胞，以病毒作为载体将相关基因载入培养。由于干细胞技术目前还不是很成熟，此项研究目前还处于比较低的阶段。但一旦成功，其培养出的人工牙将具有极佳的生物性能与物理化学性能，将有可能对整个口腔材料产生重大影响。

学生答案

答案三：

华西口腔医学院 姜懿轩 2012151642104

　　我所了解的口腔新型材料及产品如下：

　　①镁及镁合金：具有良好的力学性能，其机械强度和弹性模量好，适用于口腔正畸用材料。其弹性模量接近人体骨组织，且具有良好的生物安全性、生物相容性，具有骨诱导、骨生成作用，可用于植入材料修复颌骨缺损。经微弧氧化及一些表面改性的方法可改善镁及镁合金的耐腐蚀性能。再加之它具有良好的压缩强度、拉伸强度等性能，可用于口腔种植，且其对人体毒性小，可作为未来人工牙根材料与钛及钛合金联合使用。另外，它的弹性模量较钛及钛合金而言更接近人体组织，其他一些力学性能也更优。

　　②胆酸树脂复合材料：胆酸是人体每日自然分泌的产物，一些最新科学研究表明，将人体分泌的胆汁酸结晶后与复合树脂联用，强度和硬度明显增强，用于牙齿缺损修复可改善传统复合树脂的力学性能。另外，它是由自身分泌产物组成，相对一些修复材料而言具有更佳的生物安全性，可弥补银汞合金会产生微毒的缺点。当然，这种新型材料还未被广泛使用，需做进一步研究及临床试验。现如今，纳米材料作为热点材料被广泛应用于各领域，在口腔树脂基复合材料中，其中纳米填料复合树脂具有良好的抛光性能、透光性能，而且其填料粒度分布广，占质量分数较大。因此纳米填料复合树脂强度、硬度等力学性能以及耐腐蚀性能均较好，热膨胀系数较小，与人体组织相容，边缘密合性也较好。将胆酸与纳米材料用于复合树脂具有广阔的前景。

本题是一道教学改革创新思维题，该试题的标准答案不是唯一确定的，由教师根据本题评分标准并结合学生对口腔材料及制品的了解和认知程度来进行评价，其考评目的主要是考查学生对当前口腔材料学基础理论及临床应用研究发展趋势的了解程度，特别是熟悉各种口腔新材料、新产品的推出和在临床的应用，对于口腔临床专业学生以后更好地从事临床实习和工作是非常具有帮助作用的。从提交的几名同学本试题的非标准答案中可以看到，同学们对一些口腔材料产品的名称、品牌、性能与临床应用进行了资料收集和了解，特别是对一些研究发展前景好的口腔材料产品如口腔纳米陶瓷材料、纳米填料复合树脂等产品、干细胞技术在口腔医学中的应用都有所涉猎。通过本非标准答案试题在学生期末学习评价考试中的应用，拓展了学生的口腔材料学的专业知识范围。

教师点评

考试题目

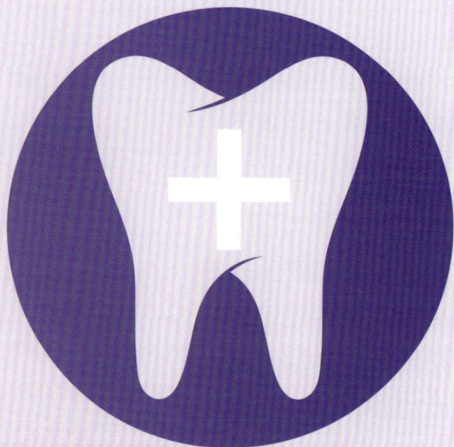

题目二:

　　现有的口腔材料产品有哪些性能和临床使用不足之处？请列出两种以上口腔材料并简述你的改进设想或解决方案。

简要说明:

　　该试题为非标准答案试题，由主申报教师张杰魁副教授于 2006—2007 学年提出，并在口腔临床医学专业五、七、八年制的期末考试中作为问答题其中的一题，通过多年的教学实践，获得了积极的教学效果。该题的分值由最初的 5 分、8 分逐渐提高到目前的 10 分至 15 分。本题是一道教学改革创新思维题，其考试目的主要是考查学生对口腔材料学基础与临床应用的了解认知程度。该题的答案不是唯一确定的，由教师根据本题评分标准并结合学生的分析和创新思维能力来进行评价。目前，口腔临床医学专业五、七、八年制的口腔材料学课程期末考试命题工作由申报的两位教师承担。

答案一:

华西口腔医学院　张　亮　0685023032

　　现有各种口腔修复材料,其设计思路均是用人工制品如高分子、无机非金属或金属材料来模拟天然口腔组织的性能,以达到修复生理形态和恢复功能的目的。但是,人工制品的性能无论如何改进,其指标始终与天然人体组织有差异,并且或多或少都存在生物相容性不好的问题。如果能够在发生病理损害组织缺损后,使用再生的天然材料来修复原位的缺损,将使组织形态和功能达到最大限度的恢复,且不存在相容性和安全性的问题。

　　例如在发生牙列缺失或缺损后,如果能用各种方式使缺损部位再生出新的天然牙体组织,或在体外运用组织工程等方法获得天然牙体组织再植入缺损部位,将使修复效果达到最佳,最大限度地接近或完全恢复原有形态、功能。这也是可以预见的口腔材料发展的趋势之一。

　　另外,若继续从人工制品的发展方向入手,为使材料的形态、外观及功能最大限度地达到原有组织效果,并达到安全性的最大化,很多材料需要改进或被取代。例如银汞合金修复体,虽然有证据表明其汞释放量不足以造成人体伤害,但大量使用汞制品始终会对人体和环境产生威胁。如果能使复合树脂修复体的物理机械性能达到甚至超过银汞合金,则银汞合金可被完全淘汰。

　　在操作性能方面,现在口腔材料也存在许多不足。例如许多材料需要双剂甚至三剂的混合,这给操作带来许多不便,且使得最终修复质量受人为因素的影响增大。若能将所有双剂、三剂的材料都改进为单剂(例如牙本质粘接材料、光固化树脂等),将使口腔材料的操作性能大大提升。

学生答案

答案二：
华西口腔医学院　金　樱　0685023066

　　在种植材料中，种植牙根固然可以传递外力，但若能通过 BMP 类生长因子形成类似牙周膜的骨－纤维组织贴附于种植陶瓷牙根则可以改进其现有的性能。

　　在充填材料中，材料的收缩性以及与牙之间膨胀系数的差异是继发龋形成的关键。如果可以将再生牙本质引入充填材料中，则可望改进现在的状况。

　　在龋坏的窝洞处，与其填补入树脂、水门汀等，不如埋入一个可再生的胚胎细胞，借着已有的支架形成修复的牙釉质、牙本质。况且现如今在再生牙实验室中，的确已得到不完整的牙釉质、牙本质。也许，克服营养供给的问题，这个设想可以实现。

答案三：

华西口腔医学院　罗梦奇　Ｍ０１Ｄ１７１６１１０１０

（1）镓合金

1）不足：A. 耐腐蚀性不如银汞合金；

　　　　　B. 固化快，工作时间很短；

　　　　　C. 粘性大，易粘附手指和器械，不利于临床操作。

2）改进方案：A. 添加耐腐蚀性元素 Cr、Ni、Si、Mn；

　　　　　　　B. 添加缓凝剂；

　　　　　　　C. 添加能降低其粘性的元素或开发专用于镓合金的操作器具，使其间的润湿性最小。

（2）氧化铝全瓷修复材料

1）不足：A. 透明性低，美观性不足；

　　　　　B. 弹性模量与牙体组织不相容。

2）改进方案：A. 添加微晶玻璃在其中，既提高透明性，又不降低太多强度。

　　　　　　　B. 在根部其表面熔覆羟基磷灰石 / 磷酸三钙（HA/TCP）双相陶瓷。

（3）Ti 及 Ti 合金人工牙根

1）不足：无法与牙槽骨形成良好骨性结合；

2）改进方案：活化 Ti 表面氧化层，使其形成 Ti-OH 与周围骨性结合。

叶咏梅／四川大学华西口腔医学院（华西口腔医院）

　　叶咏梅，口腔医学博士，讲师，从事口腔材料学教学科研工作及口腔临床医疗工作，发表多篇论文并被 SCI 收录。

此题的考评目的主要是考查学生对当前口腔材料学基础与临床应用研究发展趋势的了解程度，特别是对于现有的口腔材料产品能够分析、探究有哪些性能和临床使用不足之处，提出在材料组成、性能，特别是生物相容性方面的改进设想。从几名同学本试题的非标准答案中可以看出，他们对于现有的口腔材料产品存在的性能和临床使用不足之处进行了探讨，并提出了设想的解决方案，而这些改进设想在教材中并没有现成的答案。在提交的答案中，几位同学对于当前口腔生物材料中比较重要的口腔种植材料进行了较好的探讨，结合当时的相关研究提出了一些改进的设想，显示同学们初步具备了追踪、分析当前口腔生物材料研究的热点问题并提出改进设想的创新思维能力。

教师点评

口腔临床技能实验（Ⅱ）-1

课程号：503022050

柳 茜／四川大学华西口腔医学院（华西口腔医院）

柳茜，长期从事口腔医学实验教学相关工作，曾任华西口腔国家级实验教学示范中心常务副主任，曾获国家级教学成果二等奖（2005 年）、四川省教学成果一等奖（2010 年）、四川大学星火校友奖教金二等奖（2016 年）、四川大学微课比赛二等奖、四川大学"大学生创新创业训练计划"收获体会征文比赛二等奖。

建立实验教学多元评价体系，
引发创新思维的链式反应

四川大学华西口腔医学院（华西口腔医院）

柳　茜　郑庆华　林荔敏　杨　静　江　璐

实验教学对于口腔医学生培养的重要性已毋庸置疑，而《口腔内科学》实验又是口腔医学实验教学体系中的基础和核心之一，是培养口腔医学生基本实践能力、临床思维的重要载体。构建科学的《口腔内科学》实验教学评价体系的意义更加凸显。[1]

广义而言，评价是指评价者对评价对象的各个方面，根据评价标准进行量化和非量化的测量过程，通常通过详细、仔细的研究和评估，确定对象的意义、价值或者状态，是一个对评价对象的判断过程和一个综合计算、观察和咨询等方法的复合分析过程。由此可见，评价是一个非常复杂的过程。它本质上是一个判断的处理过程。Bloom 将评价作为人类思考和认知过程的等级结构模型中最基本的因素。积极的评价行为会促进评价对象不断发展，错误的评价会误导评价对象并挫伤其发展动力。因此，科学地开展评价，是课程改革中的重大课题。华西口腔医学院《口腔内科学》实验教学组通过 PDCA，探索出了一套实验教学多元评价体系，激发了学生的学习兴趣，培养了学生的创新思维，促进了教与学的良性循环。具体做法如下：

一、坚持实验教学课前培训及过程中备课制度，使教师和助教对人才培养目标及相应的评价体系达成共识是评价体系构建的重要环节。

我们强调树立以学生为中心的教学思想，创造以思考力发展为核心的课堂，明确"让学生自主学习，指导学生学会学习，使每次实验都能让学生体验成功，个性和能力同时发展，让教师得到发展"的共同实验教学价值观和相应的评价体系。统一实验课的总体目标为临床思维、批判思维、创造思维、实践能力等的培养，每次实验内容目标主要是名称、结构、基本操作等。多年填鸭式教学影响下的学生基本满足于按实验教程要求的步骤完成实验，而对于为何如此设计实施，有没有更好的替代办法，其中是否有问题并没有仔细探究，如蜡牙雕刻的主要培养目标应是对洞型形态的基本认识、支点的运用，而以往很多学生往往把注意力放在对蜡牙洞型的美观技术处理上，而当教学组明确告知学生培养目标是洞型外形合理性、位置合理性、深度合理性后，情况就大有改观。

二、围绕目标，引入小组对抗、团队建设、思维导图等新型研究性学习模式，并将其纳入评价体系中。

新的学习模式的开展成为我们本年度实验最大的亮点，受到师生的高度关注和欢迎。口腔医学是临床性很强的一门学科，相同的症状可能有不同的病因，同样的疾病又可能有不同的临床表现，在一段时间的理论及实验教学后，学生往往感觉头绪繁多，无法把理论、实验和临床知识融会贯通，知识点就如同散落的珍珠，需要一种工具将其串联，其过程也是建立临床思维的过程。我们给出不完整病例，设置开放性问题，引入"思维导图"工具学习，分组制作思维导图并在课堂上进行比较展示的研究性学习。

三、注重过程控制，优化形成性评价，总结性评价中引入创造性思维与实践评价，使创造性人才脱颖而出。

主要采用了以下方式：

（一）以标准化结果控制为主导

1. 将全程考核与阶段性考试相结合，将临床思维与创造性思维相结合，将理论学习和操作实践相结合，全面综合考查学生，力求从考核体系上引导学生[2]。实验总成绩主要由实验平时成绩、阶段考试成绩和期末操作考核成绩等组成。实验平时成绩由每次实验课操作考核成绩确定，包括实验态度、方法、效果、有序性等方面的考核，占实验总成绩的40%；阶段考试成绩主要由中期阶段研究性学习效果的考核成绩组成，占实验总成绩的20%；期末操作考核成绩占课程总成绩的40%。我们取消了实验笔试而更侧重于学生实际能力的考核，受到学生的欢迎。

2. 实验教学最新评价系统和软件应用。我们把由国外引进用于训练飞行员的虚拟仿真系统与牙科基本操作有机结合的虚拟仿真牙科技能训练机，应用于实验教学的操作技能考试，考查学生备洞体位、支点、口镜使用、制备洞型及把握深度的能力，具有真实、客观、无噪音、无损耗的特点，成为专业实验操作考试的一大突破。这使实验考核从此有了科学规范化并与国际同步的系统，改进了传统的实验室考核完全依赖于教师主观评判的传统做法。

3. 课前十分钟执业医师考试内容强化。我们每次实验课前都将实验课的主要内容与执业医师考试的复习重点紧密结合，分组出题测试，现场评阅、现场讲解，帮助学生进入学习状态，温故知新，融会贯通。

（二）兼顾个性化结果控制

1. 设立实验创造性思维成绩。创造性思维成绩的评分依据主要是课堂提问、讨论，对实验流程、理论、方法的合理质疑及建议。创造性思维成绩的设立，积极引导了学生个性思维的充分展示。而以讨论式教学为平台，学生在其中展现的创造性都以创造性思维成绩的方式得以体现和鼓励。

2. 倡导非标准（开放式）命题及答案。如果仅仅在教学过程中提倡个性化的教学而不在结果控制的环节借助手段体现个性化的评价，其效果必将大打折扣，也与倡导个性化、创新思维和批判思维的初衷不相一致。设立标准命题和答案可在一定程度上确保基本知识和技能的掌握，但建立临床思维，面对千变万化的临床病例，必须在实践教学过程中设立非标准（开放式）命题及答案[3]。比如我们要求举例说明生活和临床中的固位形，帮助学生从生活和临床运用出发理解基本概念，我们还设计了"举例谈谈你在牙体牙髓、牙周病及黏膜病实验中创造性思维的表现和实践"等问题，学生的回答花样百出，但他们不必担心自己的回答与他人或老师的建议不同，只要有合理的依据，我们都视作答案正确，使他们更清楚除了参考答案还有其他的选择。这样的问题设计充分激发学生创新思维并留下相应的痕迹。

我们实施多元化评价体系，受到了绝大多数师生的积极支持和欢迎：我们发出180份问卷，收回134份，对多元评价体系的总体评价以10分为满分，6分评价者占21.64%，7分占1.49%，8分占28.36%，9分占14.18%，10分占6.72%。连续多年的学生反馈显示，大部分学生都认为这是他们喜欢的课程。有学生写道："这是一门真正引领着我们自主思考的课程。这无疑是我脑海中的第一反应。这一感受从学期伊始便产生，随着课程的深入，我越发觉得自己在这个过程中正一步一步体会着口腔医学的魅力并越发地自愿去学习、领悟知识，主动将它们与生活联系在一起。"

德国哲学家雅思贝尔斯曾说："教育就是一棵树摇动一棵树，一朵云推动一朵云，一个灵魂唤醒另一个灵魂。"大学的最高教育目标不仅仅是教会学生外在的知识，而是挖掘他们内在的潜能，让他们学会思考，激发学生自我教育。多元评价体系的设计充分考虑了满足学生的自主、能力和归属需求，使学生受到内在激励，增强内在动机[4]，按知识系统引领学生思考，并不只就内容填鸭式答题，而是积极发散思维，触类旁通，引发"链式反应"。

参考文献

［1］谢添德.实验教学质量标准和评价体系的探索［J］.实验室科学，2017，20（05）：101-104.

［2］柳茜，李继遥，邹玲，苏泽蓉，周学东，叶玲，黄定明，赖春霞.实验教学质控体系的标准化与个性化［J］.实验室研究与探索，2015，34（07）：158-160.

［3］方雪晴.基于认知评价理论对CALL课堂任务型学习活动设计的思考［J］.外语电化教学，2011（04）：16-20.

［4］马连霞.非标准化考试模式的探索与实践［J］.教书育人，2006（14）：92-93.

考试题目

题目：

举例说明生活和临床中的固位形

简要说明：

抗力形和固位形是牙体窝洞预备过程中需要考虑的两个重要因素，学生理解抗力形相对容易，但理解固位形则比较困难，容易生搬硬套。而充分理解固位形后对口腔医学各相关学科治疗方法的理解也会触类旁通，比如种植体的机械固位方式是螺钉形状和摩擦固位，义齿的固位方式有机械作用、吸附力、大气压、磁力、粘接固位，窝洞充填体的固位主要是特定形状、化学粘接等固位。如果能充分融会贯通，也许在学习或临床工作中能够启发创造思维，解决各种固位不良导致的问题。

答案一：
华西口腔医学院　何东明　1085031008

生活固位：1. 建筑中地基打桩建设，保证大楼与地基不位移，地基与地下少位移。2. 骨折后上石膏的作用是保证在对位的基础上固定不位移。3. 地壳运动时熔岩层以上保持相对静止。4. 万有引力的作用使行星固定在其轨道上，保持星系相对静止。

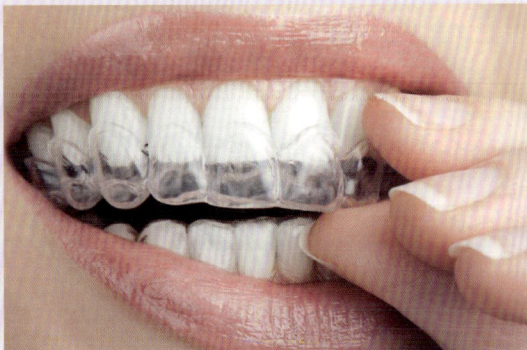

答案二：

华西口腔医学院　李云成　2012151642047

生活固位：1.侧壁固位，红酒瓶塞，或者各种瓶盖与瓶体。2.倒凹固位，乐扣乐扣的饭盒，盒盖通过弹性形变卡在盒体上，形成倒凹固位。3.鸠尾固位，拼图。

答案三：

华西口腔医学院　钟　婷　2012181643006

临床固位：1.活动局部义齿卡环的固位臂环抱基牙形成的弹性固位。2.树脂突形成的微锁扣固位。3.基托与黏膜边缘密合，利用表面张力和气压差固位。4.颌骨骨折后植入螺钉固位。

生活固位：1.拉链固位，利用凹凸齿错合方式固位。2.手机保护壳，卡抱固位。

学生答案

答案四：

华西口腔医学院　朱乘光　2012181643027

临床固位：1.3/4 冠修复制备沟槽。2. 桩粘接和摩擦固位。

生活固位：1. 螺钉螺旋式结构增加接触面积并起扣锁作用。2. 玻璃瓶口使用磨砂工艺。3. 木楔在建筑中的运用。

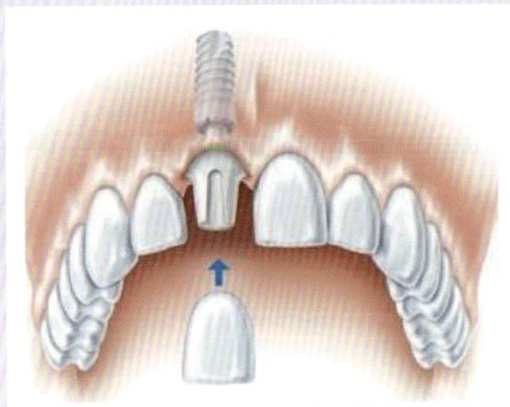

答案五：

华西口腔医学院　陆秋语　2012181643018

临床固位：增加全冠修复体𬌗龈高度，增加粘接面积及摩擦力。

生活固位：古代建筑和现代家具运用榫卯结构固位，电子产品电池盖固位。

　　回答此题，既帮助了学生通过生活中的固位启发并理解专业知识中的固位，使多学科固位知识充分交融，又培养了学生的创新思维方式，把生活和专业学习有效联系起来。

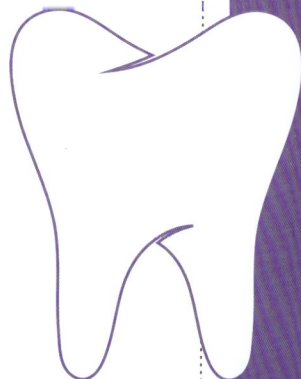

教师点评

居室与健康

课程号：504069020

张遵真 / 四川大学华西公共卫生学院（华西第四医院）

张遵真，医学博士，四川大学华西公共卫生学院（华西第四医院）教授、博士生导师。

张遵真教授热爱教学工作，关心学生成长，坚持每年为本科生讲授环境卫生学、环境与健康、居室与健康、室内空气污染与健康、污染物对健康影响研究前沿等课程和专题。获得过"四川大学最受欢迎的文化素质选修课教师"称号，指导的本科毕业论文多次获得优秀论文奖，培养的研究生多人次获得国家奖学金。主持过4个国家自然科学基金项目，发表科研论文150余篇，其中30多篇被SCI收录。

深化非标准答案考试改革，培养创新人才

四川大学华西公共卫生学院（华西第四医院）　张遵真

【摘　要】本文从顺应时代发展要求，深化非标准答案考试改革，践行非标准答案考试改革新思想，深化非标准答案考试改革之我见等方面阐述了考试改革的重要性以及非标准答案在考试改革中的实践，并针对考试改革提出了合理建议，以期为我国考试改革实践提供参考。

【关键词】考试改革　非标准答案　人才培养

1. 引言

在党的十九大报告中，习近平总书记指出："要全面贯彻党的教育方针，落实立德树人的根本任务，发展素质教育，推进教育公平，培养德智体美全面发展的社会主义建设者和接班人。"因此，改革教学模式，优化教学体系，提高教学水平至关重要，教育离不开考试，但考试不是教育的最终目的，只是一种手段和工具，因此，在新的教育理念指导下，重新认识考试的意义，重新定位考试的功能，全面深化考试改革势在必行。本文针对非标准答案考试改革浅谈看法并提出建议，以助为我国考试改革实践提供参考。

2. 顺应时代发展要求，深化非标准答案考试改革

传统的应试教育只是让学生记住了课本上的知识，考察的主要是学生的记忆力与默写能力。这种考试模式虽然能让学生牢固地掌握基础知识，但容易使其形成知识僵化甚至是思维固化，极大地限制了学生个性、素养及自主学习能力的发展。习总书记在"十九大"报告中提出，要培养造就一大批具有国际水平的战略科技人才、科技领军人才、青年科技人才和高水平创新团队。与传统应试教育相适应的考试模式显然已不再适合培养新世纪倡导的具有独立思考、科学思维、创新理念的高素质人才。因此，传统考试模式改革势在必行，非标准答案考试模式应运而生。非标准答案考试可以灵活地考查学生的学习积极性、思想性和创造性，以及理论与实践相结合的能力，能更加全面地反映出学生的综合素质。另外，非标准答案考试不仅可以启发学生的想象力，培养学生独自思考的能力，还能激发学生潜力，提高学习主动性。

3. 践行非标准答案考试改革新思想，培养创新人才

以"居室与健康"这门课程为例，考试题目为"商场实地调研，撰写一份食品、化妆品或瓶装饮用水标签标识调研报告"，属于典型的非标准答案考试，其中一个学生的调研报告非常出色。他通过对各类饼干中的钠含量进行实地调查，得出"大部分饼干钠含量较高，应该限制饼干摄入量，特别是儿童、高血压患者等需要限制钠摄入量的人群"的结论；同时，他还提出"在选择饼干时应多留心营养标签，选择钠含量低的食用，切不可随心所欲"的建议。从这份调研报告可以看出该学生对于老师布置的题目非常感兴趣，不仅亲自到商场进行调研、记录调研结果，还采用了科研的基本手段，即调研前小范围调查身边亲戚朋友对于饼干中钠的认识，带着问题去调研，调研后查阅文献了解标准规定，联系实际计算钠的可能摄入量，推算摄入量是否合适，最后得出结论并提出合理化建议。此类作业充分锻炼了学生的调

查能力，无须死记硬背，而是通过调研、查阅文献，并结合课堂讲授的理论知识，理论联系实际，撰写调研报告。通过调研形式的考试，学生解除了疑惑，避免了误导，不仅增强了学生的科学素养，同时培养了学生的创新思维，避免了"死读书""读死书"的情况，真正做到了学以致用。

4. 深化非标准答案考试改革之我见

尽管非标准答案考试模式优点较多，但目前该考试模式却没有得到普及，考试形式仍在积极探索中。经过多年教学经验的积累，本人对非标准答案考试改革提出以下几点建议：首先，教师应该不断学习，提高自身专业素养，采用与时俱进的教学模式，调动学生的学习积极性和主动性，培养学生思维方式的创造性和多样性，支持学生用严谨、科学的态度去求证、解决问题。其次，教师在答疑解惑时应用心倾听学生的观点与意见，通过正确引导、与学生积极讨论等形式让学生勇于表达自己的观点，从而激发出学生的创造性。最后，教育部门应支持并鼓励教师尝试多种多样的非标准考试形式，例如实地调研、针对某一社会问题撰写心得体会、看图说话、设计实验方案等，这不仅可以极大地提高学生的动手能力、联想能力、写作能力，还能实现学生的德智体美劳全面发展，甚至挖掘出学生在某一方面的潜力抑或是"超能力"。同时还可征询学生的意见，和学生一起在考试中大胆创新，走出一条适合中国国情的非标答案考试之路。

5. 结语与展望

青年兴则国家兴，青年强则国家强。教育的根本目的不是培养人适应传统的世界，也不是着眼于实用性的知识和技能，而是通过教育启发学生的创造性思维和能力，培养他们自我学习的主动性、对抽象事物的理解力与归纳力，以便使他们在目前无法预料的未来局势中，依靠已获得的知识，对未知事物做出自己正确的判断和有意义的选择。只有全面大力深化非标准答案考试改革，为学生营造有利的创新环境与良好的教学氛围，才能更好地开拓学生的创新思维、发挥学生的自我个性、充分调动学生的学习积极性与思考主动性，从而培养出更多的能担负起实现中华民族伟大复兴使命的创新人才！

题目：

商场实地调研，撰写一份食品、化妆品或瓶装饮用水标签标识调研报告。

简要说明：

要求学生到红旗超市等综合性商场实地现场调研，调查食品、化妆品或瓶装饮用水等产品的标签标识情况，依据课堂上讲授的产品标签标识相关知识、理论以及制定的依据和标准，分析：标签标识是否规范？标注是否正确？是否存在夸大宣传或误导消费者情形？标签标识与健康有何关系？

布置这个题目作为考试题目的目的：

（1）现场调研，非标准答案。要求学生亲自到商场调研，选择自己感兴趣的产品进行调研，撰写调研报告。在批改作业时，教师容易从学生撰写的内容判断学生是否进行了调研，态度是否端正，分析是否理论联系实际，有利于培养学生现场调研的能力。

（2）要求手写，避免复制。要求学生开动脑筋，用笔用手将调研报告写在答题纸上，不接收打印作业。因此，避免学生复制粘贴。

（3）避免死记硬背，提高学习兴趣。学生在选购化妆品、食品、饮用水时很少关注健康参数，更多的是盲从广告宣传或听信微信传播，这样的结果常常导致学生只关注所谓的"功效"，比如化妆品是否能够祛痘，是否能够美白。然而，安全性远比功效重要。国家标准如何规定安全性和功效性？国家对任何一个产品都有一定的要求，重要参数和指标在标签标识中都应有所体现。课堂上教师讲授了标准中对标签标识的规定，因此，布置这样的作业，通过对标签标识的现场调研，有利于增强学生对标签标识的认识，在选购产品时正确判别产品质量，树立学生尊重科学的意识，避免盲从广告或听信传言。

（4）提高科学素养。通过现场标签标识的调研，学生可以系统分析所调研的标签标识现状，认识自己存在的误区，分析相关知识点，写出调研报告，有利于提高学生的科学素养。

学生答案

答案：

华西公共卫生学院　张　佩　2012151651089

饼干中钠含量的调查

摘录张佩原文前言："之前在网上看到报道说饼干钠含量极高，多吃不利于身体健康。刚好居室与健康课的老师让我们针对营养标签进行调查，我就选择了这个调查方向。一方面，我自己对网上的报道存有质疑，希望通过自己的调查得出结论；另一方面，由于各种原因，自己平时常以饼干为餐，为了自己的身体健康，我也很想调查清楚。"

张佩的调研报告包括以下内容：

（1）对身边亲戚朋友进行了小范围调查，看大家对饼干钠含量有何认知。

（2）到超市观察记录了各种饼干标签中钠的含量，列出了代表性的产品，总结出规律。

（3）查阅了相关资料，得到我国成人建议的每日钠摄入量。

（4）联系实际，估计自己每天摄入饼干的量，计算可能通过饼干摄入的钠的量。

（5）分析结果，得出结论。以自己为例，早餐只吃饼干，一般吃的是太平苏打饼干，仅早餐就可能摄入一天钠推荐摄入量的三分之二，用作者自己的话来说就是"确实让人震惊"。

（6）提出饼干选购和摄入的合理化建议。

摘录张佩原文总结："通过以上调查分析，我们可以得出结论：大部分饼干钠含量都是很高的，所以，日常生活中，我们应该限制饼干的摄入量，特别是儿童、高血压患者等需要限制钠量的人群；另一方面，我们在选择饼干时也应该多留心营养标签，选择钠含量低的食用，切不可只按自我意愿，以为调味的钠含量就低。"

从这份调研报告可以看出：

（1）学生对老师布置的题目非常感兴趣。

（2）亲自到商场进行了调研，并记录了调研结果。

（3）采用了科研的基本手段，调研前先小范围调查身边亲戚朋友对饼干中钠的认识，带着问题去调研，调研后查阅文献了解标准规定，联系实际计算钠的可能摄入量，推算自己饼干摄入量是否合适。

（4）总结结论并提出合理化建议。

这样的作业可以锻炼学生的调查能力，无须死记硬背，而是通过调研、查阅文献、计算，并结合课堂讲授理论，使学生理论联系实际，撰写调研报告。通过这样的调研，学生解除了疑惑，避免了误导，增加了科学性，真正把所学的知识用于生活，同时培养了学生的科学思维，提高了学生的科学素养。

Ca

K

Na

营养成分

Zn

Cu

教师点评

领导艺术

课程号：504182020

赵 莉 / 四川大学华西公共卫生学院（华西第四医院）

赵莉，博士，副教授，美国肯塔基大学公共卫生学院客座副教授，西安交通大学全球研究院特聘教授，中华预防医学会全球健康分会青年委员会副主任委员，四川省预防医学会儿童伤害防治委员会副主任委员，四川省疾病预防控制中心健康教育咨询与巡讲专家。

作为课题负责人主持国际合作、纵向、横向科研项目和校级教改项目 20 项，到校经费近 200 万元。公开发表论文 22 篇，其中 SCI 论文 5 篇，CSSCI 论文 4 篇，实用新型专利 1 项。主译、副主编教材各 1 部，参编国家"十二五"规划教材 2 部，获校级教学成果一等奖、省级教学成果一等奖、国家级教学成果二等奖各 1 项。

"这是我在川大做的最有意义的一张试卷"
——非标准答案考试探析

四川大学华西公共卫生学院（华西第四医院）　赵　莉

【摘　要】非标准答案考试是探究性教学的重要环节，是对知识的个性化理解和自我建构。非标准答案考试中，学生是学习的主人，教师应鼓励和尊重学生的个性发展。非标准答案考试的试卷应该是一套综合试卷，比较全面地考核学生是否达到了课程的教学目的，达到了课程的教学要求，而不局限于一题一问。非标准化答案考试应注意不能偏离考试的目的，以正确的人生观、价值观和世界观为标准，及时平等地向学生反馈考试结果。

【关键词】探究性教学　非标准答案　考试

一、对非标准答案考试的认识

非标准答案考试是我在"领导艺术""健康素养"课程中开展"探究性教学"的考试环节。我认为探究性和创造性是人的本质属性，大学教学应当充分发挥学生的主体性，把学生当作"人"，把学生视作一个个鲜活的生命个体，作为鲜活生命个体存在的学生具有主体性、能动性，具有强烈的探究意识和创造精神。教育要尊重人性的内在力量，尊重和发挥人的主体性，大学教师应当从人性的角度审视教学的意义，主动变传统的以单向传授、标准化考试为主的教学方式为以探究性、非标准答案考试为主的教学方式。

传统知识观认为，知识是客观事物的主观反映，是人类认识的成果，知识即真理，因此标准答案考试大行其道。而新知识观认为，知识并不是独立于认知主体之外的客观存在，"文化性"而非"客观性"才是所有知识的基本属性，因此，没有哪一种知识的客观性是绝对的而不需要质疑，任何一个时代都需要对前人获得的种种知识进行新的审视、修正或抛弃，并发展出适合自己这个时代需要的新知识。大学教学应当充分重视学生对知识的个性化"理解"和自我建构。这是我开展非标准化考试的主要初衷。

探究性教学视野下的教师和学生在教学中的角色、地位及师生关系也需要重构。教师应由居高临下的权威者向平等的合作者转变，由知识的传授者向行为的促进者转变，由管理者向引导者转变。这些角色的转变源于教师对学生作为人的本质属性——探究性、创造性和实践性的认识，在学习活动中，学生不是消极接受知识的"容器"，而是有待点燃的"火把"。教师是学生学习的组织者、指导者和促进者，把学生作为学习的主人，给学生提供个性发展的空间，鼓励并尊重其个性化发展。在非标准答案考试中，教师不再是标准答案的掌握者。这种形式的考试，确保和促进了新型师生关系的形成。

探究性教学重在过程，而不是结果；重在学生从过程中学习或领悟到了什么，而不是重在以最终的结果向社会贡献了什么。探究性学习的核心在于促使学生通过与研究相类似的认知方式和心理过程来进行学习，其根本目的不是预期的研究成果，而是预期的学习结果。只要通过探究性学习，学生的综合知识、综合能力得到了提高，实践能力和创新能力能够得到培养，就可以说探究性学习弥补了传统教学模式重学科知识传授、轻能力培养的缺陷，就基本达到了我们的教育目的。非标准答案考试正可以评价这一目的是否实现。

二、开展非标准答案考试的探索与体会

我认为非标准答案考试的试卷应该是一套综合试卷，比较全面地考核学生是否达到了课程的教学目的，达到了课程的教学要求，而不局限于一题一问。因此应根据课程教学目标和内容设计考试题目。例如，在2015年秋季的"领导艺术"课程考试中，我设计了以下六道题：①您参加过哪些主题的课堂学习，请列主题名称。（请根据实际学习情况，核对课堂小组记录）（15分）②在本课程的学习中，您结识了哪些朋友，请列出名字。（5分）③在本课程的学习中，您阅读过哪些相关资料，包括书籍、文献等。（10分）④通过本课程的学习，您认为什么样的领导是有效的领导？（20分）⑤通过本课程的学习，您对领导艺术有什么样的认识？（20分）⑥对照课程学习前后，您在领导意识、领导能力方面有什么样的收获和变化？（30分）其中，前三道题其实是对出勤、课堂参与、课后阅读的考察，而后三道题是对全课程学习的梳理、总结和对自己领导意识、领导技能的反思并明确持续努力的方向。

阅卷花了整整一周时间，我非常欣喜地看到这门课程给学生带来的变化，课程教学和学生成长密切联系，将学习结果内化到行为中，学习即成长！同时也被他们感动，真是教学相长！

如有同学答道："每次上完领导艺术的课都觉得动力百倍，努力奋斗的信念更强了一分。因为老师课堂上的内容解开了我心中许多的迷惑。比如领导者一个重要的能力是决断力，而我一直很缺乏。所以在老师的指导下，我大量阅读了关于推理、管理类的书籍，锻炼自己的判断能力。另外，每次犹豫不决或者想放松偷懒的时候就提醒自己：优秀的领导不会这样，我将来要成为优秀的领导，所以我不能这样。多少次我这样克服了心理障碍，向更好的状态又迈进了一步。总结本课程的学习，主要有以下收获：更坚定了做领导的信念；在小组作业中更有担当；克服了演讲发言的恐惧心理；培养了志存高远、沉着冷静、坚忍不拔的心理素质；加强了身体锻炼，提高了身体素质；讲话逻辑性增强了，口才正在努力提高中。"

还有同学答道："从前，领导在我心中很远，也很神秘，无任何规律可循。通过系统学习，揭开了领导的神秘面纱。领导无处不在，影响着我们生活的各个方面，小到家，大到国，都需要领导。而我们可以做的就是培养自己的领导力。从前的自己，害怕当一个群体的领导者，害怕做出决策，现在的我，急切地想要尝试去做一个领导者，应用各种方法来做出决策，用理性的方法消除自己的惧怕情绪。从

前的自己，在沟通方面存在一定的缺陷，而现在的我，在与人沟通时通常会先想到以对方的立场看问题，谨慎措辞，更好地聆听，以实现更好的沟通。"

这门课程还帮助学生养成了一些好习惯，比如用"肘窝咳嗽法"咳嗽、刷牙"三个三"等，虽然这些应该是家庭教育、基础教育应该解决的问题，但文化素质课程能在恰当的时候补充强化也是有益的。如有同学写道："学习这门课之前，我总是一天刷一次牙，一周洗一次澡。学了这门课，我每天刷牙两次以上，有时候还能做到'三个三'（每天刷牙三次，饭后三分钟刷牙，每次刷牙三分钟）。每周都会洗两到三次澡，这是这门课对我最大的帮助。"

还有些题外话，可以看出，学生是支持非标准答案考试的："最后不得不说，老师这张试卷出得很棒，真的，很棒！第一题考察出勤情况和上课认真的程度，将平时情况表现得淋漓尽致。第二题充分体现了对课堂互动的要求。第三题提醒大家要多看书、多实践，光听是没用的，要想深刻感悟，必须落实到书本上、行动中。第四、五、六题基本涵盖了本课程所有的基本内容，相信就算一次课都没有来上的人，也能从这三道题的百度查询中获益匪浅。这是我在川大这三年做的最有意义的一张试卷了。"

三、开展非标准答案考试的注意事项

非标准答案考试不能偏离考试的目的。考试的主要目的是考查学生学习该门课程后对其核心知识或技能的掌握程度，通过考试检验学生是否已经达到了课程的学习要求。因此从教师命题的角度，应注意较全面地考查学生是否达到教学要求。从学生答题的角度，应基于本门课程的学习，做到即使异想天开也应有理有据。

非标准答案考试看似没有标准，其实是有标准的。这个标准就是正确的人生观、价值观和世界观。哲学家雅思贝尔斯在《什么是教育》中写道："教育的本质是一棵树摇动一棵树，一朵云推动一朵云，一个灵魂唤醒一个灵魂。"培养学生正确的三观，首先教师要言传身教，身正为范。教育家苏霍姆林斯基说："在学生的脑力劳动中，摆在第一位的并不是背书，不是记住别人的思想，而是让本人去思考。"引导学生积极思考、善于思考的前提是三观正确。

非标准答案考试要重视及时向学生反馈考试结果。因为没有标准答案，所以及时反馈就显得尤为重要。教师应当十分关心学生的内心世界，不可粗暴地将自己的意见强加给他们。应该认真研读分析学生的答卷，用心体会学生的所答、所思、所想，用平等的态度和学生交流，分析学生在多大程度上达成了课程目标。

考试题目

题目：

1. 您参加过哪些主题的课堂学习，请列出主题名称。（请根据实际学习情况，核对课堂小组记录）（15分）

2. 在本课程的学习中，您结识了哪些朋友，请列出名字。（5分）

3. 在本课程的学习中，您阅读过哪些相关资料，包括书籍、文献等。（10分）

4. 通过本课程的学习，您认为什么样的领导是有效的领导？（20分）

5. 通过本课程的学习，您对领导艺术有什么样的认识？（20分）

6. 对照课程学习前后，您在领导意识、领导能力方面有什么样的收获和变化？（30分）

简要说明：

本门课程是全校文化素质公共选修课，学生来自文、理、工、医各专业，选课人数153人，目的是培养学生的领导意识和掌握重要的领导技巧。我在第一次上课时就对同学提出了如下几点期望：

1. 结交5个及以上的学友。

2. 读好1~2本书。

3. 掌握有代表性的领导理论。

4. 掌握若干领导技能，理解领导艺术。

5. 明确个人领导力修炼的目标和方法并建立10个固定成员的课程学习小组，设计8次课题小组讨论、报告。

在期末考试试卷中的前三道题，其实是对出勤、课堂参与、课后阅读的考察，而后三道题是对全课程学习的梳理、总结和对自己领导意识、领导技能的反思并明确持续努力的方向。

答案一：

经过一个学期对领导艺术系统的学习，真觉得收获颇多，每次上完领导艺术的课后都觉得动力百倍，努力奋斗的信念更强了一分。因为老师上课的内容解开了心中许多的迷惑，使我明确了努力的方向。比如，领导者的一个重要能力是决断力，对一件事要有准确的判断，并果断地做出决策，而在决断力这块我一直是很欠缺的。所以在课下，我大量阅读推理、管理之类的书籍，锻炼自己洞察事物的能力。另外，在每次犹豫不决或想放松偷懒的时候都在心中提醒自己："一个优秀的领导是不会这样的。而我将来要成为一名优秀的领导者，所以我不能这样。"多少次，我这样克服了心理障碍，向更好的状态又迈进了一步。回顾学习，主要有以下几点收获：①更加坚定了做领导的信念；②在小组作业中的作用提高（担当能力）；③克服一些演讲发言的恐惧心理；④培养了心志高远、沉着冷静、坚忍不拔的心理素质；⑤加强锻炼，提高身体素质；⑥讲话逻辑增强，努力提高能力。

答案二：

从前，领导在我心中很远，也很神秘，无任何规律可从。通过系统的学习，揭开了领导的神秘面纱。领导无处不在，影响着我们生活的各个方面，小到家，大到国，都需要领导。而我们可以做的就是培养自己的领导力。

从前的自己害怕当一个群体的领导者，害怕做出决策，现在的我，急切地想要尝试去做一个领导者，会应用各种分析方法来做出决策，用理性的方法消除自己的惧怕情绪。

从前的自己，在沟通方面存在一定的缺陷，而现在的我，在与人沟通时，通常会想到以对方的立场来看问题，谨慎使用一些词语，更好地聆听，以实现更好的沟通。

学生答案

答案三：

　　我的领导能力在学完这门课后有所提高，对于领导的概念有了深层次的理解。比如说注重个人修养，对沟通的重要性有所感悟。在课堂上，老师提问："有谁听说过晕轮效应，听过的请举手。"全班一百多号人只有我举手了，但是我真的只是听过"晕轮效应"这个名词而已，我回答："应该与周围的人有关系吧。"学了这门课以后，我知道了，晕轮效应是以偏概全、管中窥豹的意思。

　　在学习这门课以前，我总是一天才刷一次牙，一周才洗一次澡。学了这门课以后，我都是每天刷牙两次以上，有时还能做到"三个三"，每周都会洗两到三次澡。这是这门课对我最大的帮助。

　　在学习这门课之前，我一直以为领导就是像校长、市长那样的人物。学了这门课后我知道了，领导的本意是下属的追随和服从，"领导"本是一个动词。

我阅卷花了整整一周时间，非常欣喜地看到这门课程给学生带来的变化，同时也被感动着，教学相长！

教师点评

爱情婚姻经济学

课程号：504245010

张引颖 / 四川大学华西公共卫生学院（华西第四医院）

张引颖，2007年从教至今，主要从事卫生经济学教学与研究工作。2014年、2015年获得"探究式—小班化"教学质量优秀奖，2015年获非标准答案考试命题优秀奖，2014年获四川大学青年教师教学竞赛优秀奖，2011年被评为四川大学青年骨干教师。

开放式教学在课程中的应用与启发

四川大学华西公共卫生学院（华西第四医院）　张引颖

【摘　要】本文结合同行实践经验，对开放式教学的准备工作和教学过程总结了一些可运用于实践的方法，并就高校开放式教学的困难和尚需完善的支持条件提出了自己的意见。

【关键词】高校　开放式教学　课程改革

开放的社会环境需要开放式的教育，开放式的教育给了学生开放的思维空间。当前已是信息化时代，互联网技术在教育领域不断普及，开放式教学模式的内涵被大大拓宽，也拥有了强大的技术支撑和实施平台。本人在教学过程中感受到，随着学生获取信息渠道的拓宽，大学教学形式正在悄然发生改变，大学教学不再限于课堂，甚至不再限于实体。在参加相关研修班的过程中与其他高校的教师进行交流后，本人进一步了解到开放式教学的实践案例。因此，结合自身的教学感受，本文对高校开放式教学的实践方式方法总结了一些个人的浅见。

一、开放式教学的准备工作

开放式教学必然需要主讲教师掌握教学主动权，为此，应该从教材、课程网站、助教三方面做好相应的准备工作。

教材：在对课程配备高质量专业教材的基础上，教师还需要随时关注学科发展前沿，帮助学生获取原版书籍、专业文献，不断丰富教学参考资料，提醒学生对某一领域开展探索，激发学生的学习兴趣。

课程网站：现在，四川大学通过课程中心网站给校内课程提供了建立课程网站的平台，一些高校的课程甚至可以用自己单独的域名独立运行。课程网站作为课程资料的集合点，可在其中上传、链接课程内容的参考资料，包括教学课件、教学动画、试题库、网络视频等，并且通过网络化教学平台实现作业发布与批改、课程论文提交、讨论交流等功能，使学生的学习更为灵活。

高质量助教：为了对课程网站进行维护、收集学生反馈、方便教学管理，教师可申请配备研究生助教进行教学管理，使自己能专心致力于课程的整体发展规划。四川大学近年来也推出了"研究生助教"这一岗位，只是目前对能申请的课程设置了一些门槛，并非每个课程都符合配备助教的条件。

二、开放式教学的过程

开放式教学需要学生的大量参与，以促进学生的开放式思维，因此教师在课程中可利用开放式实验、思维导图、文献演讲等方法来进行。

开放式实验：除了教学大纲中要求完成的实验外，可进一步探索学生自己设计并操作实验，这一过程的实现可借"大学生创新创业训练"来完成，由院系或课程组来组织老师和学生进行管理。

思维导图：思维导图是当前大热的学习工具之一，它运用图文并重的技巧，把各级主题的关系用相互隶属与相关的层级图表现出来，把主题关键词与图像、颜色等建立记忆链接，是表达发散性思维的有效的图形思维工具。教师在教学中通过启发每个学生来建立自己的思维导图，鼓励学生在此过程中强化记忆，形成易于自己理解和掌握的知识体系。

文献演讲：越来越多的课程开始鼓励学生加强课外文献阅读，教师在课程中可开展文献演讲，题目学生自拟，中英文随意，自愿参加并随时可退出。为了给好学的学生一项挑战并鼓励，可将此作为考核内容的一部分额外加分。当然，这就需要老师额外付出时间进行指导。

三、对高校开展开放式教学的建议

总的来看，开放式教学是将传统的教学地点从课堂内延伸到了课堂外，有着更丰富新鲜的教学资料，更多强调学生的参与、活跃的教学氛围，达到了更好的教学效果。当然，开放式教学也意味着教师本人时间和精力的大量投入。在与其他教师的交流中我们了解到，为了进行开放式教学而不过多增加教师本人负担，课程网站的建设和管理工作都交由助教来完成。因此，在高校开展开放式教学工作需要获得良好的支持环境，包括优化教学硬件、推广课程助教、完善教师的工作量核算机制等，以创造条件更好地开展教学工作。当然，如何在课程中采用适合本学科特点的开放式教学也是教师需要持续思考和不断探索的工作。

题目:

试从经济学角度分析王思聪被称为"国民老公"这一现象

简要说明:

"爱情婚姻经济学"这门课程利用经济学的基本理论来诠释和分析婚恋当中的各种现象和各种争论,在 2015 年秋的课程结束后出了一些开放式的题目要求学生作答,本题是其中之一。

王思聪被称为"国民老公"绝非仅仅是一个玩笑和炒作热点,实际上是当前人们的婚恋心理以及对"富二代"、网络红人的态度的综合反映,也反映了人们的一种娱乐心态。本题的题面要求学生从经济学的角度分析这一现象,实际目的在于考查学生对社会现象的关注度和思考能力,鼓励学生应用经济学理论透过社会现象探寻深层次原因,并锻炼学生的发散思维能力。

学生也在规定时间之内提交了多种形式的答案,本次节选的四个优秀答案切合题目,从不同方面给出了答案,虽然有一定的差异,但均能从一定程度上反映问题的本质。答案一、二分别利用了不同的经济学名词来分析这一社会现象,答案三体现了学生活跃的思维和幽默的表达,答案四表述相对较为片面,但其结合了心理分析来解释问题。

学生答案

答案一：

商学院　朱鹏玲　2014141084139

　　1. 机会成本：指的是资源用于某一用途后所放弃的其在其他用途中的最优收益。我们可以看到，一些女孩不切实际地想嫁给王思聪，并称其为"国民老公"，是由于他是中国首富之子，权衡之下，与王思聪在一起的机会成本最小。

　　2. 收益：爱情婚姻将收益作为最终目标。王思聪作为中国首富之子，身价不菲，如果能跟他在一起，收益必将达到最大化。

　　3. 理性人假设：爱情婚姻中男女双方以利己作为出发点，力图以最小的代价去追逐和实现最大的利益。王思聪作为"国民老公"，可以使女方实现最大化利益，从而满足女方幻想。

　　4. 效用：效用是自己幸福指数和欲望的比例，现当代社会，一些女性以金钱来衡量幸福指数，因此与王思聪在一起，不仅满足了其欲望，还实现了效用最大化。

　　5. 风险：王思聪虽然是中国首富之子，但是首先是作为一个男性身份出现，因此和其他男性一样，在恋爱或婚姻过程中遭遇的风险不会扩大化。

　　6. 王思聪被称为"国民老公"，是由于他是年轻女性的理想男友模型，如果与其在一起，不仅女性自己可以获得一定的财产，从此衣食无忧，更加可以带来身份地位、名誉的提高，从而获得社会价值。

答案二：
经济学院　涂远笛　2014141063100

1. 偏好：指消费者根据自己的意愿进行选择，偏好有明显的个体差异，但也呈现群体性特征。虽然每个人对自己配偶的性格、爱好等期望各异，但一般对外貌好、财富多的选择对象都有偏好。王思聪帅气多金，且又不像一般的"富二代"，英语溜还有商业头脑，这么多优点自然成为广大女性的追捧对象。

2. 卖方市场：指商品稀缺时销售者占主导的市场。像王思聪这样年轻有为，还在网络上颇有知名度的"富二代"明显属于稀有资源，其追求爱慕者众多，在爱情关系中处于卖方市场的地位，所以被赞为"国民老公"。

3. 信息不对称：王思聪在媒体中有较高曝光度，其一言一行广为大众所知，而其他优秀的青年企业家可能并不为大家所知，所以王思聪在年轻一代中成为"成功"的代名词。称王思聪为"老公"的女粉丝众多，其信息不会被公开，所以不太注意言行。

答案三：
生命科学学院　李冰洁　2014141241057

被称为"国民老公"的王思聪是当下婚恋市场抢手的一样"商品"，原因主要有以下两部分：

1. 商品质量过硬。王思聪毕业于伦丹大学哲学系，事业成功，家世显赫，英语也好，为人直爽，不端"富二代"的架子。他使用最吸粉的微博，发的言论贴合一部分草根心态。换句话说，他是最不低调的"富二代"，又是最不自傲的"富二代"。

2. 失败沉没成本低。因为人设有趣，人们就开始跟风。喜欢他的捧，厌恶他的贬，使得其风趣洒脱、特立独行为更多人所知。而简单的从众盲目心理，使得他又多了一定话题度。

学生答案

答案四：

经济学院　肖子佩　2014141013137

婚姻不仅仅是感情方面的需求，还是经济与社会关系、生育合法化的契约。

王思聪是中国首富之子，嫁"国民老公"最大的好处就在于经济方面，女方解决了经济负担，从此衣食无忧。在所有可选配偶中，王思聪能最大化女方经济效用，其子女能得到优质的教育投资。

王思聪在娱乐圈红得发紫，嫁给了他就等于拥有更高的社会地位、广泛的人脉关系，被人关注的心理被极大满足。其父亲为房地产界巨头，有助于未来女方的事业发展。

王思聪长相帅气，满足了女方对帅哥本性上的渴求。从动物性上分析，有利于子女未来的健康与相貌的选择。

在当今"看脸""拼爹"的年代，王思聪有一个强大的父亲和不错的相貌，且年青有活力。"脸""爹"成为女方选择中权重最大的因素，为了婚姻利益最大化，从经纪人的角度，愿意选择王思聪当老公，自然王思聪就成了"国民老公"。

这次提交的答案中，一些同学利用了不同的经济学名词来分析这一社会现象，一些同学能应用幽默的语言来表达，一些同学则结合了心理分析来解释问题。这些答案虽然文字表述上有一定的差异，但均能从一定程度上反映出问题的本质。

教师点评

雾霾污染与人体健康

课程号：504256010

张　勤／四川大学华西公共卫生学院（华西第四医院）

张勤，2009 年毕业于中国科学院生态环境研究中心环境化学与生态毒理学国家重点实验室，获环境科学博士学位；2015 年在美国哥伦比亚大学医学院访学一年。四川省卫计委第十二批学术技术带头人后备人选。获得四川大学青年骨干教师称号 2 次。主持完成国家自然科学（青年）基金项目 1 项。共发表学术论文 35 篇，其中 SCI 收录 9 篇。参编学术专著中英文各 1 部；获国家专利 1 项。主讲课程"职业与健康""雾霾污染与人体健康""Biosafety Training and Environmental Health Safety"等。

非标准答案考试在医学类文化素质公选课中的应用实践

四川大学华西公共卫生学院（华西第四医院）　张　勤

　　文化素质公选课的考试形式通常包括笔试（开卷、半开卷和闭卷）、研究报告（综述、社会调查）、课堂陈述（按个人或小组）等。根据考试形式考试的题型包括标准化的考试试题，比如选择题、问答题、论述题、填空题、是非题等，考查学生对知识点的记忆和运用，通常学生需要备考，背诵知识点。该类考核方式虽然有利于直观评价学习效果，但更适合系统性和专业性更强的专业课。对于文化素质公选课而言，尤其是无专业修习限制，同时缺乏专业基础学习的医学类选修课，更重要的是科普性地传授基本的医学理论，注重知识点的普适性，因而考查方式更倾向于开放式的研究报告，展示方式以课堂陈述及综述多见。但开放式研究报告的弊端在于学生抄袭率较高，自我思考较少，究其原因主要在于当今正处于网络信息时代，学生易于通过网上搜索对论文报告内容进行拼接甚至直接抄袭[1]。因而，如何兼顾考试方式，既反映学生对课程的掌握情况，又促进学生的自我思考和主观能动性，同时展示方式又活泼有趣，成为公选课老师共同面临的问题。

非标准答案考试的实施和应用有可能解决上述问题。我们以"雾霾污染与人体健康"这一医学类文化素质公选课为例，尝试采用非标准答案考试方式检验教学效果。从非标准答案考试题目的设计，对考试评分体系进行了探索。

一、精心设计非标准答案考试题目

非标准答案考试题目的设计至关重要，题目的开放程度、难易程度及完成的可行性将决定学生的答题效果。题目若天马行空，过于开放，容易导致主题偏离，完全脱离核心教学内容；题目太过具体详细，又违背了非标准答案考试的初衷。例如："伦敦烟雾事件的启示"属于非标准答案题目范畴，但由于其答案在网上及书本中均有很好的总结，因而学生的答案趋同，难以起到使答案多样化的作用。因此，我们从"雾霾污染的健康宣传教育"入手，题目设置为"为雾霾污染的健康宣教制作海报"，在展示海报的同时，要求学生解释创作思路和宣传要点。此类题目容易实现围绕教学核心内容、答案多样化、非标准化的目标。原因如下：①要求针对雾霾污染进行健康宣教，同时解释创作思路和宣传要点，因而学生需要掌握雾霾污染与人体健康的基本知识，才能有针对性地制作海报。②最终的海报呈现效果与学生本身对核心知识点的理解和提取、审美能力及专业水平有关，而公选课学生来自工程、文学、经济、艺术等多个专业，保证了海报风格多姿多彩，具有较好的差异性。另外，在答案呈现形式上，我们也提出多样化的要求。学生可以直接张贴海报、幻灯片汇报、视频汇报等。

二、倡导多样化的考试评分体系

非标准化的答案考试评分体系一般可分为以下几种类型：任课教师（或教师团队）评分、学生互评。评分标准通常为分数段等级制。如何让评分公平、公正且真实反映学生水平非常值得探讨。而课堂表决器的引入使得考试评分方式活泼有趣。2013年四川大学现代教育技术中心引入了课堂表决器这一互动教学系统。该系统在传统多媒体教室的基础上，加入接收器和无线手持投票器。教师通过预先编制的幻灯片展示问题，学生通过投票器按键作答[2]。在进行非标准答案考试评分时，利用课堂表决器，将每位学生变成评委，同时实时在幻灯片上展示学生最终的考评分数。该种方式极大地提高了学生的注意力和倾听力，一改以往别的同学在课堂陈述时，其他学生游离的课堂局面。另外，为了保证评分的科学性和专业性，学生的评分只占20%，教师评分占80%。该种方式获得了学生的一致好评。课后对90名选修该课的学生开展的匿名问卷调查显示：与平时上课相比，91.1%的学生喜欢表决器这种互动反馈方式；85.6%的学生表示对使用表决器的课程兴趣增大；与其他课程相比，83.3%的同学认为，在知道课堂陈述会利用表决器进行现场评分后，会促进自己更好地准备陈述的报告；只有5.6%的学生在使用表决器后仍然不愿意表达真实想法。综上，课堂互动反馈系统的引入，使得考试评分方式多样化和趣味化，对于营造公选课轻松的教学氛围极具价值。

通过对医学类文化素质公选课的非标准答案题目及考试方式的精心设计，使非标准答案考试可保证题目围绕核心教学内容，答案既能反映学生的学习情况，同时又能结合专业考查学生对知识的综合应用能力，可兼顾专业性、科学性和趣味性，值得推广。

参考文献

[1]徐上知，王海霞，李述刚.公共选修课考核方式探讨[J].农垦医学，2015, 37（6）：564-566.

[2]四川大学现代教育技术中心.课堂互动教学手段——课堂表决器的应用[EB/OL].http://metc.scu.edu.cn/.

题目：

作品展示

●分组：每 5 人一组。设立组长 1 人，负责组织及联络。

●要求：针对雾霾污染的防控做宣传。宣传形式可以是海报，也可以是微视频，时长无限制。

●成绩评定：总分 100 分，学生评分（80%）＋ 教师评分（20%）。根据成员分工和任务情况，酌情加分。

简要说明：

该课程主要介绍雾霾污染危害人体健康的医学机制、治理和防控雾霾的措施。通过制作针对雾霾污染防控的宣传资料，了解学生对知识的掌握情况以及对雾霾治理的看法。

学生答案

答案一：

叶　涵　2012141093033 ／邓　涛　2012141093041
杨雨轩　2012141093008

（本图片仅用于教学）

海报解说：借用张艺谋导演的话和成都的标志性景点合江亭，然后做成朦胧的感觉展示雾霾的危害，同时给出"低碳出行"的宣传口号。

答案二：

覃 叶　2012141084055 / 马 慧　2012141084029

李宜灿　2012141084137 / 王 婷　2012141084067

陈少娟　2012141084041 / 侯秋伶　2012141084143

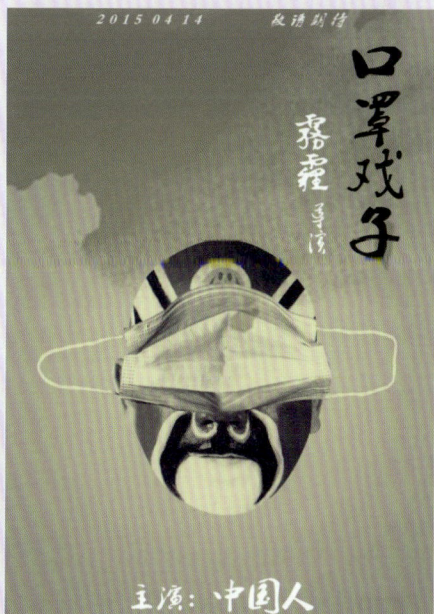

（本图片仅用于教学）

（本图片仅用于教学）

海报解说：用简单却鲜明的海报形式表达了主题。

学生答案

答案三：

楼　亮　2012141242052　/ 周启帆　1143001089
汪　韬　2012141414047　/ 陈慧玲　2012141504067
范方欣　1144024172　　 / 刘忆宁　2012141094069

（本图片仅用于教学）

雾霾基本常识：

雾霾，顾名思义是雾和霾。

空气中的灰尘、硫酸、硝酸等颗粒物组成的气溶胶系统造成视觉障碍的叫霾。

雾是由大量悬浮在近地面空气中的微小水滴或冰晶组成的气溶胶系统。

（本图片仅用于教学）

雾霾相关大事件：

1. 伦敦雾霾事件

1952 年 12 月 5 日开始，伦敦连续数日空气寂静无风。

（本图片仅用于教学）

2.1930 年比利时马斯河谷雾霾事件

1930 年 12 月 1 日—15 日，整个比利时大雾笼罩，气候反常。

雾霾与身体健康：

引发心脑血管疾病；引发呼吸道疾病；患癌症的风险增高；引发各种细菌性疾病；使人心情压抑、烦躁。

雾霾依次影响肺脏、口鼻腔、心脏、消化系统，对老年人、儿童的健康危害极大。

雾霾的防护措施：

1. 关注空气质量检测。2. 污染严重时避免户外运动。3. 选用并正确佩戴合适的口罩。

雾霾治理措施：

1. 加快能源机构调整。2. 解决煤炭燃烧污染问题。3. 加强脱硫和除尘等环保设施的运行检查，确保相关环保设施正常运行，起到应有的作用。4. 加大机动车污

学生答案

染治理。5. 加强环境污染监管工作。

如何选择口罩：

棉布口罩和医用口罩均不能有效阻挡 PM2.5，必需选用专业的防护口罩。

破除雾霾谣言：

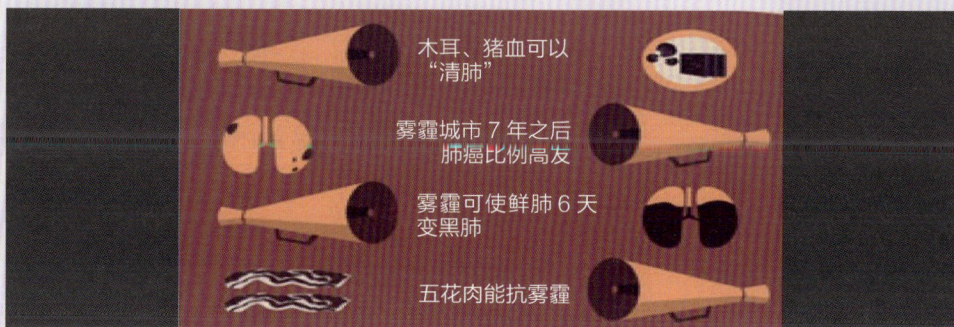

木耳、猪血可以"清肺"

雾霾城市7年之后肺癌比例高发

雾霾可使鲜肺6天变黑肺

五花肉能抗雾霾

（本图片仅用于教学）

海报解说：以长微博的形式制作宣传海报，不仅可以户外张贴，而且适合在微博、微信等新媒体上进行宣传教育。

学生答案一

这张海报的主题非常鲜明，构图颜色都不错，尤其通过水印的制作表现了雾霾中的成都样貌，电影海报的形式更容易吸引年轻人的注意力，把雾霾危害、地理元素和宣传口号非常自然地融为一体。

学生答案二

我第一眼看到该作品就被吸引住了，不同于作品一，这一张宣传海报更具有电影海报的特色，学生的解说也非常到位，黑白灰的主色也强调了雾霾的危害性。电筒的一束光下面看到的全是灰尘，比烦琐的文字解说更具有视觉震撼。

学生答案三

学生在制作海报的时候不仅考虑到了户外宣传张贴，更想到了我们现在普及的新媒体，尤其是微信和微博，这是在出题时我并没有想到的。当学生进行头脑风暴的时候，迸发的火花和智慧也教会了我什么叫教学相长、相辅相成。这提示以后的课程里面，不仅要考虑传统教育，更应该把新媒体作为一种教学辅助方式应用到课程设计中去。

PM 2.5 雾霾污染

教师点评

药学分子生物学

课程号：505048020

李晓红 / 四川大学华西药学院

李晓红，2002 年毕业于四川大学华西药学院，获硕士学位并留校任教；2007 年和 2008 年，获四川大学青年骨干教师称号；2011 年，获四川大学生物治疗国家重点实验室药理学博士学位；2014 年和 2016 年，先后赴美国亚利桑那州立大学和英国牛津大学参加培训。长期从事药学分子生物学和药用生物化学的本科教学工作，多次获得四川大学华西药学院优秀教学奖；同时从事分子药理学的科学研究，研究领域涉及药物治疗眼部疾病的作用机理和药效，探索药物效应多样性与患者基因序列多态性之间的关系。

"问题导向"式开放命题
提升"药学分子生物学"过程考核质量

四川大学华西药学院　李晓红

【摘　要】过程性考核是高校推行创新教育的重要抓手。提高过程性考核质量是摆在高校教师面前的新课题。"问题导向"式开放命题通过设计真实的任务，引导学生自主学习相关知识，考核学生有态度的学习及创新过程。在"药学分子生物学"的教学过程中，"问题导向"式开放命题可有效提升过程性考核质量，提高教学有效性。

【关键词】过程性考核　创新教育　问题导向

前言

课程考核和学业评价是教学质量控制的重要环节，其合理运用可以帮助教师有效评价教学效果，提高教学针对性，从而提升教学质量。高校创新教育需要与之匹配的创新人才考核制度及学业评价机制，考核学生多维度发现问题、创新性解决问题的思维习惯和能力[1]。为了弥补期末终结性考核的不足，高校纷纷启动了过程性学业评价方式，将过程性考核探入课程考核，以期立足教学过程、促进教学发展，实现创新教育，培养创新人才。如何有效地利用过程性考核提升教学质量就成了高校教师面临的新课题。

过程性考核应反映学生的科学态度和创新能力

为了充分发挥过程性学业评价对教和学的促进作用，必须充分保证过程性评价引入后的学业考核能充分反映出学生的两个重要品质——科学态度和创新能力。过程性考核不能流于形式地被理解为在学习过程中的考核，而是考核学生有态度的学习过程：考核学生掌握并运用理论知识的敬业过程，考核学生发现问题、分析问题和解决问题的创新过程，考核学生创新意识和创新能力的训练过程。

"问题导向"式开放命题提升过程性考核质量

由麦克马斯特大学创立的问题导向学习（problem-based learning，PBL）是一种先进的课程设计与教学模式，通过设计真实的任务，引导学生以小组合作讨论的形式自主学习隐藏于任务中的科学知识，形成解决问题的能力和自主创新的意识[2]。"药学分子生物学"的教学实践证明，PBL模式的引入可有效提升过程性考核质量，激发学生学习兴趣，让学生在头脑风暴中潜移默化地接受创新思维和创新能力的训练。

PBL模式开放命题训练批判式创新：创新教育的内核是创新思维方式和思维技能的培训。批创思维是批判性思维和创新的完美统一，即运用逻辑规则与科学推理，评估现有想法并提出新的想法，发现不同的可能性[3]。

"药学分子生物学"的过程性考核可通过设计真实的问题，引导学生去发现并选择问题、分析和解决问题，潜移默化地进行批创思维的训练。例如，由于知识更新迭代十分迅速，分子生物学教材往往滞后。若教材与最新进展之间的差距都由教师直接宣讲，会令学生产生"垃圾教材"的错觉。教师要让学生明白科学的发展和知识的正常更迭，不迷信权威，也不怀疑一切，让学生自己去发现和分析，借此训练批创思维。教师可设计如下类似问题："挑战权威！我们的教材就那么完美？难道没有什么不全面、过时甚至错误的观点？找到它，用足够的文献来支撑和进行分析。这就厉害了！"再例如在基因组结构特征方面，往往教材和教师均会给出观点提示"真核基因是有内含子的断裂基因，原核基因是没有内含子的连续基因"。然而，分子生物学的发展提示该观点有片面性。教师也可设计如下问题引导学生去发现："真核基因都有内含子吗？没有内含子的真核基因如何表达？是否存在有内含子的原核基因？你有什么发现吗？"

PBL 模式开放命题训练有科学态度的创新：培育和践行社会主义核心价值观是高等教育义不容辞的责任。将社会主义核心价值观融入专业课的创新教育中，能够对大学生的创新提供行为准则，避免在创新过程中出现不符合科研规范的行为[4]。

药学分子生物学是创新性和实用性很强的学科，创新研究案例很多。在过程性考核中，教师可有意识地引入各种创新研究问题，尤其是被质疑的创新研究案例，让学生通过案例剖析科学知识的同时也了解科研规范，养成诚信敬业的科研态度，做有态度的创新实践者。例如，为了考核学生对 CRISPR-Cas 技术的掌握和理解是否已达到灵活运用和创新的程度，可设计如下类似问题："韩春雨事件能给你带来什么思考（科研态度以及技术本身）？""与 CRISPR-Cas 比较，DNA 指导的编辑技术你认为是否可行呢？"训练创新思维的同时践行社会主义核心价值观的教育。

PBL 模式开放命题训练有目的的创新：高效创新教育的对象是即将踏入科研殿堂或步入社会的大学生，教师必须按学生的未来需求有针对性地教学，使其在未来的科研领域或工作岗位具备足够的竞争力。

"药学分子生物学"是专门针对药学专业本科生开设的课程，其目的在于帮助学生理解疾病发生和药物作用的分子机制，为学生今后能够运用分子生物学的理论知识和技术手段进行药物研究和实践打下良好的基础。为了提升教学效果，激发学生的学习兴趣和热情，教师可设计一系列与教学目标相关的开放任务，引导学生从自己感兴趣的疾病和药物出发，利用分子生物学的思维去探索疾病发生和药物作用的分子机制，将理论知识转化为思维模式和创新能力。例如，为了帮助学生明确基因组重复序列的研究价值和用途，过程性考核中可设计类似的探索性问题："微卫星 DNA 可否抓住你的眼球？它与疾病易感性和药物效应的相关性及机理是什么？在精准医疗上的应用价值如何？期待对机理不明的情况提出假说。"再例如，在学习细胞衰老及肿瘤发病机制时，为了考核学生是否具有应用理论知识实践创新的能力，可设计如下类似问题："良好的抗肿瘤药物会选择性 OVER 掉肿瘤细胞，且 OVER 方式有选择。若想明了其中的利害，须先知晓细胞 OVER 的方式及其特点。若你要开发抗肿瘤药物，希望采取哪种方式来 OVER 掉肿瘤细胞呢？"

结语

过程性考核是高校推行创新教育的重要抓手。如何提高过程性考核质量是摆在高校教师面前的新命题。"问题导向"式开放命题可有效提升过程性考核的质量，提高教学有效性。在实践"问题导向"式开放命题的过程中，教师需注意命题的针对性和开放性，给予学生做有态度的科学选择的机会。为了提高命题质量，教师需随时掌握学科发展新动态，不断更新题库，保证科学任务本身的先进性。

参考文献

［1］谭秋霞 . 创新型人才培养理念下高校考试改革的思考［J］. 山东工会论坛，2015, 21（3）128.

［2］袁本涛，徐立辉 . 创业教育的路径选择 —— 加拿大三所工程院校的案例分析［J］. 高等工程教育研究，2017（1）：149.

［3］Liu JY. An introduction to critical thinking to creativity: think more, think better［M］. John Wiley & Sons, Inc., 2011.

［4］余瑞芬 . 社会主义核心价值观引导下大学生创业教育对策探讨［J］. 广东蚕业，2017, 51（8）：43.

考试题目

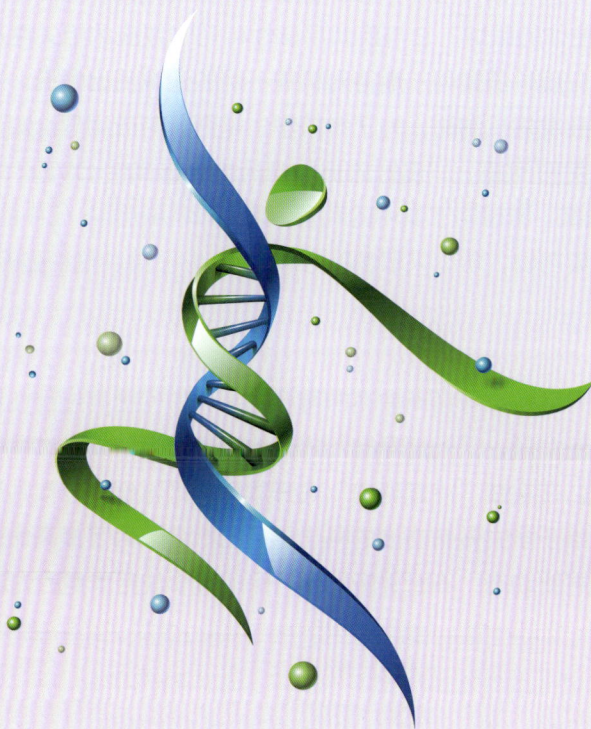

题目：

请从如下方向选择你感兴趣的题目，收集资料制作 PPT 并进行陈述：

1. 分析某一肿瘤或遗传性疾病的病因（阐述清楚致病基因 的结构、功能及其突变情况）。

2. 阐述真核 DNA 的复制过程，并介绍 1 或 2 种以 DNA 复制为靶点的抗肿瘤药物的作用机理（注意切入分子生物学，阐述清楚关键机理，避免罗列各种作用机制）。

3. 阐述与 DNA 复制、转录和翻译调控有关的用于治疗癌症或病毒感染有关的药物（每一个环节一个药物，注意 阐述清楚作用机理）。

4. 阐述反义 RNA 技术的原理及其应用实例（说清楚调控的基因及调控方式）。

5. 阐述药物基因组学的研究思路及 2 或 3 个研究案例和应用（注意阐述清楚作用机理）。

6. 阐述构建真核蛋白的原核表达系统时应考虑的关键问题（可从基因特征和表达过程相关的差异入手）。

7. 阐述细胞死亡的生物学过程、类型及其特点和研究意义等。

8. 阐述基因组重复序列的研究应用实例。

9. 阐述 SNP 的研究价值和研究实例。

简要说明：

"药学分子生物学"是专门针对药学专业本科生开设的课程，其目的在于帮助学生理解疾病发生和药物作用的分子机制，为学生今后能够运用分子生物学的理论知识和技术手段进行药物研究和实践打下良好的基础。由于生命现象的复杂性导致分子生物学比较抽象难懂，学生掌握起来也很困难。如果学生没有充分认识到课程的重要性，往往会出现厌烦甚至直接放弃的情况。为了提高教学效果，培养学生的学习兴趣和热情，必须将抽象难懂的分子生物学理论与学生的兴趣点契合起来。为此，本人设计了一组探索性的开放思考题，引导学生利用分子生物学的思维去探索疾病发生和药物作用的分子机制。让学生从自己感兴趣的疾病和药物出发，将抽象的理论知识直接转化为思维模式和实践能力。

学生答案

答案一：

华西药学院　高欣乐　2013141661029 ／ 谢丹丹　2013141661169
莫　敏　2013141661033

SNP 的研究实例和研究价值

1.SNP 概述

1.1 什么是 SNP

单核苷酸多态性（single nucleotide polymorphism，SNP），简写为 SNP，是指不同个体基因组 DNA 序列上单个碱基的差异。

1.2 SNP 的特征[1]

1 最常见的遗传变异，发生频率大于 1%

2 数量多、分布广、多态性信息含量高

3 具有遗传稳定性和二态性，可建立单体型区域

4 部分 SNP 可直接影响蛋白质产物结构或基因表达水平

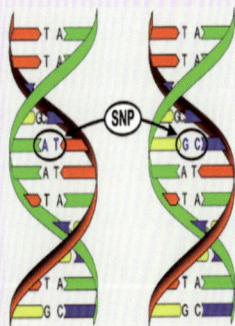

1.3 SNP 的位置分类与功能[1]

位于基因编码区的 SNP：改变氨基酸残基的种类，直接影响蛋白质的功能。

5' 或 3' 非编码区的 SNP：改变 mRNA 的表达水平和稳定性，可形成对连锁不平衡研究的有用标记。

其他非编码区的 SNP：可改变外显子－内含子的剪切，影响蛋白质的修饰。

2.SNP 研究实例一

2.1 驱动蛋白 KIF6 Trp719Arg 的 SNP 与冠心病的关联

基因组扫描连锁分析和关联分析发现 KIF6（kinesin family member6）Trp719Arg（rs 20455C/T）SNP 与高加索人群的冠状动脉粥样硬化性心脏病即冠心病（coronary heart disease，CHD）患病风险相关。

2.2 研究历程[2]

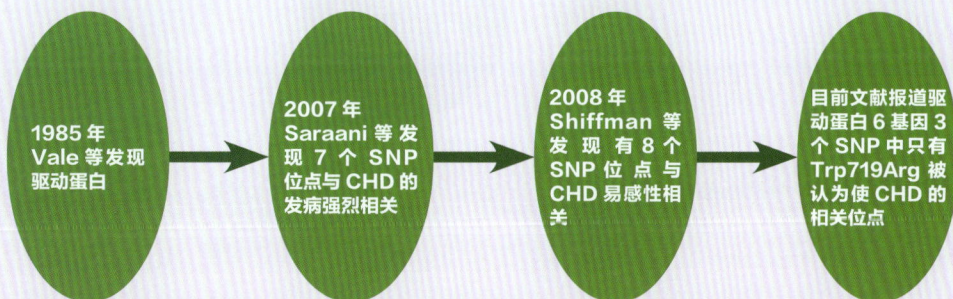

| 1985 年 Vale 等发现驱动蛋白 | → | 2007 年 Saraani 等发现 7 个 SNP 位点与 CHD 的发病强烈相关 | → | 2008 年 Shiffman 等发现有 8 个 SNP 位点与 CHD 易感性相关 | → | 目前文献报道驱动蛋白 6 基因 3 个 SNP 中只有 Trp719Arg 被认为使 CHD 的相关位点 |

2.3 驱动蛋白[2-4]

具有 ATP 酶活性和运动特性的微管马达蛋白质。

结构
两条重链和两条轻链组成
重链 N 末端形成球状头部
颈部和茎部由重链缠绕形成 α 螺旋二聚体
重链和轻链 C 末端形成扇形尾部

功能
头部依附在微管上，利用 ATP 水解释放的能量来驱动自身及其携带的货物分子运动
运输膜细胞器、蛋白质和 mRNA 等，在细胞有丝分裂过程中起着至关重要的作用

注：该图为动画

学生答案

2.4 驱动蛋白 6 基因[3-4]

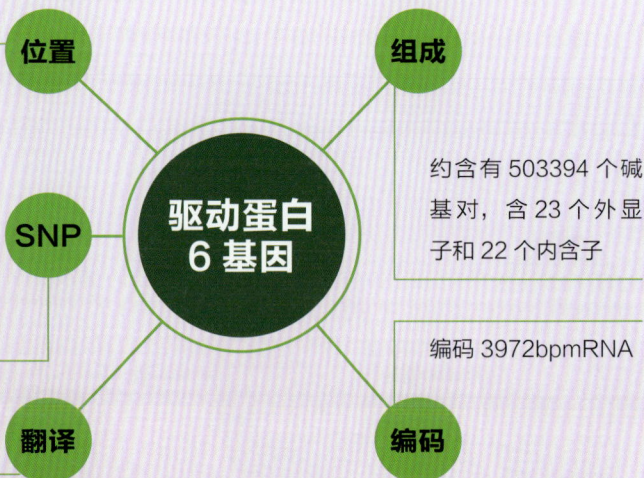

位置：位于染色体 6p21.2 上

组成：约含有 503394 个碱基对，含 23 个外显子和 22 个内含子

编码：编码 3972bpmRNA

SNP：存在 3 个 SNP，只有 Trp719Arg（rs20455）被认为是 CHD 的相关位点 Trp719Arg 是由外显子 19 中第 2155 位点密码子发生错义突变（T-C）

翻译：翻译成约含 814 个氨基酸残基的驱动蛋白 6

驱动蛋白 6 基因

2.5 具体机制

T→C　单核苷酸多态性

Arg→Trp　氨基酸序列改变

α螺旋颈部区域结构改变　蛋白质结构改变

运动转运功能下降　生态功能改变

2.6 结论

机制：转运脂质能力下降，血脂异常

病理现象：脂质沉着在动脉内壁上，诱发 CHD

结论：驱动蛋白 6 基因的 Trp719Arg 是 CHD 的相关位点

3. 研究实例二

3.1 FSIP1 的 SNP 与阿司匹林哮喘的关联

病例研究和统计学分析证实在韩国人群中的纤维鞘相互作用蛋白 1（Fibrous SheathInteracting Protein 1，FSIP1）的基因多态性和阿司匹林哮喘（Aspirin-Intolerant Asthma，AIA）之间存在显著性的正相关作用。

3.2 研究历程[6]

2003 年发现纤维鞘互相作用蛋白 1 基因，其具有 66 个 SNP 位点

1911 年首次报道阿司匹林可诱发哮喘样发作

2010 年 经 C-C 研 究 和 统 计 学 分 析，FSIP1 上 的 rs7179742 与 AIA 发病相关

阿司匹林

1899 年阿司匹林研发成功。它具有治疗感冒、发热等作用

3.3 具体机制[7]

阿司匹林作为其临近的基因抑制性增加 FSIP1 哮喘高敏感度

rs717924 的 SNP 位于基因的内含子区域，导致剪切异常

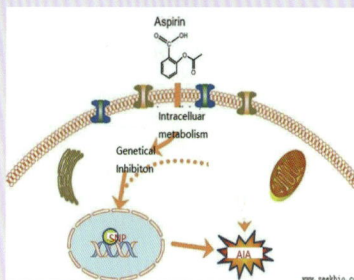

学生答案

4.SNP 的研究应用及展望

4.1 SNP 的研究应用[8]

SNP 会出现在蛋白质的编码基因上，其可改变蛋白质的结构和功能，使个人体质倾向于"易患上某种疾病"或改变个人"对某些药物的反应"。SNP 也可能出现在基因的非编码区，操控基因的表达。

4.2 SNP 的展望

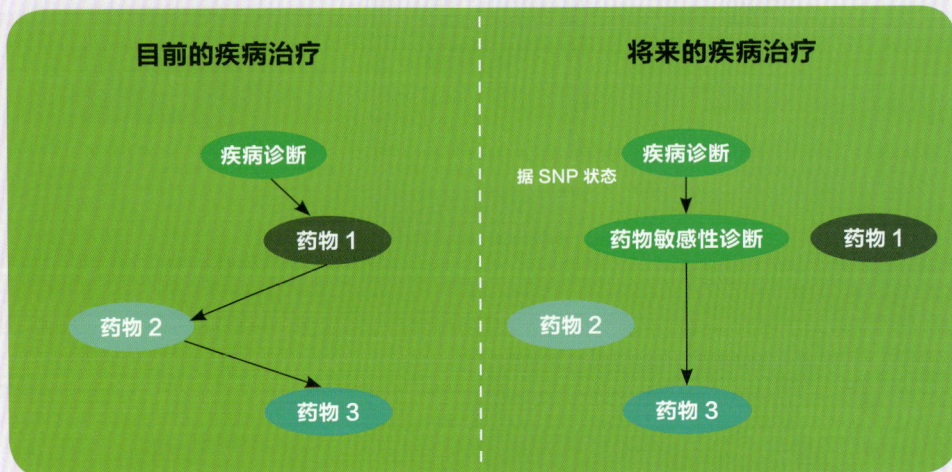

参考文献

[1]张景海.药学分子生物学[M].第四版.北京:人民卫生出版社,2011.

略 7 个文献

答案二：

华西药学院 陈星怡 2013141661011 ╱ 陈 凤 2013141661098
赵 婷 2013141661130

苯丙酮尿症（Phenylketonuria，PKU）

1. 病例[1]

　　患者女，21 岁，近 5 年来反复出现双下肢无力，其双下肢无力加重与缓解，自诉与进食蛋奶豆制品有关，进食较多时下肢无力症状明显。本次入院前患者处于妊娠期，期间进食大量蛋奶豆制品，其子（明确诊断为苯丙酮尿症）出生后患者再次因双下肢无力入院。住院期间患者抽搐一次，表现为双眼球上窜，四肢强直震颤，伴意识不清，小便失禁，持续约 5min 缓解，既往年幼时智力较同龄人低下，走路、跑步时易摔倒。经检查患者双下肢肌张力增高、健反射亢进。尿三氯化铁实验初筛及复筛阳性（表明尿中苯丙氨酸浓度增高）。最终诊断为苯丙酮尿症并给予改善循环、营养神经、调整饮食及对症支持治疗，患者双下肢无力症状明显好转，出院后嘱其丙酮尿症饮食，随诊 1 年饮食控制较好，肢体无力无加重。

2. 临床特征

1 开始治疗的年龄越小，效果越好

2 氨基酸代谢异常的染色体隐性遗传疾病

3 发病率有较明显的地区差异，呈北高南低的规律

4 饮食控制或药物治疗方法可有效阻断病程发展

5 智力低下、精神神经症状、湿疹、皮肤抓痕及色素脱失和鼠气味等，以及脑电图异常

学生答案

3. 主要病因[2]

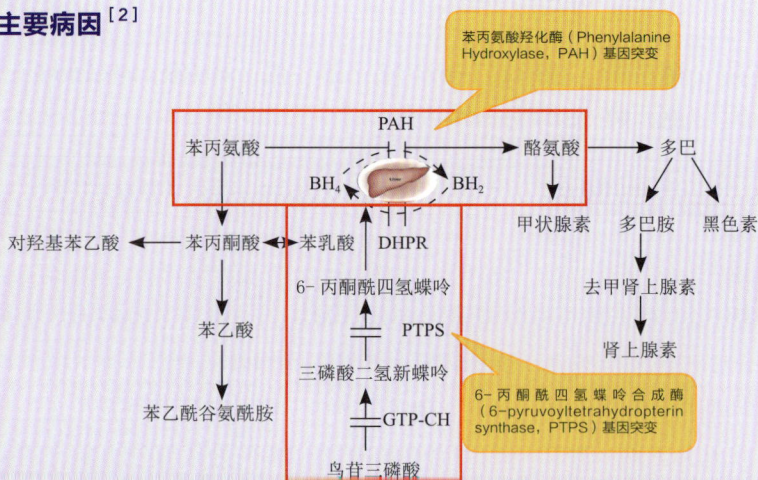

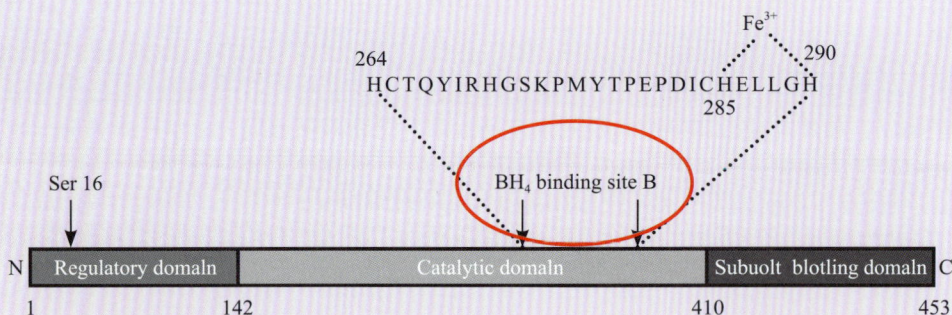

PAH 的组成结构[7,8]。其中催化区中有 26 或 27 个氨基酸是 Fe^{3+} 和辅酶因子 BH_4 的结合点。

分类[3]

（1）

PAH 基因突变导致肝脏 PAH 缺陷，多见（98%-99%）

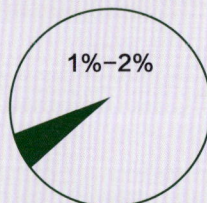

（2）

PAH 辅酶四氢生物蝶呤缺乏，少见（1%-2%），其中 PTPS 基因突变占 58%

4. 致病基因结构[4][5]

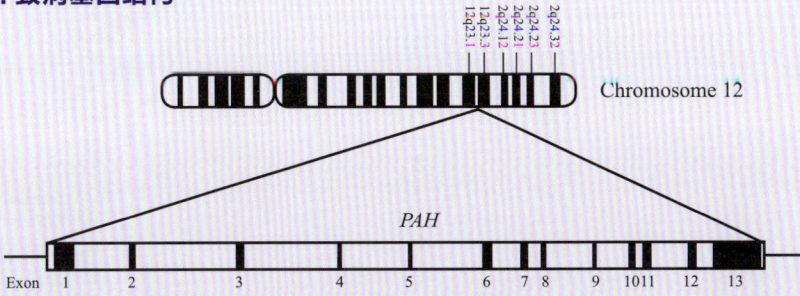

12q23.1
12q23.3
12q24.12
12q24.21
12q24.23
2q24.32

Chromosome 12

PAH

Exon 1 2 3 4 5 6 7 8 9 1011 12 13

PAH 基因的结构

4.1 PAH 基因

1. 定位于染色体 12q23。

2. 由 13 个外显子和 12 个内含子组成。

3. 转录后形成 1353bp 的编码序列，翻译后形成含有 451 个氨基酸的酶单体。

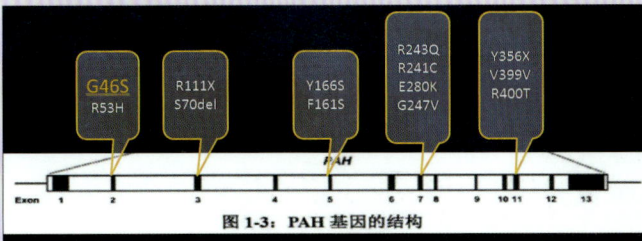

G46S
R53H

R111X
S70del

Y166S
F161S

R243Q
R241C
E280K
G247V

Y356X
V399V
R400T

PAH

Exon 1 2 3 4 5 6 7 8 9 10 11 12 13

图 1-3：PAH 基因的结构

迄今为止，在全世界范围内已经发现了 500 多种 PAH 基因的突变类型。[6]

TABLE 1
Single-Point Mutations Identified in the *PAH* Gene (not Including Silent and Missense Mutations)

cDNA mutation	PheOH mutation	Structural contacts/comments	Pred. FOM[a]	Calc. FOM[a]	Reference
ATG/ATA	M1I	Met1 not visible in crystal structure solved			(28)
ATG/GTG	M1V	Ser16 not visible in crystal structure solved.	7.24	5.30	(29)
TCT/CCT	S16P		2.93		TC
TTC/TTG	F39L	π-stacks with Phe79 and Leu106.	3.16	7.07	(45)
TCA/TTA	S40L	Close to Tβ1 and Tβ2. In a charged region of RD. Substitution to Leu disturb electric potential.	7.96		(25)
CTC/TTC	L41F	Not room for a Phe. Close to Val51, Ala47 and Ile102.	2.94		(39)
AAA/ATA	K42I	Subst. to Ile disrupt Lys42 H-bond to Glu44. Stabilizes loop between Rβ1 and Rα1.	2.37	1.77	(46)
GGT/AGT	G46S	On surface of RD in loop at start of Rα1. H-bond partners available for a substitution to a Ser. Will result in distortion of secondary structure in RD.	7.12	35.35	(28)

PAH 基因突变[7]外显子 2：G146A ⟶ G46S

学生答案

4.2 PAH 结构[8、9]

PAH 蛋白由四个单体组成，其中每个单体包含三个结构域：调节结构域（第 1-142 位氨基酸）、催化结构域（第 143-410 位氨基酸）、四聚化结构域（第 411-452 位氨基酸）。

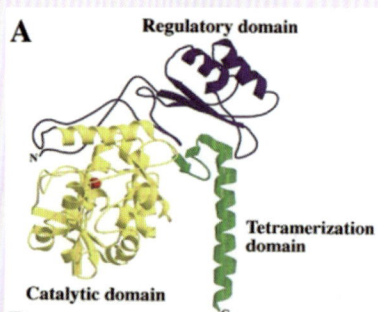

PAH 酶单体不具有酶催化活性，它需要依靠 C 端的低聚反应区域形成四聚体才具有活性。因此，PAH 在体内保持一个四聚体和二聚体之间的长期平衡，四聚体是酶高亲和力和高催化活力形态，四聚体的特异活性是二聚体的五倍。

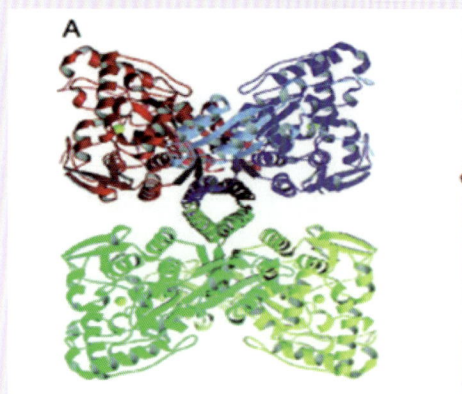

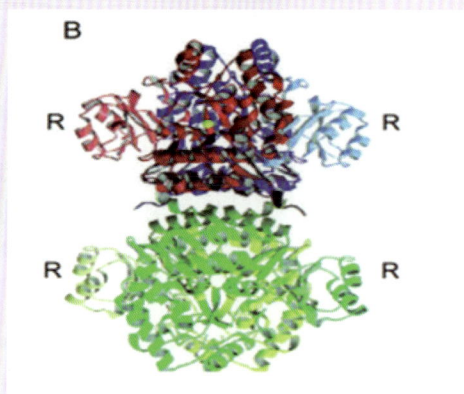

G46S 发生在 PAH 的调节结构域，G46S 促进自联和纤维形成，甘氨酸侧链较小，不能形成 α 螺旋，而丝氨酸能形成 α 螺旋，从而产生错误折叠的蛋白。

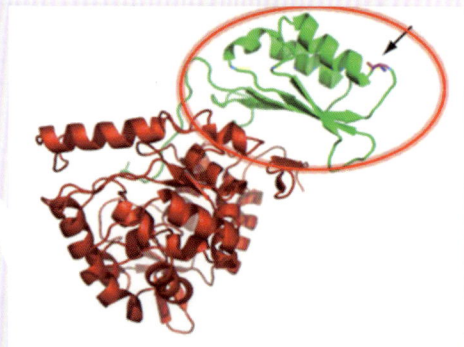

5. 致病基因结构

5.1 PTPS 基因 [10]

PAH 辅酶因子四氢生物蝶呤（tetrahydrobiopterin，BH_4）缺乏所致的 PKU，又被称作四氢生物蝶呤缺乏症（tetrahydrobiopterin deficiency，BH_4D）。

共有 5 种酶参与辅酶 BH_4 的合成或代谢循环，任何一种酶基因的缺陷均可导致 BH_4D，PTPS 是 BH_4 合成必需品，PTPS 缺乏是导致 BH_4D 的最主要的原因。

1. PTPS 基因定位于人染色体 11q22.3-23.3，全长约 9kb。

2. 6 个外显子，编码 145 个氨基酸。

3. 到目前为止，国际相关网站报道的 PTPS 基因突变共 38 种。

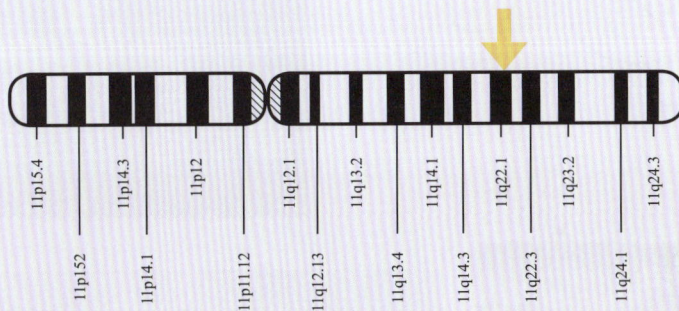

外显子 6：cDNAC379T-L127F

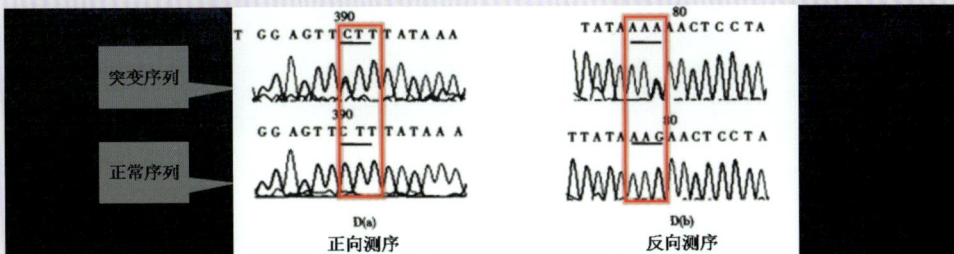

5.2 PTPS 结构 [10、11]

由三个单体构成，每个单体存在 5 个 β 折叠和 3 个 α 螺旋。

学生答案

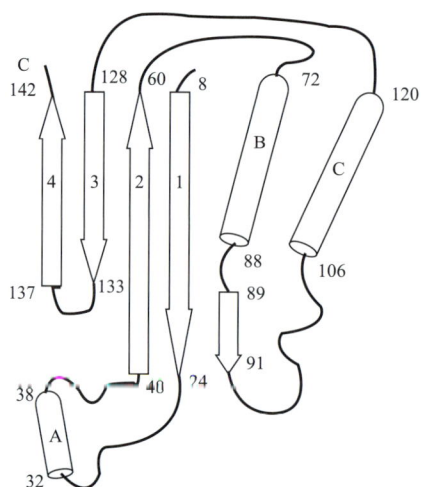

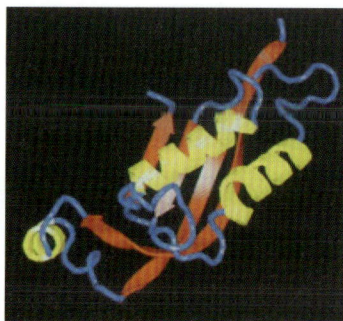

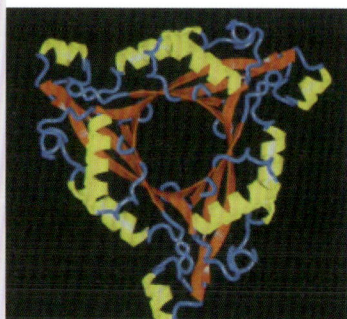

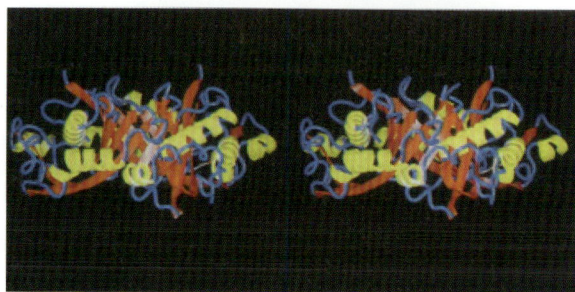

PTPS cDNA379 位 T 碱基属于高度保守碱基，127 位亮氨酸也属于高度保守氨基酸，表明该位点在物种进化上高度保守。127 位亮氨酸位于 PTPS 单体的第三个片层的边缘，对于维持单体中的四个反向平行片层结构，进而稳定 PTPS 三聚体的形成和底物进出通道的构象十分重要。因此，该位点突变后小分子亮氨酸被大分子芳香族氨基酸苯丙氨酸取代，则将影响酶的结构进而影响酶的功能。

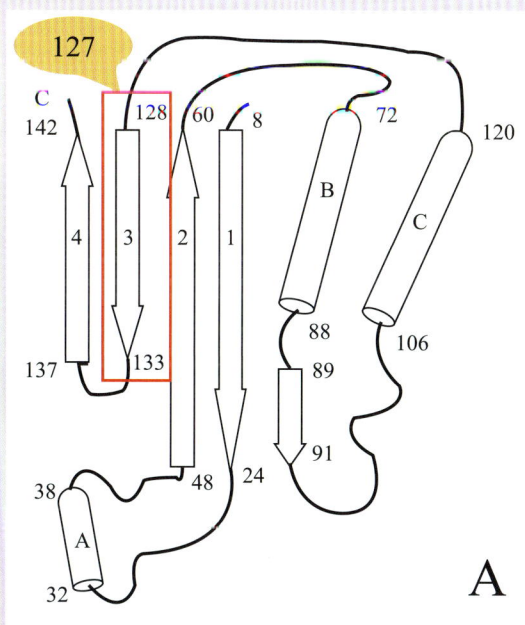

参考文献

[1] 李妮妮, 韩雪梅, 刘松岩, 田弘极, 张东栋, 韩征, 李丽, 王立波. 成人苯丙酮尿症 1 例并文献复习 [J]. 中国实验诊断学, 2015, 19 (2).

略 11 个文献

学生答案一

SNP 研究是人类基因组计划走向应用的重要步骤，是疾病易感性和药物基因组学研究的强有力工具，也是未来精准医疗计划实施的重要基石。通过课堂介绍，我已激发出学生对这方面的研究兴趣。然而要真正理解 SNP 研究的应用价值和思维模式，学生必须自己通过资料调研，收集某一领域的研究成果进行分析。结果很多学生都表现优异，这是其中一个代表。虽然同学们在文献陈述的规范性方面还有些许欠缺，但都表现出良好的分析能力。该 PPT 阐述的小课题是从基因入手，分析了基因变异引起的遗传信息表达过程以及蛋白质功能改变的情况，最后再契合到发病机制和药物作用机制中。这是一种连贯的、一气呵成的分子生物学思维模式。

教师
点评

学生答案二

遗传性疾病的发病机制能直观体现基因的结构与功能的关系以及基因变异与疾病发生之间的相关性，可以作为帮助学生理解和掌握分子生物学理论知识的重要媒介。遗传性疾病由于其所具有的严重性、家族性、先天性和终生性等特点，往往能一下子博取学生的眼球，吸引学生去思考和分析。同样，该组同学也体现出了良好的分子生物学思维能力，能连贯地从基因入手，分析基因突变引起的蛋白质功能改变情况，再契合到发病机制中。这正是本课程一直在强调，同时也希望学生能掌握并运用的能力。

声明：书中所涉及图片仅限于学生试题答案，不作其他用途。